国际中文教育中文水平等级标准
（国家标准·应用指南）

主　　编	刘英林	马箭飞　赵国成
主要成员	傅永和	国家语言文字工作委员会
	胡自远	教育部中外语言交流合作中心
	李佩泽	汉考国际教育科技（北京）有限公司
	李亚男	汉考国际教育科技（北京）有限公司
	梁彦民	北京语言大学
	郭　锐	北京大学
	侯精一	中国社会科学院语言研究所
	李行健	教育部语言文字应用研究所
	王理嘉	北京大学
	张厚粲	北京师范大学
	杨寄洲	北京语言大学
	赵　杨	北京大学
	吴勇毅	华东师范大学
	王学松	北京师范大学
	张新玲	上海大学
	刘立新	北京大学
	张　洁	中国人民大学
	于天昱	北京语言大学
	应晨锦	首都师范大学
	金海月	北京语言大学
	王鸿滨	北京语言大学
	关　蕾	教育部中外语言交流合作中心
	白冰冰	汉考国际教育科技（北京）有限公司

国外咨询专家：（按国名音序排序）

顾安达　德国　柏林自由大学
白乐桑　法国　巴黎东方语言文化学院
孟柱亿　韩国　韩国外国语大学
刘乐宁　美国　哥伦比亚大学
古川裕　日本　大阪大学
张新生　英国　伦敦理启蒙大学

国内咨询专家：（按姓氏音序排序）

曹　文　北京语言大学
曹贤文　南京大学
陈志华　兰州理工大学
陈作宏　中央民族大学
程　娟　北京语言大学
程乐乐　武汉大学
丁崇明　北京师范大学
段业辉　南京师范大学
冯丽萍　北京师范大学
郭风岚　北京语言大学
郭　鹏　北京语言大学
韩维春　对外经济贸易大学
洪　波　首都师范大学
胡晓清　鲁东大学
贾巍巍　高等教育出版社
姜　锋　上海外国语大学
李光哲　东北师范大学
李　泉　中国人民大学
李　杨　北京语言大学
刘　利　北京语言大学
卢福波　南开大学
鲁健骥　北京语言大学

陆俭明　北京大学
吕文华　北京语言大学
毛　悦　北京语言大学
潘先军　北京第二外国语大学
任惠莲　西北大学
施春宏　北京语言大学
施家炜　北京语言大学
苏英霞　北京语言大学
汤　洪　四川师范大学
唐兴全　对外经济贸易大学
万　莹　华中师范大学
王立新　南开大学
吴　坚　华南师范大学
吴中伟　复旦大学
谢小庆　北京语言大学
许嘉璐　北京师范大学
杨丽姣　北京师范大学
翟　艳　北京语言大学
张　博　北京语言大学
张　健　北京语言大学
张建民　华东师范大学
张晓慧　北京外国语大学
张晓涛　哈尔滨师范大学
张艳莉　上海外国语大学
钟英华　天津师范大学
周小兵　中山大学
朱瑞平　北京师范大学

国际中文教育
中文水平等级标准

（国家标准·应用解读本）

Chinese Proficiency Grading Standards for
International Chinese Language Education

(National Standard: Application and Interpretation)

第二分册：词汇
Volume 2: Vocabulary

教育部中外语言交流合作中心　编
刘英林　马箭飞　赵国成　主编

© 2021 北京语言大学出版社，社图号 20137

图书在版编目（CIP）数据

国际中文教育中文水平等级标准：国家标准·应用解读本 . 2，词汇 / 教育部中外语言交流合作中心编；刘英林，马箭飞，赵国成主编 . —北京：北京语言大学出版社，2021.4（2024.1 重印）
 ISBN 978-7-5619-5744-8

Ⅰ. ①国… Ⅱ. ①教… ②刘… ③马… ④赵… Ⅲ. ①汉语 – 词汇 – 对外汉语教学 – 课程标准 Ⅳ. ① H195.3

中国版本图书馆 CIP 数据核字（2020）第 165063 号

国际中文教育中文水平等级标准（国家标准·应用解读本）第二分册：词汇
GUOJI ZHONGWEN JIAOYU ZHONGWEN SHUIPING DENGJI BIAOZHUN (GUOJIA BIAOZHUN · YINGYONG JIEDUBEN) DI-ER FENCE: CIHUI

责任编辑：郑 炜	装帧设计：张 静
责任印制：周 燚	排版制作：北京创艺涵文化发展有限公司

出版发行：	北京语言大学出版社
社　　址：	北京市海淀区学院路 15 号，100083
网　　址：	www.blcup.com
电子信箱：	service@blcup.com
电　　话：	编辑部　8610-82303647/3592/3395
	国内发行　8610-82303650/3591/3648
	海外发行　8610-82303365/3080/3668
	北语书店　8610-82303653
	网购咨询　8610-82303908
印　　刷：	天津嘉恒印务有限公司

版　次：2021 年 4 月第 1 版	印　次：2024 年 1 月第 6 次印刷
开　本：880 毫米 ×1230 毫米　1/16	印　张：19
字　数：350 千字	定　价：98.00 元

PRINTED IN CHINA
凡有印装质量问题，本社负责调换。QQ：1367565611，电话：010-82303590

目　录

使用说明 I

国际中文教育中文水平等级标准词汇表 1

初等（2245个） 3
一级词汇（500个） 3
二级词汇（772个） 10
三级词汇（973个） 20

中等（新增3211个） 33
四级词汇（1000个） 33
五级词汇（1071个） 46
六级词汇（1140个） 60

高等（新增5636个） 75
七—九级词汇（5636个） 75

按音序排列的词汇表（11092个） 148

使 用 说 明

《国际中文教育中文水平等级标准（国家标准·应用解读本）》共分三册，第一分册为《国际中文教育中文水平等级标准》（以下简称"《标准》"）的等级描述、音节表和汉字表（含手写汉字表），第二分册为《标准》的词汇表，第三分册为《标准》的附录A（规范性）语法等级大纲。

一 《标准》的定位与用途

《标准》作为面向新时代的国家标准，是国际中文教育的顶层设计与基本建设，是一种标准化、规范化、系统化、精密化的等级标准体系，用以指导国际中文教育的教学、测试、学习与评估，具有多种用途和广泛的适应性。

《标准》的主要用途：

1. 国际中文教育进行总体设计、教材编写、课堂教学和课程测试的重要参照。
2. 中国国家级中文水平考试的主要命题依据。
3. 编制国际中文教育常用字典、词典及计算机音节库、字库、词库和语法库的重要参照。
4. 各种中文教学与学习创新型评价的基础性依据。
5. "互联网+"时代国际中文教育的各种新模式、新平台构建的重要依据。

二 关于《标准》整体框架的说明

1. 《标准》提出了"三等九级"的新框架、新范式。其中初等、中等、高等为中文水平的整体界定与描述，从语言材料、社会交际、话题表达、交际策略、中国文化与跨文化交际能力、语言量化指标等角度进行总体说明。每一等中文水平整体描述之后，是本等细分下的三个级别的中文水平的详细描述。

2. 《标准》遵循"等级质量""集成创新"新理念，"每一级"标准以"3 + 5"规范化新路径呈现，配以"四维基准"的量化指标组合。"3"指言语交际能力、话题任务内容、语言量化指标三个层面，"5"指听、说、读、写、译五种语言基本技能，"四维基准"指衡量中文水平的音节、汉字、词汇、语法四种语言基本要素。

3. 《标准》坚持定性描述与定量分析相结合的原则，既有简洁的、概括性的"模糊语言"进行的定性描述，又有明确的、阶梯性的"量化语言"进行的定量描述，如：阅读速度、篇幅长度等。

三 关于《标准》描述语的说明

（一）言语交际能力

言语交际能力的描述，是从综合运用各种技能在各种情境下就各类话题进行社会交际的角度进行说明的。描述语体系具有阶梯性、规范性、科学性。

（二）话题任务内容

根据教学与学习的难易度、适用度等，选取每一级最常用、最典型、最具代表性的话题，并结合所列话题，列举出较为具体、有实际指导意义、能将多种语言技能融合在一起的交际任务。话题任务说明中适当反映中国文化与跨文化交际的内容。

（三）语言量化指标

语言量化指标是由音节、汉字、词汇、语法"四维基准"构成的等级量化指标体系，每一级语言量化指标既标明本级别应掌握的语言要素数量，又标明本级别较上一级别新增的语言要素数量。高等的语言量化指标是包容统合在一起的，不再细分为七、八、九三个级别。

为适应世界各地中文教学多样化、本土化的需求，每一级的音节、汉字、词汇、语法各项量化指标在教学实践中可以灵活掌握，既可以从中替换5%左右的内容，也可以减少5%左右的内容。以一级汉字300字为例，可以替换5%（15个字），保持300字的总量不变；也可以将300字减少5%（15个字），即数量变为285字。再如，国名、地名、学校名、人名，以及当地具有文化特色的食品、用品、常用交际词语等，可在各级别语言量化指标的基础上适当替换；也可根据学习对象、教学需求的不同，适当降低本级别语言量化指标。

（四）五种语言基本技能

"听"的技能从语言知识、听力材料、认知能力、听力策略等维度进行说明。"说"的技能从语言要素的运用能力、话语组织能力、社会语言能力等维度进行说明。"读"的技能从语言知识、文本特点、理解能力、推断能力、阅读策略等维度进行说明。"写"的技能分为写字和写作两个方面，从手写汉字量、书写要求、书写速度等维度对写字能力进行说明，从语言表达的准确性、丰富性、得体性、恰当性等维度对写作能力进行说明。"译"的技能从中等水平开始作为第五项技能纳入言语交际能力维度之中，分为口译和笔译两个方面，从"在何种情景中""做什么交际任务""过程如何""结果如何"等维度进行说明，并将运用场合分为"非正式场合"和"正式场合"。

四 关于《标准》音节表的说明

1. 《标准》音节表共收录1110个音节，包括《汉语国际教育用音节汉字词汇等级划分》（以下简称"《等级划分》"）的1095个基本音节中的1094个，替换掉一个（"zhèi [这]"替换为了"guo [过]"），还包括《等级划分》中的15个轻声字音节。

2. 根据《等级划分》普及化等级、中级、高级及高级"附录"三大等级音节数量，确定《标准》音节表初等、中等、高等音节数量，再将初等608个音节和中等新增300个音节，根据声韵组合规律、发音重点和难点、负荷汉字等情况划分到一——六级，每级音节数量分别为269个、199个、140个、116个、98个、86个。高等新增202个音节不再细分级别。

3. 每一级别音节表呈现本级新增音节，并在音节后配以本级别"代表字"，以便于查找使用；按音序排列的音节表，标注了音节代表字及所在等级。个别音节有相同的代表字，如"zhòng"和"chóng"，代表字均为"重"，因为这两个音节所在级别均只有这一个汉字可供选择。

五 关于《标准》汉字表的说明

1. 《标准》汉字表共收录3000个汉字，与《等级划分》3000字完全一致。初等900字、中等新增900字、高等新增1200字分别与《等级划分》普及化等级、中级、高级及高级"附录"三大等级汉字数量对应，但对少数汉字（约80个）所在等级进行了调整。

2. 同时参考教育部中外语言交流合作中心的"国际中文教材编写指南"中字词频率统计、高频汉字表，以及国家语言文字工作委员会"现代汉语语料库"（2015）、《汉字应用水平等级及测试大纲（修订版）》（2016）、《中国语言生活状况报告》（2011—2019）等多种类型的资料，根据汉字的流通度、构词能力、书写难易度、文化内涵等因素，将初等和中等1800个汉字均分到一——六级，每级300字。高等新增1200字不再细分级别，其中有29个字是交际中常用的地名和姓氏用字。

3. 根据音节对应汉字的情况，将3000个汉字按1110个音节分级排列，形成分级同音字表，以方便读者了解音节、汉字的等级，以及同音字和多音字的情况。

4. 《标准》提出"汉字认读与手写适度分离、手写汉字从少到多有序推进"的开放性、包容性新路向，将手写汉字表单独列出，共收录1200个汉字，含初等汉字表全部900字和从中等汉字表中选取的300字。根据汉字常用度、构词能力、构形特点和书写难易度等，将这1200字分为初、中、高三等，分别为300字、400字、500字。

六 关于《标准》词汇表的说明

（一）收录词语

1. 《标准》词汇表共收录11092个词语，其中初等2245个、中等新增3211个、高等新增5636个，与《等级划分》普及化等级、中级、高级及高级"附录"三大等级的数量完全一致。

2. 参考《等级划分》普及化等级分档分层词汇表（2010）、"国际中文教材编写指南"高频词表、国家语言文字工作委员会"现代汉语语料库"（2015）、《义务教育常用词表（草案）》（2019）、《中国语言生活状况报告》（2011—2019）及《HSK考试大纲》词汇表（2015）等相关资料，将初等和中等 5456 个词语根据词汇难度及使用频率，细分为一——六级，每级词汇量分别为 500 个、772 个、973 个、1000 个、1071 个、1140 个。高等新增 5636 个词语不再细分级别。

3. 对少数词语（约 350 个）在《等级划分》中所在等级进行了调整，跨等调整的词语主要集中在初等和中等。初等出现的难度较大的连词、介词等向中等调整（如"不管""将""依据"等）；中等出现的较简单的名词、动词等调整到初等（如"搬家""动物园""饭馆""感冒""姓名"等）；注重体现书面语与口语的区别，相对口语化的词语在初等出现，书面色彩较强的词语则在中、高等出现（如"饭店""酒店""书店"出现在初等，"旅店"出现在中等，"连锁店""专卖店"出现在高等）；成语、习用语（如"耳目一新""废寝忘食""马后炮"）等也集中在高等出现。

4. 结合教学和使用实际情况，删掉了《等级划分》中的部分词语（约 50 个），其中包含一些现代社会生活中已不再常见和常用的词语（如"包干儿""大锅饭""公用电话""托儿所"等），相应补充了现代日常生活中常用的、代表新生事物的词语（如"大数据""二维码""人工智能""外卖""微信""正能量"等）。

5. 对《等级划分》中一些分列词条的兼类词进行了适当合并，如原来作为两个词条出现的"方（形）"和"方（名）"合并为一个词条，并在后面标注两个词性"方（形、名）"；原来作为两个词条出现的"根本（名、形）"和"根本（副）"合并为一个词条，并在后面标注三个词性"根本（副、形、名）"。

6. 《等级划分》中个别词条的不同词性或读音不同或意义有别，对这类词条进行了拆分。如作为一个词条出现的"编辑（动、名）"，因不同词性读音不同，将其分列为两个词条，分别为"编辑（动）biānjí"和"编辑（名）biānji"。

7. 在同一级别出现的音同形同而义不同的词语，若词性不同，且词义区分明显，则分立词条仅用数字角标加以区分，如二级词"省（名）"和"省（动）"，标注为"省^1"和"省^2"；若词性相同，且词义区分不明显，则分立词条用数字角标区分，并在词条后括号内加注例词，如：二级词"面（名、量）"和"面（名）"，标注为"面^1（见面）"和"面^2（面条儿）"。

8. 根据国家语言文字规范及《现代汉语词典（第 7 版）》《现代汉语规范词典（第 3 版）》等，对部分词语的书写形式进行了调整，如将"看做"改为"看作"、"拉拉队"改为"啦啦队"、"下工夫"改为"下功夫"、"执著"改为"执着"等。

（二）词语拼音

词汇表中词语拼音的拼写原则主要以《等级划分》为依据，同时参考国家语言文字规范及《现代汉语词典（第 7 版）》《现代汉语规范词典（第 3 版）》等，具体如下：

1. 必读轻声的音节不标声调，如"包子"标音为"bāozi"。

2. 一般轻读、间或重读的字，注音时标声调，同时在该字的拼音前加上圆点，如"道理"标音为"dào·lǐ"。

3. 儿化音采用基本形式后面加"r"的方式，如"玩儿"标音为"wánr"。

4. "一、不"注音时标变调,如"一样"标音为"yíyàng"、"不必"标音为"búbì"。

5. 离合词的两个音节用"//"隔开,如"见面"标音为"jiàn//miàn";若既为离合词,又有轻读、间或重读的字,则分别标注,如"值得"标音为"zhí//·dé"。

6. 专有名词的首字母大写,如"中国"标音为"Zhōngguó";由几个词组成的专有名词,每个词的首字母大写,如"端午节"标音为"Duānwǔ Jié"。

7. 短语、习用语及一些常用结构,拼音按词分写,如"不耐烦"标音为"bú nàifán"。

8. 成语及四字短语等依据国家语言文字规范,根据词语的内部结构,或两两连写,中间加连接号"-",如"半信半疑 bànxìn-bànyí";或全部连写,如"爱不释手 àibúshìshǒu";或各字拼音间加连接号"-",如"衣食住行 yī-shí-zhù-xíng"。

(三)词类标注

1. 词类划分主要参考《现代汉语词典(第7版)》,同时兼顾国际中文教学特点,共分为12类:名词、动词、形容词、数词、量词、代词、副词、介词、连词、助词、叹词、拟声词。

2. 词汇表只标注词语的常用词性,如果一个词具有两个或两个以上的词性,则按照使用频率标注不同的词性,使用频率高的词性在前,使用频率低的词性在后。如一级词"包",词性依次标为"名、量、动"。词性标注一般不超过三个。

3. 以下四类词语不标注词性:(1)离合词;(2)成语、习用语;(3)为方便教学而整体选入的常见、常用结构,如"打交道";(4)数量结构,如"一些"。

(四)其他符号

1. "|"表示前后两种形式都可以。如"爸爸|爸",表示"爸爸"或者"爸"都可以。

2. "( )"表示三种情况:第一种情况为词缀的例词,如"初(初一)",括号中的例词用仿宋字体表示;第二种情况为词语中可以省略的内容,如"好(不)容易",也可以说"好容易",括号中的文字用宋体表示;第三种情况为词语的义项说明,如"称"在二级和五级都出现了,二级为"称(称一称)",五级为"称(称为)",括号中的义项说明用楷体表示。

3. 带"儿化音"的词语在本词后加注小号字"儿",如"玩儿"。

七 关于《标准》附录A(规范性)语法等级大纲的说明

1. 语法等级大纲是具有开创性的实践,主要以《汉语水平等级标准与语法等级大纲》(1996)为依据,同时参考了《对外汉语教学语法大纲》(1995)、《国际汉语教学通用课程大纲》(2014)、《HSK考试大纲》(2015)等资料,并结合国际中文教育70年教学经验和教学语法研究成果,经过反复权衡、仔细对比筛选而成。

2. 语法等级大纲精选了572个语法点,有机融入到初、中、高三等。初等语法点总量为210个,内部细分为三级,对应《标准》一——三级,语法点数量分别为48个、81个、81个;中等新增语法点总量为214个，内部细分为三级，对应《标准》四—六级，语法点数量分别为76个、71个、67个；高等新增语法点总量为148个，内部不再细分级别。

3. 语法等级大纲共12大类语法项目，包括语素、词类、短语、固定格式、句子成分、句子的类型、动作的态、特殊表达法、强调的方法、提问的方法、口语格式、句群。在具体语法项目的提取与整合方面，突出针对性和实用性，对语素、短语、句子成分、句子的类型等语法项目简略呈现，而对意义相对较"虚"、学习者不易理解和掌握的语法项目（如词类）作为重点呈现。另外，特殊表达法、提问的方法、口语格式等教学重点与难点也是语法等级大纲的重要内容。

4. 为便于读者理解，语法等级大纲呈现语法点时，力求形成一套系统的语法符号体系。

（1）语法结构公式中涉及词性的表述时，用"动词""形容词"等文字表述，如"主语＋把＋宾语＋动词＋在／到＋处所"。

（2）使用"A、B"表示词语重叠、句式中前后相同的两项以及四字格和固定格式中性质相同的两项，如：①"ABAB"表示动词的重叠，可以说"介绍介绍"；②"A比B＋形容词"表示比较的对象，可以说"我朋友比我高"；③"大A大B"表示性质相同的两项，可以说"大吃大喝""大吵大闹"。

（3）使用"X、Y"表示口语格式中可以替换的成分，如"什么X的Y的"，可以说"什么你的我的""什么好的坏的"。

5. 为便于读者使用，每个语法点前既标示了总体的序号，也在方括号中标示了该语法点所在级别的序号。每个语法点均配有从不同角度展示用法的典型例句，例句用词均在本等级词汇表内。

国际中文教育中文水平等级标准词汇表

初等（2245个）

一级词汇（500个）

序号	词语	拼音	词性		序号	词语	拼音	词性
1	爱	ài	动		34	不	bù	副
2	爱好	àihào	动、名		35	菜	cài	名
3	八	bā	数		36	茶	chá	名
4	爸爸|爸	bàba|bà	名		37	差	chà	动、形
5	吧	ba	助		38	常	cháng	副
6	白	bái	形		39	常常	chángcháng	副
7	白天	báitiān	名		40	唱	chàng	动
8	百	bǎi	数		41	唱歌	chàng//gē	
9	班	bān	名、量		42	车	chē	名
10	半	bàn	数		43	车票	chēpiào	名
11	半年	bàn nián			44	车上	chē shang	
12	半天	bàntiān			45	车站	chēzhàn	名
13	帮	bāng	动		46	吃	chī	动
14	帮忙	bāng//máng			47	吃饭	chī//fàn	
15	包	bāo	名、量、动		48	出	chū	动
16	包子	bāozi	名		49	出来	chū//·lái	
17	杯	bēi	量		50	出去	chū//·qù	
18	杯子	bēizi	名		51	穿	chuān	动
19	北	běi	名		52	床	chuáng	名
20	北边	běibian	名		53	次	cì	量
21	北京	Běijīng	名		54	从	cóng	介
22	本	běn	量		55	错	cuò	形、名
23	本子	běnzi	名		56	打	dǎ	动
24	比	bǐ	介、动		57	打车	dǎ//chē	
25	别	bié	副		58	打电话	dǎ diànhuà	
26	别的	biéde	代		59	打开	dǎ//kāi	
27	别人	bié·rén	代		60	打球	dǎ qiú	
28	病	bìng	名、动		61	大	dà	形
29	病人	bìngrén	名		62	大学	dàxué	名
30	不大	bú dà			63	大学生	dàxuéshēng	名
31	不对	búduì	形		64	到	dào	动
32	不客气	bú kèqì			65	得到	dé//dào	
33	不用	búyòng	副		66	地	de	助
					67	的	de	助

68	等	děng	动	107	飞机	fēijī	名
69	地	dì	名	108	非常	fēicháng	副
70	地点	dìdiǎn	名	109	分	fēn	名、量
71	地方	dìfang	名	110	风	fēng	名
72	地上	dìshang	名	111	干	gān	形
73	地图	dìtú	名	112	干净	gānjìng	形
74	弟弟｜弟	dìdi｜dì	名	113	干	gàn	动
75	第（第二）	dì (dì-èr)	前缀	114	干什么	gàn shénme	
76	点	diǎn	量、动、名	115	高	gāo	形
77	电	diàn	名	116	高兴	gāoxìng	形
78	电话	diànhuà	名	117	告诉	gàosu	动
79	电脑	diànnǎo	名	118	哥哥｜哥	gēge｜gē	名
80	电视	diànshì	名	119	歌	gē	名
81	电视机	diànshìjī	名	120	个	gè	量
82	电影	diànyǐng	名	121	给	gěi	动、介
83	电影院	diànyǐngyuàn	名	122	跟	gēn	介、连、动
84	东	dōng	名	123	工人	gōngrén	名
85	东边	dōngbian	名	124	工作	gōngzuò	动、名
86	东西	dōngxi	名	125	关	guān	动
87	动	dòng	动	126	关上	guānshang	
88	动作	dòngzuò	名	127	贵	guì	形
89	都	dōu	副	128	国	guó	名
90	读	dú	动	129	国家	guójiā	名
91	读书	dú//shū		130	国外	guó wài	
92	对	duì	形	131	过	guò	动
93	对不起	duìbuqǐ	动	132	还	hái	副
94	多	duō	形、代	133	还是	háishi	副、连
95	多少	duōshao	代	134	还有	hái yǒu	
96	饿	è	形、动	135	孩子	háizi	名
97	儿子	érzi	名	136	汉语	Hànyǔ	名
98	二	èr	数	137	汉字	Hànzì	名
99	饭	fàn	名	138	好	hǎo	形
100	饭店	fàndiàn	名	139	好吃	hǎochī	形
101	房间	fángjiān	名	140	好看	hǎokàn	形
102	房子	fángzi	名	141	好听	hǎotīng	形
103	放	fàng	动	142	好玩儿	hǎowánr	形
104	放假	fàng//jià		143	号	hào	名、量
105	放学	fàng//xué		144	喝	hē	动
106	飞	fēi	动	145	和	hé	介、连

146	很	hěn	副
147	后	hòu	名
148	后边	hòubian	名
149	后天	hòutiān	名
150	花	huā	名
151	话	huà	名
152	坏	huài	形
153	还	huán	动
154	回	huí	动
155	回答	huídá	动、名
156	回到	huídào	动
157	回家	huí jiā	
158	回来	huí∥·lái	
159	回去	huí∥·qù	
160	会	huì	动
161	火车	huǒchē	名
162	机场	jīchǎng	名
163	机票	jīpiào	名
164	鸡蛋	jīdàn	名
165	几	jǐ	数、代
166	记	jì	动
167	记得	jìde	动
168	记住	jìzhù	
169	家	jiā	名、量
170	家里	jiā li	
171	家人	jiārén	名
172	间	jiān	量
173	见	jiàn	动
174	见面	jiàn∥miàn	
175	教	jiāo	动
176	叫	jiào	动
177	教学楼	jiàoxuélóu	名
178	姐姐|姐	jiějie|jiě	名
179	介绍	jièshào	动
180	今年	jīnnián	名
181	今天	jīntiān	名
182	进	jìn	动
183	进来	jìn∥·lái	
184	进去	jìn∥·qù	
185	九	jiǔ	数
186	就	jiù	副
187	觉得	juéde	动
188	开	kāi	动
189	开车	kāi∥chē	
190	开会	kāi∥huì	
191	开玩笑	kāi wánxiào	
192	看	kàn	动
193	看病	kàn∥bìng	
194	看到	kàndào	
195	看见	kàn∥jiàn	
196	考	kǎo	动
197	考试	kǎo∥shì	
198	渴	kě	形
199	课	kè	名
200	课本	kèběn	名
201	课文	kèwén	名
202	口	kǒu	量、名
203	块	kuài	名、量
204	快	kuài	形、副
205	来	lái	动
206	来到	láidào	动
207	老	lǎo	形
208	老人	lǎorén	名
209	老师	lǎoshī	名
210	了	le	助
211	累	lèi	形
212	冷	lěng	形
213	里	lǐ	名
214	里边	lǐbian	名
215	两	liǎng	数
216	零|〇	líng|líng	数
217	六	liù	数
218	楼	lóu	名
219	楼上	lóu shàng	
220	楼下	lóu xià	
221	路	lù	名、量
222	路口	lùkǒu	名
223	路上	lùshang	名

224	妈妈|妈	māma|mā	名		263	男朋友	nánpéngyou	名
225	马路	mǎlù	名		264	男人	nánrén	名
226	马上	mǎshàng	副		265	男生	nánshēng	名
227	吗	ma	助		266	南	nán	名
228	买	mǎi	动		267	南边	nánbian	名
229	慢	màn	形		268	难	nán	形
230	忙	máng	形		269	呢	ne	助
231	毛	máo	量		270	能	néng	动
232	没	méi	副、动		271	你	nǐ	代
233	没关系	méi guānxi			272	你们	nǐmen	代
234	没什么	méi shénme			273	年	nián	量
235	没事儿	méi//shìr			274	您	nín	代
236	没有	méi·yǒu	动、副		275	牛奶	niúnǎi	名
237	妹妹|妹	mèimei|mèi	名		276	女	nǚ	形
238	门	mén	名、量		277	女儿	nǚ'ér	名
239	门口	ménkǒu	名		278	女孩儿	nǚháir	名
240	门票	ménpiào	名		279	女朋友	nǚpéngyou	名
241	们（朋友们）	men (péngyoumen)	后缀		280	女人	nǚrén	名
242	米饭	mǐfàn	名		281	女生	nǚshēng	名
243	面包	miànbāo	名		282	旁边	pángbiān	名
244	面条儿	miàntiáor	名		283	跑	pǎo	动
245	名字	míngzi	名		284	朋友	péngyou	名
246	明白	míngbai	形、动		285	票	piào	名
247	明年	míngnián	名		286	七	qī	数
248	明天	míngtiān	名		287	起	qǐ	动
249	拿	ná	动		288	起床	qǐ//chuáng	
250	哪	nǎ	代		289	起来	qǐ·lái	
251	哪里	nǎ·lǐ	代		290	汽车	qìchē	名
252	哪儿	nǎr	代		291	前	qián	名
253	哪些	nǎxiē	代		292	前边	qiánbian	名
254	那	nà	代		293	前天	qiántiān	名
255	那边	nàbiān	代		294	钱	qián	名
256	那里	nà·lǐ	代		295	钱包	qiánbāo	名
257	那儿	nàr	代		296	请	qǐng	动
258	那些	nàxiē	代		297	请假	qǐng//jià	
259	奶	nǎi	名		298	请进	qǐng jìn	
260	奶奶	nǎinai	名		299	请问	qǐngwèn	动
261	男	nán	形		300	请坐	qǐng zuò	
262	男孩儿	nánháir	名		301	球	qiú	名

302	去	qù	动
303	去年	qùnián	名
304	热	rè	形、动
305	人	rén	名
306	认识	rènshi	动、名
307	认真	rènzhēn	形
308	日	rì	名
309	日期	rìqī	名
310	肉	ròu	名
311	三	sān	数
312	山	shān	名
313	商场	shāngchǎng	名
314	商店	shāngdiàn	名
315	上	shàng	名、动
316	上班	shàng//bān	
317	上边	shàngbian	名
318	上车	shàng chē	
319	上次	shàng cì	
320	上课	shàng//kè	
321	上网	shàng//wǎng	
322	上午	shàngwǔ	名
323	上学	shàng//xué	
324	少	shǎo	形、动
325	谁	shéi / shuí	代
326	身上	shēnshang	名
327	身体	shēntǐ	名
328	什么	shénme	代
329	生病	shēng//bìng	
330	生气	shēng//qì	
331	生日	shēngrì	名
332	十	shí	数
333	时候	shíhou	名
334	时间	shíjiān	名
335	事	shì	名
336	试	shì	动
337	是	shì	动
338	是不是	shì bu shì	
339	手	shǒu	名
340	手机	shǒujī	名
341	书	shū	名
342	书包	shūbāo	名
343	书店	shūdiàn	名
344	树	shù	名
345	水	shuǐ	名
346	水果	shuǐguǒ	名
347	睡	shuì	动
348	睡觉	shuì//jiào	
349	说	shuō	动
350	说话	shuō//huà	
351	四	sì	数
352	送	sòng	动
353	岁	suì	量
354	他	tā	代
355	他们	tāmen	代
356	她	tā	代
357	她们	tāmen	代
358	太	tài	副
359	天	tiān	名、量
360	天气	tiānqì	名
361	听	tīng	动
362	听到	tīngdào	
363	听见	tīng//jiàn	
364	听写	tīngxiě	动
365	同学	tóngxué	名
366	图书馆	túshūguǎn	名
367	外	wài	名
368	外边	wàibian	名
369	外国	wàiguó	名
370	外语	wàiyǔ	名
371	玩儿	wánr	动
372	晚	wǎn	形
373	晚饭	wǎnfàn	名
374	晚上	wǎnshang	名
375	网上	wǎng shang	
376	网友	wǎngyǒu	名
377	忘	wàng	动
378	忘记	wàngjì	动
379	问	wèn	动

380	我	wǒ	代	419	学生	xué·shēng	名
381	我们	wǒmen	代	420	学习	xuéxí	动
382	五	wǔ	数	421	学校	xuéxiào	名
383	午饭	wǔfàn	名	422	学院	xuéyuàn	名
384	西	xī	名	423	要	yào	动
385	西边	xībian	名	424	爷爷	yéye	名
386	洗	xǐ	动	425	也	yě	副
387	洗手间	xǐshǒujiān	名	426	页	yè	量
388	喜欢	xǐhuan	动	427	一	yī	数
389	下	xià	名、动	428	衣服	yīfu	名
390	下班	xià//bān		429	医生	yīshēng	名
391	下边	xiàbian	名	430	医院	yīyuàn	名
392	下车	xià chē		431	一半	yíbàn	数
393	下次	xià cì		432	一会儿	yíhuìr	
394	下课	xià//kè		433	一块儿	yíkuàir	名、副
395	下午	xiàwǔ	名	434	一下儿	yíxiàr	
396	下雨	xià yǔ		435	一样	yíyàng	形
397	先	xiān	副	436	一边	yìbiān	名、副
398	先生	xiānsheng	名	437	一点儿	yìdiǎnr	
399	现在	xiànzài	名	438	一起	yìqǐ	副、名
400	想	xiǎng	动	439	一些	yìxiē	
401	小	xiǎo	形	440	用	yòng	动
402	小孩儿	xiǎoháir	名	441	有	yǒu	动
403	小姐	xiǎojiě	名	442	有的	yǒude	代
404	小朋友	xiǎopéngyǒu	名	443	有名	yǒu//míng	
405	小时	xiǎoshí	名	444	有时候|	yǒushíhou|	副
406	小学	xiǎoxué	名		有时	yǒushí	
407	小学生	xiǎoxuéshēng	名	445	有(一)些	yǒu(yì)xiē	代
408	笑	xiào	动	446	有用	yǒuyòng	动
409	写	xiě	动	447	右	yòu	名
410	谢谢	xièxie	动	448	右边	yòubian	名
411	新	xīn	形	449	雨	yǔ	名
412	新年	xīnnián	名	450	元	yuán	量
413	星期	xīngqī	名	451	远	yuǎn	形
414	星期日	xīngqīrì	名	452	月	yuè	名
415	星期天	xīngqītiān	名	453	再	zài	副
416	行	xíng	动、形	454	再见	zàijiàn	动
417	休息	xiūxi	动	455	在	zài	动、介、副
418	学	xué	动	456	在家	zàijiā	动

457	早	zǎo	形		479	中文	Zhōngwén	名
458	早饭	zǎofàn	名		480	中午	zhōngwǔ	名
459	早上	zǎoshang	名		481	中学	zhōngxué	名
460	怎么	zěnme	代		482	中学生	zhōngxuéshēng	名
461	站	zhàn	名		483	重	zhòng	形
462	找	zhǎo	动		484	重要	zhòngyào	形
463	找到	zhǎodào			485	住	zhù	动
464	这	zhè	代		486	准备	zhǔnbèi	动
465	这边	zhèbiān	代		487	桌子	zhuōzi	名
466	这里	zhè·lǐ	代		488	字	zì	名
467	这儿	zhèr	代		489	子（桌子）	zi (zhuōzi)	后缀
468	这些	zhèxiē	代		490	走	zǒu	动
469	着	zhe	助		491	走路	zǒu∥lù	
470	真	zhēn	副、形		492	最	zuì	副
471	真的	zhēn de			493	最好	zuìhǎo	副
472	正	zhèng	副		494	最后	zuìhòu	名
473	正在	zhèngzài	副		495	昨天	zuótiān	名
474	知道	zhī·dào	动		496	左	zuǒ	名
475	知识	zhīshi	名		497	左边	zuǒbian	名
476	中	zhōng	名		498	坐	zuò	动
477	中国	Zhōngguó	名		499	坐下	zuòxia	
478	中间	zhōngjiān	名		500	做	zuò	动

二级词汇（772个）

序号	词语	拼音	词性		序号	词语	拼音	词性
1	啊	a	助		36	不好意思	bù hǎoyìsi	
2	爱情	àiqíng	名		37	不久	bùjiǔ	形
3	爱人	àiren	名		38	不满	bùmǎn	形
4	安静	ānjìng	形、动		39	不如	bùrú	动
5	安全	ānquán	形、名		40	不少	bù shǎo	
6	白色	báisè	名		41	不同	bù tóng	
7	班长	bānzhǎng	名		42	不行	bùxíng	动、形
8	办	bàn	动		43	不一定	bùyídìng	副
9	办法	bànfǎ	名		44	不一会儿	bù yíhuìr	
10	办公室	bàngōngshì	名		45	部分	bùfen	名
11	半夜	bànyè	名		46	才	cái	副
12	帮助	bāngzhù	动		47	菜单	càidān	名
13	饱	bǎo	形		48	参观	cānguān	动
14	报名	bào//míng			49	参加	cānjiā	动
15	报纸	bàozhǐ	名		50	草	cǎo	名
16	北方	běifāng	名		51	草地	cǎodì	名
17	背	bèi	动		52	层	céng	量
18	比如	bǐrú	动		53	查	chá	动
19	比如说	bǐrú shuō			54	差不多	chàbuduō	形、副
20	笔	bǐ	名、量		55	长	cháng	形
21	笔记	bǐjì	名		56	常见	cháng jiàn	
22	笔记本	bǐjìběn	名		57	常用	cháng yòng	
23	必须	bìxū	副		58	场	chǎng	量
24	边	biān	名		59	超过	chāoguò	动
25	变	biàn	动		60	超市	chāoshì	名
26	变成	biànchéng			61	车辆	chēliàng	名
27	遍	biàn	量		62	称（称一称）	chēng	动
28	表	biǎo	名		63	成	chéng	动
29	表示	biǎoshì	动、名		64	成绩	chéngjì	名
30	不错	búcuò	形		65	成为	chéngwéi	动
31	不但	búdàn	连		66	重复	chóngfù	动
32	不够	búgòu	动、副		67	重新	chóngxīn	副
33	不过	búguò	连		68	出发	chūfā	动
34	不太	bú tài			69	出国	chū//guó	
35	不要	búyào	副		70	出口	chūkǒu	名
					71	出门	chū//mén	

72	出生	chūshēng	动		111	倒	dào	动
73	出现	chūxiàn	动		112	道	dào	量
74	出院	chū//yuàn			113	道理	dào·lǐ	名
75	出租	chūzū	动		114	道路	dàolù	名
76	出租车	chūzūchē	名		115	得	dé	动
77	船	chuán	名		116	得出	déchū	
78	吹	chuī	动		117	的话	dehuà	助
79	春节	Chūnjié	名		118	得	de	助
80	春天	chūntiān	名		119	灯	dēng	名
81	词	cí	名		120	等	děng	助、名
82	词典	cídiǎn	名		121	等到	děngdào	介
83	词语	cíyǔ	名		122	等于	děngyú	动
84	从小	cóngxiǎo	副		123	低	dī	形、动
85	答应	dāying	动		124	地球	dìqiú	名
86	打工	dǎ//gōng			125	地铁	dìtiě	名
87	打算	dǎ·suàn	动、名		126	地铁站	dìtiězhàn	名
88	打印	dǎyìn	动		127	点头	diǎn//tóu	
89	大部分	dàbùfen	名		128	店	diàn	名
90	大大	dàdà	副		129	掉	diào	动
91	大多数	dàduōshù	名		130	东北	dōngběi	名
92	大海	dàhǎi	名		131	东方	dōngfāng	名
93	大家	dàjiā	代		132	东南	dōngnán	名
94	大量	dàliàng	形		133	冬天	dōngtiān	名
95	大门	dàmén	名		134	懂	dǒng	动
96	大人	dàren	名		135	懂得	dǒngde	动
97	大声	dà shēng			136	动物	dòngwù	名
98	大小	dàxiǎo	名		137	动物园	dòngwùyuán	名
99	大衣	dàyī	名		138	读音	dúyīn	名
100	大自然	dàzìrán	名		139	度	dù	名、量
101	带	dài	动		140	短	duǎn	形
102	带来	dài·lái			141	短信	duǎnxìn	名
103	单位	dānwèi	名		142	段	duàn	量
104	但	dàn	连		143	队	duì	名
105	但是	dànshì	连		144	队长	duìzhǎng	名
106	蛋	dàn	名		145	对	duì	介、动
107	当	dāng	动、介		146	对话	duìhuà	动、名
108	当时	dāngshí	名		147	对面	duìmiàn	名
109	倒	dǎo	动		148	多	duō	副
110	到处	dàochù	副		149	多久	duōjiǔ	代

150	多么	duōme	副		189	公交车	gōngjiāochē	名
151	多数	duōshù	名		190	公斤	gōngjīn	量
152	多云	duōyún	名		191	公里	gōnglǐ	量
153	而且	érqiě	连		192	公路	gōnglù	名
154	发	fā	动		193	公平	gōngpíng	形
155	发现	fāxiàn	动、名		194	公司	gōngsī	名
156	饭馆	fànguǎn	名		195	公园	gōngyuán	名
157	方便	fāngbiàn	形		196	狗	gǒu	名
158	方便面	fāngbiànmiàn	名		197	够	gòu	动、副
159	方法	fāngfǎ	名		198	故事	gùshi	名
160	方面	fāngmiàn	名		199	故意	gùyì	副
161	方向	fāngxiàng	名		200	顾客	gùkè	名
162	放下	fàngxia			201	关机	guān//jī	
163	放心	fàng//xīn			202	关心	guānxīn	动
164	分	fēn	动		203	观点	guāndiǎn	名
165	分开	fēn//kāi			204	广场	guǎngchǎng	名
166	分数	fēnshù	名		205	广告	guǎnggào	名
167	分钟	fēnzhōng	量		206	国际	guójì	名
168	份	fèn	量		207	过来	guò·lái	动
169	封	fēng	量		208	过年	guò//nián	
170	服务	fúwù	动		209	过去	guò·qù	动
171	复习	fùxí	动		210	过	guo	助
172	该	gāi	动		211	海	hǎi	名
173	改	gǎi	动		212	海边	hǎi biān	
174	改变	gǎibiàn	动、名		213	喊	hǎn	动
175	干杯	gān//bēi			214	好	hǎo	副
176	感到	gǎndào	动		215	好处	hǎochù	名
177	感动	gǎndòng	形、动		216	好多	hǎoduō	数
178	感觉	gǎnjué	动、名		217	好久	hǎojiǔ	形
179	感谢	gǎnxiè	动		218	好人	hǎorén	名
180	干活儿	gàn//huór			219	好事	hǎoshì	名
181	刚	gāng	副		220	好像	hǎoxiàng	副、动
182	刚才	gāngcái	名		221	合适	héshì	形
183	刚刚	gānggāng	副		222	河	hé	名
184	高级	gāojí	形		223	黑	hēi	形
185	高中	gāozhōng	名		224	黑板	hēibǎn	名
186	个子	gèzi	名		225	黑色	hēisè	名
187	更	gèng	副		226	红	hóng	形
188	公共汽车	gōnggòng qìchē			227	红色	hóngsè	名

228	后来	hòulái	名		267	讲	jiǎng	动
229	忽然	hūrán	副		268	讲话	jiǎng//huà	
230	湖	hú	名		269	交	jiāo	动
231	护照	hùzhào	名		270	交给	jiāo gěi	
232	花	huā	动		271	交朋友	jiāo péngyou	
233	花园	huāyuán	名		272	交通	jiāotōng	名
234	画	huà	动		273	角	jiǎo	量、名
235	画家	huàjiā	名		274	角度	jiǎodù	名
236	画儿	huàr	名		275	饺子	jiǎozi	名
237	坏处	huàichù	名		276	脚	jiǎo	名
238	坏人	huàirén	名		277	叫作	jiàozuò	动
239	欢迎	huānyíng	动		278	教师	jiàoshī	名
240	换	huàn	动		279	教室	jiàoshì	名
241	黄	huáng	形		280	教学	jiàoxué	名
242	黄色	huángsè	名		281	教育	jiàoyù	动、名
243	回	huí	量		282	接	jiē	动
244	回国	huí guó			283	接到	jiēdào	
245	会	huì	名		284	接受	jiēshòu	动
246	活动	huódòng	动、名		285	接下来	jiē·xià·lái	
247	或	huò	连		286	接着	jiēzhe	动、副
248	或者	huòzhě	连		287	街	jiē	名
249	机会	jī·huì	名		288	节	jié	名、量
250	鸡	jī	名		289	节目	jiémù	名
251	级	jí	名		290	节日	jiérì	名
252	急	jí	形		291	结果	jiéguǒ	名、连
253	计划	jìhuà	名、动		292	借	jiè	动
254	计算机	jìsuànjī	名		293	斤	jīn	量
255	加	jiā	动		294	今后	jīnhòu	名
256	加油	jiā//yóu			295	进入	jìnrù	动
257	家（科学家）	jiā (kēxuéjiā)	后缀		296	进行	jìnxíng	动
258	家庭	jiātíng	名		297	近	jìn	形
259	家长	jiāzhǎng	名		298	经常	jīngcháng	副
260	假	jiǎ	形		299	经过	jīngguò	动、名
261	假期	jiàqī	名		300	经理	jīnglǐ	名
262	检查	jiǎnchá	动、名		301	酒	jiǔ	名
263	见到	jiàndào			302	酒店	jiǔdiàn	名
264	见过	jiànguo			303	就要	jiùyào	副
265	件	jiàn	量		304	举	jǔ	动
266	健康	jiànkāng	形、名		305	举手	jǔshǒu	动

306	举行	jǔxíng	动	345	离开	lí∥kāi	
307	句	jù	量	346	礼物	lǐwù	名
308	句子	jùzi	名	347	里头	lǐtou	名
309	卡	kǎ	名	348	理想	lǐxiǎng	名
310	开机	kāi∥jī		349	例如	lìrú	动
311	开心	kāixīn	形、动	350	例子	lìzi	名
312	开学	kāi∥xué		351	脸	liǎn	名
313	看法	kàn·fǎ	名	352	练	liàn	动
314	考生	kǎoshēng	名	353	练习	liànxí	动、名
315	靠	kào	动	354	凉	liáng	形
316	科	kē	名	355	凉快	liángkuai	形
317	科学	kēxué	名、形	356	两	liǎng	量
318	可爱	kě'ài	形	357	亮	liàng	形、动
319	可能	kěnéng	动、形、名	358	辆	liàng	量
320	可怕	kěpà	形	359	零下	líng xià	
321	可是	kěshì	连	360	留	liú	动
322	可以	kěyǐ	动	361	留下	liúxia	
323	克	kè	量	362	留学生	liúxuéshēng	名
324	刻	kè	量	363	流	liú	动
325	客人	kè·rén	名	364	流利	liúlì	形
326	课堂	kètáng	名	365	流行	liúxíng	动、形
327	空气	kōngqì	名	366	路边	lù biān	
328	哭	kū	动	367	旅客	lǚkè	名
329	快餐	kuàicān	名	368	旅行	lǚxíng	动
330	快点儿	kuài diǎnr		369	旅游	lǚyóu	动
331	快乐	kuàilè	形	370	绿	lǜ	形
332	快要	kuàiyào	副	371	绿色	lǜsè	名
333	筷子	kuàizi	名	372	卖	mài	动
334	拉	lā	动	373	满	mǎn	形
335	来自	láizì	动	374	满意	mǎnyì	动
336	蓝	lán	形	375	猫	māo	名
337	蓝色	lánsè	名	376	米	mǐ	量
338	篮球	lánqiú	名	377	面[1]（见面）	miàn	名、量
339	老	lǎo	副	378	面[2]（面条儿）	miàn	名
340	老（老王）	lǎo (Lǎo Wáng)	前缀	379	面前	miànqián	
341	老年	lǎonián		380	名	míng	名、量
342	老朋友	lǎo péngyou		381	名称	míngchēng	名
343	老是	lǎo·shì	副	382	名单	míngdān	名
344	离	lí	动、介	383	明星	míngxīng	名

384	目的	mùdì	名
385	拿出	náchū	
386	拿到	nádào	
387	那	nà	连
388	那会儿	nàhuìr	代
389	那么	nàme	代
390	那时候	nà shíhou	
	那时	nà shí	
391	那样	nàyàng	代
392	南方	nánfāng	名
393	难过	nánguò	形
394	难看	nánkàn	形
395	难受	nánshòu	形
396	难题	nántí	名
397	难听	nántīng	形
398	能够	nénggòu	动
399	年级	niánjí	名
400	年轻	niánqīng	形
401	鸟	niǎo	名
402	弄	nòng	动
403	努力	nǔlì	形
404	爬	pá	动
405	爬山	pá shān	
406	怕	pà	动
407	排	pái	名、量
408	排队	pái//duì	
409	排球	páiqiú	名
410	碰	pèng	动
411	碰到	pèngdào	
412	碰见	pèng//jiàn	
413	篇	piān	量
414	便宜	piányi	形、名
415	片	piàn	量
416	漂亮	piàoliang	形
417	平	píng	形
418	平安	píng'ān	形
419	平常	píngcháng	名、形
420	平等	píngděng	形
421	平时	píngshí	名
422	瓶	píng	名、量
423	瓶子	píngzi	名
424	普通	pǔtōng	形
425	普通话	pǔtōnghuà	名
426	其他	qítā	代
427	其中	qízhōng	名
428	骑	qí	动
429	骑车	qí chē	
430	起飞	qǐfēi	动
431	气	qì	动、名
432	气温	qìwēn	名
433	千	qiān	数
434	千克	qiānkè	量
435	前年	qiánnián	名
436	墙	qiáng	名
437	青年	qīngnián	名
438	青少年	qīng-shàonián	名
439	轻	qīng	形
440	清楚	qīngchu	形
441	晴	qíng	形
442	晴天	qíngtiān	名
443	请客	qǐng//kè	
444	请求	qǐngqiú	动、名
445	秋天	qiūtiān	名
446	求	qiú	动
447	球场	qiúchǎng	名
448	球队	qiúduì	名
449	球鞋	qiúxié	名
450	取	qǔ	动
451	取得	qǔdé	动
452	全	quán	副、形
453	全部	quánbù	名
454	全国	quánguó	名
455	全家	quánjiā	名
456	全年	quánnián	名
457	全身	quánshēn	名
458	全体	quántǐ	名
459	然后	ránhòu	连
460	让	ràng	动、介

#	词	拼音	词性	#	词	拼音	词性
461	热情	rèqíng	名、形	500	熟	shú / shóu	形
462	人口	rénkǒu	名	501	数	shǔ	动
463	人们	rénmen	名	502	数字	shùzì	名
464	人数	rénshù	名	503	水平	shuǐpíng	名
465	认为	rènwéi	动	504	顺利	shùnlì	形
466	日报	rìbào	名	505	说明	shuōmíng	动、名
467	日子	rìzi	名	506	司机	sījī	名
468	如果	rúguǒ	连	507	送到	sòngdào	
469	入口	rùkǒu	名	508	送给	sòng gěi	
470	商量	shāngliang	动	509	算	suàn	动
471	商人	shāngrén	名	510	虽然	suīrán	连
472	上周	shàng zhōu		511	随便	suíbiàn	形
473	少数	shǎoshù	名	512	随时	suíshí	副
474	少年	shàonián	名	513	所以	suǒyǐ	连
475	身边	shēnbiān	名	514	所有	suǒyǒu	形
476	什么样	shénmeyàng	代	515	它	tā	代
477	生	shēng	动	516	它们	tāmen	代
478	生词	shēngcí	名	517	太太	tàitai	名
479	生活	shēnghuó	名、动	518	太阳	tài·yáng	名
480	声音	shēngyīn	名	519	态度	tài·dù	名
481	省[1]	shěng	名	520	讨论	tǎolùn	动
482	省[2]	shěng	动	521	套	tào	量
483	十分	shífēn	副	522	特别	tèbié	形、副
484	实际	shíjì	名、形	523	特点	tèdiǎn	名
485	实习	shíxí	动、名	524	疼	téng	动
486	实现	shíxiàn	动	525	提	tí	动
487	实在	shízài	副	526	提出	tíchū	
488	实在	shízai	形	527	提到	tídào	
489	食物	shíwù	名	528	提高	tí∥gāo	
490	使用	shǐyòng	动	529	题	tí	名
491	市	shì	名	530	体育	tǐyù	名
492	市长	shìzhǎng	名	531	体育场	tǐyùchǎng	名
493	事情	shìqing	名	532	体育馆	tǐyùguǎn	名
494	收	shōu	动	533	天上	tiānshàng	名
495	收到	shōudào		534	条	tiáo	量
496	收入	shōurù	动、名	535	条件	tiáojiàn	名
497	手表	shǒubiǎo	名	536	听讲	tīng∥jiǎng	
498	受到	shòudào		537	听说	tīngshuō	动
499	舒服	shūfu	形	538	停	tíng	动

539	停车	tíng∥chē	
540	停车场	tíngchēchǎng	名
541	挺	tǐng	副
542	挺好	tǐng hǎo	
543	通	tōng	动、形
544	通过	tōngguò	介、动
545	通知	tōngzhī	动、名
546	同时	tóngshí	连、名
547	同事	tóngshì	名
548	同样	tóngyàng	形、连
549	头	tóu	名、量
550	头发	tóufa	名
551	头（里头）	tou (lǐtou)	后缀
552	图片	túpiàn	名
553	推	tuī	动
554	腿	tuǐ	名
555	外地	wàidì	名
556	外卖	wàimài	名、动
557	完	wán	动
558	完成	wán∥chéng	
559	完全	wánquán	形、副
560	晚安	wǎn'ān	动
561	晚报	wǎnbào	名
562	晚餐	wǎncān	名
563	晚会	wǎnhuì	名
564	碗	wǎn	名
565	万	wàn	数
566	网	wǎng	名
567	网球	wǎngqiú	名
568	网站	wǎngzhàn	名
569	往	wǎng	动、介
570	为	wèi	介
571	为什么	wèi shénme	
572	位	wèi	量
573	味道	wèi·dào	名
574	喂	wèi	叹
575	温度	wēndù	名
576	闻	wén	动
577	问路	wènlù	动
578	问题	wèntí	名
579	午餐	wǔcān	名
580	午睡	wǔshuì	名、动
581	西北	xīběi	名
582	西餐	xīcān	名
583	西方	xīfāng	名
584	西南	xīnán	名
585	西医	xīyī	名
586	习惯	xíguàn	名、动
587	洗衣机	xǐyījī	名
588	洗澡	xǐ∥zǎo	
589	下	xià	量
590	下雪	xià xuě	
591	下周	xià zhōu	
592	夏天	xiàtiān	名
593	相同	xiāngtóng	形
594	相信	xiāngxìn	动
595	响	xiǎng	形
596	想到	xiǎngdào	
597	想法	xiǎng·fǎ	名
598	想起	xiǎngqǐ	
599	向	xiàng	介、动
600	相机	xiàngjī	名
601	像	xiàng	动
602	小（小王）	xiǎo (Xiǎo Wáng)	前缀
603	小声	xiǎo shēng	
604	小时候	xiǎoshíhou	名
605	小说	xiǎoshuō	名
606	小心	xiǎoxīn	形、动
607	小组	xiǎozǔ	名
608	校园	xiàoyuán	名
609	校长	xiàozhǎng	名
610	笑话	xiàohua	动
611	笑话儿	xiàohuar	名
612	鞋	xié	名
613	心里	xīn·lǐ	
614	心情	xīnqíng	名
615	心中	xīnzhōng	
616	新闻	xīnwén	名

617	信	xìn	名
618	信号	xìnhào	名
619	信息	xìnxī	名
620	信心	xìnxīn	名
621	信用卡	xìnyòngkǎ	名
622	星星	xīngxing	名
623	行动	xíngdòng	动、名
624	行人	xíngrén	名
625	行为	xíngwéi	名
626	姓	xìng	名、动
627	姓名	xìngmíng	名
628	休假	xiū//jià	
629	许多	xǔduō	数
630	选	xuǎn	动
631	学期	xuéqī	名
632	雪	xuě	名
633	颜色	yánsè	名
634	眼	yǎn	名、量
635	眼睛	yǎnjing	名
636	养	yǎng	动
637	样子	yàngzi	名
638	要求	yāoqiú	动、名
639	药	yào	名
640	药店	yàodiàn	名
641	药片	yàopiàn	名
642	药水	yàoshuǐ	名
643	也许	yěxǔ	副
644	夜	yè	名
645	夜里	yè·lǐ	名
646	一部分	yí bùfen	
647	一定	yídìng	形、副
648	一共	yígòng	副
649	一会儿	yíhuìr	副
650	一路平安	yílù-píng'ān	
651	一路顺风	yílù-shùnfēng	
652	已经	yǐjīng	副
653	以后	yǐhòu	名
654	以前	yǐqián	名
655	以上	yǐshàng	名
656	以外	yǐwài	名
657	以为	yǐwéi	动
658	以下	yǐxià	名
659	椅子	yǐzi	名
660	一般	yìbān	形
661	一点点	yì diǎndiǎn	
662	一生	yìshēng	名
663	一直	yìzhí	副
664	亿	yì	数
665	意见	yì·jiàn	名
666	意思	yìsi	名
667	因为	yīn·wèi	连、介
668	阴	yīn	形
669	阴天	yīntiān	名
670	音节	yīnjié	名
671	音乐	yīnyuè	名
672	音乐会	yīnyuèhuì	名
673	银行	yínháng	名
674	银行卡	yínhángkǎ	名
675	应该	yīnggāi	动
676	英文	Yīngwén	名
677	英语	Yīngyǔ	名
678	影片	yǐngpiàn	名
679	影响	yǐngxiǎng	动、名
680	永远	yǒngyuǎn	副
681	油	yóu	名
682	游客	yóukè	名
683	友好	yǒuhǎo	形
684	有空儿	yǒukòngr	动
685	有人	yǒu rén	
686	有（一）点儿	yǒu(yì)diǎnr	副
687	有意思	yǒu yìsi	
688	又	yòu	副
689	鱼	yú	名
690	语言	yǔyán	名
691	原来	yuánlái	形、副
692	原因	yuányīn	名
693	院	yuàn	名
694	院长	yuànzhǎng	名

695	院子	yuànzi	名
696	愿意	yuànyì	动
697	月份	yuèfèn	名
698	月亮	yuèliang	名
699	越	yuè	副
700	越来越	yuè lái yuè	
701	云	yún	名
702	运动	yùndòng	动、名
703	咱	zán	代
704	咱们	zánmen	代
705	脏	zāng	形
706	早餐	zǎocān	名
707	早晨	zǎochen	名
708	早就	zǎo jiù	
709	怎么办	zěnme bàn	
710	怎么样	zěnmeyàng	代
711	怎样	zěnyàng	代
712	占	zhàn	动
713	站	zhàn	动
714	站住	zhàn//zhù	
715	长	zhǎng	动
716	长大	zhǎngdà	
717	找出	zhǎochū	
718	照顾	zhàogù	动
719	照片	zhàopiàn	名
720	照相	zhào//xiàng	
721	这么	zhème	代
722	这时候 这时	zhè shíhou zhè shí	
723	这样	zhèyàng	代
724	真正	zhēnzhèng	形
725	正常	zhèngcháng	形
726	正好	zhènghǎo	形、副
727	正确	zhèngquè	形
728	正是	zhèng shì	
729	直接	zhíjiē	形
730	只	zhǐ	副
731	只能	zhǐ néng	
732	只要	zhǐyào	连
733	纸	zhǐ	名
734	中餐	zhōngcān	名
735	中级	zhōngjí	形
736	中年	zhōngnián	名
737	中小学	zhōng-xiǎoxué	
738	中心	zhōngxīn	名
739	中医	zhōngyī	名
740	重点	zhòngdiǎn	名、副
741	重视	zhòngshì	动
742	周	zhōu	量
743	周末	zhōumò	名
744	周年	zhōunián	名
745	主人	zhǔ·rén	名
746	主要	zhǔyào	形
747	住房	zhùfáng	名
748	住院	zhù//yuàn	
749	装	zhuāng	动
750	准确	zhǔnquè	形
751	自己	zìjǐ	代
752	自行车	zìxíngchē	名
753	自由	zìyóu	名、形
754	字典	zìdiǎn	名
755	走过	zǒuguò	
756	走进	zǒujìn	
757	走开	zǒukāi	
758	租	zū	动
759	组	zǔ	动、名
760	组成	zǔchéng	动
761	组长	zǔzhǎng	名
762	嘴	zuǐ	名
763	最近	zuìjìn	名
764	作家	zuòjiā	名
765	作文	zuòwén	名
766	作业	zuòyè	名
767	作用	zuòyòng	名
768	座	zuò	量
769	座位	zuò·wèi	名
770	做到	zuòdào	
771	做法	zuò·fǎ	名
772	做饭	zuò//fàn	

三级词汇（973个）

序号	词语	拼音	词性		序号	词语	拼音	词性
1	爱心	àixīn	名		36	本事	běnshi	名
2	安排	ānpái	动、名		37	比较	bǐjiào	副、动
3	安装	ānzhuāng	动		38	比例	bǐlì	名
4	按	àn	动、介		39	比赛	bǐsài	动、名
5	按照	ànzhào	介		40	必然	bìrán	形
6	把¹	bǎ	介		41	必要	bìyào	形、名
7	把²	bǎ	量		42	变化	biànhuà	动、名
8	把握	bǎwò	动、名		43	变为	biànwéi	动
9	白	bái	副		44	标题	biāotí	名
10	白菜	báicài	名		45	标准	biāozhǔn	名、形
11	班级	bānjí	名		46	表达	biǎodá	动
12	搬	bān	动		47	表格	biǎogé	名
13	搬家	bān//jiā			48	表面	biǎomiàn	名
14	板	bǎn	名		49	表明	biǎomíng	动
15	办理	bànlǐ	动		50	表现	biǎoxiàn	动、名
16	保	bǎo	动		51	表演	biǎoyǎn	动、名
17	保安	bǎo'ān	名		52	并	bìng	副、连
18	保持	bǎochí	动		53	并且	bìngqiě	连
19	保存	bǎocún	动		54	播出	bōchū	
20	保护	bǎohù	动		55	播放	bōfàng	动
21	保留	bǎoliú	动		56	不必	búbì	副
22	保险	bǎoxiǎn	形、名		57	不断	búduàn	动、副
23	保证	bǎozhèng	动、名		58	不论	búlùn	连
24	报	bào	名		59	补	bǔ	动
25	报到	bào//dào			60	补充	bǔchōng	动、名
26	报道	bàodào	动、名		61	不安	bù'ān	形
27	报告	bàogào	动、名		62	不得不	bùdébù	
28	背	bēi	动		63	不光	bùguāng	副、连
29	北部	běibù	名		64	不仅	bùjǐn	连
30	背	bèi	名		65	布	bù	名
31	背后	bèihòu	名		66	步	bù	名、量
32	被	bèi	介		67	部	bù	名、量
33	被子	bèizi	名		68	部门	bùmén	名
34	本来	běnlái	形、副		69	部长	bùzhǎng	名
35	本领	běnlǐng	名		70	才能	cáinéng	名
					71	采取	cǎiqǔ	动

72	采用	cǎiyòng	动
73	彩色	cǎisè	名
74	曾经	céngjīng	副
75	产生	chǎnshēng	动
76	长城	Chángchéng	名
77	长处	chángchù	名
78	长期	chángqī	名
79	厂	chǎng	名
80	场合	chǎnghé	名
81	场所	chǎngsuǒ	名
82	超级	chāojí	形
83	朝	cháo	介、动
84	吵	chǎo	形、动
85	吵架	chǎo//jià	
86	衬衫	chènshān	名
87	衬衣	chènyī	名
88	称为	chēngwéi	
89	成功	chénggōng	动、形
90	成果	chéngguǒ	名
91	成就	chéngjiù	名、动
92	成立	chénglì	动
93	成熟	chéngshú	形
94	成员	chéngyuán	名
95	成长	chéngzhǎng	动
96	城	chéng	名
97	城市	chéngshì	名
98	程度	chéngdù	名
99	持续	chíxù	动
100	充满	chōngmǎn	动
101	重	chóng	副
102	初	chū	副
103	初（初一）	chū (chūyī)	前缀
104	初步	chūbù	形
105	初级	chūjí	形
106	初中	chūzhōng	名
107	除了	chúle	介
108	处理	chǔlǐ	动、名
109	传	chuán	动
110	传播	chuánbō	动
111	传来	chuánlái	
112	传说	chuánshuō	动、名
113	创新	chuàngxīn	动、名
114	创业	chuàngyè	动
115	创造	chuàngzào	动、名
116	创作	chuàngzuò	动、名
117	从来	cónglái	副
118	从前	cóngqián	名
119	从事	cóngshì	动
120	村	cūn	名
121	存	cún	动
122	存在	cúnzài	动
123	错误	cuòwù	形、名
124	达到	dá//dào	
125	打破	dǎ//pò	
126	打听	dǎting	动
127	大概	dàgài	形、副
128	大使馆	dàshǐguǎn	名
129	大约	dàyuē	副
130	大夫	dàifu	名
131	代	dài	动、名
132	代表	dàibiǎo	名、动
133	代表团	dàibiǎotuán	名
134	带动	dàidòng	动
135	带领	dàilǐng	动
136	单元	dānyuán	名
137	当初	dāngchū	名
138	当地	dāngdì	名
139	当然	dāngrán	形、副
140	当中	dāngzhōng	名
141	刀	dāo	名
142	导演	dǎoyǎn	动、名
143	到达	dàodá	动
144	到底	dàodǐ	副
145	得分	défēn	动、名
146	等待	děngdài	动
147	底下	dǐxia	名
148	地区	dìqū	名
149	电视剧	diànshìjù	名

150	电视台	diànshìtái	名		189	房屋	fángwū	名
151	电台	diàntái	名		190	房租	fángzū	名
152	电子邮件	diànzǐ yóujiàn			191	访问	fǎngwèn	动
153	调	diào	动		192	放到	fàngdào	
154	调查	diàochá	动、名		193	飞行	fēixíng	动
155	订	dìng	动		194	费	fèi	动、名
156	定期	dìngqī	动、形		195	费用	fèiyong	名
157	东部	dōngbù	名		196	分别	fēnbié	动、副
158	动力	dònglì	名		197	分配	fēnpèi	动
159	动人	dòngrén	形		198	分组	fēn zǔ	
160	读者	dúzhě	名		199	丰富	fēngfù	形
161	短处	duǎnchù	名		200	风险	fēngxiǎn	名
162	短裤	duǎnkù	名		201	否定	fǒudìng	动、形
163	短期	duǎnqī	名		202	否认	fǒurèn	动
164	断	duàn	动		203	服装	fúzhuāng	名
165	队员	duìyuán	名		204	福	fú	名
166	对待	duìdài	动		205	父母	fùmǔ	名
167	对方	duìfāng	名		206	父亲	fù·qīn	名
168	对手	duìshǒu	名		207	付	fù	动
169	对象	duìxiàng	名		208	负责	fùzé	动、形
170	顿	dùn	量		209	复印	fùyìn	动
171	发表	fābiǎo	动		210	复杂	fùzá	形
172	发出	fāchū	动		211	富	fù	形
173	发达	fādá	形		212	改进	gǎijìn	动
174	发动	fādòng	动		213	改造	gǎizào	动
175	发明	fāmíng	动、名		214	概念	gàiniàn	名
176	发生	fāshēng	动		215	赶	gǎn	动
177	发送	fāsòng	动		216	赶到	gǎndào	
178	发言	fāyán	动、名		217	赶紧	gǎnjǐn	副
179	发展	fāzhǎn	动、名		218	赶快	gǎnkuài	副
180	反对	fǎnduì	动		219	敢	gǎn	动
181	反复	fǎnfù	副、名		220	感冒	gǎnmào	名、动
182	反应	fǎnyìng	动、名		221	感情	gǎnqíng	名
183	反正	fǎn·zhèng	副		222	感受	gǎnshòu	名、动
184	范围	fànwéi	名		223	干吗	gànmá	代
185	方式	fāngshì	名		224	高速	gāosù	形
186	防	fáng	动		225	高速公路	gāosù gōnglù	
187	防止	fángzhǐ	动		226	告别	gào∥bié	
188	房东	fángdōng	名		227	歌迷	gēmí	名

228	歌声	gēshēng	名
229	歌手	gēshǒu	名
230	个人	gèrén	名
231	个性	gèxìng	名
232	各	gè	代、副
233	各地	gèdì	名
234	各位	gèwèi	代
235	各种	gèzhǒng	代
236	各自	gèzì	代
237	根本	gēnběn	副、形、名
238	更加	gèngjiā	副
239	工厂	gōngchǎng	名
240	工程师	gōngchéngshī	名
241	工夫	gōngfu	名
242	工具	gōngjù	名
243	工业	gōngyè	名
244	工资	gōngzī	名
245	公布	gōngbù	动
246	公共	gōnggòng	形
247	公开	gōngkāi	形、动
248	公民	gōngmín	名
249	公务员	gōngwùyuán	名
250	功夫	gōngfu	名
251	功课	gōngkè	名
252	功能	gōngnéng	名
253	共同	gòngtóng	形
254	共有	gòngyǒu	动
255	姑娘	gūniang	名
256	古	gǔ	形
257	古代	gǔdài	名
258	故乡	gùxiāng	名
259	挂	guà	动
260	关系	guān·xì	名、动
261	关注	guānzhù	动
262	观察	guānchá	动
263	观看	guānkàn	动
264	观念	guānniàn	名
265	观众	guānzhòng	名
266	管	guǎn	动
267	管理	guǎnlǐ	动
268	光	guāng	副、名、形
269	光明	guāngmíng	形、名
270	广播	guǎngbō	动、名
271	广大	guǎngdà	形
272	规定	guīdìng	动、名
273	规范	guīfàn	形、名、动
274	国内	guó nèi	
275	国庆	guóqìng	名
276	果然	guǒrán	副
277	果汁	guǒzhī	名
278	过程	guòchéng	名
279	过去	guòqù	名
280	哈哈	hāhā	拟声
281	海关	hǎiguān	名
282	害怕	hài//pà	
283	行	háng	量
284	好好	hǎohǎo	形、副
285	好奇	hàoqí	形
286	合	hé	动
287	合法	héfǎ	形
288	合格	hégé	形
289	合理	hélǐ	形
290	合作	hézuò	动
291	和平	hépíng	名
292	红茶	hóngchá	名
293	红酒	hóngjiǔ	名
294	后果	hòuguǒ	名
295	后面	hòumiàn	名
296	后年	hòunián	名
297	互联网	hùliánwǎng	名
298	互相	hùxiāng	副
299	划船	huáchuán	动
300	华人	huárén	名
301	化（现代化）	huà (xiàndàihuà)	后缀
302	话剧	huàjù	名
303	话题	huàtí	名
304	欢乐	huānlè	形
305	环	huán	名

306	环保	huánbǎo	名、形		345	建立	jiànlì	动
307	环境	huánjìng	名		346	建设	jiànshè	动、名
308	会议	huìyì	名		347	建议	jiànyì	动、名
309	会员	huìyuán	名		348	将近	jiāngjìn	副
310	活	huó	形、动		349	将来	jiānglái	名
311	火	huǒ	名		350	交费	jiāofèi	动
312	机器	jī·qì	名		351	交警	jiāojǐng	名
313	积极	jījí	形		352	交流	jiāoliú	动、名
314	基本	jīběn	形		353	交往	jiāowǎng	动
315	基本上	jīběn·shàng	副		354	交易	jiāoyì	名
316	基础	jīchǔ	名		355	叫	jiào	介
317	及时	jíshí	形		356	较	jiào	副
318	…极了	…jí le			357	教材	jiàocái	名
319	集体	jítǐ	名		358	教练	jiàoliàn	名
320	集中	jízhōng	动、形		359	结实	jiēshi	形
321	计算	jìsuàn	动		360	接待	jiēdài	动
322	记录	jìlù	名、动		361	接近	jiējìn	动
323	记者	jìzhě	名		362	节约	jiéyuē	动
324	纪录	jìlù	名		363	结合	jiéhé	动
325	纪念	jìniàn	动、名		364	结婚	jié∥hūn	
326	技术	jìshù	名		365	结束	jiéshù	动
327	继续	jìxù	动		366	解决	jiějué	动
328	加工	jiā∥gōng			367	解开	jiěkāi	动
329	加快	jiākuài	动		368	金	jīn	名
330	加强	jiāqiáng	动		369	金牌	jīnpái	名
331	家具	jiājù	名		370	仅	jǐn	副
332	家属	jiāshǔ	名		371	仅仅	jǐnjǐn	副
333	家乡	jiāxiāng	名		372	尽量	jǐnliàng	副
334	价格	jiàgé	名		373	紧	jǐn	形
335	价钱	jià·qián	名		374	紧急	jǐnjí	形
336	价值	jiàzhí	名		375	紧张	jǐnzhāng	形
337	架	jià	量、名、动		376	进步	jìnbù	动、形
338	坚持	jiānchí	动		377	进一步	jìnyíbù	副
339	坚决	jiānjué	形		378	进展	jìnzhǎn	动
340	坚强	jiānqiáng	形		379	近期	jìnqī	名
341	简单	jiǎndān	形		380	京剧	jīngjù	名
342	简直	jiǎnzhí	副		381	经济	jīngjì	名、形
343	建	jiàn	动		382	经历	jīnglì	动、名
344	建成	jiànchéng			383	经验	jīngyàn	名

384	经营	jīngyíng	动
385	精彩	jīngcǎi	形
386	精神	jīngshén	名
387	精神	jīngshen	形、名
388	景色	jǐngsè	名
389	警察	jǐngchá	名
390	静	jìng	形、动
391	久	jiǔ	形
392	旧	jiù	形
393	救	jiù	动
394	就是	jiùshì	连
395	就业	jiù//yè	
396	举办	jǔbàn	动
397	具体	jùtǐ	形
398	具有	jùyǒu	动
399	剧场	jùchǎng	名
400	据说	jùshuō	动
401	决定	juédìng	动、名
402	决赛	juésài	动、名
403	决心	juéxīn	名、动
404	绝对	juéduì	副
405	咖啡	kāfēi	名
406	开发	kāifā	动
407	开放	kāifàng	动
408	开始	kāishǐ	动、名
409	开业	kāi//yè	
410	开展	kāizhǎn	动
411	看起来	kàn·qǐ·lái	
412	看上去	kàn shàng·qù	
413	考验	kǎoyàn	动
414	科技	kējì	名
415	可靠	kěkào	形
416	可乐	kělè	名
417	克服	kèfú	动
418	客观	kèguān	形
419	课程	kèchéng	名
420	空	kōng	形、副
421	空调	kōngtiáo	名
422	恐怕	kǒngpà	副
423	空儿	kòngr	名
424	裤子	kùzi	名
425	快速	kuàisù	形
426	困	kùn	形、动
427	困难	kùnnan	名、形
428	浪费	làngfèi	动
429	老百姓	lǎobǎixìng	名
430	老板	lǎobǎn	名
431	老太太	lǎotàitai	名
432	老头儿	lǎotóur	名
433	乐	lè	动
434	乐观	lèguān	形
435	类	lèi	名、量
436	类似	lèisì	动、形
437	离婚	lí//hūn	
438	里面	lǐmiàn	名
439	理发	lǐ//fà	
440	理解	lǐjiě	动
441	理论	lǐlùn	名
442	理由	lǐyóu	名
443	力	lì	名
444	力量	lì·liàng	名
445	立刻	lìkè	副
446	利用	lìyòng	动
447	连	lián	动、副
448	连忙	liánmáng	副
449	连续	liánxù	动
450	连续剧	liánxùjù	名
451	联合	liánhé	动
452	联合国	Liánhéguó	名
453	联系	liánxì	动、名
454	凉水	liángshuǐ	名
455	了	liǎo	动
456	领	lǐng	动
457	领导	lǐngdǎo	动、名
458	领先	lǐng//xiān	
459	另外	lìngwài	代、副、连
460	另一方面	lìng yìfāngmiàn	
461	留学	liú//xué	

462	龙	lóng	名		501	男子	nánzǐ	名
463	录	lù	动		502	南部	nánbù	名
464	录音	lùyīn	动、名		503	难道	nándào	副
465	路线	lùxiàn	名		504	难度	nándù	名
466	旅馆	lǚguǎn	名		505	内	nèi	名
467	旅行社	lǚxíngshè	名		506	内容	nèiróng	名
468	绿茶	lǜchá	名		507	内心	nèixīn	名
469	乱	luàn	形		508	能不能	néng bu néng	
470	落后	luò∥hòu			509	能力	nénglì	名
471	麻烦	máfan	动、形		510	年初	niánchū	名
472	马	mǎ	名		511	年代	niándài	名
473	满足	mǎnzú	动		512	年底	niándǐ	名
474	慢慢	mànmàn			513	年纪	niánjì	名
475	毛	máo	名		514	念	niàn	动
476	毛病	máo·bìng	名		515	牛	niú	名
477	没用	méiyòng	动		516	农村	nóngcūn	名
478	媒体	méitǐ	名		517	农民	nóngmín	名
479	每	měi	代、副		518	农业	nóngyè	名
480	美	měi	形		519	女子	nǚzǐ	名
481	美好	měihǎo	形		520	暖和	nuǎnhuo	形
482	美丽	měilì	形		521	怕	pà	副
483	美食	měishí	名		522	拍	pāi	动
484	美术	měishù	名		523	排	pái	动
485	美元	měiyuán	名		524	排名	pái∥míng	
486	迷	mí	动		525	牌子	páizi	名
487	米	mǐ	名		526	派	pài	动、名
488	面对	miànduì	动		527	判断	pànduàn	动、名
489	面积	miànjī	名		528	胖	pàng	形
490	民间	mínjiān	名		529	跑步	pǎo∥bù	
491	民族	mínzú	名		530	配	pèi	动
492	明确	míngquè	形、动		531	配合	pèihé	动
493	明显	míngxiǎn	形		532	批评	pīpíng	动
494	命运	mìngyùn	名		533	批准	pīzhǔn	动
495	某	mǒu	代		534	皮	pí	名
496	母亲	mǔ·qīn	名		535	皮包	píbāo	名
497	木头	mùtou	名		536	啤酒	píjiǔ	名
498	目标	mùbiāo	名		537	票价	piàojià	名
499	目前	mùqián	名		538	评价	píngjià	动、名
500	奶茶	nǎichá	名		539	苹果	píngguǒ	名

540	破	pò	形、动
541	破坏	pòhuài	动
542	普遍	pǔbiàn	形
543	普及	pǔjí	动、形
544	期	qī	量
545	齐	qí	形、动
546	其次	qícì	代
547	其实	qíshí	副
548	奇怪	qíguài	形
549	气候	qìhòu	名
550	千万	qiānwàn	副
551	前后	qiánhòu	名
552	前进	qiánjìn	动
553	前面	qiánmiàn	名
554	前往	qiánwǎng	动
555	强	qiáng	形
556	强大	qiángdà	形
557	强调	qiángdiào	动
558	强烈	qiángliè	形
559	桥	qiáo	名
560	巧	qiǎo	形
561	亲	qīn	形
562	亲切	qīnqiè	形
563	亲人	qīnrén	名
564	亲自	qīnzì	副
565	情感	qínggǎn	名
566	情况	qíngkuàng	名
567	请教	qǐngjiào	动
568	庆祝	qìngzhù	动
569	球迷	qiúmí	名
570	区	qū	名
571	区别	qūbié	名、动
572	取消	qǔxiāo	动
573	去世	qùshì	动
574	全场	quánchǎng	名
575	全面	quánmiàn	形
576	全球	quánqiú	名
577	缺	quē	动
578	缺点	quēdiǎn	名
579	缺少	quēshǎo	动
580	确保	quèbǎo	动
581	确定	quèdìng	形、动
582	确实	quèshí	形、副
583	裙子	qúnzi	名
584	群	qún	量
585	热爱	rè'ài	动
586	热烈	rèliè	形
587	人才	réncái	名
588	人工	réngōng	名、形
589	人类	rénlèi	名
590	人民	rénmín	名
591	人民币	rénmínbì	名
592	人群	rénqún	名
593	人生	rénshēng	名
594	人员	rényuán	名
595	认出	rènchū	
596	认得	rènde	动
597	认可	rènkě	动
598	任¹	rèn	动
599	任²	rèn	连
600	任何	rènhé	代
601	任务	rènwu	名
602	仍	réng	副
603	仍然	réngrán	副
604	日常	rìcháng	形
605	容易	róngyì	形
606	如何	rúhé	代
607	散步	sàn//bù	
608	沙发	shāfā	名
609	沙子	shāzi	名
610	伤	shāng	动、名
611	伤心	shāng//xīn	
612	商品	shāngpǐn	名
613	商业	shāngyè	名
614	上来	shàng//·lái	
615	上面	shàngmiàn	名
616	上去	shàng//·qù	
617	上升	shàngshēng	动

编号	词	拼音	词性	编号	词	拼音	词性
618	上衣	shàngyī	名	657	事件	shìjiàn	名
619	设备	shèbèi	名	658	事实	shìshí	名
620	设计	shèjì	动、名	659	事实上	shìshíshang	
621	设立	shèlì	动	660	事业	shìyè	名
622	社会	shèhuì	名	661	试题	shìtí	名
623	身份证	shēnfènzhèng	名	662	试验	shìyàn	动
624	深	shēn	形	663	适合	shìhé	动
625	深刻	shēnkè	形	664	适应	shìyìng	动
626	深入	shēnrù	动、形	665	适用	shìyòng	形
627	升	shēng	动	666	室	shì	名
628	生	shēng	形	667	收费	shōufèi	动
629	生产	shēngchǎn	动	668	收看	shōukàn	动
630	生存	shēngcún	动	669	收听	shōutīng	动
631	生动	shēngdòng	形	670	收音机	shōuyīnjī	名
632	生命	shēngmìng	名	671	手续	shǒuxù	名
633	生意	shēngyi	名	672	手指	shǒuzhǐ	名
634	生长	shēngzhǎng	动	673	首都	shǒudū	名
635	声明	shēngmíng	动、名	674	首先	shǒuxiān	副
636	胜	shèng	动	675	受	shòu	动
637	胜利	shènglì	动、名	676	受伤	shòu//shāng	
638	失去	shīqù	动	677	书架	shūjià	名
639	石头	shítou	名	678	输	shū	动
640	石油	shíyóu	名	679	输入	shūrù	动
641	时	shí	名	680	熟人	shúrén	名
642	时代	shídài	名	681	属	shǔ	动
643	时刻	shíkè	名、副	682	属于	shǔyú	动
644	实际上	shíjì·shàng	副	683	束	shù	量
645	实力	shílì	名	684	数量	shùliàng	名
646	实行	shíxíng	动	685	双	shuāng	量、形
647	实验	shíyàn	动、名	686	双方	shuāngfāng	名
648	实验室	shíyànshì	名	687	思想	sīxiǎng	名
649	食品	shípǐn	名	688	死	sǐ	动、形
650	使	shǐ	动	689	速度	sùdù	名
651	始终	shǐzhōng	副	690	随	suí	动
652	世纪	shìjì	名	691	所	suǒ	名、量
653	世界	shìjiè	名	692	所长	suǒzhǎng	名
654	世界杯	shìjièbēi	名	693	台	tái	名、量
655	市场	shìchǎng	名	694	谈	tán	动
656	事故	shìgù	名	695	谈话	tán//huà	

696	谈判	tánpàn	动、名
697	汤	tāng	名
698	糖	táng	名
699	特色	tèsè	名
700	提前	tíqián	动
701	提问	tíwèn	动
702	题目	tímù	名
703	体会	tǐhuì	动、名
704	体现	tǐxiàn	动
705	体验	tǐyàn	动
706	天空	tiānkōng	名
707	甜	tián	形
708	调	tiáo	动
709	调整	tiáozhěng	动
710	跳	tiào	动
711	跳高	tiàogāo	动
712	跳舞	tiào∥wǔ	
713	跳远	tiàoyuǎn	动
714	铁	tiě	名
715	铁路	tiělù	名
716	听力	tīnglì	名
717	听众	tīngzhòng	名
718	停止	tíngzhǐ	动
719	通常	tōngcháng	形
720	通信	tōng∥xìn	
721	同意	tóngyì	动
722	痛	tòng	形
723	痛苦	tòngkǔ	形
724	头	tóu	形
725	头脑	tóunǎo	名
726	突出	tūchū	形、动
727	突然	tūrán	形
728	图	tú	名
729	图画	túhuà	名
730	土	tǔ	名
731	团	tuán	名、量
732	团结	tuánjié	动
733	团体	tuántǐ	名
734	推动	tuī∥dòng	
735	推广	tuīguǎng	动
736	推进	tuījìn	动
737	推开	tuīkāi	
738	退	tuì	动
739	退出	tuìchū	动
740	退休	tuì∥xiū	
741	外交	wàijiāo	名
742	外面	wài·miàn	名
743	外文	wàiwén	名
744	完美	wánměi	形
745	完善	wánshàn	形、动
746	完整	wánzhěng	形
747	玩具	wánjù	名
748	往往	wǎngwǎng	副
749	危害	wēihài	动、名
750	危险	wēixiǎn	形、名
751	为[1]	wéi	动
752	为[2]	wéi	介
753	围	wéi	动
754	伟大	wěidà	形
755	卫生	wèishēng	形、名
756	卫生间	wèishēngjiān	名
757	为了	wèile	介
758	温暖	wēnnuǎn	形、动
759	文化	wénhuà	名
760	文件	wénjiàn	名
761	文明	wénmíng	名、形
762	文学	wénxué	名
763	文章	wénzhāng	名
764	文字	wénzì	名
765	握手	wò∥shǒu	
766	屋子	wūzi	名
767	武器	wǔqì	名
768	武术	wǔshù	名
769	舞台	wǔtái	名
770	西部	xībù	名
771	希望	xīwàng	动、名
772	系	xì	名
773	下来	xià∥·lái	

774	下面	xiàmiàn	名		813	修	xiū	动
775	下去	xià∥·qù			814	修改	xiūgǎi	动
776	先进	xiānjìn	形、名		815	需求	xūqiú	名
777	显得	xiǎnde	动		816	需要	xūyào	动、名
778	显然	xiǎnrán	形		817	宣布	xuānbù	动
779	显示	xiǎnshì	动		818	宣传	xuānchuán	动、名
780	现场	xiànchǎng	名		819	选手	xuǎnshǒu	名
781	现代	xiàndài	名		820	学费	xuéfèi	名
782	现金	xiànjīn	名		821	训练	xùnliàn	动、名
783	现实	xiànshí	名		822	压	yā	动
784	现象	xiànxiàng	名		823	压力	yālì	名
785	线	xiàn	名		824	烟	yān	名
786	相比	xiāngbǐ	动		825	眼前	yǎnqián	名
787	相当	xiāngdāng	副、动		826	演	yǎn	动
788	相关	xiāngguān	动		827	演唱	yǎnchàng	动
789	相互	xiānghù	副		828	演唱会	yǎnchànghuì	名
790	相似	xiāngsì	形		829	演出	yǎnchū	动、名
791	香	xiāng	形		830	演员	yǎnyuán	名
792	香蕉	xiāngjiāo	名		831	羊	yáng	名
793	消费	xiāofèi	动		832	阳光	yángguāng	名
794	消失	xiāoshī	动		833	要是	yàoshi	连
795	消息	xiāoxi	名		834	衣架	yījià	名
796	效果	xiàoguǒ	名		835	一切	yíqiè	代
797	写作	xiězuò	动		836	已	yǐ	副
798	血	xiě	名		837	以来	yǐlái	名
799	心	xīn	名		838	一方面	yìfāngmiàn	名
800	信	xìn	动		839	艺术	yìshù	名
801	信封	xìnfēng	名		840	意外	yìwài	形、名
802	信任	xìnrèn	动		841	意义	yìyì	名
803	行李	xíngli	名		842	因此	yīncǐ	连
804	形成	xíngchéng	动		843	银	yín	名
805	形式	xíngshì	名		844	银牌	yínpái	名
806	形象	xíngxiàng	名、形		845	印象	yìnxiàng	名
807	形状	xíngzhuàng	名		846	应当	yīngdāng	动
808	幸福	xìngfú	形、名		847	迎接	yíngjiē	动
809	幸运	xìngyùn	形		848	营养	yíngyǎng	名
810	性（积极性）	xìng (jījíxìng)	后缀		849	赢	yíng	动
811	性别	xìngbié	名		850	影视	yǐngshì	名
812	性格	xìnggé	名		851	应用	yìngyòng	动

852	优点	yōudiǎn	名		891	整理	zhěnglǐ	动
853	优势	yōushì	名		892	整齐	zhěngqí	形
854	由	yóu	介		893	整体	zhěngtǐ	名
855	由于	yóuyú	介、连		894	整天	zhěngtiān	名
856	邮件	yóujiàn	名		895	整整	zhěngzhěng	副
857	邮票	yóupiào	名		896	正	zhèng	形
858	邮箱	yóuxiāng	名		897	正式	zhèngshì	形
859	游	yóu	动		898	证	zhèng	名
860	游戏	yóuxì	名		899	证件	zhèngjiàn	名
861	游泳	yóuyǒng	名、动		900	证据	zhèngjù	名
862	有的是	yǒudeshì			901	证明	zhèngmíng	动、名
863	有利	yǒulì	形		902	支	zhī	量
864	有效	yǒuxiào	动		903	支持	zhīchí	动
865	预报	yùbào	动、名		904	支付	zhīfù	动
866	预防	yùfáng	动		905	只	zhī	量
867	预计	yùjì	动		906	直	zhí	形、动、副
868	预习	yùxí	动		907	直播	zhíbō	动
869	员（服务员）	yuán (fúwùyuán)	后缀		908	直到	zhídào	动
870	员工	yuángōng	名		909	值	zhí	动
871	愿望	yuànwàng	名		910	值得	zhí∥·dé	
872	约	yuē	动		911	职工	zhígōng	名
873	乐队	yuèduì	名		912	职业	zhíyè	名
874	运输	yùnshū	动		913	只好	zhǐhǎo	副
875	杂志	zázhì	名		914	只是	zhǐshì	副、连
876	早已	zǎoyǐ	副		915	只有	zhǐyǒu	连
877	造	zào	动		916	指	zhǐ	动
878	造成	zàochéng	动		917	指出	zhǐchū	
879	责任	zérèn	名		918	指导	zhǐdǎo	动
880	增加	zēngjiā	动		919	至今	zhìjīn	副
881	增长	zēngzhǎng	动		920	至少	zhìshǎo	副
882	展开	zhǎn∥kāi			921	志愿	zhìyuàn	名
883	张	zhāng	量、动		922	志愿者	zhìyuànzhě	名
884	照	zhào	动、介		923	制定	zhìdìng	动
885	者（志愿者）	zhě (zhìyuànzhě)	后缀		924	制度	zhìdù	名
886	真实	zhēnshí	形		925	制造	zhìzào	动
887	争	zhēng	动		926	制作	zhìzuò	动
888	争取	zhēngqǔ	动		927	中部	zhōngbù	名
889	整	zhěng	形、动		928	中华民族	Zhōnghuá Mínzú	
890	整个	zhěnggè	形		929	终于	zhōngyú	副

930	钟	zhōng	名	952	状态	zhuàngtài	名
931	种	zhǒng	量	953	追	zhuī	动
932	种子	zhǒngzi	名	954	准	zhǔn	形、副
933	重大	zhòngdà	形	955	资格	zīgé	名
934	周围	zhōuwéi	名	956	资金	zījīn	名
935	猪	zhū	名	957	子女	zǐnǚ	名
936	主持	zhǔchí	动	958	自从	zìcóng	介
937	主动	zhǔdòng	形	959	自动	zìdòng	形、副
938	主任	zhǔrèn	名	960	自觉	zìjué	形
939	主意	zhǔyi	名	961	自然	zìrán	名、形、副
940	主张	zhǔzhāng	动、名	962	自身	zìshēn	名
941	注意	zhù//yì		963	自主	zìzhǔ	动
942	祝	zhù	动	964	总	zǒng	副
943	抓	zhuā	动	965	总结	zǒngjié	动、名
944	抓住	zhuāzhù		966	总是	zǒngshì	副
945	专家	zhuānjiā	名	967	足够	zúgòu	动
946	专门	zhuānmén	副	968	足球	zúqiú	名
947	专题	zhuāntí	名	969	组合	zǔhé	动
948	专业	zhuānyè	名	970	左右	zuǒyòu	名、动
949	转	zhuǎn	动	971	作品	zuòpǐn	名
950	转变	zhuǎnbiàn	动	972	作者	zuòzhě	名
951	状况	zhuàngkuàng	名	973	做客	zuò//kè	

中等（新增3211个）

四级词汇（1000个）

序号	词语	拼音	词性		序号	词语	拼音	词性
1	阿姨	āyí	名		34	本科	běnkē	名
2	啊	ā	叹		35	笨	bèn	形
3	矮	ǎi	形		36	比分	bǐfēn	名
4	矮小	ǎixiǎo	形		37	毕业	bì∥yè	
5	爱国	ài∥guó			38	毕业生	bìyèshēng	名
6	爱护	àihù	动		39	避	bì	动
7	安	ān	动、形		40	避免	bìmiǎn	动
8	安置	ānzhì	动		41	编	biān	动
9	按时	ànshí	副		42	辩论	biànlùn	动、名
10	暗	àn	形		43	标志	biāozhì	动、名
11	暗示	ànshì	动		44	表情	biǎoqíng	名
12	巴士	bāshì	名		45	表扬	biǎoyáng	动
13	百货	bǎihuò	名		46	别	bié	动
14	摆	bǎi	动		47	冰	bīng	名
15	摆动	bǎidòng	动		48	冰箱	bīngxiāng	名
16	摆脱	bǎituō	动		49	冰雪	bīngxuě	名、形
17	败	bài	动		50	兵	bīng	名
18	办事	bàn∥shì			51	并	bìng	动
19	包裹	bāoguǒ	名、动		52	不要紧	búyàojǐn	形
20	包含	bāohán	动		53	不在乎	búzàihu	动
21	包括	bāokuò	动		54	不管	bùguǎn	连
22	薄	báo	形		55	不然	bùrán	连
23	宝	bǎo	名		56	布置	bùzhì	动
24	宝宝	bǎobao	名		57	步行	bùxíng	动
25	宝贝	bǎo·bèi	名		58	擦	cā	动
26	宝贵	bǎoguì	形		59	才	cái	名
27	宝石	bǎoshí	名		60	材料	cáiliào	名
28	保密	bǎo∥mì			61	财产	cáichǎn	名
29	保守	bǎoshǒu	动、形		62	财富	cáifù	名
30	抱	bào	动		63	采访	cǎifǎng	动、名
31	背景	bèijǐng	名		64	参考	cānkǎo	动
32	倍	bèi	量		65	参与	cānyù	动
33	被迫	bèipò	动		66	操场	cāochǎng	名
					67	操作	cāozuò	动

68	测	cè	动		107	出口	chū//kǒu	
69	测量	cèliáng	动		108	出色	chūsè	形
70	测试	cèshì	动、名		109	出售	chūshòu	动
71	曾	céng	副		110	出席	chūxí	动
72	茶叶	cháyè	名		111	处于	chǔyú	动
73	产品	chǎnpǐn	名		112	处	chù	名
74	长途	chángtú	形、名		113	穿上	chuānshang	
75	常识	chángshí	名		114	传统	chuántǒng	名、形
76	唱片	chàngpiàn	名		115	窗户	chuānghu	名
77	抄	chāo	动		116	窗台	chuāngtái	名
78	抄写	chāoxiě	动		117	窗子	chuāngzi	名
79	潮	cháo	名、形		118	春季	chūnjì	名
80	潮流	cháoliú	名		119	纯	chún	形
81	潮湿	cháoshī	形		120	纯净水	chúnjìngshuǐ	名
82	彻底	chèdǐ	形		121	词汇	cíhuì	名
83	沉	chén	动、形		122	此	cǐ	代
84	沉默	chénmò	形、动		123	此外	cǐwài	连
85	沉重	chénzhòng	形		124	次	cì	形
86	称赞	chēngzàn	动		125	刺	cì	动、名
87	成人	chéngrén	名		126	刺激	cìjī	动、名
88	诚实	chéng·shí	形		127	从此	cóngcǐ	副
89	诚信	chéngxìn	形		128	粗	cū	形
90	承担	chéngdān	动		129	粗心	cūxīn	形
91	承认	chéngrèn	动		130	促进	cùjìn	动
92	承受	chéngshòu	动		131	促使	cùshǐ	动
93	程序	chéngxù	名		132	促销	cùxiāo	动
94	吃惊	chī//jīng			133	措施	cuòshī	名
95	迟到	chídào	动		134	打	dá	量
96	尺	chǐ	名、量		135	答案	dá'àn	名
97	尺寸	chǐ·cùn	名		136	打败	dǎbài	动
98	尺子	chǐzi	名		137	打雷	dǎ//léi	
99	冲	chōng	动		138	打扫	dǎsǎo	动
100	充电	chōng//diàn			139	打折	dǎ//zhé	
101	充电器	chōngdiànqì	名		140	打针	dǎ//zhēn	
102	充分	chōngfèn	形		141	大巴	dàbā	名
103	虫子	chóngzi	名		142	大多	dàduō	副
104	抽	chōu	动		143	大方	dàfang	形
105	抽奖	chōu//jiǎng			144	大哥	dàgē	名
106	抽烟	chōuyān	动		145	大规模	dà guīmó	

146	大会	dàhuì	名		185	地址	dìzhǐ	名
147	大姐	dàjiě	名		186	典型	diǎnxíng	名、形
148	大楼	dà lóu			187	点名	diǎn//míng	
149	大陆	dàlù	名		188	电灯	diàndēng	名
150	大妈	dàmā	名		189	电动车	diàndòngchē	名
151	大型	dàxíng	形		190	电梯	diàntī	名
152	大爷	dàye	名		191	电源	diànyuán	名
153	大众	dàzhòng	名		192	顶	dǐng	名、动、量
154	代替	dàitì	动		193	定	dìng	动
155	待遇	dàiyù	名		194	冬季	dōngjì	名
156	袋	dài	名、量		195	动画片	dònghuàpiàn	名
157	戴	dài	动		196	动摇	dòngyáo	动
158	担保	dānbǎo	动、名		197	豆腐	dòufu	名
159	担任	dānrèn	动		198	独立	dúlì	动
160	担心	dān//xīn			199	独特	dútè	形
161	单	dān	形、副		200	独自	dúzì	副
162	单纯	dānchún	形		201	堵	dǔ	动
163	单调	dāndiào	形		202	堵车	dǔ//chē	
164	单独	dāndú	副		203	肚子	dùzi	名
165	淡	dàn	形		204	度过	dùguò	动
166	导游	dǎoyóu	动、名		205	锻炼	duànliàn	动
167	导致	dǎozhì	动		206	对比	duìbǐ	动、名
168	倒闭	dǎobì	动		207	对付	duìfu	动
169	倒车	dǎo//chē			208	对于	duìyú	介
170	倒车	dào//chē			209	多次	duō cì	
171	得意	déyì	形		210	多年	duō nián	
172	得	děi	动		211	多样	duōyàng	形
173	灯光	dēngguāng	名		212	多种	duō zhǒng	
174	登	dēng	动		213	恶心	ěxin	形、动
175	登记	dēng//jì			214	儿童	értóng	名
176	登录	dēnglù	动		215	而	ér	连
177	登山	dēng//shān			216	而是	ér shì	
178	的确	díquè	副		217	耳机	ěrjī	名
179	敌人	dírén	名		218	二手	èrshǒu	形
180	底	dǐ	名		219	发挥	fāhuī	动
181	地方	dìfāng	名		220	发票	fāpiào	名
182	地面	dìmiàn	名		221	发烧	fā//shāo	
183	地位	dìwèi	名		222	法	fǎ	
184	地下	dìxià	名		223	法官	fǎguān	名

224	法律	fǎlǜ	名	263	感兴趣	gǎn xìngqù	
225	法院	fǎyuàn	名	264	高潮	gāocháo	名
226	翻	fān	动	265	高价	gāojià	名
227	翻译	fānyì	动、名	266	高尚	gāoshàng	形
228	烦	fán	形、动	267	高铁	gāotiě	名
229	反	fǎn	形、动、副	268	格外	géwài	副
230	反而	fǎn'ér	副	269	隔	gé	动
231	反映	fǎnyìng	动、名	270	隔开	gékāi	动
232	方	fāng	形、名	271	个别	gèbié	形
233	方案	fāng'àn	名	272	个体	gètǐ	名
234	方针	fāngzhēn	名	273	各个	gègè	代、副
235	放松	fàngsōng	动	274	根	gēn	量、名
236	非	fēi	副	275	根据	gēnjù	动、介、名
237	肥	féi	形	276	工程	gōngchéng	名
238	分布	fēnbù	动	277	公元	gōngyuán	名
239	分散	fēnsàn	动、形	278	供应	gōngyìng	动
240	分手	fēn//shǒu		279	共	gòng	副
241	分为	fēnwéi		280	构成	gòuchéng	动
242	…分之…	…fēn zhī…		281	构造	gòuzào	名
243	纷纷	fēnfēn	副	282	购买	gòumǎi	动
244	奋斗	fèndòu	动	283	购物	gòuwù	动
245	风格	fēnggé	名	284	骨头	gǔtou	名
246	风景	fēngjǐng	名	285	固定	gùdìng	形、动
247	风俗	fēngsú	名	286	瓜	guā	名
248	封闭	fēngbì	动、形	287	怪	guài	形、副
249	否则	fǒuzé	连	288	关	guān	名
250	夫妇	fūfù	名	289	关闭	guānbì	动
251	夫妻	fūqī	名	290	关于	guānyú	介
252	夫人	fū·rén	名	291	官	guān	名
253	符号	fúhào	名	292	官方	guānfāng	名
254	符合	fúhé	动	293	光临	guānglín	动
255	付出	fùchū	动	294	光盘	guāngpán	名
256	负担	fùdān	动、名	295	逛	guàng	动
257	附近	fùjìn	名	296	归	guī	动
258	复制	fùzhì	动	297	规律	guīlǜ	名
259	改善	gǎishàn	动	298	规模	guīmó	名
260	改正	gǎizhèng	动	299	规则	guīzé	名、形
261	盖	gài	动	300	果实	guǒshí	名
262	概括	gàikuò	动、形	301	过分	guò//fèn	

302	海水	hǎishuǐ	名	341	伙	huǒ	量
303	海鲜	hǎixiān	名	342	伙伴	huǒbàn	名
304	含	hán	动	343	或许	huòxǔ	副
305	含量	hánliàng	名	344	货	huò	名
306	含义	hányì	名	345	获	huò	动
307	含有	hányǒu	动	346	获得	huòdé	动
308	寒假	hánjià	名	347	获奖	huòjiǎng	动
309	寒冷	hánlěng	形	348	获取	huòqǔ	动
310	行业	hángyè	名	349	几乎	jīhū	副
311	航班	hángbān	名	350	机构	jīgòu	名
312	航空	hángkōng	动	351	机遇	jīyù	名
313	毫米	háomǐ	量	352	积累	jīlěi	动
314	毫升	háoshēng	量	353	激动	jīdòng	形、动
315	好友	hǎoyǒu	名	354	激烈	jīliè	形
316	号码	hàomǎ	名	355	及格	jí//gé	
317	好	hào	动	356	极	jí	副
318	合同	hé·tóng	名	357	极其	jíqí	副
319	黑暗	hēi'àn	形	358	即将	jíjiāng	副
320	红包	hóngbāo	名	359	急忙	jímáng	副
321	后头	hòutou	名	360	集合	jíhé	动
322	厚	hòu	形	361	记载	jìzǎi	动
323	呼吸	hūxī	动	362	纪律	jìlù	名
324	忽视	hūshì	动	363	技巧	jìqiǎo	名
325	户	hù	量	364	系	jì	动
326	护士	hùshi	名	365	季	jì	名
327	花	huā	形	366	季度	jìdù	名
328	划	huá	动	367	季节	jìjié	名
329	划	huà	动	368	既	jì	副、连
330	怀念	huáiniàn	动	369	既然	jìrán	连
331	怀疑	huáiyí	动	370	寄	jì	动
332	缓解	huǎnjiě	动	371	加班	jiā//bān	
333	黄瓜	huáng·guā	名	372	加入	jiārù	动
334	黄金	huángjīn	名	373	加油站	jiāyóuzhàn	名
335	回复	huífù	动	374	家务	jiāwù	名
336	汇	huì	动	375	假如	jiǎrú	连
337	汇报	huìbào	动、名	376	坚固	jiāngù	形
338	汇率	huìlǜ	名	377	检测	jiǎncè	动
339	婚礼	hūnlǐ	名	378	减	jiǎn	动
340	火	huǒ	形	379	减肥	jiǎn//féi	

380	减少	jiǎnshǎo	动	419	酒吧	jiǔbā	名
381	简历	jiǎnlì	名	420	居民	jūmín	名
382	健身	jiànshēn	动	421	居住	jūzhù	动
383	渐渐	jiànjiàn	副	422	局	jú	名
384	江	jiāng	名	423	巨大	jùdà	形
385	讲究	jiǎngjiu	动、形	424	具备	jùbèi	动
386	讲座	jiǎngzuò	名	425	距离	jùlí	动、名
387	奖	jiǎng	动、名	426	聚	jù	动
388	奖金	jiǎngjīn	名	427	聚会	jùhuì	动、名
389	奖学金	jiǎngxuéjīn	名	428	卷	juǎn	动、量
390	降	jiàng	动	429	卷	juàn	量
391	降低	jiàngdī	动	430	角色	juésè	名
392	降价	jiàng∥jià		431	开花	kāi∥huā	
393	降落	jiàngluò	动	432	开水	kāishuǐ	名
394	降温	jiàng∥wēn		433	看不起	kànbuqǐ	动
395	交换	jiāohuàn	动	434	看来	kànlái	
396	交际	jiāojì	动	435	看望	kànwàng	动
397	教授	jiàoshòu	名	436	考察	kǎochá	动、名
398	教训	jiào·xùn	动、名	437	考虑	kǎolǜ	动
399	阶段	jiēduàn	名	438	棵	kē	量
400	街道	jiēdào	名	439	可见	kějiàn	连
401	节省	jiéshěng	动	440	空间	kōngjiān	名
402	结	jié	动、名	441	空	kòng	动、形
403	结构	jiégòu	名	442	口袋	kǒudai	名
404	结论	jiélùn	名	443	口语	kǒuyǔ	名
405	姐妹	jiěmèi	名	444	苦	kǔ	形
406	解释	jiěshì	动	445	会计	kuài·jì	名
407	尽快	jǐnkuài	副	446	快递	kuàidì	名
408	紧密	jǐnmì	形	447	宽	kuān	形
409	尽力	jìn∥lì		448	宽广	kuānguǎng	形
410	进口	jìnkǒu	动、名	449	矿泉水	kuàngquánshuǐ	名
411	近代	jìndài	名	450	扩大	kuòdà	动
412	禁止	jìnzhǐ	动	451	扩展	kuòzhǎn	动
413	经典	jīngdiǎn	名	452	括号	kuòhào	名
414	精力	jīnglì	名	453	垃圾	lājī	名
415	竟然	jìngrán	副	454	拉开	lākāi	
416	镜头	jìngtóu	名	455	辣	là	形
417	镜子	jìngzi	名	456	来不及	láibují	动
418	究竟	jiūjìng	副	457	来得及	láidejí	动

458	来源	láiyuán	名		497	轮椅	lúnyǐ	名
459	老公	lǎogōng	名		498	轮子	lúnzi	名
460	老家	lǎojiā	名		499	论文	lùnwén	名
461	老婆	lǎopo	名		500	落	luò	动
462	老实	lǎoshi	形		501	毛巾	máojīn	名
463	乐趣	lèqù	名		502	毛衣	máoyī	名
464	泪	lèi	名		503	帽子	màozi	名
465	泪水	lèishuǐ	名		504	没错	méi cuò	
466	类型	lèixíng	名		505	没法儿	méifǎr	动
467	冷静	lěngjìng	形		506	没想到	méi xiǎngdào	
468	厘米	límǐ	量		507	美金	měijīn	名
469	离不开	lí bu kāi			508	美女	měinǚ	名
470	力气	lìqi	名		509	梦	mèng	名、动
471	历史	lìshǐ	名		510	梦见	mèngjiàn	
472	立即	lìjí	副		511	梦想	mèngxiǎng	动、名
473	利息	lìxī	名		512	秘密	mìmì	形、名
474	利益	lìyì	名		513	秘书	mìshū	名
475	俩	liǎ			514	密	mì	形
476	良好	liánghǎo	形		515	密码	mìmǎ	名
477	量	liáng	动		516	密切	mìqiè	形、动
478	粮食	liángshi	名		517	免费	miǎn//fèi	
479	两边	liǎngbiān	名		518	面临	miànlín	动
480	疗养	liáoyǎng	动		519	面试	miànshì	动
481	了不起	liǎobuqǐ	形		520	描述	miáoshù	动
482	了解	liǎojiě	动		521	描写	miáoxiě	动
483	列	liè	动、量		522	名牌儿	míngpáir	名
484	列车	lièchē	名		523	名片	míngpiàn	名
485	列入	lièrù	动		524	名人	míngrén	名
486	列为	lièwéi			525	摸	mō	动
487	临时	línshí	形、副		526	模特儿	mótèr	名
488	零食	língshí	名		527	模型	móxíng	名
489	流传	liúchuán	动		528	末	mò	名
490	楼梯	lóutī	名		529	默默	mòmò	副
491	陆地	lùdì	名		530	哪怕	nǎpà	连
492	陆续	lùxù	副		531	哪	na	助
493	录取	lùqǔ	动		532	男女	nánnǚ	名
494	律师	lùshī	名		533	男士	nánshì	名
495	轮	lún	名、动、量		534	难免	nánmiǎn	形
496	轮船	lúnchuán	名		535	脑袋	nǎodai	名

536	闹	nào	形、动	575	汽油	qìyóu	名
537	闹钟	nàozhōng	名	576	器官	qìguān	名
538	内部	nèibù	名	577	前头	qiántou	名
539	内科	nèikē	名	578	前途	qiántú	名
540	能干	nénggàn	形	579	浅	qiǎn	形
541	宁静	níngjìng	形	580	巧克力	qiǎokèlì	名
542	浓	nóng	形	581	切	qiē	动
543	女士	nǚshì	名	582	亲爱	qīn'ài	形
544	暖气	nuǎnqì	名	583	亲密	qīnmì	形
545	拍照	pāi∥zhào	动	584	青春	qīngchūn	名
546	排列	páiliè	动	585	轻松	qīngsōng	形
547	牌	pái	名	586	轻易	qīngyì	形、副
548	盘	pán	名、量	587	清醒	qīngxǐng	形、动
549	盘子	pánzi	名	588	情景	qíngjǐng	名
550	胖子	pàngzi	名	589	穷	qióng	形
551	培训	péixùn	动	590	穷人	qióngrén	名
552	培训班	péixùnbān	名	591	秋季	qiūjì	名
553	培养	péiyǎng	动	592	趋势	qūshì	名
554	培育	péiyù	动	593	圈	quān	名、动
555	批[1]	pī	动	594	权利	quánlì	名
556	批[2]	pī	量	595	却	què	副
557	片面	piànmiàn	形	596	确认	quèrèn	动
558	品质	pǐnzhì	名	597	然而	rán'ér	连
559	平方	píngfāng	名、量	598	燃料	ránliào	名
560	平静	píngjìng	形	599	燃烧	ránshāo	动
561	平均	píngjūn	动、形	600	热闹	rènao	形、动
562	平稳	píngwěn	形	601	热心	rèxīn	形
563	迫切	pòqiè	形	602	人家	rénjia	代
564	破产	pò∥chǎn		603	日记	rìjì	名
565	妻子	qīzi	名	604	日历	rìlì	名
566	期待	qīdài	动	605	如今	rújīn	名
567	期间	qījiān	名	606	弱	ruò	形
568	期末	qīmò	名	607	伞	sǎn	名
569	期限	qīxiàn	名	608	散	sàn	动
570	期中	qīzhōng	名	609	扫	sǎo	动
571	其余	qíyú	代	610	色	sè	名
572	企业	qǐyè	名	611	色彩	sècǎi	名
573	气球	qìqiú	名	612	森林	sēnlín	名
574	汽水	qìshuǐ	名	613	晒	shài	动

614	闪	shǎn	动		653	收获	shōuhuò	动、名
615	闪电	shǎndiàn	名		654	收益	shōuyì	名
616	善良	shànliáng	形		655	手工	shǒugōng	名
617	善于	shànyú	动		656	手里	shǒu li	
618	伤害	shānghài	动		657	手术	shǒushù	名
619	商务	shāngwù	名		658	手套	shǒutào	名
620	赏	shǎng	动		659	守	shǒu	动
621	上个月	shàng ge yuè			660	首	shǒu	量
622	上楼	shàng lóu			661	受不了	shòubuliǎo	动
623	上门	shàng//mén			662	售货员	shòuhuòyuán	名
624	烧	shāo	动		663	叔叔	shūshu	名
625	设施	shèshī	名		664	舒适	shūshì	形
626	设置	shèzhì	动		665	熟练	shúliàn	形
627	申请	shēnqǐng	动		666	暑假	shǔjià	名
628	身材	shēncái	名		667	树林	shùlín	名
629	身份	shēn·fèn	名		668	树叶	shùyè	名
630	身高	shēngāo	名		669	数据	shùjù	名
631	深厚	shēnhòu	形		670	数码	shùmǎ	名
632	神话	shénhuà	名		671	刷	shuā	动
633	神秘	shénmì	形		672	刷牙	shuā yá	
634	甚至	shènzhì	连		673	刷子	shuāzi	名
635	失败	shībài	动、形		674	帅	shuài	形
636	失望	shīwàng	形		675	帅哥	shuàigē	名
637	失业	shī//yè			676	率先	shuàixiān	副
638	诗	shī	名		677	睡着	shuìzháo	
639	诗人	shīrén	名		678	顺序	shùnxù	名
640	湿	shī	形		679	说不定	shuōbudìng	动、副
641	实施	shíshī	动		680	说服	shuōfú	动
642	实用	shíyòng	形		681	思考	sīkǎo	动
643	食堂	shítáng	名		682	似乎	sìhū	副
644	使劲	shǐ//jìn			683	松	sōng	形、动
645	士兵	shìbīng	名		684	松树	sōngshù	名
646	市区	shìqū	名		685	塑料	sùliào	名
647	似的	shìde	助		686	塑料袋	sùliàodài	名
648	事物	shìwù	名		687	酸	suān	形
649	事先	shìxiān	名		688	酸奶	suānnǎi	名
650	试卷	shìjuàn	名		689	随手	suíshǒu	副
651	是否	shìfǒu	副		690	孙女	sūn·nǚ	名
652	收回	shōu//huí			691	孙子	sūnzi	名

692	缩短	suōduǎn	动		731	透明	tòumíng	形
693	缩小	suōxiǎo	动		732	图案	tú'àn	名
694	台阶	táijiē	名		733	途中	túzhōng	名
695	台上	táishàng	名		734	土地	tǔdì	名
696	躺	tǎng	动		735	推迟	tuīchí	动
697	套餐	tàocān	名		736	推销	tuīxiāo	动
698	特价	tèjià	名		737	脱	tuō	动
699	特殊	tèshū	形		738	袜子	wàzi	名
700	特征	tèzhēng	名		739	外汇	wàihuì	名
701	提供	tígōng	动		740	外交官	wàijiāoguān	名
702	提醒	tí//xǐng			741	外套	wàitào	名
703	体操	tǐcāo	名		742	弯	wān	形、动
704	体检	tǐjiǎn	动		743	晚点	wǎn//diǎn	
705	体重	tǐzhòng	名		744	万一	wànyī	名、连
706	替	tì	动、介		745	王	wáng	名
707	替代	tìdài	动		746	网络	wǎngluò	名
708	天真	tiānzhēn	形		747	网址	wǎngzhǐ	名
709	填	tián	动		748	微笑	wēixiào	动
710	填空	tián//kòng			749	微信	wēixìn	名
711	挑	tiāo	动		750	围巾	wéijīn	名
712	挑选	tiāoxuǎn	动		751	维持	wéichí	动
713	调皮	tiáopí	形		752	维护	wéihù	动
714	挑	tiǎo	动		753	维修	wéixiū	动
715	挑战	tiǎo//zhàn			754	尾巴	wěiba	名
716	贴	tiē	动		755	未必	wèibì	副
717	停下	tíngxia			756	未来	wèilái	名
718	挺	tǐng	动		757	位于	wèiyú	动
719	通知书	tōngzhīshū	名		758	位置	wèi·zhì	名
720	同情	tóngqíng	动		759	味儿	wèir	名
721	童话	tónghuà	名		760	喂	wèi	动
722	童年	tóngnián	名		761	稳	wěn	形
723	统计	tǒngjì	动		762	稳定	wěndìng	形
724	统一	tǒngyī	动、形		763	问候	wènhòu	动
725	痛快	tòng·kuài	形		764	无	wú	动
726	投	tóu	动		765	无法	wúfǎ	动
727	投入	tóurù	动、名		766	无聊	wúliáo	形
728	投诉	tóusù	动		767	无论	wúlùn	连
729	投资	tóuzī	名		768	无数	wúshù	形
730	透	tòu	动、形		769	无所谓	wúsuǒwèi	动

770	无限	wúxiàn	形		809	小伙子	xiǎohuǒzi	名
771	五颜六色	wǔyán-liùsè			810	小型	xiǎoxíng	形
772	误会	wùhuì	动、名		811	效率	xiàolǜ	名
773	西瓜	xī·guā	名		812	些	xiē	量
774	吸	xī	动		813	心理	xīnlǐ	名
775	吸管	xīguǎn	名		814	新郎	xīnláng	名
776	吸收	xīshōu	动		815	新娘	xīnniáng	名
777	吸烟	xīyān	动		816	新鲜	xīn·xiān	形
778	吸引	xīyǐn	动		817	新型	xīnxíng	形
779	喜爱	xǐ'ài	动		818	兴奋	xīngfèn	形
780	系列	xìliè	名		819	形容	xíngróng	动
781	系统	xìtǒng	名、形		820	形势	xíngshì	名
782	细	xì	形		821	型	xíng	名
783	细节	xìjié	名		822	型号	xínghào	名
784	细致	xìzhì	形		823	醒	xǐng	动
785	下个月	xià ge yuè			824	兴趣	xìngqù	名
786	下降	xiàjiàng	动		825	性质	xìngzhì	名
787	下楼	xià lóu			826	兄弟	xiōngdì	名
788	下载	xiàzài	动		827	胸部	xiōngbù	名
789	夏季	xiàjì	名		828	修理	xiūlǐ	动
790	鲜	xiān	形		829	选择	xuǎnzé	动、名
791	鲜花	xiānhuā	名		830	学分	xuéfēn	名
792	鲜明	xiānmíng	形		831	学年	xuénián	名
793	咸	xián	形		832	学时	xuéshí	名
794	显著	xiǎnzhù	形		833	学术	xuéshù	名
795	县	xiàn	名		834	学问	xuéwen	名
796	限制	xiànzhì	动、名		835	寻找	xúnzhǎo	动
797	相处	xiāngchǔ	动		836	迅速	xùnsù	形
798	相反	xiāngfǎn	形、连		837	牙	yá	名
799	箱	xiāng	量		838	牙刷	yáshuā	名
800	箱子	xiāngzi	名		839	亚运会	Yàyùnhuì	名
801	想念	xiǎngniàn	动		840	呀	ya	助
802	想象	xiǎngxiàng	名、动		841	延长	yáncháng	动
803	项	xiàng	量		842	延期	yán//qī	
804	项目	xiàngmù	名		843	延续	yánxù	动
805	相片	xiàngpiàn	名		844	严	yán	形
806	消化	xiāohuà	动		845	严格	yángé	形、动
807	销售	xiāoshòu	动		846	严重	yánzhòng	形
808	小吃	xiǎochī	名		847	研究	yánjiū	动

848	研究生	yánjiūshēng	名		887	营业	yíngyè	动
849	研制	yánzhì	动		888	赢得	yíngdé	动
850	盐	yán	名		889	影子	yǐngzi	名
851	眼镜	yǎnjìng	名		890	勇敢	yǒnggǎn	形
852	眼泪	yǎnlèi	名		891	勇气	yǒngqì	名
853	眼里	yǎnli	名		892	用途	yòngtú	名
854	演讲	yǎnjiǎng	动		893	优良	yōuliáng	形
855	阳台	yángtái	名		894	优美	yōuměi	形
856	养成	yǎngchéng	动		895	优秀	yōuxiù	形
857	腰	yāo	名		896	邮局	yóujú	名
858	摇	yáo	动		897	有劲儿	yǒu//jìnr	
859	药物	yàowù	名		898	有趣	yǒuqù	形
860	要	yào	连		899	有限	yǒuxiàn	形
861	业余	yèyú	形		900	幼儿园	yòu'éryuán	名
862	叶子	yèzi	名		901	于是	yúshì	连
863	医疗	yīliáo	动		902	语法	yǔfǎ	名
864	医学	yīxué	名		903	语音	yǔyīn	名
865	依靠	yīkào	动、名		904	玉	yù	名
866	依然	yīrán	副		905	玉米	yùmǐ	名
867	一律	yílǜ	副		906	预测	yùcè	动
868	一再	yízài	副		907	预订	yùdìng	动
869	一致	yízhì	形、副		908	遇	yù	动
870	移	yí	动		909	遇到	yùdào	动
871	移动	yídòng	动		910	遇见	yùjiàn	动
872	移民	yímín	动、名		911	原料	yuánliào	名
873	遗产	yíchǎn	名		912	原则	yuánzé	名
874	遗传	yíchuán	动		913	圆	yuán	形、名
875	疑问	yíwèn	名		914	圆满	yuánmǎn	形
876	以及	yǐjí	连		915	约会	yuē·huì	动、名
877	以内	yǐnèi	名		916	月底	yuèdǐ	名
878	一般来说	yìbānláishuō			917	阅读	yuèdú	动
879	义务	yìwù	名		918	运动会	yùndònghuì	名
880	议论	yìlùn	动、名		919	运动员	yùndòngyuán	名
881	引	yǐn	动		920	运气	yùnqi	名
882	引导	yǐndǎo	动		921	运用	yùnyòng	动
883	引进	yǐnjìn	动		922	再三	zàisān	副
884	引起	yǐnqǐ	动		923	在乎	zàihu	动
885	应	yīng	动		924	在于	zàiyú	动
886	英勇	yīngyǒng	形		925	赞成	zànchéng	动

926	赞赏	zànshǎng	动		964	种	zhòng	动
927	赞助	zànzhù	动		965	种植	zhòngzhí	动
928	造型	zàoxíng	名		966	重量	zhòngliàng	名
929	战斗	zhàndòu	动、名		967	逐步	zhúbù	副
930	战胜	zhànshèng	动		968	逐渐	zhújiàn	副
931	战士	zhànshì	名		969	主题	zhǔtí	名
932	战争	zhànzhēng	名		970	主席	zhǔxí	名
933	丈夫	zhàngfu	名		971	祝福	zhùfú	动
934	招呼	zhāohu	动		972	著名	zhùmíng	形
935	着	zháo	动		973	著作	zhùzuò	名
936	着火	zháo//huǒ			974	抓紧	zhuā//jǐn	
937	着急	zháo//jí			975	专心	zhuānxīn	形
938	召开	zhàokāi	动		976	转动	zhuǎndòng	动
939	折	zhé	动		977	转告	zhuǎngào	动
940	针	zhēn	名		978	转身	zhuǎn//shēn	
941	针对	zhēnduì	动		979	转弯	zhuǎn//wān	
942	阵	zhèn	量		980	转移	zhuǎnyí	动
943	争论	zhēnglùn	动		981	装修	zhuāngxiū	动
944	征服	zhēngfú	动		982	装置	zhuāngzhì	动、名
945	征求	zhēngqiú	动		983	追求	zhuīqiú	动
946	政府	zhèngfǔ	名		984	准时	zhǔnshí	形
947	政治	zhèngzhì	名		985	资料	zīliào	名
948	之后	zhīhòu	名		986	资源	zīyuán	名
949	之间	zhījiān	名		987	自	zì	介
950	之前	zhīqián	名		988	自信	zìxìn	动
951	之一	zhīyī	名		989	字母	zìmǔ	名
952	支	zhī	动		990	综合	zōnghé	动
953	植物	zhíwù	名		991	总共	zǒnggòng	副
954	指挥	zhǐhuī	动、名		992	总理	zǒnglǐ	名
955	制订	zhìdìng	动		993	总统	zǒngtǒng	名
956	质量	zhìliàng	名		994	总之	zǒngzhī	连
957	治	zhì	动		995	阻止	zǔzhǐ	动
958	治疗	zhìliáo	动		996	嘴巴	zuǐba	名
959	智力	zhìlì	名		997	最初	zuìchū	名
960	智能	zhìnéng	名		998	作出	zuòchū	
961	中介	zhōngjiè	名		999	作为	zuòwéi	介、动
962	种类	zhǒnglèi	名		1000	做梦	zuò//mèng	
963	中奖	zhòng//jiǎng						

五级词汇（1071个）

序号	词语	拼音	词性
1	安慰	ānwèi	动、形
2	岸	àn	名
3	岸上	àn shang	
4	按摩	ànmó	动
5	拔	bá	动
6	白酒	báijiǔ	名
7	拜访	bàifǎng	动
8	版	bǎn	名
9	扮演	bànyǎn	动
10	棒	bàng	形
11	包围	bāowéi	动
12	包装	bāozhuāng	动、名
13	保卫	bǎowèi	动
14	保养	bǎoyǎng	动
15	报答	bàodá	动
16	报警	bào//jǐng	
17	抱怨	bào·yuàn	动
18	背包	bēibāo	名
19	悲剧	bēijù	名
20	悲伤	bēishāng	形
21	北极	běijí	名
22	被动	bèidòng	形
23	辈	bèi	名
24	本人	běnrén	代
25	鼻子	bízi	名
26	比方	bǐfang	名、动
27	比重	bǐzhòng	名
28	彼此	bǐcǐ	代
29	必	bì	副
30	必需	bìxū	动
31	毕竟	bìjìng	副
32	闭幕	bì//mù	
33	闭幕式	bìmùshì	名
34	边境	biānjìng	名
35	编辑	biānjí	动
36	编辑	biānji	名
37	变动	biàndòng	动
38	便利	biànlì	形、动
39	便条	biàntiáo	名
40	便于	biànyú	动
41	宾馆	bīnguǎn	名
42	饼	bǐng	名
43	饼干	bǐnggān	名
44	病毒	bìngdú	名
45	玻璃	bōli	名
46	博客	bókè	名
47	博览会	bólǎnhuì	名
48	博士	bóshì	名
49	博物馆	bówùguǎn	名
50	薄弱	bóruò	形
51	不顾	búgù	动
52	不利	búlì	形
53	不耐烦	bú nàifán	
54	不幸	búxìng	形
55	不易	búyì	形
56	补偿	bǔcháng	动
57	补贴	bǔtiē	动、名
58	不曾	bùcéng	副
59	不得了	bùdéliǎo	形
60	不敢当	bùgǎndāng	动
61	不良	bùliáng	形
62	不免	bùmiǎn	副
63	不能不	bù néng bù	
64	不时	bùshí	副
65	不停	bù tíng	
66	不许	bùxǔ	动
67	不止	bùzhǐ	动
68	不足	bùzú	形、动
69	部位	bùwèi	名
70	猜	cāi	动
71	猜测	cāicè	动

72	裁判	cáipàn	动、名		111	乘客	chéngkè	名
73	采购	cǎigòu	动、名		112	乘坐	chéngzuò	动
74	彩票	cǎipiào	名		113	吃力	chīlì	形
75	餐馆	cānguǎn	名		114	池子	chízi	名
76	餐厅	cāntīng	名		115	迟	chí	形
77	餐饮	cānyǐn	名		116	冲动	chōngdòng	名、形
78	草原	cǎoyuán	名		117	冲突	chōngtū	动、名
79	册	cè	量		118	充足	chōngzú	形
80	层次	céngcì	名		119	愁	chóu	动
81	叉	chā	动		120	丑	chǒu	形
82	叉子	chāzi	名		121	臭	chòu	形
83	差别	chābié	名		122	出版	chūbǎn	动
84	差距	chājù	名		123	出差	chū∥chāi	
85	插	chā	动		124	出汗	chū∥hàn	
86	查询	cháxún	动		125	出于	chūyú	动
87	差（一）点儿	chà(yì)diǎnr	副		126	初期	chūqī	名
88	拆	chāi	动		127	除非	chúfēi	连、介
89	拆除	chāichú	动		128	除夕	chúxī	名
90	产业	chǎnyè	名		129	厨房	chúfáng	名
91	长度	chángdù	名		130	处罚	chǔfá	动、名
92	长寿	chángshòu	形		131	处分	chǔfèn	名、动
93	肠	cháng	名		132	处在	chǔzài	动
94	尝	cháng	动		133	传达	chuándá	动
95	尝试	chángshì	动、名		134	传递	chuándì	动
96	厂长	chǎngzhǎng	名		135	传真	chuánzhēn	名、动
97	场面	chǎngmiàn	名		136	窗帘	chuānglián	名
98	倡导	chàngdǎo	动		137	闯	chuǎng	动
99	超越	chāoyuè	动		138	创立	chuànglì	动
100	车主	chēzhǔ	名		139	辞典	cídiǎn	名
101	称（称为）	chēng	动		140	辞职	cí∥zhí	
102	称号	chēnghào	名		141	此后	cǐhòu	名
103	成本	chéngběn	名		142	此刻	cǐkè	名
104	成交	chéng∥jiāo			143	此时	cǐshí	名
105	成效	chéngxiào	名		144	聪明	cōng·míng	形
106	成语	chéngyǔ	名		145	从而	cóng'ér	连
107	承办	chéngbàn	动		146	从中	cóngzhōng	副
108	城里	chénglǐ	名		147	脆	cuì	形
109	乘	chéng	动		148	存款	cúnkuǎn	名
110	乘车	chéng chē			149	寸	cùn	量

150	达成	dáchéng	动		189	道德	dàodé	名
151	答	dá	动		190	得了	déle	动
152	答复	dá·fù	动、名		191	得以	déyǐ	动
153	打	dǎ	介		192	等候	děnghòu	动
154	打扮	dǎban			193	等级	děngjí	名
155	打包	dǎ∥bāo			194	低于	dīyú	
156	打击	dǎjī	动		195	地带	dìdài	名
157	打架	dǎ∥jià			196	地形	dìxíng	名
158	打扰	dǎrǎo	动		197	地震	dìzhèn	名、动
159	大胆	dàdǎn	形		198	递	dì	动
160	大都	dàdū	副		199	递给	dì gěi	
161	大纲	dàgāng	名		200	典礼	diǎnlǐ	名
162	大伙儿	dàhuǒr	代		201	点燃	diǎnrán	动
163	大奖赛	dàjiǎngsài	名		202	电池	diànchí	名
164	大脑	dànǎo	名		203	电饭锅	diànfànguō	名
165	大事	dàshì	名		204	电子版	diànzǐbǎn	名
166	大厅	dàtīng	名		205	调动	diàodòng	动
167	大象	dàxiàng	名		206	丢	diū	动
168	大熊猫	dàxióngmāo	名		207	动机	dòngjī	名
169	大于	dàyú	动		208	动手	dòng∥shǒu	
170	大致	dàzhì	形、副		209	动态	dòngtài	名
171	呆	dāi	形		210	动员	dòngyuán	动
172	待	dāi	动		211	冻	dòng	动
173	代价	dàijià	名		212	洞	dòng	名
174	代理	dàilǐ	动		213	豆制品	dòuzhìpǐn	名
175	带有	dàiyǒu			214	毒	dú	名、动、形
176	贷款	dàikuǎn	动、名		215	堆	duī	动、名、量
177	单一	dānyī	形		216	对立	duìlì	动
178	胆	dǎn	名		217	对应	duìyìng	动
179	胆小	dǎnxiǎo	形		218	吨	dūn	量
180	蛋糕	dàngāo	名		219	朵	duǒ	量
181	当场	dāngchǎng	副		220	躲	duǒ	动
182	当代	dāngdài	名		221	儿女	érnǚ	名
183	当年	dāngnián	名		222	耳朵	ěrduo	名
184	当前	dāngqián	名、动		223	二维码	èrwéimǎ	名
185	当选	dāngxuǎn	动		224	发布	fābù	动
186	挡	dǎng	动		225	发觉	fājué	动
187	到来	dàolái	动		226	发射	fāshè	动
188	倒是	dàoshì	副		227	发行	fāxíng	动

228	罚	fá	动		267	高温	gāowēn	名
229	罚款	fákuǎn	名		268	高于	gāoyú	动
230	法规	fǎguī	名		269	高原	gāoyuán	名
231	法制	fǎzhì	名		270	搞	gǎo	动
232	繁荣	fánróng	形、动		271	搞好	gǎohǎo	
233	返回	fǎnhuí	动		272	歌曲	gēqǔ	名
234	防治	fángzhì	动		273	隔壁	gébì	名
235	放大	fàngdà	动		274	个儿	gèr	名
236	放弃	fàngqì	动		275	跟前	gēnqián	名
237	分成	fēnchéng			276	跟随	gēnsuí	动
238	分解	fēnjiě	动		277	更换	gēnghuàn	动
239	分类	fēn//lèi			278	更新	gēngxīn	动
240	分离	fēnlí	动		279	工艺	gōngyì	名
241	分析	fēnxī	动		280	工作日	gōngzuòrì	名
242	分享	fēnxiǎng	动		281	公告	gōnggào	名
243	丰收	fēngshōu	动		282	公认	gōngrèn	动
244	风度	fēngdù	名		283	公式	gōngshì	名
245	风光	fēngguāng	名		284	公正	gōngzhèng	形
246	封	fēng	动		285	共计	gòngjì	动
247	疯	fēng	形		286	共享	gòngxiǎng	动
248	疯狂	fēngkuáng	形		287	沟	gōu	名
249	扶	fú	动		288	沟通	gōutōng	动
250	服从	fúcóng	动		289	估计	gūjì	动
251	幅	fú	量		290	古老	gǔlǎo	形
252	幅度	fúdù	名		291	鼓	gǔ	名、动
253	福利	fúlì	名		292	鼓励	gǔlì	动、名
254	辅助	fǔzhù	动		293	鼓掌	gǔ//zhǎng	
255	负责人	fùzérén	名		294	顾问	gùwèn	名
256	附件	fùjiàn	名		295	怪	guài	动
257	改革	gǎigé	动、名		296	关怀	guānhuái	动
258	干脆	gāncuì	形、副		297	关键	guānjiàn	名
259	干扰	gānrǎo	动		298	冠军	guànjūn	名
260	干预	gānyù	动		299	光荣	guāngróng	形、名
261	感想	gǎnxiǎng	名		300	光线	guāngxiàn	名
262	钢笔	gāngbǐ	名		301	广	guǎng	形
263	钢琴	gāngqín	名		302	广泛	guǎngfàn	形
264	高大	gāodà	形		303	规划	guīhuà	名、动
265	高度	gāodù	名、形		304	鬼	guǐ	名
266	高跟鞋	gāogēnxié	名		305	柜子	guìzi	名

306	滚	gǔn	动	345	回忆	huíyì	动
307	锅	guō	名	346	汇款	huì//kuǎn	
308	国籍	guójí	名	347	会谈	huìtán	动、名
309	国民	guómín	名	348	活力	huólì	名
310	过度	guòdù	形	349	活泼	huó·pō	形
311	过敏	guòmǐn	动、形	350	火柴	huǒchái	名
312	过于	guòyú	副	351	火腿	huǒtuǐ	名
313	害	hài	名、动	352	火灾	huǒzāi	名
314	汗	hàn	名	353	或是	huòshì	连
315	好运	hǎoyùn	名	354	机器人	jī·qìrén	名
316	号召	hàozhào	动、名	355	机制	jīzhì	名
317	合并	hébìng	动	356	肌肉	jīròu	名
318	合成	héchéng	动	357	基地	jīdì	名
319	盒	hé	名、量	358	基金	jījīn	名
320	盒饭	héfàn	名	359	即使	jíshǐ	连
321	盒子	hézi	名	360	集团	jítuán	名
322	贺卡	hèkǎ	名	361	挤	jǐ	动、形
323	恨	hèn	动	362	记忆	jìyì	动、名
324	猴	hóu	名	363	技能	jìnéng	名
325	后悔	hòuhuǐ	动	364	继承	jìchéng	动
326	胡同儿	hútòngr	名	365	加热	jiā//rè	
327	胡子	húzi	名	366	加上	jiāshàng	连
328	虎	hǔ	名	367	加速	jiāsù	动
329	华语	Huáyǔ	名	368	加以	jiāyǐ	动、连
330	滑	huá	形、动	369	夹	jiā	动
331	化石	huàshí	名	370	甲	jiǎ	名
332	划分	huàfēn	动	371	价	jià	名
333	画面	huàmiàn	名	372	驾驶	jiàshǐ	动
334	环节	huánjié	名	373	驾照	jiàzhào	名
335	慌	huāng	形	374	坚定	jiāndìng	形、动
336	慌忙	huāngmáng	形	375	肩	jiān	名
337	灰色	huīsè	名、形	376	艰苦	jiānkǔ	形
338	恢复	huīfù	动	377	艰难	jiānnán	形
339	回报	huíbào	动	378	检验	jiǎnyàn	动
340	回避	huíbì	动	379	减轻	jiǎnqīng	动
341	回顾	huígù	动	380	剪	jiǎn	动
342	回收	huíshōu	动	381	剪刀	jiǎndāo	名
343	回头	huítóu	副	382	剪子	jiǎnzi	名
344	回信	huíxìn	名	383	间接	jiànjiē	形

384	建造	jiànzào	动		423	决不	jué bù	
385	建筑	jiànzhù	动、名		424	绝望	jué//wàng	
386	健全	jiànquán	形、动		425	军人	jūnrén	名
387	键	jiàn	名		426	开幕	kāi//mù	
388	键盘	jiànpán	名		427	开幕式	kāimùshì	名
389	将	jiāng	副、介		428	看成	kànchéng	
390	将要	jiāngyào	副		429	看出	kànchū	
391	奖励	jiǎnglì	动、名		430	看待	kàndài	动
392	交代	jiāodài	动		431	考核	kǎohé	动
393	郊区	jiāoqū	名		432	烤肉	kǎoròu	名
394	胶带	jiāodài	名		433	烤鸭	kǎoyā	名
395	胶水	jiāoshuǐ	名		434	靠近	kàojìn	动
396	脚步	jiǎobù	名		435	颗	kē	量
397	接触	jiēchù	动		436	咳	ké	动
398	接连	jiēlián	副		437	可	kě	副、连
399	解除	jiěchú	动		438	可怜	kělián	形、动
400	解放	jiěfàng	动		439	可惜	kěxī	形
401	戒	jiè	动		440	渴望	kěwàng	动
402	届	jiè	量		441	刻	kè	动
403	今日	jīnrì	名		442	客户	kèhù	名
404	尽管	jǐnguǎn	副、连		443	客气	kèqi	形、动
405	紧紧	jǐnjǐn			444	客厅	kètīng	名
406	尽可能	jìn kěnéng			445	课题	kètí	名
407	进化	jìnhuà	动		446	肯定	kěndìng	动、形
408	近来	jìnlái	名		447	空中	kōngzhōng	名
409	经费	jīngfèi	名		448	控制	kòngzhì	动
410	景象	jǐngxiàng	名		449	口号	kǒuhào	名
411	警告	jǐnggào	动、名		450	库	kù	名
412	竞赛	jìngsài	动		451	快活	kuàihuo	形
413	竞争	jìngzhēng	动		452	宽度	kuāndù	名
414	酒鬼	jiǔguǐ	名		453	狂	kuáng	形
415	救灾	jiù//zāi			454	亏	kuī	动
416	居然	jūrán	副		455	困扰	kùnrǎo	动
417	局面	júmiàn	名		456	落	là	动
418	局长	júzhǎng	名		457	来信	láixìn	名
419	举动	jǔdòng	名		458	烂	làn	形
420	拒绝	jùjué	动		459	朗读	lǎngdú	动
421	俱乐部	jùlèbù	名		460	浪漫	làngmàn	形
422	剧本	jùběn	名		461	劳动	láodòng	动、名

462	梨	lí	名		501	迷人	mírén	形
463	礼	lǐ	名		502	迷信	míxìn	动、名
464	礼拜	lǐbài	名、动		503	面貌	miànmào	名
465	礼貌	lǐmào	名、形		504	面子	miànzi	名
466	厉害	lìhai	形		505	秒	miǎo	量
467	立	lì	动		506	敏感	mǐngǎn	形
468	立场	lìchǎng	名		507	明亮	míngliàng	形
469	利润	lìrùn	名		508	明明	míngmíng	副
470	例外	lìwài	动、名		509	命令	mìnglìng	名、动
471	连接	liánjiē	动		510	模范	mófàn	名
472	联络	liánluò	动		511	模仿	mófǎng	动
473	联想	liánxiǎng	动		512	模糊	móhu	形
474	脸盆	liǎnpén	名		513	模式	móshì	名
475	脸色	liǎnsè	名		514	摩擦	mócā	动、名
476	恋爱	liàn'ài	动、名		515	摩托	mótuō	名
477	两岸	liǎng'àn	名		516	模样	múyàng	名
478	邻居	línjū	名		517	目光	mùguāng	名
479	铃	líng	名		518	耐心	nàixīn	形、名
480	铃声	língshēng	名		519	男性	nánxìng	名
481	领带	lǐngdài	名		520	南北	nánběi	名
482	令	lìng	动		521	南极	nánjí	名
483	流动	liúdòng	动		522	难得	nándé	形
484	流通	liútōng	动		523	难以	nányǐ	动
485	漏	lòu	动		524	脑子	nǎozi	名
486	漏洞	lòudòng	名		525	内在	nèizài	形
487	逻辑	luó·jí	名		526	能量	néngliàng	名
488	落实	luòshí	动		527	年度	niándù	名
489	码头	mǎ·tóu	名		528	年龄	niánlíng	名
490	骂	mà	动		529	年前	niánqián	名
491	买卖	mǎimai	名		530	牛	niú	形
492	漫长	màncháng	形		531	牛仔裤	niúzǎikù	名
493	漫画	mànhuà	名		532	农产品	nóngchǎnpǐn	名
494	毛笔	máobǐ	名		533	女性	nǚxìng	名
495	矛盾	máodùn	名、形		534	暖	nuǎn	形、动
496	冒	mào	动		535	偶尔	ǒu'ěr	副
497	贸易	màoyì	名		536	偶然	ǒurán	形
498	煤	méi	名		537	偶像	ǒuxiàng	名
499	煤气	méiqì	名		538	拍摄	pāishè	动
500	门诊	ménzhěn	动		539	排除	páichú	动

540	旁	páng	名、代
541	陪	péi	动
542	赔	péi	动
543	赔偿	péicháng	动
544	配备	pèibèi	动
545	配套	pèi//tào	
546	喷	pēn	动
547	盆	pén	名
548	披	pī	动
549	皮肤	pífū	名
550	皮鞋	píxié	名
551	脾气	píqi	名
552	匹	pǐ	量
553	骗	piàn	动
554	骗子	piànzi	名
555	拼	pīn	动
556	频道	píndào	名
557	频繁	pínfán	形
558	品	pǐn	动
559	品（工艺品）	pǐn (gōngyìpǐn)	后缀
560	品种	pǐnzhǒng	名
561	平坦	píngtǎn	形
562	平原	píngyuán	名
563	评估	pínggū	动、名
564	评论	pínglùn	动、名
565	凭	píng	动、介
566	泼	pō	动
567	葡萄	pútao	名
568	葡萄酒	pútaojiǔ	名
569	期望	qīwàng	动
570	齐全	qíquán	形
571	其	qí	代
572	启动	qǐdòng	动
573	启发	qǐfā	动、名
574	启事	qǐshì	名
575	起到	qǐdào	
576	起码	qǐmǎ	形
577	气体	qìtǐ	名
578	气象	qìxiàng	名
579	签	qiān	动
580	签订	qiāndìng	动
581	签名	qiān//míng	
582	签约	qiān//yuē	
583	签证	qiānzhèng	动、名
584	签字	qiān//zì	
585	前景	qiánjǐng	名
586	前提	qiántí	名
587	欠	qiàn	动
588	枪	qiāng	名
589	强度	qiángdù	名
590	墙壁	qiángbì	名
591	抢	qiǎng	动
592	抢救	qiǎngjiù	动
593	强迫	qiǎngpò	动
594	悄悄	qiāoqiāo	副
595	敲	qiāo	动
596	敲门	qiāo mén	
597	瞧	qiáo	动
598	琴	qín	名
599	勤奋	qínfèn	形
600	青	qīng	形
601	清晨	qīngchén	名
602	清理	qīnglǐ	动
603	情节	qíngjié	名
604	情形	qíngxing	名
605	晴朗	qínglǎng	形
606	区域	qūyù	名
607	全都	quándōu	副
608	全世界	quán shìjiè	
609	泉	quán	名
610	劝	quàn	动
611	缺乏	quēfá	动
612	确立	quèlì	动
613	群体	qúntǐ	名
614	群众	qúnzhòng	名
615	染	rǎn	动
616	绕	rào	动
617	热量	rèliàng	名

618	热门	rèmén	名		657	社	shè	名
619	人间	rénjiān	名		658	社区	shèqū	名
620	人力	rénlì	名		659	射	shè	动
621	人士	rénshì	名		660	射击	shèjī	动、名
622	人物	rénwù	名		661	摄像	shèxiàng	动
623	忍	rěn	动		662	摄像机	shèxiàngjī	名
624	忍不住	rěn bu zhù			663	摄影	shèyǐng	动
625	忍受	rěnshòu	动		664	摄影师	shèyǐngshī	名
626	认	rèn	动		665	伸	shēn	动
627	认定	rèndìng	动		666	深处	shēnchù	名
628	扔	rēng	动		667	深度	shēndù	名
629	仍旧	réngjiù	副		668	神	shén	名
630	如此	rúcǐ	代		669	神经	shénjīng	名
631	如同	rútóng	动		670	神奇	shénqí	形
632	如下	rúxià	动		671	神情	shénqíng	名
633	入门	rù//mén			672	升高	shēnggāo	
634	软	ruǎn	形		673	生成	shēngchéng	动
635	软件	ruǎnjiàn	名		674	声	shēng	名、量
636	洒	sǎ	动		675	胜负	shèngfù	名
637	散	sǎn	动		676	剩	shèng	动
638	散文	sǎnwén	名		677	剩下	shèngxia	
639	杀	shā	动		678	失误	shīwù	动、名
640	杀毒	shā//dú			679	师傅	shīfu	名
641	沙漠	shāmò	名		680	诗歌	shīgē	名
642	傻	shǎ	形		681	十足	shízú	形
643	山区	shānqū	名		682	时常	shícháng	副
644	扇	shān	动		683	时光	shíguāng	名
645	扇	shàn	量、名		684	时机	shíjī	名
646	扇子	shànzi	名		685	时事	shíshì	名
647	商标	shāngbiāo	名		686	实惠	shíhuì	形、名
648	上级	shàngjí	名		687	拾	shí	动
649	上下	shàngxià	名		688	使得	shǐde	动
650	上涨	shàngzhǎng	动		689	示范	shìfàn	
651	稍	shāo	副		690	式	shì	名
652	稍微	shāowēi	副		691	势力	shìlì	名
653	蛇	shé	名		692	试图	shìtú	动
654	舍不得	shěbude	动		693	视频	shìpín	名
655	舍得	shěde			694	视为	shìwéi	
656	设想	shèxiǎng	动、名		695	收购	shōugòu	动

696	收集	shōují	动		735	损害	sǔnhài	动
697	收拾	shōushi	动		736	损失	sǔnshī	动、名
698	手段	shǒuduàn	名		737	所在	suǒzài	名
699	手法	shǒufǎ	名		738	锁	suǒ	名、动
700	寿司	shòusī	名		739	台风	táifēng	名
701	受灾	shòu∥zāi			740	抬	tái	动
702	瘦	shòu	形		741	抬头	tái∥tóu	
703	书法	shūfǎ	名		742	太空	tàikōng	名
704	书柜	shūguì	名		743	弹	tán	动
705	书桌	shūzhuō	名		744	逃	táo	动
706	输出	shūchū	动		745	逃跑	táopǎo	动
707	蔬菜	shūcài	名		746	逃走	táozǒu	动
708	熟悉	shúxi	动		747	桃	táo	名
709	鼠	shǔ	名		748	桃花	táohuā	名
710	鼠标	shǔbiāo	名		749	桃树	táoshù	名
711	数目	shùmù	名		750	讨厌	tǎo∥yàn	
712	摔	shuāi	动		751	特定	tèdìng	形
713	摔倒	shuāidǎo			752	特性	tèxìng	名
714	率领	shuàilǐng	动		753	特有	tèyǒu	形
715	双手	shuāng shǒu			754	提倡	tíchàng	动
716	水产品	shuǐchǎnpǐn	名		755	提起	tíqǐ	动
717	水分	shuǐfèn	名		756	提示	tíshì	动
718	水库	shuǐkù	名		757	题材	tícái	名
719	水灾	shuǐzāi	名		758	体积	tǐjī	名
720	睡眠	shuìmián	名		759	体力	tǐlì	名
721	说法	shuō·fǎ	名		760	天才	tiāncái	名
722	硕士	shuòshì	名		761	天然气	tiānránqì	名
723	私人	sīrén	名		762	天文	tiānwén	名
724	思维	sīwéi	名		763	调节	tiáojié	动
725	四周	sìzhōu	名		764	调解	tiáojiě	动
726	搜	sōu	动		765	厅	tīng	名
727	搜索	sōusuǒ	动		766	停留	tíngliú	动
728	宿舍	sùshè	名		767	通用	tōngyòng	动
729	酸甜苦辣	suān-tián-kǔ-là			768	偷	tōu	动、副
730	随后	suíhòu	副		769	偷偷	tōutōu	副
731	随意	suí∥yì			770	突破	tūpò	动、名
732	随着	suízhe	介		771	土豆	tǔdòu	名
733	岁月	suìyuè	名		772	吐	tǔ	动
734	碎	suì	形		773	吐	tù	动

774	兔	tù	名		813	吓	xià	动
775	团长	tuánzhǎng	名		814	先后	xiānhòu	名、副
776	推行	tuīxíng	动		815	先前	xiānqián	名
777	脱离	tuōlí	动		816	鲜艳	xiānyàn	形
778	外界	wàijiè	名		817	闲	xián	形
779	完了	wánle	连		818	显	xiǎn	动
780	微博	wēibó	名		819	现有	xiànyǒu	
781	为难	wéinán	形、动		820	现状	xiànzhuàng	名
782	为期	wéiqī	动		821	线索	xiànsuǒ	名
783	为止	wéizhǐ	动		822	献	xiàn	动
784	为主	wéizhǔ	动		823	乡	xiāng	名
785	违法	wéi∥fǎ			824	乡村	xiāngcūn	名
786	违反	wéifǎn	动		825	相等	xiāngděng	动
787	违规	wéi∥guī			826	相应	xiāngyìng	动
788	围绕	wéirào	动		827	香肠	xiāngcháng	名
789	唯一	wéiyī	形		828	详细	xiángxì	形
790	委托	wěituō	动		829	享受	xiǎngshòu	动、名
791	卫星	wèixīng	名		830	向导	xiàngdǎo	名
792	胃	wèi	名		831	向前	xiàng qián	
793	慰问	wèiwèn	动		832	向上	xiàngshàng	动
794	温和	wēnhé	形		833	相声	xiàngsheng	名
795	文艺	wényì	名		834	象征	xiàngzhēng	动、名
796	卧室	wòshì	名		835	消除	xiāochú	动
797	握	wò	动		836	消毒	xiāo∥dú	
798	污染	wūrǎn	动		837	消防	xiāofáng	动
799	污水	wūshuǐ	名		838	消费者	xiāofèizhě	名
800	屋	wū	名		839	消极	xiāojí	形
801	无奈	wúnài	动、连		840	小偷儿	xiǎotōur	名
802	无疑	wúyí	动		841	歇	xiē	动
803	舞	wǔ	名、动		842	协议	xiéyì	动、名
804	物价	wùjià	名		843	协议书	xiéyìshū	名
805	物业	wùyè	名		844	斜	xié	形
806	物质	wùzhì	名		845	心态	xīntài	名
807	误解	wùjiě	动、名		846	心疼	xīnténg	动
808	西红柿	xīhóngshì	名		847	辛苦	xīnkǔ	形、动
809	西装	xīzhuāng	名		848	欣赏	xīnshǎng	动
810	喜剧	xǐjù	名		849	信念	xìnniàn	名
811	戏	xì	名		850	信箱	xìnxiāng	名
812	戏剧	xìjù	名		851	行驶	xíngshǐ	动

852	形态	xíngtài	名		891	一句话	yí jù huà	
853	性能	xìngnéng	名		892	一路	yílù	名、副
854	雄伟	xióngwěi	形		893	一下儿	yíxiàr	副
855	熊	xióng	名		894	一下子	yíxiàzi	副
856	休闲	xiūxián	动		895	一向	yíxiàng	副
857	修复	xiūfù	动		896	乙	yǐ	名
858	修建	xiūjiàn	动		897	以便	yǐbiàn	连
859	修养	xiūyǎng	名		898	以往	yǐwǎng	名
860	虚心	xūxīn	形		899	一口气	yìkǒuqì	副
861	许可	xǔkě	动		900	一身	yìshēn	名
862	选修	xuǎnxiū	动		901	意识	yì·shí	名、动
863	学科	xuékē	名		902	意味着	yìwèizhe	动
864	学位	xuéwèi	名		903	意志	yìzhì	名
865	学者	xuézhě	名		904	因而	yīn'ér	连
866	寻求	xúnqiú	动		905	饮料	yǐnliào	名
867	询问	xúnwèn	动		906	饮食	yǐnshí	名
868	押金	yājīn	名		907	印刷	yìnshuā	动
869	鸭子	yāzi	名		908	应	yìng	动
870	亚军	yàjūn	名		909	硬	yìng	形、副
871	延伸	yánshēn	动		910	硬件	yìngjiàn	名
872	严厉	yánlì	形		911	拥抱	yōngbào	动
873	严肃	yánsù	形、动		912	拥有	yōngyǒu	动
874	言语	yányǔ	名		913	用不着	yòngbuzháo	动
875	研究所	yánjiūsuǒ	名		914	用户	yònghù	名
876	眼光	yǎnguāng	名		915	用来	yònglái	
877	邀请	yāoqǐng	动、名		916	用于	yòngyú	
878	摇头	yáo//tóu			917	优惠	yōuhuì	形
879	咬	yǎo	动		918	优先	yōuxiān	动
880	也好	yěhǎo	助		919	幽默	yōumò	形
881	业务	yèwù	名		920	尤其	yóuqí	副
882	夜间	yèjiān	名		921	由此	yóu cǐ	
883	一流	yīliú	名、形		922	犹豫	yóuyù	形
884	依法	yīfǎ	副		923	游泳池	yóuyǒngchí	名
885	依旧	yījiù	动、副		924	友谊	yǒuyì	名
886	依据	yījù	动、名		925	有毒	yǒu dú	
887	依照	yīzhào	动、介		926	有害	yǒu hài	
888	一辈子	yíbèizi	名		927	有力	yǒulì	形
889	一带	yídài	名		928	有利于	yǒulì yú	
890	一旦	yídàn	名、副		929	有着	yǒuzhe	动

930	羽毛球	yǔmáoqiú	名	969	赠送	zèngsòng	动
931	羽绒服	yǔróngfú	名	970	摘	zhāi	动
932	雨水	yǔshuǐ	名	971	展览	zhǎnlǎn	动、名
933	预备	yùbèi	动	972	展示	zhǎnshì	动
934	预期	yùqī	动	973	展现	zhǎnxiàn	动
935	元旦	Yuándàn	名	974	占领	zhànlǐng	动
936	园林	yuánlín	名	975	占有	zhànyǒu	动
937	原理	yuánlǐ	名	976	涨	zhǎng	动
938	原始	yuánshǐ	形	977	涨价	zhǎng//jià	
939	原先	yuánxiān	名	978	掌握	zhǎngwò	动
940	原有	yuányǒu		979	招生	zhāo//shēng	
941	远处	yuǎnchù	名	980	招手	zhāo//shǒu	
942	怨	yuàn	动	981	珍贵	zhēnguì	形
943	愿	yuàn	动	982	珍惜	zhēnxī	动
944	约束	yuēshù	动	983	珍珠	zhēnzhū	名
945	月饼	yuèbing	名	984	真诚	zhēnchéng	形
946	月球	yuèqiú	名	985	真理	zhēnlǐ	名
947	阅览室	yuèlǎnshì	名	986	真相	zhēnxiàng	名
948	运	yùn	动	987	诊断	zhěnduàn	动
949	运行	yùnxíng	动	988	振动	zhèndòng	动
950	灾	zāi	名	989	震惊	zhènjīng	形、动
951	灾害	zāihài	名	990	争议	zhēngyì	动
952	灾难	zāinàn	名	991	正版	zhèngbǎn	名
953	灾区	zāiqū	名	992	正规	zhèngguī	形
954	再次	zàicì	副	993	正如	zhèngrú	动
955	再也	zài yě		994	正义	zhèngyì	名、形
956	在场	zàichǎng	动	995	证实	zhèngshí	动
957	在内	zàinèi	动	996	证书	zhèngshū	名
958	暂时	zànshí	形	997	挣	zhèng	动
959	暂停	zàntíng	动	998	挣钱	zhèng//qián	
960	糟	zāo	形	999	之内	zhīnèi	名
961	糟糕	zāogāo	形	1000	之外	zhīwài	名
962	早期	zǎoqī	名	1001	之下	zhīxià	名
963	增	zēng	动	1002	之中	zhīzhōng	名
964	增产	zēng//chǎn		1003	支出	zhīchū	动、名
965	增大	zēngdà	动	1004	支配	zhīpèi	动
966	增多	zēngduō	动	1005	执行	zhíxíng	动
967	增强	zēngqiáng	动	1006	直线	zhíxiàn	名、形
968	赠	zèng	动	1007	值班	zhí//bān	

1008	职能	zhínéng	名		1040	注册	zhù//cè	
1009	职位	zhíwèi	名		1041	注射	zhùshè	动
1010	职务	zhíwù	名		1042	注视	zhùshì	动
1011	只不过	zhǐbúguò	副		1043	注重	zhùzhòng	动
1012	只见	zhǐ jiàn			1044	祝贺	zhùhè	
1013	指标	zhǐbiāo	名		1045	专辑	zhuānjí	名
1014	指甲	zhǐjia	名		1046	专利	zhuānlì	名
1015	指示	zhǐshì	名、动		1047	转化	zhuǎnhuà	动
1016	指责	zhǐzé	动		1048	转换	zhuǎnhuàn	动
1017	至	zhì	动		1049	转让	zhuǎnràng	动
1018	制成	zhìchéng			1050	转向	zhuǎnxiàng	动
1019	制约	zhìyuē	动		1051	装饰	zhuāngshì	动、名
1020	治安	zhì'ān	名		1052	撞	zhuàng	动
1021	治理	zhìlǐ	动		1053	资本	zīběn	名
1022	中断	zhōngduàn	动		1054	资产	zīchǎn	名
1023	中秋节	Zhōngqiū Jié	名		1055	资助	zīzhù	动
1024	中央	zhōngyāng	名		1056	子弹	zǐdàn	名
1025	中药	zhōngyào	名		1057	仔细	zǐxì	形
1026	终点	zhōngdiǎn	名		1058	紫	zǐ	形
1027	终身	zhōngshēn	名		1059	自豪	zìháo	形
1028	终止	zhōngzhǐ	动		1060	自杀	zìshā	动
1029	中毒	zhòng//dú			1061	自愿	zìyuàn	动
1030	众多	zhòngduō	形		1062	总裁	zǒngcái	名
1031	周期	zhōuqī	名		1063	总数	zǒngshù	名
1032	竹子	zhúzi	名		1064	总算	zǒngsuàn	副
1033	主办	zhǔbàn	动		1065	总体	zǒngtǐ	名
1034	主导	zhǔdǎo	动、名		1066	阻碍	zǔ'ài	动、名
1035	主观	zhǔguān	形		1067	组织	zǔzhī	动、名
1036	主管	zhǔguǎn	动、名		1068	醉	zuì	
1037	主体	zhǔtǐ	名		1069	尊敬	zūnjìng	动、形
1038	助理	zhùlǐ	名		1070	尊重	zūnzhòng	动
1039	助手	zhùshǒu	名		1071	遵守	zūnshǒu	动

六级词汇（1140个）

序号	词语	拼音	词性
1	挨着	āizhe	
2	挨	ái	动
3	挨打	áidǎ	动
4	安检	ānjiǎn	动
5	罢工	bà//gōng	
6	罢了	bàle	助
7	白领	báilǐng	名
8	百分点	bǎifēndiǎn	名
9	办公	bàn//gōng	
10	办事处	bànshìchù	名
11	办学	bànxué	动
12	半决赛	bànjuésài	名
13	傍晚	bàngwǎn	名
14	保健	bǎojiàn	动
15	报刊	bàokān	名
16	报考	bàokǎo	动
17	抱歉	bàoqiàn	形
18	暴风雨	bàofēngyǔ	名
19	暴力	bàolì	名
20	暴露	bàolù	动
21	暴雨	bàoyǔ	名
22	爆	bào	动
23	爆发	bàofā	动
24	爆炸	bàozhà	动
25	悲惨	bēicǎn	形
26	背心	bèixīn	名
27	背着	bèizhe	
28	被告	bèigào	名
29	奔跑	bēnpǎo	动
30	本	běn	代、副
31	本地	běndì	名
32	本期	běn qī	
33	本身	běnshēn	代
34	本土	běntǔ	名
35	本质	běnzhì	名
36	逼	bī	动
37	笔试	bǐshì	动
38	必将	bìjiāng	副
39	必修	bìxiū	形
40	闭	bì	动
41	边缘	biānyuán	名
42	编制	biānzhì	动
43	扁	biǎn	形
44	变更	biàngēng	动
45	变换	biànhuàn	动
46	变形	biàn//xíng	
47	便	biàn	副、连
48	便是	biàn shì	
49	遍地	biàndì	副
50	表面上	biǎomiàn shang	
51	病房	bìngfáng	名
52	病情	bìngqíng	名
53	拨打	bōdǎ	动
54	波动	bōdòng	动
55	波浪	bōlàng	名
56	播	bō	动
57	不便	búbiàn	形、动
58	不见	bújiàn	动
59	不料	búliào	连
60	不再	búzài	动
61	不至于	búzhìyú	
62	补考	bǔkǎo	动
63	补课	bǔ//kè	
64	补习	bǔxí	动
65	补助	bǔzhù	动、名
66	捕	bǔ	动
67	不成	bùchéng	动、形
68	不禁	bùjīn	副
69	不仅仅	bù jǐnjǐn	
70	不通	bùtōng	动
71	不怎么	bùzěnme	副

72	不怎么样	bùzěnmeyàng	
73	不值	bùzhí	动
74	布满	bùmǎn	动
75	部队	bùduì	名
76	采纳	cǎinà	动
77	踩	cǎi	动
78	参赛	cānsài	动
79	参展	cānzhǎn	动
80	餐	cān	量
81	残疾	cán·jí	名
82	残疾人	cán·jírén	名
83	残酷	cánkù	形
84	惨	cǎn	形
85	仓库	cāngkù	名
86	藏	cáng	动
87	操纵	cāozòng	动
88	厕所	cèsuǒ	名
89	侧	cè	名、动
90	测定	cèdìng	动
91	策划	cèhuà	动
92	策略	cèlüè	名
93	层面	céngmiàn	名
94	差异	chāyì	名
95	查出	cháchū	
96	查看	chákàn	动
97	拆迁	chāiqiān	动
98	产量	chǎnliàng	名
99	昌盛	chāngshèng	形
100	长短	chángduǎn	名
101	长假	chángjià	名
102	长久	chángjiǔ	形
103	长跑	chángpǎo	名
104	长远	chángyuǎn	形
105	常规	chángguī	名
106	常年	chángnián	副、名
107	厂商	chǎngshāng	名
108	场地	chǎngdì	名
109	场馆	chǎngguǎn	名
110	场景	chǎngjǐng	名
111	畅通	chàngtōng	形
112	超	chāo	动
113	超出	chāochū	动
114	炒	chǎo	动
115	炒股	chǎo//gǔ	
116	炒作	chǎozuò	动
117	车号	chēhào	名
118	车牌	chēpái	名
119	车展	chēzhǎn	名
120	撤离	chèlí	动
121	撤销	chèxiāo	动
122	撑	chēng	动
123	成	chéng	量
124	成分	chéngfèn	名
125	成品	chéngpǐn	名
126	承诺	chéngnuò	动
127	城区	chéngqū	名
128	城乡	chéng xiāng	
129	城镇	chéngzhèn	名
130	持有	chíyǒu	动
131	冲击	chōngjī	动、名
132	重建	chóngjiàn	动
133	重组	chóngzǔ	动
134	崇拜	chóngbài	动
135	宠物	chǒngwù	名
136	冲	chòng	介、动
137	出场	chū//chǎng	
138	出动	chūdòng	动
139	出访	chūfǎng	动
140	出路	chūlù	名
141	出面	chū//miàn	
142	出名	chū//míng	
143	出入	chūrù	动、名
144	出事	chū//shì	
145	出台	chū//tái	
146	出行	chūxíng	动
147	初等	chūděng	形
148	除	chú	介、动
149	厨师	chúshī	名

150	储存	chǔcún	动	189	大米	dàmǐ	名
151	处处	chùchù	副	190	大批	dàpī	形
152	处长	chùzhǎng	名	191	大赛	dàsài	名
153	传出	chuánchū		192	大师	dàshī	名
154	传媒	chuánméi	名	193	大使	dàshǐ	名
155	传输	chuánshū	动	194	待会儿	dāihuìr	
156	传言	chuányán	名、动	195	担忧	dānyōu	动
157	船员	chuányuán	名	196	单打	dāndǎ	名
158	船长	chuánzhǎng	名	197	诞生	dànshēng	动
159	船只	chuánzhī	名	198	党	dǎng	名
160	串	chuàn	量、动	199	当	dàng	动
161	窗口	chuāngkǒu	名	200	当成	dàngchéng	动
162	创办	chuàngbàn	动	201	当天	dàngtiān	名
163	创建	chuàngjiàn	动	202	当作	dàngzuò	动
164	创意	chuàngyì	名、动	203	档	dàng	名
165	此处	cǐ chù		204	档案	dàng'àn	名
166	此次	cǐ cì		205	岛	dǎo	名
167	此前	cǐqián	名	206	到期	dào//qī	
168	此事	cǐshì	名	207	盗版	dàobǎn	名
169	此致	cǐzhì	动	208	道教	Dàojiào	名
170	次数	cìshù	名	209	道歉	dào//qiàn	
171	从不	cóng bù		210	低头	dī//tóu	
172	从没	cóng méi		211	低温	dīwēn	名
173	醋	cù	名	212	滴	dī	动、量
174	村庄	cūnzhuāng	名	213	抵达	dǐdá	动
175	错过	cuòguò	动	214	抵抗	dǐkàng	动
176	搭	dā	动	215	地板	dìbǎn	名
177	搭档	dādàng	动、名	216	地名	dìmíng	名
178	搭配	dāpèi	动	217	地下室	dìxiàshì	名
179	打动	dǎdòng	动	218	电车	diànchē	名
180	打断	dǎduàn	动	219	电动	diàndòng	形
181	打发	dǎfa	动	220	电力	diànlì	名
182	打官司	dǎ guānsi		221	电器	diànqì	名
183	打牌	dǎpái	动	222	吊	diào	动
184	打印机	dǎyìnjī	名	223	调研	diàoyán	动
185	打造	dǎzào	动	224	跌	diē	动
186	大道	dàdào	名	225	定价	dìngjià	名
187	大街	dàjiē	名	226	定时	dìngshí	动、名
188	大力	dàlì	副	227	定位	dìng//wèi	

228	动画	dònghuà	名		267	犯罪	fàn//zuì	
229	斗争	dòuzhēng	动、名		268	防范	fángfàn	动
230	都市	dūshì	名		269	防守	fángshǒu	动
231	毒品	dúpǐn	名		270	房价	fángjià	名
232	赌	dǔ	动		271	仿佛	fǎngfú	副
233	赌博	dǔbó	动		272	飞船	fēichuán	名
234	渡	dù	动		273	飞行员	fēixíngyuán	名
235	端	duān	动		274	肺	fèi	名
236	端午节	Duānwǔ Jié	名		275	分工	fēn//gōng	
237	短片	duǎnpiàn	名		276	分裂	fēnliè	动
238	队伍	duìwu	名		277	愤怒	fènnù	形
239	对抗	duìkàng	动		278	风暴	fēngbào	名
240	对外	duìwài	动		279	峰会	fēnghuì	名
241	蹲	dūn	动		280	奉献	fèngxiàn	动
242	多半	duōbàn	数、副		281	佛	fó	名
243	多方面	duō fāngmiàn			282	佛教	Fójiào	名
244	多媒体	duōméitǐ	名		283	服	fú	动
245	夺	duó	动		284	浮	fú	动
246	夺取	duóqǔ	动		285	父女	fùnǚ	名
247	恩人	ēnrén	名		286	父子	fùzǐ	名
248	儿科	érkē	名		287	负	fù	动
249	发病	fā//bìng			288	妇女	fùnǚ	名
250	发电	fā//diàn			289	复苏	fùsū	动
251	发放	fāfàng	动		290	副[1]	fù	形
252	发怒	fā//nù			291	副[2]	fù	量
253	发起	fāqǐ	动		292	富人	fùrén	名
254	发言人	fāyánrén	名		293	富有	fùyǒu	形、动
255	发炎	fāyán	动		294	改装	gǎizhuāng	动
256	法庭	fǎtíng	名		295	干涉	gānshè	动
257	法语	Fǎyǔ	名		296	肝	gān	名
258	番	fān	量		297	杆	gǎn	名
259	番茄	fānqié	名		298	赶不上	gǎnbushàng	动
260	凡是	fánshì	副		299	赶忙	gǎnmáng	副
261	繁殖	fánzhí	动		300	赶上	gǎn//·shàng	
262	反抗	fǎnkàng	动		301	敢于	gǎnyú	动
263	反问	fǎnwèn	动		302	感人	gǎnrén	形
264	反响	fǎnxiǎng	名		303	刚好	gānghǎo	副
265	犯	fàn	动		304	岗位	gǎngwèi	名
266	犯规	fàn//guī			305	港口	gǎngkǒu	名

306	高层	gāocéng	名、形		345	官司	guānsi	名
307	高档	gāodàng	形		346	管道	guǎndào	名
308	高等	gāoděng	形		347	光辉	guānghuī	名、形
309	高峰	gāofēng	名		348	广阔	guǎngkuò	形
310	高考	gāokǎo	名		349	轨道	guǐdào	名
311	高科技	gāokējì	名		350	跪	guì	动
312	高手	gāoshǒu	名		351	国产	guóchǎn	形
313	稿子	gǎozi	名		352	国歌	guógē	名
314	歌唱	gēchàng	动		353	国会	guóhuì	名
315	歌词	gēcí	名		354	国旗	guóqí	名
316	歌星	gēxīng	名		355	国王	guówáng	名
317	革新	géxīn	动、名		356	果酱	guǒjiàng	名
318	更是	gèng shì			357	果树	guǒshù	名
319	工商	gōngshāng	名		358	过渡	guòdù	动
320	公	gōng	形		359	过后	guòhòu	名
321	公安	gōng'ān	名		360	过时	guòshí	形
322	公鸡	gōngjī	名		361	海报	hǎibào	名
323	公众	gōngzhòng	名		362	海底	hǎidǐ	名
324	公主	gōngzhǔ	名		363	海军	hǎijūn	名
325	攻击	gōngjī	动		364	海浪	hǎilàng	名
326	供给	gōngjǐ	动		365	海外	hǎiwài	名
327	宫	gōng	名		366	海湾	hǎiwān	名
328	巩固	gǒnggù	形、动		367	海洋	hǎiyáng	名
329	贡献	gòngxiàn	动、名		368	好（不）容易	hǎo(bù)róngyì	形
330	构建	gòujiàn	动		369	好似	hǎosì	动
331	孤独	gūdú	形		370	好转	hǎozhuǎn	动
332	孤儿	gū'ér	名		371	好学	hàoxué	动
333	姑姑	gūgu	名		372	合约	héyuē	名
334	古典	gǔdiǎn	形		373	和谐	héxié	形
335	股	gǔ	量		374	核心	héxīn	名
336	股东	gǔdōng	名		375	黑夜	hēiyè	名
337	股票	gǔpiào	名		376	很难说	hěn nánshuō	
338	故障	gùzhàng	名		377	狠	hěn	形
339	顾	gù	动		378	横	héng	动、形
340	刮	guā	动		379	衡量	héngliáng	动
341	拐	guǎi	动		380	宏大	hóngdà	形
342	关爱	guān'ài	动		381	洪水	hóngshuǐ	名
343	关联	guānlián	动		382	忽略	hūlüè	动
344	观光	guānguāng	动		383	壶	hú	名、量

384	互动	hùdòng	动
385	户外	hùwài	名
386	护	hù	动
387	花费	huāfèi	动
388	花瓶	huāpíng	名
389	花生	huāshēng	名
390	化解	huàjiě	动
391	幻想	huànxiǎng	动、名
392	患者	huànzhě	名
393	皇帝	huángdì	名
394	回应	huíyìng	动
395	毁	huǐ	动
396	会见	huìjiàn	动
397	会长	huìzhǎng	名
398	绘画	huìhuà	动
399	昏	hūn	动
400	混	hùn	动、副
401	混合	hùnhé	动
402	混乱	hùnluàn	形
403	活跃	huóyuè	形、动
404	火箭	huǒjiàn	名
405	机动车	jīdòngchē	名
406	机关	jīguān	名
407	机械	jīxiè	名
408	基督教	Jīdūjiào	名
409	激情	jīqíng	名
410	吉利	jílì	形
411	吉祥	jíxiáng	形
412	极端	jíduān	名、形
413	急救	jíjiù	动
414	疾病	jíbìng	名
415	集	jí	名、量
416	给予	jǐyǔ	动
417	加盟	jiāméng	动
418	家电	jiādiàn	名
419	家园	jiāyuán	名
420	嘉宾	jiābīn	名
421	假日	jiàrì	名
422	尖	jiān	形
423	监测	jiāncè	动
424	监督	jiāndū	动、名
425	捡	jiǎn	动
426	简介	jiǎnjiè	动、名
427	剑	jiàn	名
428	鉴定	jiàndìng	动、名
429	箭	jiàn	名
430	将军	jiāngjūn	名
431	讲课	jiǎng∥kè	
432	酱	jiàng	名
433	酱油	jiàngyóu	名
434	骄傲	jiāo'ào	形、名
435	焦点	jiāodiǎn	名
436	脚印	jiǎoyìn	名
437	觉	jiào	名
438	教堂	jiàotáng	名
439	教育部	jiàoyùbù	名
440	接收	jiēshōu	动
441	揭	jiē	动
442	街头	jiētóu	名
443	节	jié	动
444	节假日	jiéjiàrì	名
445	节能	jiénéng	动
446	节奏	jiézòu	名
447	杰出	jiéchū	形
448	截止	jiézhǐ	动
449	截至	jiézhì	动
450	解	jiě	动
451	解说	jiěshuō	动
452	界	jiè	名
453	界（文艺界）	jiè (wényìjiè)	后缀
454	借鉴	jièjiàn	动
455	金额	jīn'é	名
456	金钱	jīnqián	名
457	金融	jīnróng	名
458	尽	jìn	动、副
459	进攻	jìngōng	动
460	近日	jìnrì	名
461	近视	jìnshì	形

462	惊人	jīngrén	形	501	看得见	kàndejiàn	动
463	惊喜	jīngxǐ	形、名	502	看得起	kàndeqǐ	动
464	精	jīng	形	503	看好	kànhǎo	动
465	精美	jīngměi	形	504	看作	kànzuò	动
466	精品	jīngpǐn	名	505	康复	kāngfù	动
467	井	jǐng	名	506	抗议	kàngyì	动
468	景	jǐng	名	507	考场	kǎochǎng	名
469	景点	jǐngdiǎn	名	508	考题	kǎotí	名
470	净	jìng	形、副	509	科研	kēyán	动、名
471	纠纷	jiūfēn	名	510	客车	kèchē	名
472	纠正	jiūzhèng	动	511	肯	kěn	动
473	酒水	jiǔshuǐ	名	512	空军	kōngjūn	名
474	救命	jiù//mìng		513	口试	kǒushì	动
475	救援	jiùyuán	动	514	扣	kòu	动
476	救助	jiùzhù	动	515	酷	kù	形
477	就是说	jiùshìshuō		516	跨	kuà	动
478	就算	jiùsuàn	连	517	快车	kuàichē	名
479	局	jú	量	518	宽阔	kuānkuò	形
480	剧	jù	名	519	矿	kuàng	名
481	据	jù	介	520	阔	kuò	形
482	捐	juān	动	521	啦	la	助
483	捐款	juānkuǎn	名	522	来往	láiwǎng	动
484	捐赠	juānzèng	动	523	赖	lài	动、形
485	捐助	juānzhù	动	524	栏目	lánmù	名
486	决策	juécè	动、名	525	蓝领	lánlǐng	名
487	觉悟	juéwù	动、名	526	蓝天	lántiān	名
488	绝	jué	形、副	527	懒	lǎn	形
489	绝大多数	jué dàduōshù		528	牢	láo	形
490	军队	jūnduì	名	529	老乡	lǎoxiāng	名
491	军舰	jūnjiàn	名	530	冷气	lěngqì	名
492	军事	jūnshì	名	531	冷水	lěngshuǐ	名
493	开创	kāichuàng	动	532	礼堂	lǐtáng	名
494	开关	kāiguān	名	533	理	lǐ	动、名
495	开设	kāishè	动	534	理财	lǐ//cái	
496	开通	kāitōng	动	535	理智	lǐzhì	名、形
497	开头	kāitóu	名	536	力（影响力）	lì (yǐngxiǎnglì)	后缀
498	开夜车	kāi yèchē		537	利	lì	名
499	看	kān	动	538	联盟	liánméng	名
500	看管	kānguǎn	动	539	联赛	liánsài	名

540	联手	liánshǒu	动		579	面向	miànxiàng	动
541	凉鞋	liángxié	名		580	妙	miào	形
542	两侧	liǎngcè	名		581	灭	miè	动
543	两手	liǎngshǒu	名		582	民歌	míngē	名
544	聊	liáo	动		583	民工	míngōng	名
545	聊天儿	liáo∥tiānr			584	民警	mínjǐng	名
546	料¹	liào	动		585	民意	mínyì	名
547	料²	liào	名		586	民主	mínzhǔ	名、形
548	裂	liè	动		587	名额	míng'é	名
549	灵活	línghuó	形		588	名胜	míngshèng	名
550	领取	lǐngqǔ	动		589	名义	míngyì	名
551	领袖	lǐngxiù	名		590	名誉	míngyù	名、形
552	另	lìng	代、副		591	明日	míngrì	名
553	留言	liúyán	动、名		592	命	mìng	
554	流感	liúgǎn	名		593	膜	mó	名
555	楼道	lóudào	名		594	磨	mó	动
556	楼房	lóufáng	名		595	没收	mòshōu	动
557	露	lòu	动		596	墨水	mòshuǐ	名
558	陆军	lùjūn	名		597	母	mǔ	形、名
559	录像	lùxiàng	动、名		598	母鸡	mǔjī	名
560	录音机	lùyīnjī	名		599	母女	mǔnǚ	名
561	路过	lùguò	动		600	母子	mǔzǐ	名
562	露	lù	动		601	墓	mù	名
563	旅店	lǚdiàn	名		602	拿走	názǒu	
564	绿化	lǜhuà	动		603	奶粉	nǎifěn	名
565	马车	mǎchē	名		604	奶牛	nǎiniú	名
566	嘛	ma	助		605	难忘	nánwàng	动
567	埋	mái	动		606	内地	nèidì	名
568	馒头	mántou	名		607	内外	nèiwài	名
569	慢车	mànchē	名		608	内衣	nèiyī	名
570	盲人	mángrén	名		609	能否	néngfǒu	动
571	梅花	méihuā	名		610	泥	ní	名
572	美容	měiróng	动		611	扭	niǔ	动
573	蒙	mēng	动		612	排行榜	páihángbǎng	名
574	蒙	méng	动		613	派出	pàichū	
575	猛	měng	形		614	判	pàn	动
576	棉	mián	名		615	盼望	pànwàng	动
577	免得	miǎnde	连		616	泡	pào	动、名
578	面对面	miànduìmiàn			617	炮	pào	名

618	陪同	péitóng	动		657	切实	qièshí	形
619	配置	pèizhì	动		658	侵犯	qīnfàn	动
620	皮球	píqiú	名		659	亲属	qīnshǔ	名
621	偏	piān	形、副		660	亲眼	qīnyǎn	副
622	贫困	pínkùn	形		661	倾向	qīngxiàng	动、名
623	品牌	pǐnpái	名		662	清	qīng	形、动
624	聘请	pìnqǐng	动		663	清洁	qīngjié	形
625	平凡	píngfán	形		664	清洁工	qīngjiégōng	名
626	平方米	píngfāngmǐ	量		665	清明节	Qīngmíng Jié	名
627	平衡	pínghéng	形		666	清洗	qīngxǐ	动
628	平台	píngtái	名		667	情绪	qíngxù	名
629	评	píng	动		668	求职	qiúzhí	动
630	评选	píngxuǎn	动		669	球拍	qiúpāi	名
631	屏幕	píngmù	名		670	球星	qiúxīng	名
632	坡	pō	名		671	球员	qiúyuán	名
633	扑	pū	动		672	区分	qūfēn	动
634	铺	pū	动		673	渠道	qúdào	名
635	欺负	qīfu	动		674	取款	qǔkuǎn	动
636	奇妙	qímiào	形		675	取款机	qǔkuǎnjī	名
637	企图	qǐtú	动、名		676	去掉	qùdiào	动
638	起点	qǐdiǎn	名		677	权	quán	名
639	起诉	qǐsù	动		678	权力	quánlì	名
640	气氛	qì·fēn	名		679	全力	quánlì	名
641	恰当	qiàdàng	形		680	全新	quánxīn	形
642	恰好	qiàhǎo	副		681	券	quàn	名
643	恰恰	qiàqià	副		682	缺陷	quēxiàn	名
644	牵	qiān	动		683	却是	què shì	
645	铅笔	qiānbǐ	名		684	让座	ràng//zuò	
646	谦虚	qiānxū	形		685	热点	rèdiǎn	名
647	前方	qiánfāng	名		686	热水	rèshuǐ	名
648	前来	qiánlái	动		687	热水器	rèshuǐqì	名
649	潜力	qiánlì	名		688	热线	rèxiàn	名
650	强盗	qiángdào	名		689	人权	rénquán	名
651	强化	qiánghuà	动		690	认同	rèntóng	动
652	强势	qiángshì	名、形		691	日夜	rìyè	名
653	强壮	qiángzhuàng	形、动		692	日语	Rìyǔ	名
654	桥梁	qiáoliáng	名		693	融合	rónghé	动
655	巧妙	qiǎomiào	形		694	融入	róngrù	动
656	茄子	qiézi	名		695	如	rú	动、连

696	如一	rúyī	动
697	乳制品	rǔzhìpǐn	名
698	入	rù	动
699	入学	rù//xué	
700	若	ruò	连
701	塞	sāi	动
702	赛	sài	动
703	赛场	sàichǎng	名
704	三明治	sānmíngzhì	名
705	丧失	sàngshī	动
706	山峰	shānfēng	名
707	山谷	shāngǔ	名
708	山坡	shānpō	名
709	伤口	shāngkǒu	名
710	伤亡	shāngwáng	动、名
711	伤员	shāngyuán	名
712	商城	shāngchéng	名
713	上当	shàng//dàng	
714	上帝	Shàngdì	名
715	上市	shàng//shì	
716	上台	shàng//tái	
717	上演	shàngyǎn	动
718	勺	sháo	名
719	少儿	shào'ér	名
720	舌头	shétou	名
721	设计师	shèjìshī	名
722	涉及	shèjí	动
723	深化	shēnhuà	动
724	深深	shēnshēn	
725	审查	shěnchá	动
726	升级	shēng//jí	
727	升学	shēng//xué	
728	升值	shēngzhí	动
729	生活费	shēnghuófèi	名
730	省钱	shěng//qián	
731	圣诞节	Shèngdàn Jié	名
732	盛行	shèngxíng	动
733	师父	shīfu	名
734	师生	shīshēng	名
735	时而	shí'ér	副
736	时节	shíjié	名
737	时期	shíqī	名
738	时时	shíshí	副
739	时装	shízhuāng	名
740	识	shí	动
741	识字	shí//zì	
742	实践	shíjiàn	动、名
743	食欲	shíyù	名
744	市民	shìmín	名
745	事后	shìhòu	名
746	试点	shìdiǎn	动、名
747	适当	shìdàng	形
748	收藏	shōucáng	动
749	收取	shōuqǔ	动
750	收养	shōuyǎng	动
751	手续费	shǒuxùfèi	名
752	首	shǒu	名
753	首次	shǒucì	
754	首脑	shǒunǎo	名
755	首席	shǒuxí	名、形
756	首相	shǒuxiàng	名
757	书房	shūfáng	名
758	薯片	shǔpiàn	名
759	薯条	shǔtiáo	名
760	双打	shuāngdǎ	名
761	爽	shuǎng	形
762	水泥	shuǐní	名
763	税	shuì	名
764	顺	shùn	形、动、介
765	说明书	shuōmíngshū	名
766	说实话	shuō shíhuà	
767	司长	sīzhǎng	名
768	死亡	sǐwáng	动
769	四处	sìchù	名
770	寺	sì	名
771	送礼	sòng//lǐ	
772	送行	sòng//xíng	
773	素质	sùzhì	名

774	算了	suànle	动		813	同胞	tóngbāo	名
775	算是	suànshì	副		814	同行	tóngháng	名
776	虽	suī	连		815	同期	tóngqī	名
777	岁数	suìshu	名		816	同一	tóngyī	形
778	所	suǒ	助		817	铜牌	tóngpái	名
779	踏实	tāshi	形		818	头疼	tóuténg	形
780	塔	tǎ	名		819	投票	tóu∥piào	
781	踏	tà	动		820	透露	tòulù	动
782	台灯	táidēng	名		821	图书	túshū	名
783	太阳能	tàiyángnéng	名		822	徒弟	tú·dì	名
784	叹气	tàn∥qì			823	途径	tújìng	名
785	探索	tànsuǒ	动		824	土	tǔ	形
786	探讨	tàntǎo	动		825	团队	tuánduì	名
787	趟	tàng	量		826	推出	tuīchū	动
788	掏	tāo	动		827	退票	tuì∥piào	
789	特	tè	副		828	吞	tūn	动
790	特大	tèdà	形		829	托	tuō	动
791	特地	tèdì	副		830	拖	tuō	动
792	特快	tèkuài	形		831	拖鞋	tuōxié	名
793	特意	tèyì	副		832	挖	wā	动
794	疼痛	téngtòng	形		833	娃娃	wáwa	名
795	踢	tī	动		834	哇	wa	助
796	提交	tíjiāo	动		835	外币	wàibì	名
797	提升	tíshēng	动		836	外部	wàibù	名
798	天然	tiānrán	形		837	外出	wàichū	动
799	天堂	tiāntáng	名		838	外观	wàiguān	名
800	天下	tiānxià	名		839	外科	wàikē	名
801	添	tiān	动		840	外来	wàilái	形
802	田	tián	名		841	外头	wàitou	名
803	田径	tiánjìng	名		842	外衣	wàiyī	名
804	跳水	tiàoshuǐ	动		843	外资	wàizī	名
805	听取	tīngqǔ	动		844	弯曲	wānqū	形
806	通报	tōngbào	动、名		845	顽皮	wánpí	形
807	通道	tōngdào	名		846	顽强	wánqiáng	形
808	通红	tōnghóng	形		847	王后	wánghòu	名
809	通话	tōng∥huà			848	王子	wángzǐ	名
810	通行	tōngxíng	动		849	网吧	wǎngbā	名
811	通讯	tōngxùn	名		850	网页	wǎngyè	名
812	同	tóng	形、副、介		851	往后	wǎnghòu	名

852	往来	wǎnglái	动		891	笑脸	xiàoliǎn	名
853	往年	wǎngnián	名		892	笑容	xiàoróng	名
854	望见	wàng·jiàn			893	笑声	xiàoshēng	名
855	危机	wēijī	名		894	协会	xiéhuì	名
856	威胁	wēixié	动		895	协商	xiéshāng	动
857	微波炉	wēibōlú	名		896	协调	xiétiáo	动、形
858	维生素	wéishēngsù	名		897	协助	xiézhù	动
859	为此	wèicǐ	连		898	写字楼	xiězìlóu	名
860	为何	wèihé	副		899	写字台	xiězìtái	名
861	文娱	wényú	名		900	心灵	xīnlíng	名
862	卧铺	wòpù	名		901	心愿	xīnyuàn	名
863	乌云	wūyún	名		902	心脏	xīnzàng	名
864	无边	wúbiān	动		903	心脏病	xīnzàngbìng	名
865	无关	wúguān	动		904	新人	xīnrén	名
866	无效	wúxiào	动		905	新兴	xīnxīng	形
867	舞蹈	wǔdǎo	名		906	薪水	xīnshui	名
868	物品	wùpǐn	名		907	信仰	xìnyǎng	动
869	误	wù	动		908	信用	xìnyòng	名
870	西班牙语	Xībānyáyǔ	名		909	兴旺	xīngwàng	形
871	吸毒	xī∥dú			910	行程	xíngchéng	名
872	牺牲	xīshēng	动、名		911	形	xíng	名
873	洗衣粉	xǐyīfěn	名		912	凶	xiōng	形
874	戏曲	xìqǔ	名		913	凶手	xiōngshǒu	名
875	细胞	xìbāo	名		914	修车	xiū chē	
876	细菌	xìjūn	名		915	袖珍	xiùzhēn	形
877	先锋	xiānfēng	名		916	悬	xuán	动
878	嫌	xián	动		917	旋转	xuánzhuǎn	动
879	显出	xiǎnchū			918	选拔	xuǎnbá	动
880	险	xiǎn	形		919	选举	xuǎnjǔ	动、名
881	线路	xiànlù	名		920	学会	xuéhuì	名
882	陷入	xiànrù	动		921	学员	xuéyuán	名
883	响声	xiǎngshēng	名		922	血管	xuèguǎn	名
884	想不到	xiǎngbudào	动		923	血液	xuèyè	名
885	消耗	xiāohào	动、名		924	循环	xúnhuán	动
886	消灭	xiāomiè	动		925	压迫	yāpò	动
887	小费	xiǎofèi	名		926	烟花	yānhuā	名
888	小麦	xiǎomài	名		927	沿	yán	介
889	小于	xiǎoyú	动		928	沿海	yánhǎi	名
890	晓得	xiǎode	动		929	沿着	yánzhe	

#	词	拼音	词性	#	词	拼音	词性
930	研发	yánfā	动	969	因素	yīnsù	名
931	眼看	yǎnkàn	动、副	970	阴谋	yīnmóu	名
932	演奏	yǎnzòu	动	971	阴影	yīnyǐng	名
933	宴会	yànhuì	名	972	音量	yīnliàng	名
934	洋	yáng	形	973	音像	yīnxiàng	名
935	仰	yǎng	动	974	隐藏	yǐncáng	动
936	养老	yǎng//lǎo		975	隐私	yǐnsī	名
937	氧气	yǎngqì	名	976	印	yìn	动
938	样	yàng	名、量	977	英雄	yīngxióng	名
939	药品	yàopǐn	名	978	迎来	yínglái	
940	要不然	yàobùrán	连	979	影迷	yǐngmí	名
941	要好	yàohǎo	形	980	影星	yǐngxīng	名
942	要么	yàome	连	981	应对	yìngduì	动
943	要素	yàosù	名	982	应急	yìng//jí	
944	野	yě	形	983	用处	yòngchù	名
945	野生	yěshēng	形	984	用得着	yòngdezháo	动
946	医药	yīyào	名	985	用法	yòngfǎ	名
947	依次	yīcì	副	986	用品	yòngpǐn	名
948	依赖	yīlài	动	987	用心	yòngxīn	名
949	一次性	yícìxìng	形	988	优质	yōuzhì	形
950	一代	yídài	名	989	游人	yóurén	名
951	一道	yídào	副	990	游玩	yóuwán	动
952	一贯	yíguàn	形	991	游戏机	yóuxìjī	名
953	一路上	yílù shang		992	游行	yóuxíng	动
954	仪器	yíqì	名	993	有关	yǒuguān	动
955	仪式	yíshì	名	994	有没有	yǒu méiyǒu	
956	遗憾	yíhàn	形、名	995	有事	yǒushì	动
957	一番	yìfān		996	于	yú	介
958	一模一样	yìmú-yíyàng		997	娱乐	yúlè	动、名
959	一齐	yìqí	副	998	愉快	yúkuài	形
960	一时	yìshí	名、副	999	与	yǔ	介、连
961	一同	yìtóng	副	1000	宇航员	yǔhángyuán	名
962	一行	yìxíng	名	1001	雨衣	yǔyī	名
963	艺人	yìrén	名	1002	预约	yùyuē	动
964	议题	yìtí	名	1003	元素	yuánsù	名
965	异常	yìcháng	形、副	1004	园	yuán	
966	意想不到	yìxiǎng bú dào		1005	园地	yuándì	名
967	意愿	yìyuàn	名	1006	原	yuán	形
968	因	yīn	介、连	1007	原告	yuángào	名

1008	原谅	yuánliàng	动
1009	圆珠笔	yuánzhūbǐ	名
1010	援助	yuánzhù	动
1011	缘故	yuángù	名
1012	远方	yuǎnfāng	名
1013	远离	yuǎnlí	动
1014	远远	yuǎnyuǎn	
1015	约定	yuēdìng	动
1016	乐曲	yuèqǔ	名
1017	晕	yūn	动、形
1018	允许	yǔnxǔ	动
1019	运作	yùnzuò	动
1020	晕车	yùn//chē	
1021	杂	zá	形
1022	再生	zàishēng	动
1023	再说	zàishuō	动、连
1024	遭到	zāodào	
1025	遭受	zāoshòu	动
1026	遭遇	zāoyù	动、名
1027	早晚	zǎowǎn	名、副
1028	增进	zēngjìn	动
1029	增值	zēngzhí	动
1030	扎	zhā	动
1031	扎实	zhāshi	形
1032	炸	zhà	动
1033	炸弹	zhàdàn	名
1034	炸药	zhàyào	名
1035	债	zhài	名
1036	占据	zhànjù	动
1037	战场	zhànchǎng	名
1038	战略	zhànlüè	名
1039	战术	zhànshù	名
1040	战友	zhànyǒu	名
1041	站台	zhàntái	名
1042	章	zhāng	量
1043	长（秘书长）	zhǎng (mìshūzhǎng)	后缀
1044	掌声	zhǎngshēng	名
1045	账	zhàng	
1046	账户	zhànghù	名
1047	涨	zhàng	动
1048	障碍	zhàng'ài	名、动
1049	招	zhāo	动
1050	招聘	zhāopìn	动
1051	照样	zhàoyàng	副
1052	照耀	zhàoyào	动
1053	哲学	zhéxué	名
1054	这就是说	zhè jiùshì shuō	
1055	镇	zhèn	动、名
1056	争夺	zhēngduó	动
1057	整顿	zhěngdùn	动
1058	整治	zhěngzhì	动
1059	正当	zhèngdàng	形
1060	政策	zhèngcè	名
1061	政党	zhèngdǎng	名
1062	政权	zhèngquán	名
1063	症状	zhèngzhuàng	名
1064	之类	zhīlèi	名
1065	支撑	zhīchēng	动
1066	支援	zhīyuán	动、名
1067	枝	zhī	名、量
1068	知名	zhīmíng	形
1069	织	zhī	动
1070	直升机	zhíshēngjī	名
1071	职责	zhízé	名
1072	止	zhǐ	动
1073	只得	zhǐdé	副
1074	只顾	zhǐgù	副
1075	只管	zhǐguǎn	副
1076	指定	zhǐdìng	动
1077	指数	zhǐshù	名
1078	指头	zhǐtou	名
1079	指着	zhǐzhe	
1080	至于	zhìyú	动、介
1081	治病	zhì bìng	
1082	智慧	zhìhuì	名
1083	中等	zhōngděng	形
1084	中华	Zhōnghuá	
1085	中期	zhōngqī	名

1086	中外	zhōngwài	名	1114	自学	zìxué	动
1087	忠心	zhōngxīn	名	1115	自言自语	zìyán-zìyǔ	
1088	钟头	zhōngtóu	名	1116	自在	zìzai	形
1089	肿	zhǒng	动	1117	宗教	zōngjiào	名
1090	种种	zhǒngzhǒng	代	1118	总部	zǒngbù	名
1091	粥	zhōu	名	1119	总监	zǒngjiān	名
1092	珠宝	zhūbǎo	名	1120	总经理	zǒngjīnglǐ	名
1093	诸位	zhūwèi	代	1121	总量	zǒngliàng	名
1094	主持人	zhǔchírén	名	1122	走私	zǒu∥sī	
1095	主角	zhǔjué	名	1123	奏	zòu	动
1096	主流	zhǔliú	名	1124	租金	zūjīn	名
1097	煮	zhǔ	动	1125	足	zú	形、副
1098	住宅	zhùzhái	名	1126	足以	zúyǐ	动
1099	驻	zhù	动	1127	族	zú	名
1100	柱子	zhùzi	名	1128	族（上班族）	zú (shàngbānzú)	后缀
1101	祝愿	zhùyuàn	动	1129	祖父	zǔfù	名
1102	专用	zhuānyòng	动	1130	祖国	zǔguó	名
1103	转	zhuàn	动	1131	祖母	zǔmǔ	名
1104	转动	zhuàndòng	动	1132	钻	zuān	动
1105	赚	zhuàn	动	1133	最佳	zuìjiā	形
1106	赚钱	zhuàn∥qián		1134	最终	zuìzhōng	名
1107	装备	zhuāngbèi	动、名	1135	罪	zuì	名
1108	壮观	zhuàngguān	形、名	1136	罪恶	zuì'è	名
1109	追究	zhuījiū	动	1137	作	zuò	动
1110	捉	zhuō	动	1138	作废	zuòfèi	动
1111	咨询	zīxún	动	1139	作战	zuòzhàn	动
1112	自来水	zìláishuǐ	名	1140	座谈会	zuòtánhuì	名
1113	自我	zìwǒ	代				

高等（新增5636个）

七—九级词汇（5636个）

序号	词语	拼音	词性		序号	词语	拼音	词性
1	阿拉伯语	Ālābóyǔ	名		34	傲慢	àomàn	形
2	哎	āi	叹		35	奥秘	àomì	名
3	哎呀	āiyā	叹		36	奥运会	Àoyùnhuì	名
4	哀求	āiqiú	动		37	八卦	bāguà	名
5	挨家挨户	āijiā-āihù			38	巴不得	bābu·dé	动
6	癌	ái	名		39	扒	bā	动
7	癌症	áizhèng	名		40	芭蕾	bālěi	名
8	艾滋病	àizībìng	名		41	把柄	bǎbǐng	名
9	唉	ài	叹		42	把关	bǎ//guān	
10	爱不释手	àibúshìshǒu			43	把手	bǎshou	名
11	爱理不理	àilǐ-bùlǐ			44	靶子	bǎzi	名
12	爱面子	ài miànzi			45	坝	bà	名
13	爱惜	àixī	动		46	罢免	bàmiǎn	动
14	碍事	ài//shì			47	罢休	bàxiū	动
15	安定	āndìng	形、动		48	霸占	bàzhàn	动
16	安抚	ānfǔ	动		49	掰	bāi	动
17	安眠药	ānmiányào	名		50	白白	báibái	副
18	安宁	ānníng	形		51	百分比	bǎifēnbǐ	名
19	安稳	ānwěn	形		52	百合	bǎihé	名
20	安心	ānxīn	形		53	百科全书	bǎikē quánshū	
21	安逸	ānyì	形		54	柏树	bǎishù	名
22	按键	ànjiàn	名		55	摆放	bǎifàng	动
23	按理说	ànlǐ shuō			56	摆平	bǎi//píng	
24	按说	ànshuō	副		57	摆设	bǎishe	名
25	案件	ànjiàn	名		58	拜会	bàihuì	动
26	暗地里	àndì·lǐ	名		59	拜见	bàijiàn	动
27	暗杀	ànshā	动		60	拜年	bài//nián	
28	暗中	ànzhōng	名		61	拜托	bàituō	动
29	昂贵	ángguì	形		62	扳	bān	动
30	凹	āo	形		63	颁布	bānbù	动
31	熬	áo	动		64	颁发	bānfā	动
32	熬夜	áo//yè			65	颁奖	bān//jiǎng	
33	傲	ào	形		66	斑点	bāndiǎn	名
					67	搬迁	bānqiān	动

68	板块	bǎnkuài	名		107	保重	bǎozhòng	动
69	办不到	bàn bu dào			108	堡垒	bǎolěi	名
70	半边天	bànbiāntiān	名		109	报	bào	动
71	半场	bànchǎng	名		110	报仇	bào//chóu	
72	半岛	bàndǎo	名		111	报酬	bàochou	名
73	半路	bànlù	名		112	报废	bào//fèi	
74	半数	bànshù	名		113	报复	bào·fù	动
75	半途而废	bàntú'érfèi			114	报社	bàoshè	名
76	半信半疑	bànxìn-bànyí			115	报亭	bàotíng	名
77	半真半假	bànzhēn-bànjiǎ			116	报销	bàoxiāo	动
78	扮	bàn	动		117	抱负	bàofù	名
79	伴	bàn	动、名		118	豹	bào	名
80	伴侣	bànlǚ	名		119	暴风骤雨	bàofēng-zhòuyǔ	
81	伴随	bànsuí	动		120	暴利	bàolì	名
82	伴奏	bànzòu	动		121	暴躁	bàozào	形
83	拌	bàn	动		122	曝光	bào//guāng	
84	帮手	bāngshou	名		123	爆冷门	bào lěngmén	
85	绑	bǎng	动		124	爆满	bàomǎn	动
86	绑架	bǎngjià	动		125	爆竹	bàozhú	名
87	榜样	bǎngyàng	名		126	卑鄙	bēibǐ	形
88	棒球	bàngqiú	名		127	悲哀	bēi'āi	形
89	磅	bàng	量、名		128	悲观	bēiguān	形
90	包袱	bāofu	名		129	悲欢离合	bēihuān-líhé	
91	包容	bāoróng	动		130	悲痛	bēitòng	形
92	包扎	bāozā	动		131	碑	bēi	名
93	剥	bāo	动		132	贝壳	bèiké	名
94	煲	bāo	名、动		133	备课	bèi//kè	
95	饱和	bǎohé	动		134	备受	bèishòu	动
96	饱满	bǎomǎn	形		135	备用	bèiyòng	动
97	宝库	bǎokù	名		136	背面	bèimiàn	名
98	宝藏	bǎozàng	名		137	背叛	bèipàn	动
99	保管	bǎoguǎn	动、名		138	背诵	bèisòng	动
100	保姆	bǎomǔ	名		139	被捕	bèibǔ	动
101	保暖	bǎo//nuǎn			140	奔波	bēnbō	动
102	保鲜	bǎoxiān	动		141	奔赴	bēnfù	动
103	保修	bǎoxiū	动		142	本分	běnfèn	名、形
104	保佑	bǎoyòu	动		143	本能	běnnéng	名
105	保障	bǎozhàng	动、名		144	本钱	běnqián	名
106	保质期	bǎozhìqī	名		145	本色	běnsè	名

146	本性	běnxìng	名		185	变革	biàngé	动
147	本意	běnyì	名		186	变幻莫测	biànhuàn-mòcè	
148	本着	běnzhe	介		187	变迁	biànqiān	动、名
149	奔	bèn	动		188	变异	biànyì	动
150	笨蛋	bèndàn	名		189	变质	biàn//zhì	
151	笨重	bènzhòng	形		190	便道	biàndào	名
152	崩溃	bēngkuì	动		191	便饭	biànfàn	名
153	绷	bēng	动		192	便捷	biànjié	形
154	绷带	bēngdài	名		193	便利店	biànlìdiàn	名
155	蹦	bèng	动		194	遍布	biànbù	动
156	逼近	bījìn	动		195	辨别	biànbié	动
157	逼迫	bīpò	动		196	辨认	biànrèn	动
158	逼真	bīzhēn	形		197	辩	biàn	动
159	鼻涕	bítì	名		198	辩护	biànhù	动
160	比比皆是	bǐbǐ-jiēshì			199	辩解	biànjiě	动
161	比不上	bǐ bu shàng			200	辫子	biànzi	名
162	比起	bǐqǐ			201	标	biāo	动
163	比试	bǐshi	动		202	标榜	biāobǎng	动
164	比喻	bǐyù	名、动		203	标本	biāoběn	名
165	鄙视	bǐshì	动		204	标签	biāoqiān	名
166	必不可少	bìbùkěshǎo			205	标示	biāoshì	动
167	必定	bìdìng	副		206	标语	biāoyǔ	名
168	碧绿	bìlǜ	形		207	标致	biāo·zhì	形
169	弊病	bìbìng	名		208	飙升	biāoshēng	动
170	弊端	bìduān	名		209	表白	biǎobái	动
171	壁画	bìhuà	名		210	表决	biǎojué	动
172	避难	bì//nàn			211	表述	biǎoshù	动
173	避暑	bì//shǔ			212	表率	biǎoshuài	名
174	边疆	biānjiāng	名		213	表态	biǎo//tài	
175	边界	biānjiè	名		214	表彰	biǎozhāng	动
176	边远	biānyuǎn	形		215	憋	biē	动、形
177	编号	biānhào	名		216	别具匠心	biéjù-jiàngxīn	
178	编剧	biānjù	名		217	别看	biékàn	连
179	编排	biānpái	动		218	别墅	biéshù	名
180	编写	biānxiě	动		219	别说	biéshuō	连
181	编造	biānzào	动		220	别提了	biétí le	
182	鞭策	biāncè	动		221	别致	biézhì	形
183	鞭炮	biānpào	名		222	别扭	bièniu	形
184	贬值	biǎnzhí	动		223	彬彬有礼	bīnbīn-yǒulǐ	

224	滨海	bīn hǎi			263	不用说	búyòngshuō	
225	缤纷	bīnfēn	形		264	不正之风	búzhèngzhīfēng	
226	冰棍儿	bīnggùnr	名		265	补给	bǔjǐ	动、名
227	冰山	bīngshān	名		266	补救	bǔjiù	动
228	丙	bǐng	名		267	捕捉	bǔzhuō	动
229	秉承	bǐngchéng	动		268	哺育	bǔyù	动
230	并非	bìngfēi	动		269	不耻下问	bùchǐ-xiàwèn	
231	并购	bìnggòu	动		270	不辞而别	bùcí'érbié	
232	并列	bìngliè	动		271	不得而知	bùdé'érzhī	
233	并行	bìngxíng	动		272	不得已	bùdéyǐ	形
234	病床	bìngchuáng	名		273	不妨	bùfáng	副
235	病症	bìngzhèng	名		274	不服	bùfú	动
236	拨	bō	动		275	不服气	bù fúqì	
237	拨款	bōkuǎn	名		276	不假思索	bùjiǎ-sīsuǒ	
238	拨通	bōtōng			277	不解	bùjiě	动
239	波及	bōjí	动		278	不经意	bùjīngyì	动
240	波澜	bōlán	名		279	不景气	bùjǐngqì	形
241	波涛	bōtāo	名		280	不堪	bùkān	动、形
242	波折	bōzhé	名		281	不可避免	bùkě-bìmiǎn	
243	剥夺	bōduó	动		282	不可思议	bùkě-sīyì	
244	剥削	bōxuē	动、名		283	不肯	bù kěn	
245	伯伯	bóbo	名		284	不理	bù lǐ	
246	伯父	bófù	名		285	不了了之	bùliǎo-liǎozhī	
247	伯母	bómǔ	名		286	不难	bù nán	
248	驳回	bóhuí	动		287	不平	bùpíng	形、名
249	脖子	bózi	名		288	不起眼	bùqǐyǎn	
250	搏斗	bódòu	动		289	不容	bùróng	动
251	不定	búdìng	形、副		290	不如说	bùrú shuō	
252	不见得	bújiàn·dé	副		291	不同寻常	bùtóng-xúncháng	
253	不利于	búlì yú			292	不为人知	bùwéirénzhī	
254	不慎	búshèn	形		293	不惜	bùxī	动
255	不适	búshì	形		294	不相上下	bùxiāng-shàngxià	
256	不算	bú suàn			295	不宜	bùyí	动
257	不像话	búxiànghuà	形		296	不已	bùyǐ	动
258	不屑	búxiè	动		297	不以为然	bùyǐwéirán	
259	不懈	búxiè	形		298	不由得	bùyóude	动、副
260	不亚于	búyàyú	动		299	不由自主	bùyóuzìzhǔ	
261	不亦乐乎	búyìlèhū			300	不予	bù yǔ	
262	不翼而飞	búyì'érfēi			301	不约而同	bùyuē'értóng	

302	不知	bùzhī	动		341	惨重	cǎnzhòng	形
303	不知不觉	bùzhī-bùjué			342	灿烂	cànlàn	形
304	不准	bù zhǔn			343	苍蝇	cāngying	名
305	布局	bùjú	名、动		344	沧桑	cāngsāng	名
306	步伐	bùfá	名		345	舱	cāng	名
307	步入	bùrù	动		346	藏匿	cángnì	动
308	步骤	bùzhòu	名		347	藏品	cángpǐn	名
309	部件	bùjiàn	名		348	藏身	cángshēn	动
310	部署	bùshǔ	动		349	操控	cāokòng	动
311	猜谜	cāi∥mí			350	操劳	cāoláo	动
312	猜想	cāixiǎng	动		351	操心	cāo∥xīn	
313	才华	cáihuá	名		352	槽	cáo	名
314	财经	cáijīng	名		353	草案	cǎo'àn	名
315	财力	cáilì	名		354	草坪	cǎopíng	名
316	财务	cáiwù	名		355	侧面	cèmiàn	名
317	财物	cáiwù	名		356	侧重	cèzhòng	动
318	财政	cáizhèng	名		357	测算	cèsuàn	动
319	裁	cái	动		358	测验	cèyàn	动、名
320	裁定	cáidìng	动		359	层出不穷	céngchū-bùqióng	
321	裁决	cáijué	动		360	蹭	cèng	动
322	采	cǎi	动		361	差错	chācuò	名
323	采集	cǎijí	动		362	差额	chā'é	名
324	采矿	cǎi∥kuàng			363	插手	chā∥shǒu	
325	彩电	cǎidiàn	名		364	插图	chātú	名
326	彩虹	cǎihóng	名		365	插嘴	chā∥zuǐ	
327	彩霞	cǎixiá	名		366	茶道	chádào	名
328	菜市场	càishìchǎng	名		367	茶馆儿	cháguǎnr	名
329	参见	cānjiàn	动		368	查处	cháchǔ	动
330	参军	cān∥jūn			369	查明	chámíng	动
331	参谋	cānmóu	动、名		370	查找	cházhǎo	动
332	参照	cānzhào	动		371	察觉	chájué	动
333	餐桌	cānzhuō	名		372	察看	chákàn	动
334	残	cán	动		373	诧异	chàyì	形
335	残留	cánliú	动		374	掺	chān	动
336	残缺	cánquē	动		375	搀	chān	动
337	残忍	cánrěn	形		376	馋	chán	形、动
338	惭愧	cánkuì	形		377	禅杖	chánzhàng	名
339	惨白	cǎnbái	形		378	缠	chán	动
340	惨痛	cǎntòng	形		379	产	chǎn	动

380	产地	chǎndì	名	419	车速	chēsù	名
381	产物	chǎnwù	名	420	车位	chēwèi	名
382	产值	chǎnzhí	名	421	车厢	chēxiāng	名
383	铲	chǎn	动	422	车型	chēxíng	名
384	铲子	chǎnzi	名	423	车轴	chēzhóu	名
385	阐述	chǎnshù	动	424	扯	chě	动
386	颤抖	chàndǒu	动	425	彻夜	chèyè	副
387	猖狂	chāngkuáng	形	426	撤	chè	动
388	长达	cháng dá		427	撤换	chèhuàn	动
389	长期以来	chángqī yǐlái		428	沉甸甸	chéndiàndiàn	形
390	长效	chángxiào	名、形	429	沉淀	chéndiàn	动、名
391	长征	chángzhēng	名	430	沉浸	chénjìn	动
392	长足	chángzú	形	431	沉闷	chénmèn	形
393	常理	chánglǐ	名	432	沉迷	chénmí	动
394	常人	chángrén	名	433	沉思	chénsī	动
395	常态	chángtài	名	434	沉稳	chénwěn	形
396	常温	chángwēn	名	435	沉着	chénzhuó	形
397	偿还	chánghuán	动	436	陈旧	chénjiù	形
398	嫦娥	Cháng'é	名	437	陈列	chénliè	动
399	厂家	chǎngjiā	名	438	陈述	chénshù	动
400	敞开	chǎngkāi	动	439	衬托	chèntuō	动
401	畅谈	chàngtán	动	440	趁	chèn	介
402	畅销	chàngxiāo	动	441	趁机	chènjī	副
403	倡议	chàngyì	动、名	442	趁早	chènzǎo	副
404	抄袭	chāoxí	动	443	趁着	chènzhe	
405	钞票	chāopiào	名	444	称呼	chēnghu	动、名
406	超标	chāo∥biāo		445	称作	chēngzuò	
407	超车	chāo∥chē		446	成才	chéngcái	动
408	超前	chāoqián	形、动	447	成家	chéng∥jiā	
409	超速	chāosù	动	448	成年[1]	chéngnián	动
410	朝代	cháodài	名	449	成年[2]	chéngnián	副
411	朝着	cháozhe		450	成千上万	chéngqiān-shàngwàn	
412	嘲弄	cháonòng	动	451	成群结队	chéngqún-jiéduì	
413	嘲笑	cháoxiào	动	452	成天	chéngtiān	副
414	吵嘴	chǎo∥zuǐ		453	成问题	chéngwèntí	
415	车道	chēdào	名	454	成型	chéngxíng	动
416	车祸	chēhuò	名	455	呈现	chéngxiàn	动
417	车间	chējiān	名	456	诚恳	chéngkěn	形
418	车轮	chēlún	名	457	诚心诚意	chéngxīn-chéngyì	

458	诚意	chéngyì	名
459	诚挚	chéngzhì	形
460	承包	chéngbāo	动
461	承载	chéngzài	动
462	城墙	chéngqiáng	名
463	乘人之危	chéngrénzhīwēi	
464	盛	chéng	动
465	惩处	chéngchǔ	动
466	惩罚	chéngfá	动、名
467	澄清	chéngqīng	动、形
468	橙汁	chéngzhī	名
469	逞能	chěng//néng	
470	逞强	chěng//qiáng	
471	秤	chèng	名
472	吃不上	chībushàng	动
473	吃喝玩乐	chī-hē-wán-lè	
474	吃苦	chī//kǔ	
475	吃亏	chī//kuī	
476	痴呆	chīdāi	形
477	痴迷	chīmí	动
478	痴心	chīxīn	名
479	池塘	chítáng	名
480	驰名	chímíng	动
481	迟迟	chíchí	副
482	迟疑	chíyí	形
483	迟早	chízǎo	副
484	持	chí	动
485	持久	chíjiǔ	形
486	持之以恒	chízhī-yǐhéng	
487	尺度	chǐdù	名
488	耻辱	chǐrǔ	名
489	耻笑	chǐxiào	动
490	赤字	chìzì	名
491	翅膀	chìbǎng	名
492	冲刺	chōngcì	动
493	冲浪	chōnglàng	
494	冲洗	chōngxǐ	动
495	冲撞	chōngzhuàng	
496	充	chōng	动
497	充当	chōngdāng	动
498	充沛	chōngpèi	形
499	充实	chōngshí	形、动
500	重播	chóngbō	
501	重叠	chóngdié	
502	重返	chóngfǎn	动
503	重合	chónghé	
504	重申	chóngshēn	
505	重现	chóngxiàn	动
506	崇高	chónggāo	形
507	崇尚	chóngshàng	
508	宠	chǒng	动
509	宠爱	chǒng'ài	动
510	抽签	chōu//qiān	
511	抽屉	chōuti	名
512	抽象	chōuxiàng	形
513	仇	chóu	名
514	仇恨	chóuhèn	动、名
515	仇人	chóurén	名
516	稠	chóu	形
517	稠密	chóumì	形
518	愁眉苦脸	chóuméi-kǔliǎn	
519	筹	chóu	动
520	筹办	chóubàn	动
521	筹备	chóubèi	动
522	筹措	chóucuò	动
523	筹划	chóuhuà	动、名
524	筹集	chóují	动
525	筹码	chóumǎ	名
526	丑恶	chǒu'è	形
527	丑陋	chǒulòu	形
528	丑闻	chǒuwén	名
529	瞅	chǒu	动
530	出版社	chūbǎnshè	名
531	出厂	chū//chǎng	
532	出丑	chū//chǒu	
533	出道	chū//dào	
534	出发点	chūfādiǎn	名
535	出风头	chū fēngtou	

536	出境	chū//jìng		575	触目惊心	chùmù-jīngxīn
537	出局	chū//jú		576	揣	chuāi 动
538	出具	chūjù 动		577	揣测	chuǎicè 动
539	出口成章	chūkǒu-chéngzhāng		578	揣摩	chuǎimó 动
540	出卖	chūmài 动		579	踹	chuài 动
541	出毛病	chū máo·bìng		580	川流不息	chuānliú-bùxī
542	出难题	chū nántí		581	穿过	chuānguò 动
543	出人意料	chūrényìliào		582	穿小鞋	chuān xiǎoxié
544	出任	chūrèn 动		583	穿越	chuānyuè 动
545	出山	chū//shān		584	穿着	chuānzhuó 名
546	出身	chūshēn 动、名		585	传承	chuánchéng 动、名
547	出示	chūshì 动		586	传奇	chuánqí 名
548	出手	chū//shǒu		587	传染	chuánrǎn 动
549	出头	chū//tóu		588	传染病	chuánrǎnbìng 名
550	出土	chū//tǔ		589	传人	chuánrén 名
551	出息	chūxi 名		590	传授	chuánshòu 动
552	出血	chū//xiě		591	传闻	chuánwén 动、名
553	出演	chūyǎn 动		592	船舶	chuánbó 名
554	出洋相	chū yángxiàng		593	船桨	chuánjiǎng 名
555	出游	chūyóu 动		594	喘	chuǎn 动
556	出众	chūzhòng 形		595	喘息	chuǎnxī 动
557	出主意	chū zhǔyi		596	串门	chuàn//mén
558	出资	chūzī 动		597	创伤	chuāngshāng 名
559	出自	chūzì 动		598	床位	chuángwèi 名
560	出走	chūzǒu 动		599	创	chuàng 动
561	初次	chūcì 名		600	创始人	chuàngshǐrén 名
562	初衷	chūzhōng 名		601	吹了	chuī le
563	除此之外	chúcǐzhīwài		602	吹牛	chuī//niú
564	除去	chúqù 动、介		603	吹捧	chuīpěng 动
565	除外	chúwài 动		604	垂	chuí 动
566	处方	chǔfāng 动、名		605	垂头丧气	chuítóu-sàngqì
567	处境	chǔjìng 名		606	捶	chuí 动
568	处置	chǔzhì 动		607	锤子	chuízi 名
569	储备	chǔbèi 动、名		608	纯粹	chúncuì 形
570	储蓄	chǔxù 动、名		609	纯洁	chúnjié 形、动
571	触动	chùdòng 动		610	纯朴	chúnpǔ 形
572	触犯	chùfàn 动		611	醇厚	chúnhòu 形
573	触觉	chùjué 名		612	蠢	chǔn 形
574	触摸	chùmō 动		613	戳	chuō 动、名

614	绰号	chuòhào	名
615	瓷	cí	名
616	瓷器	cíqì	名
617	辞	cí	动
618	辞呈	cíchéng	名
619	辞去	cíqù	
620	辞退	cítuì	动
621	慈善	císhàn	形
622	慈祥	cíxiáng	形
623	磁带	cídài	名
624	磁卡	cíkǎ	名
625	磁盘	cípán	名
626	此起彼伏	cǐqǐ-bǐfú	
627	次日	cìrì	名
628	伺候	cìhou	动
629	刺耳	cì'ěr	形
630	刺骨	cìgǔ	动
631	刺绣	cìxiù	动、名
632	赐	cì	动
633	赐教	cìjiào	动
634	匆匆	cōngcōng	形
635	匆忙	cōngmáng	形
636	葱	cōng	名
637	从今以后	cóng jīn yǐhòu	
638	从来不	cónglái bù	
639	从容	cóngróng	形
640	从容不迫	cóngróng-búpò	
641	从头	cóngtóu	副
642	从未	cóngwèi	副
643	从业	cóngyè	动
644	从早到晚	cóngzǎo-dàowǎn	
645	丛林	cónglín	名
646	凑	còu	动
647	凑合	còuhe	动
648	凑巧	còuqiǎo	形
649	粗暴	cūbào	形
650	粗糙	cūcāo	形
651	粗鲁	cū·lǔ	形
652	粗略	cūlüè	形
653	粗心大意	cūxīn-dàyì	
654	促成	cùchéng	动
655	簇拥	cùyōng	动
656	窜	cuàn	动
657	催	cuī	动
658	催促	cuīcù	动
659	催眠	cuīmián	动
660	摧毁	cuīhuǐ	动
661	脆弱	cuìruò	形
662	翠绿	cuìlǜ	形
663	存放	cúnfàng	动
664	存心	cúnxīn	动、副
665	存折	cúnzhé	名
666	搓	cuō	动
667	磋商	cuōshāng	动
668	挫折	cuòzhé	动、名
669	措手不及	cuòshǒu-bùjí	
670	错别字	cuòbiézì	名
671	错觉	cuòjué	名
672	错位	cuò//wèi	
673	错综复杂	cuòzōng-fùzá	
674	搭乘	dāchéng	动
675	搭建	dājiàn	动
676	达标	dábiāo	
677	答辩	dábiàn	动
678	打岔	dǎ//chà	
679	打倒	dǎ//dǎo	
680	打盹儿	dǎ//dǔnr	
681	打交道	dǎ jiāodao	
682	打搅	dǎjiǎo	动
683	打捞	dǎlāo	动
684	打量	dǎliang	动
685	打猎	dǎ//liè	
686	打磨	dǎmó	动
687	打通	dǎ//tōng	
688	打仗	dǎ//zhàng	
689	打招呼	dǎ zhāohu	
690	大包大揽	dàbāo-dàlǎn	
691	大笔	dàbǐ	名

692	大臣	dàchén	名		731	带头人	dàitóurén	名
693	大吃一惊	dàchī-yìjīng			732	待	dài	动
694	大大咧咧	dàdaliēliē	形		733	怠工	dài∥gōng	
695	大地	dàdì	名		734	怠慢	dàimàn	动
696	大队	dàduì	名		735	逮捕	dàibǔ	动
697	大幅度	dà fúdù			736	担	dān	动
698	大公无私	dàgōng-wúsī			737	担当	dāndāng	动
699	大家庭	dàjiātíng	名		738	担负	dānfù	动
700	大街小巷	dàjiē-xiǎoxiàng			739	单边	dānbiān	形
701	大惊小怪	dàjīng-xiǎoguài			740	单薄	dānbó	形
702	大局	dàjú	名		741	单方面	dānfāngmiàn	名
703	大款	dàkuǎn	名		742	单身	dānshēn	名
704	大面积	dà miànjī			743	耽搁	dānge	动
705	大名鼎鼎	dàmíng-dǐngdǐng			744	耽误	dānwu	动
706	大模大样	dàmú-dàyàng			745	胆怯	dǎnqiè	形
707	大棚	dàpéng	名		746	胆子	dǎnzi	名
708	大片	dàpiàn	名		747	但愿	dànyuàn	动
709	大气	dàqì	名		748	担	dàn	量
710	大厦	dàshà	名		749	担子	dànzi	名
711	大数据	dàshùjù	名		750	诞辰	dànchén	名
712	大肆	dàsì	副		751	淡化	dànhuà	动
713	大体	dàtǐ	副		752	淡季	dànjì	名
714	大体上	dàtǐ shang			753	蛋白质	dànbáizhì	名
715	大同小异	dàtóng-xiǎoyì			754	当即	dāngjí	副
716	大腕儿	dàwànr	名		755	当今	dāngjīn	名
717	大选	dàxuǎn	动		756	当面	dāng∥miàn	
718	大雁	dàyàn	名		757	当日	dāngrì	名
719	大意	dàyì	名		758	当事人	dāngshìrén	名
720	大意	dàyi	形		759	当务之急	dāngwùzhījí	
721	大有可为	dàyǒu-kěwéi			760	当下	dāngxià	副
722	大宗	dàzōng	形、名		761	当心	dāngxīn	动
723	歹徒	dǎitú	名		762	当着	dāngzhe	
724	逮	dǎi	动		763	当之无愧	dāngzhīwúkuì	
725	代号	dàihào	名		764	当众	dāngzhòng	副
726	代理人	dàilǐrén	名		765	当晚	dàngwǎn	名
727	代言人	dàiyánrén	名		766	当真	dàngzhēn	动、副
728	带队	dàiduì	动		767	荡漾	dàngyàng	动
729	带路	dài∥lù			768	档次	dàngcì	名
730	带头	dài∥tóu			769	导弹	dǎodàn	名

770	导航	dǎoháng	动	809	低估	dīgū	动
771	导火索	dǎohuǒsuǒ	名	810	低谷	dīgǔ	名
772	导师	dǎoshī	名	811	低价	dījià	名
773	导向	dǎoxiàng	动、名	812	低迷	dīmí	形
774	岛屿	dǎoyǔ	名	813	低碳	dītàn	形
775	捣乱	dǎo//luàn		814	低下	dīxià	形
776	倒卖	dǎomài	动	815	堤	dī	名
777	倒霉	dǎo//méi		816	堤坝	dībà	名
778	倒塌	dǎotā	动	817	提防	dīfang	动
779	倒下	dǎoxia		818	笛子	dízi	名
780	到头来	dàotóulái	副	819	抵触	dǐchù	动
781	到位	dào//wèi		820	抵挡	dǐdǎng	动
782	倒计时	dàojìshí	动	821	抵消	dǐxiāo	动
783	倒数	dàoshǔ	动	822	抵押	dǐyā	动
784	盗	dào	动	823	抵御	dǐyù	动
785	盗窃	dàoqiè	动	824	抵制	dǐzhì	动
786	悼念	dàoniàn	动	825	底层	dǐcéng	名
787	道具	dàojù	名	826	底线	dǐxiàn	名
788	稻草	dàocǎo	名	827	底蕴	dǐyùn	名
789	得不偿失	débùchángshī		828	底子	dǐzi	名
790	得当	dédàng	形	829	地步	dìbù	名
791	得力	délì	形	830	地道	dìdào	名
792	得失	déshī	名	831	地道	dìdao	形
793	得手	déshǒu	形	832	地段	dìduàn	名
794	得体	détǐ	形	833	地理	dìlǐ	名
795	得天独厚	détiāndúhòu		834	地毯	dìtǎn	名
796	得益于	déyì yú		835	地下水	dìxiàshuǐ	名
797	得意扬扬	déyì-yángyáng		836	地狱	dìyù	名
798	得知	dézhī	动	837	地域	dìyù	名
799	得罪	dézuì	动	838	地质	dìzhì	名
800	德	dé	名	839	弟子	dìzǐ	名
801	灯笼	dēnglong	名	840	帝国	dìguó	名
802	灯泡	dēngpào	名	841	帝国主义	dìguó zhǔyì	
803	登机	dēngjī	动	842	递交	dìjiāo	动
804	登陆	dēng//lù		843	第一手	dìyīshǒu	形
805	蹬	dēng	动	844	第一线	dìyīxiàn	名
806	凳子	dèngzi	名	845	颠倒	diāndǎo	动
807	瞪	dèng	动	846	颠覆	diānfù	动
808	低调	dīdiào	名、形	847	巅峰	diānfēng	名

848	典范	diǎnfàn	名		887	顶尖	dǐngjiān	名、形
849	点火	diǎn//huǒ			888	订单	dìngdān	名
850	点击率	diǎnjīlǜ	名		889	订购	dìnggòu	动
851	点评	diǎnpíng	动、名		890	订婚	dìng//hūn	
852	点心	diǎnxin	名		891	订立	dìnglì	动
853	点缀	diǎnzhuì	动		892	钉	dìng	动
854	点子	diǎnzi	名		893	定金	dìngjīn	名
855	电报	diànbào	名		894	定居	dìng//jū	
856	电铃	diànlíng	名		895	定论	dìnglùn	名
857	电网	diànwǎng	名		896	定为	dìngwéi	
858	电线	diànxiàn	名		897	定向	dìngxiàng	动
859	电信	diànxìn	名		898	定心丸	dìngxīnwán	名
860	电讯	diànxùn	名		899	定义	dìngyì	名
861	垫	diàn	动		900	定做	dìngzuò	动
862	垫底	diàn//dǐ			901	丢掉	diūdiào	动
863	垫子	diànzi	名		902	丢脸	diū//liǎn	
864	淀粉	diànfěn	名		903	丢弃	diūqì	动
865	惦记	diàn·jì	动		904	丢人	diū//rén	
866	奠定	diàndìng	动		905	丢失	diūshī	动
867	殿堂	diàntáng	名		906	东奔西走	dōngbēn-xīzǒu	
868	刁难	diāonàn	动		907	东道主	dōngdàozhǔ	名
869	叼	diāo	动		908	东张西望	dōngzhāng-xīwàng	
870	雕	diāo	动		909	董事	dǒngshì	名
871	雕刻	diāokè	动、名		910	董事会	dǒngshìhuì	名
872	雕塑	diāosù	动、名		911	董事长	dǒngshìzhǎng	名
873	吊销	diàoxiāo	动		912	懂事	dǒng//shì	
874	钓鱼	diàoyú	动		913	动不动	dòngbudòng	副
875	调度	diàodù	动、名		914	动荡	dòngdàng	动、形
876	掉队	diào//duì			915	动感	dònggǎn	名
877	掉头	diào//tóu			916	动工	dòng//gōng	
878	爹	diē	名		917	动静	dòngjing	名
879	迭起	diéqǐ	动		918	动脉	dòngmài	名
880	叠	dié	动		919	动身	dòng//shēn	
881	丁	dīng	名		920	动弹	dòngtan	动
882	叮嘱	dīngzhǔ	动		921	动听	dòngtīng	形
883	盯	dīng			922	动向	dòngxiàng	名
884	钉子	dīngzi	名		923	动用	dòngyòng	动
885	顶多	dǐngduō	副		924	冻结	dòngjié	动
886	顶级	dǐngjí	形		925	栋	dòng	量

926	栋梁	dòngliáng	名		965	对弈	duìyì	动
927	兜	dōu	动		966	对照	duìzhào	动
928	兜儿	dōur	名		967	对峙	duìzhì	动
929	兜售	dōushòu	动		968	对准	duìzhǔn	
930	抖	dǒu	动		969	兑换	duìhuàn	动
931	陡	dǒu	形		970	兑现	duìxiàn	动
932	斗	dòu	动		971	敦促	dūncù	动
933	斗志	dòuzhì	名		972	敦厚	dūnhòu	形
934	豆浆	dòujiāng	名		973	炖	dùn	动
935	豆子	dòuzi	名		974	顿时	dùnshí	副
936	逗	dòu	动、形		975	多边	duōbiān	形
937	都会	dūhuì	名		976	多功能	duōgōngnéng	形
938	督促	dūcù	动		977	多亏	duōkuī	动
939	独	dú	副		978	多劳多得	duōláo-duōdé	
940	独唱	dúchàng	动		979	多年来	duō nián lái	
941	独家	dújiā	名		980	多心	duō//xīn	
942	独立自主	dúlì-zìzhǔ			981	多余	duōyú	动、形
943	独身	dúshēn	动		982	多元	duōyuán	形
944	独一无二	dúyī-wú'èr			983	哆嗦	duōsuo	动
945	堵塞	dǔsè	动		984	夺冠	duó//guàn	
946	杜绝	dùjué	动		985	夺魁	duó//kuí	
947	妒忌	dùjì	动		986	躲避	duǒbì	动
948	度（知名度）	dù (zhīmíngdù)	后缀		987	躲藏	duǒcáng	动
949	度假	dùjià	动		988	舵手	duòshǒu	名
950	渡过	dùguò			989	堕落	duòluò	动
951	端正	duānzhèng	形、动		990	讹诈	ézhà	动
952	短缺	duǎnquē	动		991	俄语	Éyǔ	名
953	短暂	duǎnzàn	形		992	鹅	é	名
954	段落	duànluò	名		993	额外	éwài	形
955	断定	duàndìng	动		994	厄运	èyùn	名
956	断断续续	duànduànxùxù	形		995	恶	è	形
957	断裂	duànliè	动		996	恶化	èhuà	动
958	堆砌	duīqì	动		997	恶劣	èliè	形
959	队形	duìxíng	名		998	恶性	èxìng	形
960	对白	duìbái	名		999	恶意	èyì	名
961	对策	duìcè	名		1000	遏制	èzhì	动
962	对称	duìchèn	形		1001	鳄鱼	èyú	名
963	对得起	duìdeqǐ	动		1002	恩赐	ēncì	动
964	对联	duìlián	名		1003	恩惠	ēnhuì	名

1004	恩情	ēnqíng	名	1043	烦恼	fánnǎo	形
1005	恩怨	ēnyuàn	名	1044	烦躁	fánzào	形
1006	而已	éryǐ	助	1045	繁华	fánhuá	形
1007	耳光	ěrguāng	名	1046	繁忙	fánmáng	形
1008	耳目一新	ěrmù-yìxīn		1047	繁体字	fántǐzì	名
1009	耳熟能详	ěrshú-néngxiáng		1048	繁重	fánzhòng	形
1010	耳闻目睹	ěrwén-mùdǔ		1049	反驳	fǎnbó	动
1011	二手车	èrshǒuchē	名	1050	反差	fǎnchā	名
1012	二氧化碳	èryǎnghuàtàn	名	1051	反常	fǎncháng	形
1013	发布会	fābùhuì	名	1052	反倒	fǎndào	副
1014	发财	fā//cái		1053	反感	fǎngǎn	形、名
1015	发愁	fā//chóu		1054	反过来	fǎn·guò·lái	
1016	发电机	fādiànjī	名	1055	反击	fǎnjī	动
1017	发抖	fādǒu	动	1056	反馈	fǎnkuì	动
1018	发愤图强	fāfèn-túqiáng		1057	反面	fǎnmiàn	名、形
1019	发光	fā//guāng		1058	反思	fǎnsī	动
1020	发火	fā//huǒ		1059	反弹	fǎntán	动
1021	发酵	fā//jiào		1060	反省	fǎnxǐng	动
1022	发掘	fājué	动	1061	返还	fǎnhuán	动
1023	发愣	fā//lèng		1062	犯愁	fàn//chóu	
1024	发脾气	fā píqi		1063	饭碗	fànwǎn	名
1025	发起人	fāqǐrén	名	1064	泛滥	fànlàn	动
1026	发热	fā//rè		1065	范畴	fànchóu	名
1027	发誓	fā//shì		1066	贩卖	fànmài	动
1028	发泄	fāxiè	动	1067	方方面面	fāngfāngmiànmiàn	名
1029	发扬	fāyáng	动	1068	方向盘	fāngxiàngpán	名
1030	发扬光大	fāyáng-guāngdà		1069	方言	fāngyán	名
1031	发育	fāyù	动	1070	防盗	fángdào	动
1032	发源地	fāyuándì	名	1071	防盗门	fángdàomén	名
1033	发作	fāzuò	动	1072	防护	fánghù	动
1034	阀门	fámén	名	1073	防火墙	fánghuǒqiáng	名
1035	发型	fàxíng	名	1074	防卫	fángwèi	动
1036	帆	fān	名	1075	防汛	fángxùn	动
1037	帆船	fānchuán	名	1076	防疫	fángyì	动
1038	翻番	fān//fān		1077	防御	fángyù	动
1039	翻来覆去	fānlái-fùqù		1078	妨碍	fáng'ài	动
1040	翻天覆地	fāntiān-fùdì		1079	妨害	fánghài	动
1041	凡	fán	副	1080	房地产	fángdìchǎn	名
1042	烦闷	fánmèn	形	1081	仿	fǎng	动

1082	仿制	fǎngzhì	动		1121	分泌	fēnmì	动
1083	访谈	fǎngtán	动		1122	分明	fēnmíng	形、副
1084	纺织	fǎngzhī	动		1123	分歧	fēnqí	名、形
1085	放过	fàngguò	动		1124	分赃	fēn//zāng	
1086	放水	fàng//shuǐ			1125	分支	fēnzhī	名
1087	放肆	fàngsì	形		1126	芬芳	fēnfāng	形、名
1088	放映	fàngyìng	动		1127	吩咐	fēn·fù	动
1089	放置	fàngzhì	动		1128	氛围	fēnwéi	名
1090	放纵	fàngzòng	动		1129	坟	fén	名
1091	飞速	fēisù	副		1130	坟墓	fénmù	名
1092	飞往	fēiwǎng			1131	焚烧	fénshāo	动
1093	飞翔	fēixiáng	动		1132	粉	fěn	名
1094	飞跃	fēiyuè	动		1133	粉丝	fěnsī	名
1095	非（非金属）	fēi (fēijīnshǔ)	前缀		1134	粉碎	fěnsuì	形、动
1096	非得	fēiděi	副		1135	分量	fèn·liàng	名
1097	非法	fēifǎ	形		1136	分外	fènwài	副
1098	非凡	fēifán	形		1137	份额	fèn'é	名
1099	绯闻	fēiwén	名		1138	奋力	fènlì	副
1100	肥料	féiliào	名		1139	奋勇	fènyǒng	动
1101	肥胖	féipàng	形		1140	粪	fèn	名
1102	肥沃	féiwò	形		1141	粪便	fènbiàn	名
1103	肥皂	féizào	名		1142	丰富多彩	fēngfù-duōcǎi	
1104	诽谤	fěibàng	动		1143	丰厚	fēnghòu	形
1105	废	fèi	形、动		1144	丰满	fēngmǎn	形
1106	废除	fèichú	动		1145	丰盛	fēngshèng	形
1107	废话	fèihuà	名		1146	丰硕	fēngshuò	形
1108	废品	fèipǐn	名		1147	风波	fēngbō	名
1109	废寝忘食	fèiqǐn-wàngshí			1148	风采	fēngcǎi	名
1110	废物	fèiwù	名		1149	风餐露宿	fēngcān-lùsù	
1111	废墟	fèixū	名		1150	风范	fēngfàn	名
1112	沸沸扬扬	fèifèiyángyáng	形		1151	风风雨雨	fēngfēngyǔyǔ	名
1113	沸腾	fèiténg	动		1152	风和日丽	fēnghé-rìlì	
1114	费劲	fèi//jìn			1153	风浪	fēnglàng	名
1115	分辨	fēnbiàn	动		1154	风力	fēnglì	名
1116	分寸	fēncun	名		1155	风流	fēngliú	形
1117	分担	fēndān	动		1156	风貌	fēngmào	名
1118	分割	fēngē	动		1157	风气	fēngqì	名
1119	分红	fēn//hóng			1158	风情	fēngqíng	名
1120	分化	fēnhuà	动		1159	风趣	fēngqù	名

1160	风沙	fēngshā	名		1199	俯首	fǔshǒu	动
1161	风尚	fēngshàng	名		1200	辅导	fǔdǎo	动
1162	风水	fēng·shuǐ	名		1201	腐败	fǔbài	形
1163	风味	fēngwèi	名		1202	腐化	fǔhuà	动
1164	风雨	fēngyǔ	名		1203	腐烂	fǔlàn	动、形
1165	风云	fēngyún	名		1204	腐蚀	fǔshí	动
1166	风筝	fēngzheng	名		1205	腐朽	fǔxiǔ	形
1167	封顶	fēngdǐng	动		1206	付费	fùfèi	动
1168	封建	fēngjiàn	名、形		1207	付款	fùkuǎn	动
1169	封面	fēngmiàn	名		1208	负面	fùmiàn	形
1170	封锁	fēngsuǒ	动		1209	负有	fùyǒu	动
1171	疯子	fēngzi	名		1210	附	fù	动
1172	峰回路转	fēnghuí-lùzhuǎn			1211	附带	fùdài	动、形
1173	蜂蜜	fēngmì	名		1212	附和	fùhè	动
1174	逢	féng	动		1213	附加	fùjiā	动
1175	缝	féng	动		1214	附属	fùshǔ	动、形
1176	缝合	fénghé	动		1215	赴	fù	动
1177	讽刺	fěngcì	动		1216	复查	fùchá	动
1178	凤凰	fènghuáng	名		1217	复发	fùfā	动
1179	缝	fèng	名		1218	复合	fùhé	动
1180	否决	fǒujué	动		1219	复活	fùhuó	动
1181	孵化	fūhuà	动		1220	复兴	fùxīng	动
1182	敷	fū	动		1221	复原	fù//yuán	
1183	扶持	fúchí	动		1222	副作用	fùzuòyòng	名
1184	服饰	fúshì	名		1223	赋予	fùyǔ	动
1185	服务器	fúwùqì	名		1224	富含	fùhán	动
1186	服用	fúyòng	动		1225	富豪	fùháo	名
1187	俘获	fúhuò	动		1226	富强	fùqiáng	形
1188	俘虏	fúlǔ	名		1227	富翁	fùwēng	名
1189	浮力	fúlì	名		1228	富裕	fùyù	形
1190	浮现	fúxiàn	动		1229	富足	fùzú	形
1191	浮躁	fúzào	形		1230	腹部	fùbù	名
1192	辐射	fúshè	动		1231	腹泻	fùxiè	动
1193	福气	fúqi	名		1232	覆盖	fùgài	动
1194	抚摸	fǔmō	动		1233	该	gāi	代
1195	抚恤	fǔxù	动		1234	改版	gǎi//bǎn	
1196	抚养	fǔyǎng	动		1235	改编	gǎibiān	动
1197	抚养费	fǔyǎngfèi	名		1236	改动	gǎidòng	动
1198	斧子	fǔzi	名		1237	改革开放	gǎigé kāifàng	

1238	改良	gǎiliáng	动		1277	高超	gāochāo	形
1239	改名	gǎimíng	动		1278	高低	gāodī	名
1240	改日	gǎirì	副		1279	高调	gāodiào	名
1241	改为	gǎiwéi			1280	高额	gāo'é	形
1242	改邪归正	gǎixié-guīzhèng			1281	高尔夫球	gāo'ěrfūqiú	
1243	钙	gài	名		1282	高峰期	gāofēngqī	名
1244	盖子	gàizi	名		1283	高贵	gāoguì	形
1245	概况	gàikuàng	名		1284	高空	gāokōng	名
1246	概率	gàilǜ	名		1285	高龄	gāolíng	名、形
1247	概论	gàilùn	名		1286	高明	gāomíng	形
1248	干戈	gāngē	名		1287	高山	gāoshān	名
1249	干旱	gānhàn	形		1288	高效	gāoxiào	形
1250	干燥	gānzào	形		1289	高新技术	gāoxīn-jìshù	
1251	甘心	gānxīn	动		1290	高血压	gāoxuèyā	名
1252	肝脏	gānzàng	名		1291	高压	gāoyā	名
1253	尴尬	gāngà	形		1292	高雅	gāoyǎ	形
1254	赶赴	gǎnfù	动		1293	高涨	gāozhǎng	动、形
1255	赶往	gǎnwǎng			1294	搞鬼	gǎo//guǐ	
1256	敢情	gǎnqing	副		1295	搞笑	gǎoxiào	动
1257	感（责任感）	gǎn (zérèngǎn)	后缀		1296	告	gào	动
1258	感触	gǎnchù	名		1297	告辞	gàocí	动
1259	感恩	gǎn//ēn			1298	告诫	gàojiè	动
1260	感激	gǎnjī	动		1299	告示	gàoshi	名
1261	感慨	gǎnkǎi	动		1300	告知	gàozhī	动
1262	感染	gǎnrǎn	动		1301	告状	gào//zhuàng	
1263	感染力	gǎnrǎnlì	名		1302	戈壁	gēbì	名
1264	感叹	gǎntàn	动		1303	胳膊	gēbo	名
1265	感性	gǎnxìng	形		1304	鸽子	gēzi	名
1266	干部	gànbù	名		1305	搁	gē	动
1267	干事	gànshi	名		1306	搁浅	gē//qiǎn	
1268	刚毅	gāngyì	形		1307	搁置	gēzhì	动
1269	纲领	gānglǐng	名		1308	割	gē	动
1270	纲要	gāngyào	名		1309	歌剧	gējù	名
1271	钢	gāng	名		1310	歌颂	gēsòng	动
1272	缸	gāng	名		1311	歌舞	gēwǔ	名
1273	港	gǎng	名		1312	歌咏	gēyǒng	
1274	杠铃	gànglíng	名		1313	革命	gémìng	动、形
1275	高昂	gāo'áng	动、形		1314	格	gé	名
1276	高傲	gāo'ào	形		1315	格格不入	gégé-búrù	

1316	格局	géjú	名		1355	公仆	gōngpú	名
1317	格式	géshi	名		1356	公顷	gōngqǐng	量
1318	隔阂	géhé	名		1357	公然	gōngrán	副
1319	隔离	gélí	动		1358	公示	gōngshì	动
1320	个案	gè'àn	名		1359	公事	gōngshì	名
1321	个头儿	gètóur	名		1360	公务	gōngwù	名
1322	各奔前程	gèbènqiánchéng			1361	公益	gōngyì	名
1323	各式各样	gèshì-gèyàng			1362	公益性	gōngyìxìng	名
1324	根基	gēnjī	名		1363	公用	gōngyòng	动
1325	根深蒂固	gēnshēn-dìgù			1364	公寓	gōngyù	名
1326	根源	gēnyuán	名		1365	公约	gōngyuē	名
1327	根治	gēnzhì	动		1366	公证	gōngzhèng	动
1328	跟不上	gēn bu shàng			1367	公职	gōngzhí	名
1329	跟上	gēnshang			1368	功	gōng	名
1330	跟踪	gēnzōng	动		1369	功臣	gōngchén	名
1331	更改	gēnggǎi	动		1370	功底	gōngdǐ	名
1332	更衣室	gēngyīshì	名		1371	功劳	gōngláo	名
1333	耕地	gēngdì	名		1372	功力	gōnglì	名
1334	耿直	gěngzhí	形		1373	功率	gōnglǜ	名
1335	工地	gōngdì	名		1374	功效	gōngxiào	名
1336	工会	gōnghuì	名		1375	攻	gōng	动
1337	工科	gōngkē	名		1376	攻读	gōngdú	动
1338	工商界	gōngshāngjiè	名		1377	攻关	gōngguān	动
1339	工序	gōngxù	名		1378	供	gōng	动
1340	工整	gōngzhěng	形		1379	供不应求	gōngbúyìngqiú	
1341	工作量	gōngzuòliàng	名		1380	供暖	gōngnuǎn	动
1342	弓	gōng	名		1381	供求	gōngqiú	名
1343	公安局	gōng'ānjú	名		1382	宫殿	gōngdiàn	名
1344	公车	gōngchē	名		1383	宫廷	gōngtíng	名
1345	公道	gōngdao	形		1384	恭维	gōng·wéi	动
1346	公费	gōngfèi	名		1385	恭喜	gōngxǐ	动
1347	公共场所	gōnggòng chǎngsuǒ			1386	拱	gǒng	动
1348	公关	gōngguān	名		1387	共鸣	gòngmíng	动
1349	公函	gōnghán	名		1388	共识	gòngshí	名
1350	公积金	gōngjījīn	名		1389	共同体	gòngtóngtǐ	名
1351	公开信	gōngkāixìn	名		1390	共性	gòngxìng	名
1352	公款	gōngkuǎn	名		1391	供奉	gòngfèng	动、名
1353	公立	gōnglì	形		1392	勾	gōu	动
1354	公墓	gōngmù	名		1393	勾画	gōuhuà	动

1394	勾结	gōujié	动		1433	雇主	gùzhǔ	名
1395	钩	gōu	动		1434	瓜分	guāfēn	动
1396	钩子	gōuzi	名		1435	瓜子	guāzǐ	名
1397	构思	gòusī	动		1436	刮风	guā fēng	
1398	构想	gòuxiǎng	动、名		1437	寡妇	guǎfu	名
1399	购	gòu	动		1438	挂钩	guàgōu	名
1400	够呛	gòuqiàng	形		1439	挂号	guà//hào	
1401	估算	gūsuàn	动		1440	挂念	guàniàn	动
1402	沽名钓誉	gūmíng-diàoyù			1441	挂失	guà//shī	
1403	孤单	gūdān	形		1442	乖	guāi	形
1404	孤立	gūlì	形、动		1443	乖巧	guāiqiǎo	形
1405	孤零零	gūlínglíng	形		1444	拐弯	guǎi//wān	
1406	孤陋寡闻	gūlòu-guǎwén			1445	拐杖	guǎizhàng	名
1407	辜负	gūfù	动		1446	怪不得	guàibude	副、动
1408	古董	gǔdǒng	名		1447	怪物	guàiwu	名
1409	古怪	gǔguài	形		1448	怪异	guàiyì	形
1410	古迹	gǔjì	名		1449	关掉	guāndiào	
1411	古今中外	gǔjīn-zhōngwài			1450	关节	guānjié	名
1412	古朴	gǔpǔ	形		1451	关税	guānshuì	名
1413	古人	gǔrén	名		1452	关头	guāntóu	名
1414	股份	gǔfèn	名		1453	关照	guānzhào	动
1415	股民	gǔmín	名		1454	观测	guāncè	动
1416	股市	gǔshì	名		1455	观感	guāngǎn	名
1417	骨干	gǔgàn	名		1456	观摩	guānmó	动
1418	骨气	gǔqì	名		1457	观赏	guānshǎng	动
1419	骨折	gǔzhé	动		1458	观望	guānwàng	动
1420	鼓动	gǔdòng	动		1459	官兵	guānbīng	名
1421	鼓舞	gǔwǔ	动、形		1460	官吏	guānlì	名
1422	固然	gùrán	连		1461	官僚	guānliáo	名
1423	固执	gùzhi	形		1462	官僚主义	guānliáo zhǔyì	
1424	故	gù	副、连		1463	官员	guānyuán	名
1425	顾不得	gùbu·dé			1464	棺材	guāncai	名
1426	顾不上	gùbushàng			1465	管家	guǎnjiā	名
1427	顾及	gùjí	动		1466	管教	guǎnjiào	动、名
1428	顾虑	gùlù	名、动		1467	管理费	guǎnlǐfèi	名
1429	顾全大局	gùquán-dàjú			1468	管辖	guǎnxiá	
1430	雇	gù	动		1469	管用	guǎn//yòng	
1431	雇佣	gùyōng	动		1470	管子	guǎnzi	名
1432	雇员	gùyuán	名		1471	贯彻	guànchè	动

1472	贯穿	guànchuān	动		1511	棍	gùn	名
1473	贯通	guàntōng	动		1512	棍子	gùnzi	名
1474	惯	guàn	动		1513	国宝	guóbǎo	名
1475	惯例	guànlì	名		1514	国防	guófáng	名
1476	惯性	guànxìng	名		1515	国画	guóhuà	名
1477	灌	guàn	动		1516	国徽	guóhuī	名
1478	灌溉	guàngài	动		1517	国情	guóqíng	名
1479	灌输	guànshū	动		1518	国土	guótǔ	名
1480	罐	guàn	名		1519	国学	guóxué	名
1481	罐头	guàntou	名		1520	国有	guóyǒu	动
1482	光彩	guāngcǎi	名、形		1521	果断	guǒduàn	形
1483	光碟	guāngdié	名		1522	果园	guǒyuán	名
1484	光顾	guānggù	动		1523	果真	guǒzhēn	副、连
1485	光滑	guānghuá	形		1524	裹	guǒ	动
1486	光环	guānghuán	名		1525	过半	guòbàn	动
1487	光缆	guānglǎn	名		1526	过不去	guòbuqù	动
1488	光芒	guāngmáng	名		1527	过错	guòcuò	名
1489	光明磊落	guāngmíng-lěiluò			1528	过道	guòdào	名
1490	光泽	guāngzé	名		1529	过关	guò∥guān	
1491	广义	guǎngyì	名		1530	过奖	guòjiǎng	动
1492	归根到底	guīgēn-dàodǐ			1531	过节	guò∥jié	
1493	归还	guīhuán	动		1532	过境	guò∥jìng	
1494	归结	guījié	动		1533	过滤	guòlǜ	动
1495	归来	guīlái	动		1534	过期	guò∥qī	
1496	归纳	guīnà	动		1535	过日子	guò rìzi	
1497	归属	guīshǔ	动		1536	过剩	guòshèng	动
1498	归宿	guīsù	名		1537	过失	guòshī	名
1499	龟	guī	名		1538	过头	guò∥tóu	
1500	规格	guīgé	名		1539	过往	guòwǎng	动、名
1501	规矩	guīju	名、形		1540	过意不去	guòyìbúqù	
1502	闺女	guīnü	名		1541	过瘾	guò∥yǐn	
1503	瑰宝	guībǎo	名		1542	过硬	guò∥yìng	
1504	轨迹	guǐjì	名		1543	过早	guò zǎo	
1505	柜台	guìtái	名		1544	海岸	hǎi'àn	名
1506	贵宾	guìbīn	名		1545	海拔	hǎibá	名
1507	贵重	guìzhòng	形		1546	海滨	hǎibīn	名
1508	贵族	guìzú	名		1547	海盗	hǎidào	名
1509	桂花	guìhuā	名		1548	海量	hǎiliàng	名
1510	滚动	gǔndòng	动		1549	海绵	hǎimián	名

1550	海面	hǎimiàn	名		1589	好感	hǎogǎn	名
1551	海内外	hǎi nèiwài			1590	好坏	hǎohuài	名
1552	海滩	hǎitān	名		1591	好家伙	hǎojiāhuo	叹
1553	海峡	hǎixiá	名		1592	好评	hǎopíng	名
1554	海啸	hǎixiào	名		1593	好说	hǎoshuō	动
1555	海域	hǎiyù	名		1594	好笑	hǎoxiào	形
1556	海运	hǎiyùn	动		1595	好心	hǎoxīn	名
1557	海藻	hǎizǎo	名		1596	好心人	hǎoxīnrén	名
1558	骇人听闻	hàiréntīngwén			1597	好意	hǎoyì	名
1559	害虫	hàichóng	名		1598	好在	hǎozài	副
1560	害臊	hài//sào			1599	号称	hàochēng	动
1561	害羞	hài//xiū			1600	好客	hàokè	形
1562	酣畅	hānchàng	形		1601	好奇心	hàoqíxīn	名
1563	酣睡	hānshuì	动		1602	耗	hào	动
1564	含糊	hánhu	形		1603	耗费	hàofèi	动
1565	含蓄	hánxù	动、形		1604	耗时	hàoshí	动
1566	函授	hánshòu	动		1605	浩劫	hàojié	名
1567	涵盖	hángài	动		1606	呵护	hēhù	动
1568	涵义	hányì	名		1607	禾苗	hémiáo	名
1569	罕见	hǎnjiàn	形		1608	合唱	héchàng	动
1570	汗水	hànshuǐ	名		1609	合乎	héhū	动
1571	旱	hàn	形		1610	合伙	héhuǒ	动
1572	旱灾	hànzāi	名		1611	合计	héjì	动
1573	捍卫	hànwèi	动		1612	合情合理	héqíng-hélǐ	
1574	焊	hàn	动		1613	合影	hé//yǐng	
1575	行家	hángjia	名		1614	合资	hézī	动
1576	行列	hángliè	名		1615	合作社	hézuòshè	名
1577	行情	hángqíng	名		1616	何必	hébì	副
1578	航海	hánghǎi	动		1617	何处	hé chù	
1579	航天	hángtiān	动		1618	何苦	hékǔ	副
1580	航天员	hángtiānyuán	名		1619	何况	hékuàng	连
1581	航行	hángxíng	动		1620	何时	hé shí	
1582	航运	hángyùn	名		1621	和蔼	hé'ǎi	形
1583	毫不	háo bù			1622	和解	héjiě	动
1584	毫不犹豫	háo bù yóuyù			1623	和睦	hémù	形
1585	毫无	háo wú			1624	和平共处	hépíng gòngchǔ	
1586	豪华	háohuá	形		1625	和气	héqi	形、名
1587	好比	hǎobǐ	动		1626	和尚	héshang	名
1588	好歹	hǎodǎi	名、副		1627	河流	héliú	名

1628	河畔	hépàn	名	1667	红眼	hóngyǎn	动
1629	荷花	héhuā	名	1668	宏观	hóngguān	形
1630	核	hé	名	1669	宏伟	hóngwěi	形
1631	核电站	hédiànzhàn	名	1670	洪亮	hóngliàng	形
1632	核对	héduì	动	1671	哄	hǒng	动
1633	核能	hénéng	名	1672	哄	hòng	动
1634	核实	héshí	动	1673	喉咙	hóu·lóng	名
1635	核桃	hétao	名	1674	吼	hǒu	动
1636	核武器	héwǔqì	名	1675	后备	hòubèi	形、名
1637	贺电	hèdiàn	名	1676	后备箱	hòubèixiāng	名
1638	贺信	hèxìn	名	1677	后代	hòudài	名
1639	喝彩	hè//cǎi		1678	后盾	hòudùn	名
1640	赫然	hèrán	形	1679	后顾之忧	hòugùzhīyōu	
1641	鹤立鸡群	hèlìjīqún		1680	后期	hòuqī	名
1642	黑白	hēibái	名	1681	后勤	hòuqín	名
1643	黑客	hēikè	名	1682	后人	hòurén	名
1644	黑马	hēimǎ	名	1683	后台	hòutái	名
1645	黑手	hēishǒu	名	1684	后退	hòutuì	动
1646	黑心	hēixīn	形、名	1685	后续	hòuxù	形
1647	嘿	hēi	叹	1686	后遗症	hòuyízhèng	名
1648	痕迹	hénjì	名	1687	后裔	hòuyì	名
1649	恨不得	hènbude	动	1688	后者	hòuzhě	名
1650	哼	hēng	动	1689	厚道	hòudao	形
1651	横七竖八	héngqī-shùbā		1690	厚度	hòudù	名
1652	横向	héngxiàng	形	1691	候选人	hòuxuǎnrén	名
1653	横	hèng	形	1692	呼风唤雨	hūfēng-huànyǔ	
1654	轰	hōng	动、拟声	1693	呼唤	hūhuàn	动
1655	轰动	hōngdòng	动	1694	呼救	hūjiù	动
1656	轰炸	hōngzhà	动	1695	呼声	hūshēng	名
1657	哄	hōng	拟声	1696	呼应	hūyìng	动
1658	哄堂大笑	hōngtáng-dàxiào		1697	呼吁	hūyù	动
1659	烘干	hōnggān	动	1698	忽高忽低	hūgāo-hūdī	
1660	烘托	hōngtuō	动	1699	忽悠	hūyou	动
1661	弘扬	hóngyáng	动	1700	胡闹	húnào	动
1662	红灯	hóngdēng	名	1701	胡说	húshuō	动、名
1663	红火	hónghuo	形	1702	胡思乱想	húsī-luànxiǎng	
1664	红扑扑	hóngpūpū	形	1703	湖泊	húpō	名
1665	红润	hóngrùn	形	1704	糊	hú	动
1666	红薯	hóngshǔ	名	1705	糊涂	hútu	形

1706	互补	hùbǔ	动		1745	坏事	huàishì	名
1707	互访	hùfǎng	动		1746	欢呼	huānhū	动
1708	互信	hùxìn	动		1747	欢聚	huānjù	动
1709	互助	hùzhù	动		1748	欢快	huānkuài	形
1710	护理	hùlǐ	动		1749	欢声笑语	huānshēng-xiàoyǔ	
1711	花瓣	huābàn	名		1750	还款	huán kuǎn	
1712	花卉	huāhuì	名		1751	还原	huán//yuán	
1713	花纹	huāwén	名		1752	环球	huánqiú	动
1714	花样	huāyàng	名		1753	环绕	huánrào	动
1715	划算	huásuàn	动、形		1754	缓	huǎn	动
1716	华丽	huálì	形		1755	缓和	huǎnhé	动、形
1717	华侨	huáqiáo	名		1756	缓缓	huǎnhuǎn	副
1718	华裔	huáyì	名		1757	缓慢	huǎnmàn	形
1719	哗变	huábiàn	动		1758	幻觉	huànjué	名
1720	哗然	huárán	形		1759	幻影	huànyǐng	名
1721	滑冰	huábīng	动		1760	换成	huànchéng	
1722	滑稽	huá·jī	形		1761	换取	huànqǔ	动
1723	滑梯	huátī	名		1762	换位	huànwèi	动
1724	滑雪	huáxuě	动		1763	换言之	huànyánzhī	
1725	化肥	huàféi	名		1764	唤起	huànqǐ	动
1726	化身	huàshēn	名		1765	患	huàn	
1727	化纤	huàxiān	名		1766	患病	huànbìng	动
1728	化险为夷	huàxiǎnwéiyí			1767	患有	huànyǒu	
1729	化验	huàyàn	动		1768	焕发	huànfā	动
1730	化妆	huà//zhuāng			1769	荒	huāng	动
1731	划时代	huàshídài	形		1770	荒诞	huāngdàn	形
1732	画册	huàcè	名		1771	荒凉	huāngliáng	形
1733	画龙点睛	huàlóng-diǎnjīng			1772	荒谬	huāngmiù	形
1734	画蛇添足	huàshé-tiānzú			1773	慌乱	huāngluàn	形
1735	画展	huàzhǎn	名		1774	慌张	huāng·zhāng	形
1736	话费	huàfèi	名		1775	皇宫	huánggōng	名
1737	话筒	huàtǒng	名		1776	皇后	huánghòu	名
1738	话语	huàyǔ	名		1777	皇上	huángshang	名
1739	怀抱	huáibào	动、名		1778	皇室	huángshì	名
1740	怀旧	huáijiù	动		1779	黄昏	huánghūn	名
1741	怀里	huái li			1780	恍然大悟	huǎngrán-dàwù	
1742	怀孕	huái//yùn			1781	晃	huǎng	动
1743	怀着	huáizhe			1782	谎话	huǎnghuà	名
1744	槐树	huáishù	名		1783	谎言	huǎngyán	名

1784	晃	huàng	动		1823	活该	huógāi	动
1785	晃荡	huàngdang	动		1824	活期	huóqī	形
1786	灰	huī	名、形		1825	活儿	huór	名
1787	灰尘	huīchén	名		1826	火暴	huǒbào	形
1788	灰心	huī∥xīn			1827	火锅	huǒguō	名
1789	挥	huī	动		1828	火候	huǒhou	名
1790	辉煌	huīhuáng	形		1829	火花	huǒhuā	名
1791	回归	huíguī	动		1830	火炬	huǒjù	名
1792	回扣	huíkòu	名		1831	火辣辣	huǒlàlà	形
1793	回馈	huíkuì	动		1832	火热	huǒrè	形
1794	回落	huíluò	动		1833	火山	huǒshān	名
1795	回升	huíshēng	动		1834	火速	huǒsù	副
1796	回首	huíshǒu	动		1835	火焰	huǒyàn	名
1797	回味	huíwèi	名、动		1836	火药	huǒyào	名
1798	回想	huíxiǎng	动		1837	伙食	huǒ·shí	名
1799	回忆录	huíyìlù	名		1838	或多或少	huòduō-huòshǎo	
1800	悔恨	huǐhèn	动		1839	货币	huòbì	名
1801	毁坏	huǐhuài	动		1840	货车	huòchē	名
1802	毁灭	huǐmiè	动		1841	货物	huòwù	名
1803	汇合	huìhé	动		1842	货运	huòyùn	名
1804	汇集	huìjí	动		1843	获胜	huòshèng	动
1805	汇聚	huìjù	动		1844	获悉	huòxī	动
1806	会场	huìchǎng	名		1845	祸害	huòhai	名、动
1807	会面	huì∥miàn			1846	霍乱	huòluàn	名
1808	会晤	huìwù	动		1847	豁达	huòdá	形
1809	会意	huìyì	动		1848	几率	jīlù	名
1810	会诊	huì∥zhěn			1849	讥笑	jīxiào	动
1811	绘声绘色	huìshēng-huìsè			1850	饥饿	jī'è	形
1812	贿赂	huìlù	动、名		1851	机舱	jīcāng	名
1813	昏迷	hūnmí	动		1852	机动	jīdòng	形
1814	婚纱	hūnshā	名		1853	机灵	jīling	形
1815	婚姻	hūnyīn	名		1854	机密	jīmì	形、名
1816	浑身	húnshēn	名		1855	机智	jīzhì	形
1817	魂	hún	名		1856	肌肤	jīfū	名
1818	混凝土	hùnníngtǔ	名		1857	积	jī	动
1819	混淆	hùnxiáo	动		1858	积淀	jīdiàn	动、名
1820	混浊	hùnzhuó	形		1859	积蓄	jīxù	动、名
1821	豁	huō	动		1860	基本功	jīběngōng	名
1822	豁出去	huō∥chuqu			1861	基层	jīcéng	名

1862	基因	jīyīn	名		1901	嫉妒	jídù	动
1863	基于	jīyú	介		1902	挤压	jǐyā	动
1864	基准	jīzhǔn	名		1903	脊梁	jǐ·liáng	名
1865	畸形	jīxíng	形		1904	计	jì	名、动
1866	激发	jīfā	动		1905	计策	jìcè	名
1867	激光	jīguāng	名		1906	计较	jìjiào	动
1868	激化	jīhuà	动		1907	计时	jìshí	动
1869	激活	jīhuó	动		1908	记号	jìhao	名
1870	激励	jīlì	动		1909	记忆犹新	jìyì-yóuxīn	
1871	激起	jīqǐ	动		1910	纪录片	jìlùpiàn	名
1872	激素	jīsù	名		1911	纪念碑	jìniànbēi	名
1873	及	jí	连		1912	纪念馆	jìniànguǎn	名
1874	及其	jí qí			1913	纪念日	jìniànrì	名
1875	及早	jízǎo	副		1914	纪实	jìshí	动、名
1876	吉普	jípǔ	名		1915	技艺	jìyì	名
1877	吉他	jítā	名		1916	忌	jì	动
1878	吉祥物	jíxiángwù	名		1917	忌讳	jì·huì	动
1879	级别	jíbié	名		1918	忌口	jì//kǒu	
1880	极度	jídù	副		1919	剂	jì	名、量
1881	极力	jílì	副		1920	迹象	jìxiàng	名
1882	极少数	jí shǎoshù			1921	继	jì	动
1883	极为	jíwéi	副		1922	继而	jì'ér	连
1884	极限	jíxiàn	名		1923	继父	jìfù	名
1885	即	jí	副		1924	继母	jìmǔ	名
1886	即便	jíbiàn	连		1925	祭	jì	动
1887	即可	jíkě	动		1926	祭奠	jìdiàn	动
1888	急剧	jíjù	形		1927	祭祀	jìsì	动
1889	急迫	jípò	形		1928	寄托	jìtuō	动
1890	急性	jíxìng	形		1929	寂静	jìjìng	形
1891	急需	jíxū	动		1930	寂寞	jìmò	形
1892	急于	jíyú	动		1931	加紧	jiājǐn	动
1893	急诊	jízhěn	动、名		1932	加剧	jiājù	动
1894	急转弯	jízhuǎnwān			1933	加深	jiāshēn	动
1895	棘手	jíshǒu	形		1934	加重	jiāzhòng	动
1896	集会	jíhuì	名、动		1935	佳节	jiājié	名
1897	集结	jíjié	动		1936	家伙	jiāhuo	名
1898	集邮	jí//yóu			1937	家家户户	jiājiāhùhù	名
1899	集装箱	jízhuāngxiāng	名		1938	家教	jiājiào	名
1900	集资	jízī	动		1939	家境	jiājìng	名

1940	家禽	jiāqín	名
1941	家用	jiāyòng	名、形
1942	家喻户晓	jiāyù-hùxiǎo	
1943	家政	jiāzhèng	名
1944	家族	jiāzú	名
1945	嘉年华	jiāniánhuá	名
1946	假定	jiǎdìng	动
1947	假冒	jiǎmào	动
1948	假设	jiǎshè	动、名
1949	假使	jiǎshǐ	连
1950	假装	jiǎzhuāng	动
1951	价位	jiàwèi	名
1952	价值观	jiàzhíguān	名
1953	驾	jià	动
1954	驾车	jià chē	
1955	驾驭	jiàyù	动
1956	架势	jiàshi	名
1957	架子	jiàzi	名
1958	嫁	jià	动
1959	嫁妆	jiàzhuang	名
1960	尖端	jiānduān	名、形
1961	尖锐	jiānruì	形
1962	奸诈	jiānzhà	形
1963	歼灭	jiānmiè	动
1964	坚持不懈	jiānchí-búxiè	
1965	坚韧	jiānrèn	形
1966	坚实	jiānshí	形
1967	坚守	jiānshǒu	动
1968	坚信	jiānxìn	动
1969	坚硬	jiānyìng	形
1970	肩膀	jiānbǎng	名
1971	肩负	jiānfù	动
1972	艰巨	jiānjù	形
1973	艰苦奋斗	jiānkǔ-fèndòu	
1974	艰险	jiānxiǎn	形
1975	艰辛	jiānxīn	形
1976	监察	jiānchá	动
1977	监管	jiānguǎn	动
1978	监护	jiānhù	动
1979	监控	jiānkòng	动
1980	监视	jiānshì	动
1981	监狱	jiānyù	名
1982	兼	jiān	动
1983	兼顾	jiāngù	动
1984	兼任	jiānrèn	动
1985	兼容	jiānróng	动
1986	兼职	jiānzhí	名
1987	煎	jiān	动
1988	拣	jiǎn	动
1989	检察	jiǎnchá	动
1990	检讨	jiǎntǎo	动
1991	减免	jiǎnmiǎn	动
1992	减弱	jiǎnruò	动
1993	减速	jiǎn∥sù	
1994	减压	jiǎnyā	动
1995	简称	jiǎnchēng	动、名
1996	简短	jiǎnduǎn	形
1997	简化	jiǎnhuà	动
1998	简洁	jiǎnjié	形
1999	简陋	jiǎnlòu	形
2000	简体字	jiǎntǐzì	名
2001	简要	jiǎnyào	形
2002	简易	jiǎnyì	形
2003	见解	jiànjiě	名
2004	见钱眼开	jiànqián-yǎnkāi	
2005	见仁见智	jiànrén-jiànzhì	
2006	见识	jiànshi	动、名
2007	见外	jiànwài	形
2008	见效	jiànxiào	动
2009	见义勇为	jiànyì-yǒngwéi	
2010	见证	jiànzhèng	动、名
2011	间谍	jiàndié	名
2012	间断	jiànduàn	动
2013	间隔	jiàngé	动、名
2014	间隙	jiànxì	名
2015	建交	jiàn∥jiāo	
2016	建树	jiànshù	动、名
2017	建筑师	jiànzhùshī	名

2018	建筑物	jiànzhùwù	名		2057	胶片	jiāopiàn	名
2019	贱	jiàn	形		2058	焦	jiāo	形
2020	健美	jiànměi	名、形		2059	焦急	jiāojí	形
2021	健壮	jiànzhuàng	形		2060	焦距	jiāojù	名
2022	溅	jiàn	动		2061	焦虑	jiāolǜ	形
2023	鉴别	jiànbié	动		2062	焦躁	jiāozào	形
2024	鉴赏	jiànshǎng	动		2063	礁石	jiāoshí	名
2025	鉴于	jiànyú	介		2064	嚼	jiáo	动
2026	姜	jiāng	名		2065	角落	jiǎoluò	名
2027	僵	jiāng	形		2066	狡猾	jiǎohuá	形
2028	僵化	jiānghuà	动		2067	绞	jiǎo	动
2029	僵局	jiāngjú	名		2068	矫正	jiǎozhèng	动
2030	讲解	jiǎngjiě	动		2069	搅	jiǎo	动
2031	讲述	jiǎngshù	动		2070	搅拌	jiǎobàn	动
2032	讲学	jiǎng//xué			2071	缴	jiǎo	动
2033	奖杯	jiǎngbēi	名		2072	缴费	jiǎofèi	动
2034	奖牌	jiǎngpái	名		2073	缴纳	jiǎonà	动
2035	奖品	jiǎngpǐn	名		2074	叫板	jiào//bǎn	
2036	奖项	jiǎngxiàng	名		2075	叫好	jiào//hǎo	
2037	降临	jiànglín	动		2076	轿车	jiàochē	名
2038	交叉	jiāochā	动		2077	较劲	jiào//jìn	
2039	交锋	jiāo//fēng			2078	较量	jiàoliàng	动
2040	交付	jiāofù	动		2079	教科书	jiàokēshū	名
2041	交集	jiāojí	动		2080	教条	jiàotiáo	名、形
2042	交接	jiāojiē	动		2081	教养	jiàoyǎng	动、名
2043	交界	jiāojiè	动		2082	阶层	jiēcéng	名
2044	交纳	jiāonà	动		2083	阶级	jiējí	名
2045	交情	jiāoqing	名		2084	阶梯	jiētī	名
2046	交涉	jiāoshè	动		2085	皆	jiē	副
2047	交谈	jiāotán	动		2086	结	jiē	动
2048	交替	jiāotì	动		2087	结果	jiē//guǒ	
2049	交头接耳	jiāotóu-jiē'ěr			2088	接班	jiē//bān	
2050	交响乐	jiāoxiǎngyuè	名		2089	接班人	jiēbānrén	名
2051	郊外	jiāowài	名		2090	接二连三	jiē'èr-liánsān	
2052	郊游	jiāoyóu	动		2091	接轨	jiē//guǐ	
2053	浇	jiāo	动		2092	接济	jiējì	动
2054	娇惯	jiāoguàn	动		2093	接见	jiējiàn	动
2055	娇气	jiāo·qì	形		2094	接力	jiēlì	动
2056	胶囊	jiāonáng	名		2095	接纳	jiēnà	动

2096	接手	jiēshǒu	动	2135	戒烟	jiè yān	
2097	接送	jiēsòng	动	2136	戒指	jièzhi	名
2098	接替	jiētì	动	2137	届时	jièshí	副
2099	接听	jiētīng	动	2138	界定	jièdìng	动
2100	接通	jiētōng	动	2139	界限	jièxiàn	名
2101	揭发	jiēfā	动	2140	界线	jièxiàn	名
2102	揭露	jiēlù	动	2141	借口	jièkǒu	动、名
2103	揭示	jiēshì	动	2142	借条	jiètiáo	名
2104	揭晓	jiēxiǎo	动	2143	借用	jièyòng	动
2105	节俭	jiéjiǎn	形	2144	借助	jièzhù	动
2106	节气	jié·qì	名	2145	金属	jīnshǔ	名
2107	节水	jiéshuǐ	动	2146	金子	jīnzi	名
2108	节衣缩食	jiéyī-suōshí		2147	金字塔	jīnzìtǎ	名
2109	劫	jié	动	2148	津津有味	jīnjīn-yǒuwèi	
2110	劫持	jiéchí	动	2149	津贴	jīntiē	名
2111	洁净	jiéjìng	形	2150	筋	jīn	名
2112	结冰	jiébīng	动	2151	禁不住	jīnbuzhù	动
2113	结晶	jiéjīng	名	2152	仅次于	jǐn cì yú	
2114	结局	jiéjú	名	2153	尽	jǐn	动、副
2115	结识	jiéshí	动	2154	尽早	jǐnzǎo	副
2116	结尾	jiéwěi	动、名	2155	紧凑	jǐncòu	形
2117	截	jié	动、量	2156	紧接着	jǐn jiēzhe	
2118	截然不同	jiérán-bùtóng		2157	紧迫	jǐnpò	形
2119	竭尽全力	jiéjìn-quánlì		2158	紧缺	jǐnquē	形
2120	竭力	jiélì	副	2159	紧缩	jǐnsuō	动
2121	解答	jiědá	动	2160	锦旗	jǐnqí	名
2122	解读	jiědú	动	2161	谨慎	jǐnshèn	形
2123	解雇	jiěgù	动	2162	尽情	jìnqíng	副
2124	解救	jiějiù	动	2163	尽头	jìntóu	名
2125	解剖	jiěpōu	动	2164	进场	jìnchǎng	动
2126	解散	jiěsàn	动	2165	进程	jìnchéng	名
2127	解体	jiětǐ	动	2166	进出	jìnchū	动
2128	解脱	jiětuō	动	2167	进出口	jìn-chūkǒu	
2129	解围	jiě//wéi		2168	进度	jìndù	名
2130	解析	jiěxī	动	2169	进而	jìn'ér	连
2131	介入	jièrù	动	2170	进修	jìnxiū	动
2132	介意	jiè//yì		2171	近年来	jìnnián lái	
2133	介于	jièyú	动	2172	劲头	jìntóu	名
2134	戒备	jièbèi	动	2173	晋升	jìnshēng	动

2174	浸泡	jìnpào	动
2175	禁忌	jìnjì	名、动
2176	禁区	jìnqū	名
2177	茎	jīng	名
2178	经	jīng	动
2179	经度	jīngdù	名
2180	经久不息	jīngjiǔ-bùxī	
2181	经贸	jīngmào	名
2182	经商	jīng∥shāng	
2183	经受	jīngshòu	动
2184	荆棘	jīngjí	名
2185	惊	jīng	动
2186	惊诧	jīngchà	形
2187	惊慌	jīnghuāng	形
2188	惊慌失措	jīnghuāng-shīcuò	
2189	惊奇	jīngqí	形
2190	惊叹	jīngtàn	动
2191	惊天动地	jīngtiān-dòngdì	
2192	惊险	jīngxiǎn	形
2193	惊心动魄	jīngxīn-dòngpò	
2194	惊醒	jīngxǐng	动
2195	惊讶	jīngyà	形
2196	晶莹	jīngyíng	形
2197	兢兢业业	jīngjīngyèyè	形
2198	精打细算	jīngdǎ-xìsuàn	
2199	精华	jīnghuá	名
2200	精简	jīngjiǎn	动
2201	精练	jīngliàn	形
2202	精妙	jīngmiào	形
2203	精明	jīngmíng	形
2204	精疲力竭	jīngpí-lìjié	
2205	精确	jīngquè	形
2206	精神病	jīngshénbìng	名
2207	精髓	jīngsuǐ	名
2208	精通	jīngtōng	动
2209	精细	jīngxì	形
2210	精心	jīngxīn	形
2211	精益求精	jīngyìqiújīng	
2212	精英	jīngyīng	名
2213	精致	jīngzhì	形
2214	颈部	jǐngbù	名
2215	景观	jǐngguān	名
2216	景区	jǐngqū	名
2217	警车	jǐngchē	名
2218	警官	jǐngguān	名
2219	警惕	jǐngtì	动
2220	警钟	jǐngzhōng	名
2221	净化	jìnghuà	动
2222	竞技	jìngjì	动
2223	竞相	jìngxiāng	副
2224	竞选	jìngxuǎn	动
2225	竟	jìng	副
2226	竟敢	jìnggǎn	动
2227	敬	jìng	动
2228	敬爱	jìng'ài	动
2229	敬而远之	jìng'éryuǎnzhī	
2230	敬酒	jìngjiǔ	动
2231	敬礼	jìng∥lǐ	
2232	敬佩	jìngpèi	动
2233	敬请	jìngqǐng	动
2234	敬业	jìngyè	动
2235	敬意	jìngyì	名
2236	敬重	jìngzhòng	动
2237	静止	jìngzhǐ	动
2238	境地	jìngdì	名
2239	境界	jìngjiè	名
2240	境内	jìngnèi	名
2241	境外	jìngwài	名
2242	境遇	jìngyù	名
2243	窘迫	jiǒngpò	形
2244	纠缠	jiūchán	动
2245	揪	jiū	动
2246	久违	jiǔwéi	动
2247	久仰	jiǔyǎng	动
2248	酒精	jiǔjīng	名
2249	酒楼	jiǔlóu	名
2250	救护车	jiùhùchē	名
2251	救济	jiùjì	动

2252	救治	jiùzhì	动		2291	剧团	jùtuán	名
2253	就餐	jiùcān	动		2292	剧院	jùyuàn	名
2254	就地	jiùdì	副		2293	剧组	jùzǔ	名
2255	就读	jiùdú	动		2294	据此	jùcǐ	动
2256	就近	jiùjìn	副		2295	据悉	jùxī	动
2257	就任	jiùrèn	动		2296	距	jù	动
2258	就医	jiù//yī			2297	锯	jù	名、动
2259	就诊	jiù//zhěn			2298	聚集	jùjí	动
2260	就职	jiù//zhí			2299	聚精会神	jùjīng-huìshén	
2261	就座	jiù//zuò			2300	捐献	juānxiàn	动
2262	舅舅	jiùjiu	名		2301	卷入	juǎnrù	动
2263	拘留	jūliú	动		2302	卷子	juànzi	名
2264	拘束	jūshù	动、形		2303	圈	juàn	名
2265	居高临下	jūgāo-línxià			2304	决议	juéyì	名
2266	居民楼	jūmínlóu	名		2305	诀别	juébié	动
2267	鞠躬	jū//gōng			2306	诀窍	juéqiào	名
2268	局部	júbù	名		2307	角逐	juézhú	动
2269	局势	júshì	名		2308	觉醒	juéxǐng	动
2270	局限	júxiàn	动		2309	绝技	juéjì	名
2271	菊花	júhuā	名		2310	绝缘	juéyuán	动
2272	橘子	júzi	名		2311	绝招	juézhāo	名
2273	沮丧	jǔsàng	形		2312	倔强	juéjiàng	形
2274	举报	jǔbào	动		2313	崛起	juéqǐ	动
2275	举措	jǔcuò	名		2314	爵士	juéshì	名
2276	举例	jǔ//lì			2315	倔	juè	形
2277	举世闻名	jǔshì-wénmíng			2316	军官	jūnguān	名
2278	举世无双	jǔshì-wúshuāng			2317	均衡	jūnhéng	形
2279	举世瞩目	jǔshì-zhǔmù			2318	均匀	jūnyún	形
2280	举一反三	jǔyī-fǎnsān			2319	君子	jūnzǐ	名
2281	举止	jǔzhǐ	名		2320	俊	jùn	形
2282	举重	jǔzhòng	名		2321	俊俏	jùnqiào	形
2283	巨额	jù'é	形		2322	骏马	jùnmǎ	名
2284	巨人	jùrén	名		2323	竣工	jùngōng	动
2285	巨头	jùtóu	名		2324	卡车	kǎchē	名
2286	巨星	jùxīng	名		2325	卡片	kǎpiàn	名
2287	巨型	jùxíng	形		2326	卡通	kǎtōng	名
2288	剧烈	jùliè	形		2327	开办	kāibàn	动
2289	剧目	jùmù	名		2328	开采	kāicǎi	动
2290	剧情	jùqíng	名		2329	开场	kāi//chǎng	

2330	开场白	kāichǎngbái	名		2369	抗争	kàngzhēng	动
2331	开除	kāichú	动		2370	考量	kǎo·liáng	动
2332	开动	kāidòng	动		2371	烤	kǎo	动
2333	开发区	kāifāqū	名		2372	靠拢	kàolǒng	动
2334	开发商	kāifāshāng	名		2373	苛刻	kēkè	形
2335	开工	kāi∥gōng			2374	科幻	kēhuàn	名
2336	开垦	kāikěn	动		2375	科目	kēmù	名
2337	开口	kāi∥kǒu			2376	科普	kēpǔ	名
2338	开阔	kāikuò	形、动		2377	磕	kē	动
2339	开朗	kāilǎng	形		2378	壳	ké	名
2340	开辟	kāipì	动		2379	咳嗽	késou	动
2341	开启	kāiqǐ	动		2380	可悲	kěbēi	形
2342	开枪	kāi qiāng			2381	可不是	kěbú·shi	副
2343	开天辟地	kāitiān-pìdì			2382	可乘之机	kěchéngzhījī	
2344	开拓	kāituò	动		2383	可耻	kěchǐ	形
2345	开销	kāi·xiāo	动、名		2384	可歌可泣	kěgē-kěqì	
2346	开张	kāi∥zhāng			2385	可观	kěguān	形
2347	开支	kāizhī	名		2386	可贵	kěguì	形
2348	凯歌	kǎigē	名		2387	可口	kěkǒu	形
2349	楷模	kǎimó	名		2388	可谓	kěwèi	动
2350	刊登	kāndēng	动		2389	可恶	kěwù	形
2351	刊物	kānwù	名		2390	可想而知	kěxiǎng'érzhī	
2352	看护	kānhù	动、名		2391	可笑	kěxiào	形
2353	勘探	kāntàn	动		2392	可信	kěxìn	形
2354	堪称	kānchēng	动		2393	可行	kěxíng	形
2355	侃大山	kǎn dàshān			2394	可疑	kěyí	形
2356	砍	kǎn	动		2395	克隆	kèlóng	动
2357	看得出	kàndechū	动		2396	克制	kèzhì	动
2358	看热闹	kàn rènao			2397	刻苦	kèkǔ	形
2359	看似	kànsì	动		2398	刻意	kèyì	副
2360	看台	kàntái	名		2399	刻舟求剑	kèzhōu-qiújiàn	
2361	看样子	kàn yàngzi			2400	客房	kèfáng	名
2362	看中	kàn∥zhòng			2401	客机	kèjī	名
2363	看重	kànzhòng	动		2402	客流	kèliú	名
2364	慷慨	kāngkǎi	形		2403	客运	kèyùn	名
2365	扛	káng			2404	恳求	kěnqiú	动
2366	抗衡	kànghéng	动		2405	啃	kěn	动
2367	抗拒	kàngjù	动		2406	坑	kēng	动、名
2368	抗生素	kàngshēngsù	名		2407	空荡荡	kōngdàngdàng	形

2408	空难	kōngnàn	名		2447	苦练	kǔ liàn	
2409	空前	kōngqián	动		2448	苦难	kǔnàn	名
2410	空想	kōngxiǎng	动、名		2449	苦恼	kǔnǎo	形
2411	空虚	kōngxū	形		2450	苦笑	kǔxiào	动
2412	恐怖	kǒngbù	形		2451	苦心	kǔxīn	名、副
2413	恐吓	kǒnghè	动		2452	酷似	kùsì	动
2414	恐慌	kǒnghuāng	形		2453	夸	kuā	动
2415	恐惧	kǒngjù	形		2454	夸大	kuādà	动
2416	恐龙	kǒnglóng	名		2455	夸奖	kuājiǎng	动
2417	空白	kòngbái	名		2456	夸夸其谈	kuākuā-qítán	
2418	空地	kòngdì	名		2457	夸耀	kuāyào	动
2419	空隙	kòngxì	名		2458	夸张	kuāzhāng	形、名
2420	控告	kònggào	动		2459	垮	kuǎ	动
2421	抠	kōu	动、形		2460	挎	kuà	动
2422	口碑	kǒubēi	名		2461	跨国	kuàguó	动
2423	口才	kǒucái	名		2462	跨越	kuàyuè	动
2424	口吃	kǒuchī	动		2463	快捷	kuàijié	形
2425	口感	kǒugǎn	名		2464	宽敞	kuānchang	形
2426	口径	kǒujìng	名		2465	宽泛	kuānfàn	形
2427	口令	kǒulìng	名		2466	宽厚	kuānhòu	形
2428	口气	kǒu·qì	名		2467	宽容	kuānróng	动
2429	口腔	kǒuqiāng	名		2468	宽恕	kuānshù	动
2430	口哨	kǒushào	名		2469	宽松	kuān·sōng	形
2431	口水	kǒushuǐ	名		2470	款式	kuǎnshì	名
2432	口头	kǒutóu	名、形		2471	款项	kuǎnxiàng	名
2433	口味	kǒuwèi	名		2472	筐	kuāng	名
2434	口香糖	kǒuxiāngtáng	名		2473	狂欢	kuánghuān	动
2435	口音	kǒuyīn	名		2474	狂欢节	kuánghuānjié	名
2436	口罩	kǒuzhào	名		2475	狂热	kuángrè	形
2437	口子	kǒuzi	名		2476	旷课	kuàng//kè	
2438	扣除	kòuchú	动		2477	况且	kuàngqiě	连
2439	扣留	kòuliú	动		2478	矿藏	kuàngcáng	名
2440	扣人心弦	kòurénxīnxián			2479	框	kuàng	名、动
2441	扣押	kòuyā	动		2480	框架	kuàngjià	名
2442	枯燥	kūzào	形		2481	亏本	kuī//běn	
2443	哭泣	kūqì	动		2482	亏损	kuīsǔn	动
2444	哭笑不得	kūxiào-bùdé			2483	昆虫	kūnchóng	名
2445	窟窿	kūlong	名		2484	捆	kǔn	动、量
2446	苦力	kǔlì	名		2485	困惑	kùnhuò	形、动

2486	困境	kùnjìng	名		2525	劳动力	láodònglì	名
2487	扩	kuò	动		2526	劳累	láolèi	形
2488	扩建	kuòjiàn	动		2527	劳务	láowù	名
2489	扩散	kuòsàn	动		2528	牢固	láogù	形
2490	扩张	kuòzhāng	动		2529	牢记	láojì	动
2491	括弧	kuòhú	名		2530	牢牢	láoláo	
2492	阔绰	kuòchuò	形		2531	唠叨	láodao	动
2493	拉动	lādòng	动		2532	老伴儿	lǎobànr	名
2494	拉拢	lā·lǒng	动		2533	老大	lǎodà	名、副
2495	拉锁	lāsuǒ	名		2534	老汉	lǎohàn	名
2496	啦啦队	lālāduì	名		2535	老化	lǎohuà	动
2497	喇叭	lǎba	名		2536	老人家	lǎorenjia	名
2498	腊月	làyuè	名		2537	老实说	lǎoshishuō	
2499	蜡	là			2538	老远	lǎo yuǎn	
2500	蜡烛	làzhú	名		2539	老字号	lǎozìhao	名
2501	辣椒	làjiāo	名		2540	姥姥	lǎolao	名
2502	来宾	láibīn	名		2541	姥爷	lǎoye	名
2503	来电	láidiàn	动、名		2542	涝	lào	形
2504	来访	láifǎng	动		2543	乐意	lèyì	动、形
2505	来回	láihuí	副、名		2544	乐园	lèyuán	名
2506	来历	láilì	名		2545	勒	lēi	动
2507	来临	láilín	动		2546	雷同	léitóng	形
2508	来龙去脉	láilóng-qùmài			2547	累积	lěijī	动
2509	来年	láinián	名		2548	累计	lěijì	动
2510	来源于	láiyuán yú			2549	类别	lèibié	名
2511	拦	lán	动		2550	棱角	léngjiǎo	名
2512	栏	lán	名		2551	冷淡	lěngdàn	形、动
2513	栏杆	lángān	名		2552	冷冻	lěngdòng	动
2514	蓝图	lántú	名		2553	冷酷	lěngkù	形
2515	揽	lǎn	动		2554	冷酷无情	lěngkù-wúqíng	
2516	缆车	lǎnchē	名		2555	冷落	lěngluò	形、动
2517	懒得	lǎnde	动		2556	冷门	lěngmén	名
2518	懒惰	lǎnduò	形		2557	冷漠	lěngmò	形
2519	滥用	lànyòng	动		2558	冷笑	lěngxiào	动
2520	狼	láng	名		2559	冷战	lěngzhàn	名
2521	狼狈	lángbèi	形		2560	愣	lèng	动、形
2522	朗诵	lǎngsòng	动		2561	离谱儿	lí∥pǔr	
2523	浪	làng	名		2562	离奇	líqí	形
2524	捞	lāo	动		2563	离职	lí∥zhí	

2564	黎明	límíng	名	2603	连夜	liányè	副
2565	礼服	lǐfú	名	2604	怜惜	liánxī	动
2566	礼品	lǐpǐn	名	2605	帘子	liánzi	名
2567	礼仪	lǐyí	名	2606	莲子	liánzǐ	名
2568	里程碑	lǐchéngbēi	名	2607	联邦	liánbāng	名
2569	理睬	lǐcǎi	动	2608	联欢	liánhuān	动
2570	理会	lǐhuì	动	2609	联网	lián∥wǎng	
2571	理科	lǐkē	名	2610	廉价	liánjià	形
2572	理念	lǐniàn	名	2611	廉洁	liánjié	形
2573	理事	lǐshì	名、动	2612	廉正	liánzhèng	形
2574	理所当然	lǐsuǒdāngrán		2613	廉政	liánzhèng	动
2575	理性	lǐxìng	形、名	2614	脸颊	liǎnjiá	名
2576	理直气壮	lǐzhí-qìzhuàng		2615	炼	liàn	动
2577	力不从心	lìbùcóngxīn		2616	恋恋不舍	liànliàn-bùshě	
2578	力度	lìdù	名	2617	良	liáng	形
2579	力求	lìqiú	动	2618	良心	liángxīn	名
2580	力所能及	lìsuǒnéngjí		2619	良性	liángxìng	形
2581	力争	lìzhēng	动	2620	凉爽	liángshuǎng	形
2582	历程	lìchéng	名	2621	两口子	liǎngkǒuzi	名
2583	历届	lìjiè	形	2622	两栖	liǎngqī	动
2584	历经	lìjīng	动	2623	亮点	liàngdiǎn	名
2585	历来	lìlái	副	2624	亮丽	liànglì	形
2586	历时	lìshí	动、形	2625	亮相	liàng∥xiàng	
2587	立方	lìfāng	名、量	2626	谅解	liàngjiě	动
2588	立方米	lìfāngmǐ	量	2627	辽阔	liáokuò	形
2589	立功	lì∥gōng		2628	疗法	liáofǎ	名
2590	立交桥	lìjiāoqiáo	名	2629	疗效	liáoxiào	名
2591	立体	lìtǐ	形	2630	寥寥无几	liáoliáo-wújǐ	
2592	立足	lìzú	动	2631	潦草	liáocǎo	形
2593	励志	lìzhì	动	2632	了结	liǎojié	动
2594	利害	lìhài	名	2633	了却	liǎoquè	动
2595	利率	lìlǜ	名	2634	料到	liàodào	
2596	利索	lìsuo	形	2635	料理	liàolǐ	动、名
2597	粒	lì	量	2636	咧嘴	liě∥zuǐ	
2598	连滚带爬	liángǔn-dàipá		2637	列举	lièjǔ	动
2599	连绵	liánmián	动	2638	劣势	lièshì	名
2600	连任	liánrèn	动	2639	劣质	lièzhì	形
2601	连锁	liánsuǒ	形	2640	烈士	lièshì	名
2602	连锁店	liánsuǒdiàn	名	2641	猎犬	lièquǎn	名

2642	猎人	lièrén	名		2681	留心	liú//xīn	
2643	裂缝	lièfèng	名		2682	留意	liú//yì	
2644	裂痕	lièhén	名		2683	流畅	liúchàng	形
2645	拎	līn	动		2684	流程	liúchéng	名
2646	邻国	línguó	名		2685	流浪	liúlàng	动
2647	临	lín	动、介		2686	流泪	liúlèi	动
2648	临床	línchuáng	动		2687	流量	liúliàng	名
2649	临街	línjiē	动		2688	流露	liúlù	动
2650	临近	línjìn	动		2689	流氓	liúmáng	名
2651	淋	lín	动		2690	流入	liúrù	
2652	灵	líng	形		2691	流失	liúshī	动
2653	灵感	línggǎn	名		2692	流水	liúshuǐ	名
2654	灵魂	línghún	名		2693	流淌	liútǎng	动
2655	灵机一动	língjī-yídòng			2694	流向	liúxiàng	名
2656	灵敏	língmǐn	形		2695	流血	liúxuè	动
2657	灵巧	língqiǎo	形		2696	流域	liúyù	名
2658	灵通	língtōng	形		2697	流转	liúzhuǎn	动
2659	凌晨	língchén	名		2698	柳树	liǔshù	名
2660	零花钱	línghuāqián	名		2699	遛	liù	动
2661	零件	língjiàn	名		2700	龙舟	lóngzhōu	名
2662	零钱	língqián	名		2701	聋	lóng	形
2663	零售	língshòu	动		2702	聋人	lóngrén	名
2664	领队	lǐngduì	动、名		2703	笼子	lóngzi	名
2665	领会	lǐnghuì	动		2704	隆重	lóngzhòng	形
2666	领军	lǐngjūn	动		2705	垄断	lǒngduàn	动
2667	领略	lǐnglüè	动		2706	笼统	lǒngtǒng	形
2668	领事	lǐngshì	名		2707	笼罩	lǒngzhào	动
2669	领事馆	lǐngshìguǎn	名		2708	搂	lǒu	动
2670	领土	lǐngtǔ	名		2709	露面	lòu//miàn	
2671	领悟	lǐngwù	动		2710	芦花	lúhuā	名
2672	领养	lǐngyǎng	动		2711	炉灶	lúzào	名
2673	领域	lǐngyù	名		2712	炉子	lúzi	名
2674	溜	liū	动		2713	卤味	lǔwèi	名
2675	溜达	liūda	动		2714	鲁莽	lǔmǎng	形
2676	浏览	liúlǎn	动		2715	录制	lùzhì	动
2677	浏览器	liúlǎnqì	名		2716	鹿	lù	名
2678	留恋	liúliàn	动		2717	路程	lùchéng	名
2679	留念	liúniàn	动		2718	路灯	lùdēng	名
2680	留神	liú//shén			2719	路段	lùduàn	名

#	词	拼音	词性	#	词	拼音	词性
2720	路况	lùkuàng	名	2759	落户	luò//hù	
2721	路面	lùmiàn	名	2760	落下	luòxia	
2722	路人	lùrén	名	2761	麻¹	má	名
2723	路途	lùtú	名	2762	麻²	má	形
2724	路子	lùzi	名	2763	麻痹	mábì	动
2725	露天	lùtiān	名、形	2764	麻将	májiàng	名
2726	旅程	lǚchéng	名	2765	麻辣	málà	形
2727	旅途	lǚtú	名	2766	麻木	mámù	形
2728	铝	lǚ	名	2767	麻醉	mázuì	动
2729	屡	lǚ	副	2768	马后炮	mǎhòupào	名
2730	屡次	lǚcì	副	2769	马虎	mǎhu	形
2731	缕	lǚ	量	2770	马力	mǎlì	量
2732	履行	lǚxíng	动	2771	马桶	mǎtǒng	名
2733	率（成功率）	lǜ (chénggōnglǜ)	后缀	2772	马戏	mǎxì	名
2734	绿灯	lǜdēng	名	2773	码¹	mǎ	动
2735	绿地	lǜdì	名	2774	码²	mǎ	量
2736	孪生	luánshēng	形	2775	埋藏	máicáng	动
2737	卵	luǎn	名	2776	埋伏	mái·fú	动
2738	乱七八糟	luànqībāzāo	形	2777	埋没	máimò	动
2739	掠夺	lüèduó	动	2778	买不起	mǎi bu qǐ	
2740	略	lüè	动、形	2779	迈	mài	动
2741	略微	lüèwēi	副	2780	迈进	màijìn	动
2742	抡	lūn	动	2781	卖弄	màinong	动
2743	伦理	lúnlǐ	名	2782	脉搏	màibó	名
2744	轮换	lúnhuàn	动	2783	脉络	màiluò	名
2745	轮廓	lúnkuò	名	2784	埋怨	mányuàn	动
2746	轮流	lúnliú	动	2785	蛮	mán	副
2747	轮胎	lúntāi	名	2786	瞒	mán	动
2748	论述	lùnshù	动	2787	满怀	mǎnhuái	动
2749	论坛	lùntán	名	2788	蔓延	mànyán	动
2750	论证	lùnzhèng	动	2789	漫	màn	
2751	罗	luó	名、动	2790	漫游	mànyóu	动
2752	萝卜	luóbo	名	2791	慢慢来	mànmàn lái	
2753	螺丝	luósī	名	2792	慢性	mànxìng	形
2754	裸	luǒ	动	2793	忙活	mánghuo	动
2755	裸露	luǒlù	动	2794	忙碌	mánglù	形
2756	络绎不绝	luòyì-bùjué		2795	忙乱	mángluàn	形
2757	落差	luòchā	名	2796	盲目	mángmù	形
2758	落地	luò//dì		2797	茫然	mángrán	形

2798	矛头	máotóu	名		2837	萌发	méngfā	动
2799	茅台（酒）	Máotái(jiǔ)	名		2838	萌芽	méngyá	动、名
2800	茂密	màomì	形		2839	盟友	méngyǒu	名
2801	茂盛	màoshèng	形		2840	朦胧	ménglóng	形
2802	冒充	màochōng	动		2841	猛烈	měngliè	形
2803	冒犯	màofàn	动		2842	猛然	měngrán	副
2804	冒昧	màomèi	形		2843	梦幻	mènghuàn	名
2805	冒险	mào//xiǎn			2844	弥补	míbǔ	动
2806	没劲	méijìn	形		2845	弥漫	mímàn	动
2807	没说的	méishuōde			2846	迷惑	mí·huò	形、动
2808	没完没了	méiwán-méiliǎo			2847	迷惑不解	míhuò-bùjiě	
2809	没意思	méi yìsi			2848	迷恋	míliàn	动
2810	没辙	méi//zhé			2849	迷路	mí//lù	
2811	没准儿	méi//zhǔnr			2850	迷失	míshī	动
2812	玫瑰	méigui	名		2851	谜	mí	名
2813	枚	méi	量		2852	谜底	mídǐ	名
2814	眉开眼笑	méikāi-yǎnxiào			2853	谜团	mítuán	名
2815	眉毛	méimao	名		2854	谜语	míyǔ	名
2816	煤矿	méikuàng	名		2855	秘方	mìfāng	名
2817	煤炭	méitàn	名		2856	秘诀	mìjué	名
2818	每当	měidāng	介		2857	密不可分	mìbùkěfēn	
2819	每逢	měiféng	动		2858	密度	mìdù	名
2820	美德	měidé	名		2859	密封	mìfēng	动
2821	美观	měiguān	形		2860	密集	mìjí	动、形
2822	美化	měihuà	动		2861	蜜	mì	名
2823	美景	měijǐng	名		2862	蜜蜂	mìfēng	名
2824	美满	měimǎn	形		2863	蜜月	mìyuè	名
2825	美妙	měimiào	形		2864	棉花	mián·huā	名
2826	美人	měirén	名		2865	免	miǎn	动
2827	美味	měiwèi	名		2866	免不了	miǎnbuliǎo	动
2828	美中不足	měizhōng-bùzú			2867	免除	miǎnchú	动
2829	美滋滋	měizīzī	形		2868	免疫	miǎnyì	动
2830	魅力	mèilì	名		2869	免职	miǎn//zhí	
2831	闷	mēn	形、动		2870	勉强	miǎnqiǎng	形、动
2832	门当户对	méndāng-hùduì			2871	缅怀	miǎnhuái	动
2833	门槛	ménkǎn	名		2872	面部	miànbù	名
2834	门铃	ménlíng	名		2873	面粉	miànfěn	名
2835	门路	ménlu	名		2874	面红耳赤	miànhóng-ěrchì	
2836	闷	mèn	形		2875	面面俱到	miànmiàn-jùdào	

2876	面目全非	miànmù-quánfēi	
2877	苗	miáo	名
2878	苗条	miáotiao	形
2879	苗头	miáotou	名
2880	描绘	miáohuì	动
2881	瞄准	miáo//zhǔn	
2882	渺小	miǎoxiǎo	形
2883	庙	miào	名
2884	庙会	miàohuì	名
2885	灭绝	mièjué	动
2886	灭亡	mièwáng	动
2887	民办	mínbàn	形
2888	民俗	mínsú	名
2889	民用	mínyòng	形
2890	民众	mínzhòng	名
2891	敏捷	mǐnjié	形
2892	敏锐	mǐnruì	形
2893	名副其实	míngfùqíshí	
2894	名贵	míngguì	形
2895	名利	mínglì	名
2896	名气	míngqi	名
2897	名声	míngshēng	名
2898	名言	míngyán	名
2899	名著	míngzhù	名
2900	明朗	mínglǎng	形
2901	明媚	míngmèi	形
2902	明智	míngzhì	形
2903	铭记	míngjì	动
2904	命	mìng	动
2905	命名	mìng//míng	
2906	命题	mìng//tí	
2907	摸索	mō·suǒ	动
2908	模拟	mónǐ	动
2909	磨合	móhé	动
2910	磨难	mónàn	名
2911	磨损	mósǔn	动
2912	蘑菇	mógu	名
2913	魔鬼	móguǐ	名
2914	魔术	móshù	名
2915	抹	mǒ	动
2916	末日	mòrì	名
2917	没落	mòluò	动
2918	陌生	mòshēng	形
2919	莫非	mòfēi	副
2920	莫过于	mòguòyú	动
2921	莫名其妙	mòmíngqímiào	
2922	漠然	mòrán	形
2923	墨	mò	名
2924	默读	mòdú	动
2925	默默无闻	mòmò-wúwén	
2926	默契	mòqì	形、名
2927	谋害	móuhài	动
2928	谋求	móuqiú	动
2929	谋生	móushēng	动
2930	牡丹	mǔdan	名
2931	亩	mǔ	量
2932	木板	mùbǎn	名
2933	木材	mùcái	名
2934	木匠	mù·jiàng	名
2935	木偶	mù'ǒu	名
2936	目不转睛	mùbùzhuǎnjīng	
2937	目瞪口呆	mùdèng-kǒudāi	
2938	目的地	mùdìdì	名
2939	目睹	mùdǔ	动
2940	目录	mùlù	名
2941	目中无人	mùzhōng-wúrén	
2942	沐浴露	mùyùlù	名
2943	牧场	mùchǎng	名
2944	牧民	mùmín	名
2945	募捐	mù//juān	
2946	墓碑	mùbēi	名
2947	墓地	mùdì	名
2948	幕	mù	名
2949	幕后	mùhòu	名
2950	穆斯林	mùsīlín	名
2951	拿手	náshǒu	形
2952	哪知道	nǎ zhīdào	
2953	呐喊	nàhǎn	动

2954	纳闷儿	nà//mènr			2993	泥潭	nítán	名
2955	纳入	nàrù	动		2994	泥土	nítǔ	名
2956	纳税	nà//shuì			2995	拟	nǐ	动
2957	纳税人	nàshuìrén	名		2996	拟定	nǐdìng	动
2958	乃	nǎi	副		2997	逆	nì	动
2959	乃至	nǎizhì	连		2998	匿名	nìmíng	动
2960	耐	nài	动		2999	年画	niánhuà	名
2961	耐人寻味	nàirénxúnwèi			3000	年迈	niánmài	形
2962	耐性	nàixìng	名		3001	年限	niánxiàn	名
2963	南瓜	nán·guā	名		3002	年薪	niánxīn	名
2964	难处	nánchù	名		3003	年夜饭	niányèfàn	名
2965	难得一见	nándé yí jiàn			3004	年终	niánzhōng	名
2966	难点	nándiǎn	名		3005	黏	nián	形
2967	难怪	nánguài	副、动		3006	念念不忘	niànniàn-búwàng	
2968	难关	nánguān	名		3007	念书	niàn//shū	
2969	难堪	nánkān	动、形		3008	念头	niàntou	名
2970	难说	nánshuō	动		3009	娘	niáng	名
2971	难为情	nánwéiqíng	形		3010	酿造	niàngzào	动
2972	难以想象	nányǐ-xiǎngxiàng			3011	鸟巢	niǎocháo	名
2973	难以置信	nányǐ-zhìxìn			3012	尿	niào	动、名
2974	挠	náo	动		3013	捏	niē	动
2975	恼羞成怒	nǎoxiū-chéngnù			3014	拧	níng	动
2976	脑海	nǎohǎi	名		3015	凝固	nínggù	动
2977	脑筋	nǎojīn	名		3016	凝聚	níngjù	动
2978	闹事	nào//shì			3017	拧	nǐng	动
2979	闹着玩儿	nàozhewánr			3018	宁可	nìngkě	副
2980	内存	nèicún	名		3019	宁愿	nìngyuàn	副
2981	内阁	nèigé	名		3020	扭曲	niǔqū	动
2982	内涵	nèihán	名		3021	扭头	niǔ//tóu	
2983	内行	nèiháng	形		3022	扭转	niǔzhuǎn	动
2984	内幕	nèimù	名		3023	纽带	niǔdài	名
2985	内向	nèixiàng	形		3024	纽扣	niǔkòu	名
2986	内需	nèixū	名		3025	农场	nóngchǎng	名
2987	嫩	nèn	形		3026	农历	nónglì	名
2988	能耗	nénghào	名		3027	农民工	nóngmíngōng	名
2989	能耐	néngnai	名、形		3028	农作物	nóngzuòwù	名
2990	能人	néngrén	名		3029	浓厚	nónghòu	形
2991	能源	néngyuán	名		3030	浓缩	nóngsuō	动
2992	尼龙	nílóng	名		3031	浓郁	nóngyù	形

3032	浓重	nóngzhòng	形	3071	跑龙套	pǎo lóngtào	
3033	弄虚作假	nòngxū-zuòjiǎ		3072	泡沫	pàomò	名
3034	奴隶	núlì	名	3073	胚胎	pēitāi	名
3035	女婿	nǚxu	名	3074	陪伴	péibàn	动
3036	暖烘烘	nuǎnhōnghōng	形	3075	陪葬	péizàng	动
3037	虐待	nüèdài	动	3076	赔钱	péi∥qián	
3038	挪	nuó	动	3077	佩服	pèi·fú	动
3039	诺言	nuòyán	名	3078	配件	pèijiàn	名
3040	哦	ò	叹	3079	配偶	pèi'ǒu	名
3041	殴打	ōudǎ	动	3080	配送	pèisòng	动
3042	呕吐	ǒutù	动	3081	配音	pèi∥yīn	
3043	趴	pā	动	3082	喷泉	pēnquán	名
3044	拍板	pāi∥bǎn		3083	抨击	pēngjī	动
3045	拍卖	pāimài	动	3084	烹调	pēngtiáo	动
3046	拍戏	pāi∥xì		3085	蓬勃	péngbó	形
3047	排斥	páichì	动	3086	鹏程万里	péngchéng-wànlǐ	
3048	排放	páifàng	动	3087	膨胀	péngzhàng	动
3049	排练	páiliàn	动	3088	捧	pěng	动
3050	徘徊	páihuái	动	3089	捧场	pěng∥chǎng	
3051	牌照	páizhào	名	3090	碰钉子	pèng dīngzi	
3052	派别	pàibié	名	3091	碰巧	pèngqiǎo	副
3053	派遣	pàiqiǎn	动	3092	碰上	pèngshang	
3054	攀	pān	动	3093	碰撞	pèngzhuàng	动
3055	攀升	pānshēng	动	3094	批发	pīfā	动
3056	盘	pán	动	3095	批判	pīpàn	动
3057	盘算	pánsuan	动	3096	披露	pīlù	动
3058	判处	pànchǔ	动	3097	劈	pī	动
3059	判定	pàndìng	动	3098	皮带	pídài	名
3060	判决	pànjué	动	3099	疲惫	píbèi	形
3061	盼	pàn	动	3100	疲惫不堪	píbèi-bùkān	
3062	叛逆	pànnì	动、名	3101	疲倦	píjuàn	形
3063	庞大	pángdà	形	3102	疲劳	píláo	形
3064	旁观	pángguān	动	3103	脾	pí	名
3065	抛	pāo	动	3104	匹配	pǐpèi	动
3066	抛开	pāokāi	动	3105	媲美	pìměi	动
3067	抛弃	pāoqì	动	3106	僻静	pìjìng	形
3068	刨	páo	动	3107	譬如	pìrú	动
3069	跑车	pǎochē	名	3108	譬如说	pìrú shuō	
3070	跑道	pǎodào	名	3109	片子	piānzi	名

3110	偏差	piānchā	名		3149	评审	píngshěn	动
3111	偏方	piānfāng	名		3150	评委	píngwěi	名
3112	偏见	piānjiàn	名		3151	凭借	píngjiè	动
3113	偏僻	piānpì	形		3152	凭着	píngzhe	
3114	偏偏	piānpiān	副		3153	凭证	píngzhèng	名
3115	偏向	piānxiàng	动、名		3154	瓶颈	píngjǐng	名
3116	偏远	piānyuǎn	形		3155	萍水相逢	píngshuǐ-xiāngféng	
3117	篇幅	piān·fú	名		3156	泼冷水	pō lěngshuǐ	
3118	片段	piànduàn	名		3157	颇	pō	副
3119	骗人	piàn rén			3158	迫不及待	pòbùjídài	
3120	漂	piāo	动		3159	迫害	pòhài	动
3121	飘	piāo	动、形		3160	迫使	pòshǐ	动
3122	票房	piàofáng	名		3161	破案	pò∥àn	
3123	撇	piě	动、名		3162	破除	pòchú	动
3124	拼搏	pīnbó	动		3163	破解	pòjiě	动
3125	拼命	pīn∥mìng			3164	破旧	pòjiù	形
3126	贫富	pín fù			3165	破裂	pòliè	动
3127	贫穷	pínqióng	形		3166	破灭	pòmiè	动
3128	频率	pínlǜ	名		3167	破碎	pòsuì	动
3129	频频	pínpín	副		3168	魄力	pòlì	名
3130	品尝	pǐncháng	动		3169	扑克	pūkè	名
3131	品德	pǐndé	名		3170	扑面而来	pūmiàn-érlái	
3132	品位	pǐnwèi	名		3171	铺路	pū∥lù	
3133	品行	pǐnxíng	名		3172	菩萨	pú·sà	名
3134	聘	pìn	动		3173	朴实	pǔshí	形
3135	聘任	pìnrèn	动		3174	朴素	pǔsù	形
3136	聘用	pìnyòng	动		3175	普通人	pǔtōng rén	
3137	乒乓球	pīngpāngqiú	名		3176	谱	pǔ	动、名
3138	平常心	píngchángxīn	名		3177	瀑布	pùbù	名
3139	平淡	píngdàn	形		3178	七嘴八舌	qīzuǐ-bāshé	
3140	平和	pínghé	形、动		3179	沏	qī	动
3141	平价	píngjià	动、名		3180	凄凉	qīliáng	形
3142	平面	píngmiàn	名		3181	期盼	qīpàn	动
3143	平民	píngmín	名		3182	欺骗	qīpiàn	动
3144	平日	píngrì	名		3183	欺诈	qīzhà	动
3145	平息	píngxī	动		3184	漆	qī	名、动
3146	评定	píngdìng			3185	齐心协力	qíxīn-xiélì	
3147	评论员	pínglùnyuán	名		3186	其后	qíhòu	名
3148	评判	píngpàn	动		3187	其间	qíjiān	名

3188	奇花异草	qíhuā-yìcǎo			3227	器械	qìxiè	名
3189	奇迹	qíjì	名		3228	掐	qiā	动
3190	奇特	qítè	形		3229	卡	qiǎ	动
3191	歧视	qíshì	动		3230	卡子	qiǎzi	名
3192	祈祷	qídǎo	动		3231	洽谈	qiàtán	动
3193	棋	qí	名		3232	恰到好处	qiàdào-hǎochù	
3194	棋子	qízǐ	名		3233	恰恰相反	qiàqià xiāngfǎn	
3195	旗袍	qípáo	名		3234	恰巧	qiàqiǎo	副
3196	旗帜	qízhì	名		3235	恰如其分	qiàrú-qífèn	
3197	乞丐	qǐgài	名		3236	千变万化	qiānbiàn-wànhuà	
3198	乞求	qǐqiú	动		3237	千方百计	qiānfāng-bǎijì	
3199	乞讨	qǐtǎo	动		3238	千家万户	qiānjiā-wànhù	
3200	岂有此理	qǐyǒucǐlǐ			3239	千军万马	qiānjūn-wànmǎ	
3201	启迪	qǐdí	动		3240	千钧一发	qiānjūn-yífà	
3202	启蒙	qǐméng	动		3241	迁	qiān	动
3203	启示	qǐshì	动、名		3242	迁就	qiānjiù	动
3204	起步	qǐbù	动		3243	迁移	qiānyí	动
3205	起草	qǐ//cǎo			3244	牵扯	qiānchě	动
3206	起程	qǐchéng	动		3245	牵挂	qiānguà	动
3207	起初	qǐchū	名		3246	牵涉	qiānshè	动
3208	起伏	qǐfú	动		3247	牵头	qiān//tóu	
3209	起劲	qǐjìn	形		3248	牵制	qiānzhì	动
3210	起跑线	qǐpǎoxiàn	名		3249	铅	qiān	名
3211	起源	qǐyuán	动、名		3250	谦逊	qiānxùn	形
3212	气愤	qìfèn	形		3251	签	qiān	名
3213	气管	qìguǎn	名		3252	签署	qiānshǔ	动
3214	气馁	qìněi	形		3253	前辈	qiánbèi	名
3215	气派	qìpài	名、形		3254	前不久	qiánbùjiǔ	名
3216	气泡	qìpào	名		3255	前赴后继	qiánfù-hòujì	
3217	气魄	qìpò	名		3256	前期	qiánqī	名
3218	气势	qìshì	名		3257	前任	qiánrèn	名
3219	气味	qìwèi	名		3258	前所未有	qiánsuǒwèiyǒu	
3220	气息	qìxī	名		3259	前台	qiántái	名
3221	气质	qìzhì	名		3260	前无古人	qiánwúgǔrén	
3222	迄今	qìjīn	动		3261	前夕	qiánxī	名
3223	迄今为止	qìjīn-wéizhǐ			3262	前线	qiánxiàn	名
3224	契机	qìjī	名		3263	前沿	qiányán	名
3225	契约	qìyuē	名		3264	前仰后合	qiányǎng-hòuhé	
3226	器材	qìcái	名		3265	前者	qiánzhě	名

3266	虔诚	qiánchéng	形		3305	窃取	qièqǔ	动
3267	钱财	qiáncái	名		3306	钦佩	qīnpèi	动
3268	钳子	qiánzi	名		3307	侵害	qīnhài	动
3269	潜能	qiánnéng	名		3308	侵略	qīnlüè	动
3270	潜水	qiánshuǐ	动		3309	侵权	qīnquán	动
3271	潜艇	qiántǐng	名		3310	侵占	qīnzhàn	动
3272	潜移默化	qiányí-mòhuà			3311	亲和力	qīnhélì	名
3273	潜在	qiánzài	形		3312	亲近	qīnjìn	形、动
3274	谴责	qiǎnzé	动		3313	亲朋好友	qīnpéng-hǎoyǒu	
3275	欠缺	qiànquē	动、名		3314	亲戚	qīnqi	名
3276	欠条	qiàntiáo	名		3315	亲情	qīnqíng	名
3277	歉意	qiànyì	名		3316	亲热	qīnrè	形、动
3278	呛	qiāng	动		3317	亲身	qīnshēn	形
3279	枪毙	qiāngbì	动		3318	亲生	qīnshēng	形
3280	腔	qiāng	名		3319	亲手	qīnshǒu	副
3281	强加	qiángjiā	动		3320	亲友	qīnyǒu	名
3282	强劲	qiángjìng	形		3321	勤工俭学	qíngōng-jiǎnxué	
3283	强项	qiángxiàng	名		3322	勤快	qínkuai	形
3284	强行	qiángxíng	副		3323	勤劳	qínláo	形
3285	强硬	qiángyìng	形		3324	寝室	qǐnshì	名
3286	强占	qiángzhàn	动		3325	青春期	qīngchūnqī	名
3287	强制	qiángzhì	动		3326	青蛙	qīngwā	名
3288	抢夺	qiǎngduó	动		3327	轻而易举	qīng'éryìjǔ	
3289	抢劫	qiǎngjié	动		3328	轻蔑	qīngmiè	动
3290	抢眼	qiǎngyǎn	形		3329	轻微	qīngwēi	形
3291	敲边鼓	qiāo biāngǔ			3330	轻型	qīngxíng	形
3292	敲诈	qiāozhà	动		3331	倾家荡产	qīngjiā-dàngchǎn	
3293	乔装	qiáozhuāng	动		3332	倾诉	qīngsù	动
3294	瞧不起	qiáobuqǐ	动		3333	倾听	qīngtīng	动
3295	巧合	qiǎohé	形		3334	倾销	qīngxiāo	动
3296	窍门	qiàomén	名		3335	倾斜	qīngxié	动
3297	翘	qiào	动		3336	清除	qīngchú	动
3298	撬	qiào	动		3337	清脆	qīngcuì	形
3299	切除	qiēchú	动		3338	清单	qīngdān	名
3300	切断	qiēduàn			3339	清淡	qīngdàn	形
3301	切割	qiēgē	动		3340	清静	qīngjìng	形
3302	且¹	qiě	副		3341	清凉	qīngliáng	形
3303	且²	qiě	连		3342	清明	qīngmíng	形
3304	切身	qièshēn	形		3343	清晰	qīngxī	形

3344	清新	qīngxīn	形		3383	取笑	qǔxiào	动
3345	清真寺	qīngzhēnsì	名		3384	娶	qǔ	动
3346	情	qíng	名		3385	去除	qùchú	动
3347	情报	qíngbào	名		3386	去处	qùchù	名
3348	情不自禁	qíngbúzìjīn			3387	去向	qùxiàng	名
3349	情调	qíngdiào	名		3388	趣味	qùwèi	名
3350	情怀	qínghuái	名		3389	圈套	quāntào	名
3351	情结	qíngjié	名		3390	圈子	quānzi	名
3352	情侣	qínglǚ	名		3391	权衡	quánhéng	动
3353	情人	qíngrén	名		3392	权威	quánwēi	名
3354	情谊	qíngyì	名		3393	权益	quányì	名
3355	情愿	qíngyuàn	动、副		3394	全长	quáncháng	名
3356	请柬	qǐngjiǎn	名		3395	全程	quánchéng	名
3357	请帖	qǐngtiě	名		3396	全方位	quánfāngwèi	名
3358	庆典	qìngdiǎn	名		3397	全局	quánjú	名
3359	庆贺	qìnghè	动		3398	全力以赴	quánlìyǐfù	
3360	庆幸	qìngxìng	动		3399	全能	quánnéng	形
3361	丘陵	qiūlíng	名		3400	全文	quánwén	名
3362	囚犯	qiúfàn	名		3401	全心全意	quánxīn-quányì	
3363	求婚	qiú∥hūn			3402	拳	quán	名、动
3364	求救	qiújiù	动		3403	拳头	quán·tóu	名
3365	求学	qiúxué	动		3404	劝告	quàngào	动、名
3366	求医	qiúyī	动		3405	劝说	quànshuō	动
3367	求证	qiúzhèng	动		3406	劝阻	quànzǔ	动
3368	求助	qiúzhù	动		3407	缺口	quēkǒu	名
3369	曲线	qūxiàn	名		3408	缺失	quēshī	名、动
3370	曲折	qūzhé	形		3409	缺席	quē∥xí	
3371	驱动	qūdòng	动		3410	确切	quèqiè	形
3372	驱逐	qūzhú	动		3411	确信	quèxìn	动
3373	屈服	qūfú	动		3412	确凿	quèzáo	形
3374	趋于	qūyú	动		3413	确诊	quèzhěn	动
3375	曲	qǔ	名		3414	燃放	ránfàng	动
3376	取代	qǔdài	动		3415	燃气	ránqì	名
3377	取缔	qǔdì	动		3416	燃油	rányóu	名
3378	取而代之	qǔ'érdàizhī			3417	嚷	rǎng	动
3379	取经	qǔ∥jīng			3418	让步	ràng∥bù	
3380	取决于	qǔjué yú			3419	饶	ráo	动
3381	取暖	qǔnuǎn	动		3420	饶恕	ráoshù	
3382	取胜	qǔshèng	动		3421	扰乱	rǎoluàn	动

3422	绕行	ràoxíng	动
3423	惹	rě	动
3424	热潮	rècháo	名
3425	热带	rèdài	名
3426	热气	rèqì	名
3427	热气球	rèqìqiú	名
3428	热腾腾	rèténgténg	形
3429	热衷	rèzhōng	动
3430	人次	réncì	量
3431	人道	réndào	名、形
3432	人格	réngé	名
3433	人工智能	réngōng-zhìnéng	
3434	人均	rénjūn	动
3435	人品	rénpǐn	名
3436	人气	rénqì	名
3437	人情	rénqíng	名
3438	人身	rénshēn	名
3439	人事	rénshì	名
3440	人手	rénshǒu	名
3441	人体	réntǐ	名
3442	人为	rénwéi	形
3443	人文	rénwén	名
3444	人行道	rénxíngdào	名
3445	人性	rénxìng	名
3446	人选	rénxuǎn	名
3447	人缘儿	rényuánr	名
3448	人造	rénzào	形
3449	人质	rénzhì	名
3450	仁慈	réncí	形
3451	忍饥挨饿	rěnjī-ái'è	
3452	忍耐	rěnnài	动
3453	忍心	rěn//xīn	
3454	认错	rèn//cuò	
3455	认证	rènzhèng	动
3456	认知	rènzhī	动
3457	任命	rènmìng	动
3458	任期	rènqī	名
3459	任人宰割	rènrén-zǎigē	
3460	任意	rènyì	副
3461	任职	rèn//zhí	
3462	韧性	rènxìng	名
3463	日程	rìchéng	名
3464	日复一日	rìfùyírì	
3465	日后	rìhòu	名
3466	日前	rìqián	名
3467	日趋	rìqū	副
3468	日新月异	rìxīn-yuèyì	
3469	日益	rìyì	副
3470	荣获	rónghuò	动
3471	荣幸	róngxìng	形
3472	荣誉	róngyù	名
3473	容光焕发	róngguāng-huànfā	
3474	容量	róngliàng	名
3475	容纳	róngnà	动
3476	容忍	róngrěn	动
3477	容许	róngxǔ	动
3478	容颜	róngyán	名
3479	溶解	róngjiě	动
3480	融	róng	动
3481	融化	rónghuà	动
3482	融洽	róngqià	形
3483	冗长	rǒngcháng	形
3484	柔和	róuhé	形
3485	柔软	róuruǎn	形
3486	揉	róu	动
3487	如果说	rúguǒ shuō	
3488	如实	rúshí	副
3489	如意	rú//yì	
3490	如愿以偿	rúyuànyǐcháng	
3491	如醉如痴	rúzuì-rúchī	
3492	儒家	Rújiā	名
3493	儒学	rúxué	名
3494	入场	rù//chǎng	
3495	入场券	rùchǎngquàn	名
3496	入境	rù//jìng	
3497	入侵	rùqīn	动
3498	入手	rùshǒu	
3499	入选	rùxuǎn	动

3500	软弱	ruǎnruò	形	3539	山川	shānchuān	名
3501	软实力	ruǎnshílì	名	3540	山顶	shāndǐng	名
3502	瑞雪	ruìxuě	名	3541	山冈	shāngāng	名
3503	润	rùn	形、动	3542	山岭	shānlǐng	名
3504	若干	ruògān	代	3543	山路	shānlù	名
3505	弱点	ruòdiǎn	名	3544	山寨	shānzhài	名
3506	弱势	ruòshì	名	3545	删	shān	动
3507	撒	sā	动	3546	删除	shānchú	动
3508	撒谎	sā//huǎng		3547	煽动	shāndòng	动
3509	赛车	sàichē	名	3548	闪烁	shǎnshuò	动
3510	赛跑	sàipǎo	动	3549	善	shàn	形
3511	三番五次	sānfān-wǔcì		3550	善意	shànyì	名
3512	三角	sānjiǎo	名、形	3551	擅长	shàncháng	动
3513	三维	sānwéi	形	3552	擅自	shànzì	副
3514	散布	sànbù	动	3553	膳食	shànshí	名
3515	散发	sànfā	动	3554	赡养	shànyǎng	动
3516	桑拿	sāngná	名	3555	伤残	shāngcán	动
3517	嗓子	sǎngzi	名	3556	伤感	shānggǎn	形
3518	丧生	sàng//shēng		3557	伤痕	shānghén	名
3519	骚乱	sāoluàn	动	3558	伤脑筋	shāng nǎojīn	
3520	骚扰	sāorǎo	动	3559	伤势	shāngshì	名
3521	扫除	sǎochú	动	3560	商贩	shāngfàn	名
3522	扫描	sǎomiáo	动	3561	商贾	shānggǔ	名
3523	扫墓	sǎo//mù		3562	商讨	shāngtǎo	动
3524	扫兴	sǎo//xìng		3563	上报	shàngbào	动
3525	嫂子	sǎozi	名	3564	上场	shàng//chǎng	
3526	僧人	sēngrén	名	3565	上方	shàngfāng	名
3527	杀害	shāhài	动	3566	上岗	shàng//gǎng	
3528	杀手	shāshǒu	名	3567	上火	shàng//huǒ	
3529	沙龙	shālóng	名	3568	上空	shàngkōng	名
3530	沙滩	shātān	名	3569	上流	shàngliú	名
3531	纱	shā		3570	上期	shàng qī	
3532	刹车	shāchē	名	3571	上任	shàng//rèn	
3533	砂糖	shātáng	名	3572	上述	shàngshù	形
3534	鲨鱼	shāyú	名	3573	上司	shàngsi	名
3535	傻瓜	shǎguā	名	3574	上诉	shàngsù	动
3536	筛	shāi	动	3575	上调	shàngtiáo	动
3537	筛选	shāixuǎn	动	3576	上头	shàngtou	名
3538	晒太阳	shài tàiyáng		3577	上限	shàngxiàn	名

3578	上旬	shàngxún	名		3617	身心	shēnxīn	名
3579	上瘾	shàng//yǐn			3618	身影	shēnyǐng	名
3580	上映	shàngyìng	动		3619	身子	shēnzi	名
3581	上游	shàngyóu	名		3620	绅士	shēnshì	名
3582	尚	shàng	副、连		3621	深奥	shēn'ào	形
3583	尚未	shàngwèi	副		3622	深切	shēnqiè	形
3584	捎	shāo	动		3623	深情	shēnqíng	名、形
3585	烧毁	shāohuǐ	动		3624	深入人心	shēnrù-rénxīn	
3586	烧烤	shāokǎo	名		3625	深受	shēnshòu	动
3587	稍后	shāohòu	副		3626	深思	shēnsī	动
3588	稍候	shāohòu	动		3627	深信	shēnxìn	动
3589	稍稍	shāoshāo	副		3628	深夜	shēnyè	名
3590	少不了	shǎobuliǎo	动		3629	深远	shēnyuǎn	形
3591	少见	shǎojiàn	动、形		3630	神气	shén·qì	名、形
3592	少量	shǎoliàng	形		3631	神圣	shénshèng	形
3593	少有	shǎoyǒu			3632	神态	shéntài	名
3594	少林寺	Shàolín Sì	名		3633	神仙	shén·xiān	名
3595	少女	shàonǚ	名		3634	审	shěn	动
3596	奢侈	shēchǐ	形		3635	审定	shěndìng	动
3597	奢望	shēwàng	动、名		3636	审核	shěnhé	动
3598	设	shè	动		3637	审美	shěnměi	动
3599	设定	shèdìng	动		3638	审判	shěnpàn	动
3600	设法	shèfǎ	动		3639	审批	shěnpī	动
3601	社会主义	shèhuì zhǔyì			3640	审视	shěnshì	动
3602	社交	shèjiāo	名		3641	肾	shèn	名
3603	社论	shèlùn	名		3642	甚至于	shènzhìyú	副
3604	社团	shètuán	名		3643	渗	shèn	动
3605	涉嫌	shèxián	动		3644	渗透	shèntòu	动
3606	摄氏度	shèshìdù	量		3645	慎重	shènzhòng	形
3607	谁知道	shéi zhīdào			3646	升温	shēngwēn	动
3608	申办	shēnbàn	动		3647	生机	shēngjī	名
3609	申报	shēnbào	动		3648	生理	shēnglǐ	名
3610	申领	shēnlǐng	动		3649	生命线	shēngmìngxiàn	名
3611	伸手	shēn//shǒu			3650	生怕	shēngpà	动
3612	伸缩	shēnsuō	动		3651	生平	shēngpíng	名
3613	伸张	shēnzhāng	动		3652	生前	shēngqián	名
3614	身不由己	shēnbùyóujǐ			3653	生死	shēngsǐ	名、形
3615	身价	shēnjià	名		3654	生态	shēngtài	名
3616	身躯	shēnqū	名		3655	生物	shēngwù	名

编号	词	拼音	词性	编号	词	拼音	词性
3656	生效	shēng//xiào		3695	湿度	shīdù	名
3657	生涯	shēngyá	名	3696	湿润	shīrùn	形
3658	生硬	shēngyìng	形	3697	十字路口	shízì lùkǒu	
3659	生育	shēngyù	动	3698	时不时	shíbùshí	副
3660	声称	shēngchēng	动	3699	时段	shíduàn	名
3661	声望	shēngwàng	名	3700	时隔	shí gé	
3662	声誉	shēngyù	名	3701	时好时坏	shíhǎo-shíhuài	
3663	牲畜	shēngchù	名	3702	时间表	shíjiānbiǎo	名
3664	绳子	shéngzi	名	3703	时空	shíkōng	名
3665	省略	shěnglüè	动	3704	时髦	shímáo	形
3666	省事	shěng//shì	动	3705	时尚	shíshàng	形
3667	圣贤	shèngxián	名	3706	时速	shísù	名
3668	胜出	shèngchū	动	3707	识别	shíbié	动
3669	胜任	shèngrèn	动	3708	实地	shídì	副
3670	盛大	shèngdà	形	3709	实话	shíhuà	名
3671	盛会	shènghuì	名	3710	实话实说	shíhuà-shíshuō	
3672	盛开	shèngkāi	动	3711	实况	shíkuàng	名
3673	盛气凌人	shèngqì-língrén		3712	实事求是	shíshì-qiúshì	
3674	剩余	shèngyú	动	3713	实体	shítǐ	名
3675	尸体	shītǐ	名	3714	实物	shíwù	名
3676	失传	shīchuán	动	3715	实质	shízhì	名
3677	失控	shīkòng	动	3716	食宿	shísù	名
3678	失利	shī//lì		3717	食用	shíyòng	动
3679	失恋	shī//liàn		3718	史无前例	shǐwúqiánlì	
3680	失灵	shīlíng	动	3719	使唤	shǐhuan	动
3681	失落	shīluò	动、形	3720	使命	shǐmìng	名
3682	失眠	shī//mián		3721	使者	shǐzhě	名
3683	失明	shī//míng		3722	士气	shìqì	名
3684	失效	shī//xiào		3723	示威	shìwēi	动
3685	失业率	shīyèlǜ	名	3724	示意	shìyì	动
3686	失踪	shī//zōng		3725	世代	shìdài	名
3687	师范	shīfàn	名	3726	世故	shìgu	形
3688	师长	shīzhǎng	名	3727	世界级	shìjiè jí	
3689	师资	shīzī	名	3728	世袭	shìxí	动
3690	狮子	shīzi	名	3729	市场经济	shìchǎng jīngjì	
3691	施工	shī//gōng		3730	势必	shìbì	副
3692	施加	shījiā	动	3731	势不可当	shìbùkědāng	
3693	施行	shīxíng	动	3732	势头	shìtou	名
3694	施压	shīyā	动	3733	事迹	shìjì	名

3734	事态	shìtài	名
3735	事务	shìwù	名
3736	事务所	shìwùsuǒ	名
3737	事项	shìxiàng	名
3738	事宜	shìyí	名
3739	侍候	shìhòu	动
3740	试探	shìtan	动
3741	试行	shìxíng	动
3742	试用	shìyòng	动
3743	试用期	shìyòngqī	名
3744	视察	shìchá	动
3745	视角	shìjiǎo	名
3746	视觉	shìjué	名
3747	视力	shìlì	名
3748	视线	shìxiàn	名
3749	视野	shìyě	名
3750	柿子	shìzi	名
3751	是非	shìfēi	名
3752	适度	shìdù	形
3753	适量	shìliàng	形
3754	适时	shìshí	形
3755	适宜	shìyí	形
3756	逝世	shìshì	动
3757	释放	shìfàng	动
3758	嗜好	shìhào	名
3759	收复	shōufù	动
3760	收据	shōujù	名
3761	收敛	shōuliǎn	动
3762	收留	shōuliú	动
3763	收买	shōumǎi	动
3764	收视率	shōushìlǜ	名
3765	收缩	shōusuō	动
3766	收支	shōuzhī	名
3767	手臂	shǒubì	名
3768	手册	shǒucè	名
3769	手动	shǒudòng	形
3770	手脚	shǒujiǎo	名
3771	手帕	shǒupà	名
3772	手枪	shǒuqiāng	名
3773	手势	shǒushì	名
3774	手术室	shǒushùshì	名
3775	手头	shǒutóu	名
3776	手腕	shǒuwàn	名
3777	手艺	shǒuyì	名
3778	手掌	shǒuzhǎng	名
3779	守候	shǒuhòu	动
3780	守护	shǒuhù	动
3781	守株待兔	shǒuzhū-dàitù	
3782	首创	shǒuchuàng	动
3783	首府	shǒufǔ	名
3784	首批	shǒupī	
3785	首饰	shǒu·shì	名
3786	首要	shǒuyào	形
3787	寿命	shòumìng	名
3788	受过	shòu//guò	
3789	受害	shòu//hài	
3790	受害人	shòuhàirén	名
3791	受贿	shòu//huì	
3792	受惊	shòu//jīng	
3793	受苦	shòu//kǔ	
3794	受理	shòulǐ	动
3795	受骗	shòu//piàn	
3796	受益	shòuyì	动
3797	授权	shòuquán	动
3798	授予	shòuyǔ	动
3799	售价	shòujià	名
3800	售票	shòupiào	动
3801	书橱	shūchú	名
3802	书籍	shūjí	名
3803	书记	shūjì	名
3804	书面	shūmiàn	形
3805	书写	shūxiě	动
3806	抒情	shūqíng	动
3807	枢纽	shūniǔ	名
3808	梳	shū	动
3809	梳理	shūlǐ	动
3810	梳子	shūzi	名
3811	舒畅	shūchàng	形

3812	疏导	shūdǎo	动	3851	霜	shuāng	名
3813	疏忽	shūhu	动	3852	爽快	shuǎngkuai	形
3814	疏散	shūsàn	形、动	3853	水槽	shuǐcáo	名
3815	疏通	shūtōng	动	3854	水稻	shuǐdào	名
3816	输家	shūjiā	名	3855	水管	shuǐguǎn	名
3817	输送	shūsòng	动	3856	水壶	shuǐhú	名
3818	输血	shū∥xuè		3857	水货	shuǐhuò	名
3819	输液	shū∥yè		3858	水晶	shuǐjīng	名
3820	赎	shú	动	3859	水利	shuǐlì	名
3821	暑期	shǔqī	名	3860	水灵灵	shuǐlínglíng	形
3822	属性	shǔxìng	名	3861	水龙头	shuǐlóngtóu	名
3823	曙光	shǔguāng	名	3862	水落石出	shuǐluò-shíchū	
3824	束缚	shùfù	动	3863	水面	shuǐmiàn	名
3825	树立	shùlì	动	3864	水手	shuǐshǒu	名
3826	树木	shùmù	名	3865	水温	shuǐwēn	名
3827	树梢	shùshāo	名	3866	水域	shuǐyù	名
3828	树荫	shùyīn	名	3867	水源	shuǐyuán	名
3829	树枝	shùzhī	名	3868	水涨船高	shuǐzhǎng-chuángāo	
3830	竖	shù	动、形	3869	水准	shuǐzhǔn	名
3831	数额	shù'é	名	3870	税收	shuìshōu	名
3832	数据库	shùjùkù	名	3871	税务	shuìwù	名
3833	刷新	shuāxīn	动	3872	睡袋	shuìdài	名
3834	耍	shuǎ	动	3873	顺便	shùnbiàn	副
3835	耍赖	shuǎlài	动	3874	顺差	shùnchā	名
3836	衰减	shuāijiǎn	动	3875	顺畅	shùnchàng	形
3837	衰竭	shuāijié	动	3876	顺从	shùncóng	动
3838	衰老	shuāilǎo	形	3877	顺理成章	shùnlǐ-chéngzhāng	
3839	衰弱	shuāiruò	形	3878	顺路	shùnlù	形、副
3840	衰退	shuāituì	动	3879	顺其自然	shùnqízìrán	
3841	摔跤	shuāi∥jiāo		3880	顺势	shùnshì	副
3842	甩	shuǎi	动	3881	顺手	shùnshǒu	形、副
3843	率	shuài	动	3882	顺心	shùn∥xīn	
3844	拴	shuān	动	3883	顺应	shùnyìng	动
3845	涮	shuàn	动	3884	顺着	shùnzhe	
3846	双胞胎	shuāngbāotāi	名	3885	瞬间	shùnjiān	名
3847	双边	shuāngbiān	形	3886	说白了	shuōbáile	
3848	双重	shuāngchóng	形	3887	说不上	shuōbushàng	动
3849	双向	shuāngxiàng	形	3888	说到底	shuōdàodǐ	
3850	双赢	shuāngyíng	动	3889	说道	shuōdao	动、名

3890	说干就干	shuō gàn jiù gàn		3929	松弛	sōngchí	形
3891	说谎	shuō//huǎng		3930	耸立	sǒnglì	动
3892	说老实话	shuō lǎoshi huà		3931	送别	sòng//bié	动
3893	说起来	shuō·qǐ·lái		3932	搜查	sōuchá	动
3894	说情	shuō//qíng		3933	搜集	sōují	动
3895	说闲话	shuō xiánhuà		3934	搜救	sōujiù	动
3896	说真的	shuō zhēnde		3935	搜寻	sōuxún	动
3897	硕果	shuòguǒ	名	3936	艘	sōu	量
3898	司法	sīfǎ	动	3937	苏醒	sūxǐng	动
3899	司空见惯	sīkōng-jiànguàn		3938	酥	sū	形
3900	司令	sīlìng	名	3939	俗	sú	形
3901	丝	sī	名	3940	俗话	súhuà	名
3902	丝绸	sīchóu	名	3941	俗话说	súhuà shuō	
3903	丝毫	sīháo	形	3942	俗语	súyǔ	名
3904	私房钱	sī·fángqián	名	3943	诉苦	sù//kǔ	
3905	私家车	sījiāchē	名	3944	诉说	sùshuō	动
3906	私立	sīlì	动、形	3945	诉讼	sùsòng	动
3907	私事	sīshì	名	3946	素	sù	形、名
3908	私下	sīxià	名、副	3947	素不相识	sùbùxiāngshí	
3909	私营	sīyíng	形	3948	素材	sùcái	名
3910	私有	sīyǒu	动	3949	素描	sùmiáo	名
3911	私自	sīzì	副	3950	素食	sùshí	名
3912	思路	sīlù	名	3951	素养	sùyǎng	名
3913	思念	sīniàn	动	3952	塑造	sùzào	动
3914	思前想后	sīqián-xiǎnghòu		3953	蒜	suàn	名
3915	思索	sīsuǒ	动	3954	算计	suàn·jì	动
3916	撕	sī	动	3955	算盘	suàn·pán	名
3917	死心	sǐ//xīn		3956	算账	suàn//zhàng	
3918	死心塌地	sǐxīn-tādì		3957	虽说	suīshuō	连
3919	四合院	sìhéyuàn	名	3958	随处可见	suíchù kě jiàn	
3920	四季	sìjì	名	3959	随大溜	suí dàliù	
3921	四面八方	sìmiàn-bāfāng		3960	随机	suíjī	形
3922	寺庙	sìmiào	名	3961	随即	suíjí	副
3923	似曾相识	sìcéng-xiāngshí		3962	随身	suíshēn	形
3924	似是而非	sìshì-érfēi		3963	随时随地	suíshí-suídì	
3925	伺机	sìjī	动	3964	随心所欲	suíxīnsuǒyù	
3926	饲料	sìliào	名	3965	遂心	suì//xīn	
3927	饲养	sìyǎng	动	3966	隧道	suìdào	名
3928	松绑	sōng//bǎng		3967	损	sǔn	动

3968	损坏	sǔnhuài	动	4007	坦克	tǎnkè	名
3969	损人利己	sǔnrén-lìjǐ		4008	坦然	tǎnrán	形
3970	损伤	sǔnshāng	动	4009	坦率	tǎnshuài	形
3971	缩	suō	动	4010	毯子	tǎnzi	名
3972	缩水	suō∥shuǐ		4011	炭	tàn	名
3973	缩影	suōyǐng	名	4012	探	tàn	动
3974	所属	suǒshǔ	形	4013	探测	tàncè	动
3975	所谓	suǒwèi	形	4014	探亲	tàn∥qīn	
3976	所作所为	suǒzuò-suǒwéi		4015	探求	tànqiú	动
3977	索赔	suǒpéi	动	4016	探望	tànwàng	动
3978	索取	suǒqǔ	动	4017	探险	tàn∥xiǎn	
3979	索性	suǒxìng	副	4018	碳	tàn	名
3980	锁定	suǒdìng	动	4019	汤圆	tāngyuán	名
3981	他人	tārén	代	4020	堂	táng	量
3982	塌	tā	动	4021	糖果	tángguǒ	名
3983	踏上	tàshang		4022	糖尿病	tángniàobìng	名
3984	胎	tāi	名、量	4023	倘若	tǎngruò	连
3985	胎儿	tāi'ér	名	4024	淌	tǎng	动
3986	台球	táiqiú	名	4025	烫	tàng	动、形
3987	太极	tàijí	名	4026	掏钱	tāo qián	
3988	太极拳	tàijíquán	名	4027	滔滔不绝	tāotāo-bùjué	
3989	太平	tàipíng	形	4028	逃避	táobì	动
3990	泰斗	tàidǒu	名	4029	逃生	táoshēng	动
3991	贪	tān	动	4030	逃亡	táowáng	动
3992	贪婪	tānlán	形	4031	陶瓷	táocí	名
3993	贪玩儿	tānwánr	动	4032	陶冶	táoyě	动
3994	贪污	tānwū	动	4033	陶醉	táozuì	动
3995	摊	tān	动、名、量	4034	淘	táo	动
3996	瘫	tān	动	4035	淘气	táo∥qì	
3997	瘫痪	tānhuàn	动	4036	淘汰	táotài	动
3998	坛	tán	名	4037	讨	tǎo	动
3999	谈不上	tán bu shàng		4038	讨好	tǎo∥hǎo	
4000	谈到	tándào		4039	讨价还价	tǎojià-huánjià	
4001	谈论	tánlùn	动	4040	讨人喜欢	tǎo rén xǐhuan	
4002	谈起	tánqǐ		4041	特产	tèchǎn	名
4003	弹性	tánxìng	名	4042	特长	tècháng	名
4004	痰	tán	名	4043	特例	tèlì	名
4005	坦白	tǎnbái	形、动	4044	特权	tèquán	名
4006	坦诚	tǎnchéng	形	4045	特邀	tèyāo	动

4046	特制	tèzhì	动
4047	特质	tèzhì	名
4048	腾	téng	动
4049	藤椅	téngyǐ	名
4050	剔除	tīchú	动
4051	梯子	tīzi	名
4052	提拔	tíbá	动
4053	提炼	tíliàn	动
4054	提名	tí//míng	
4055	提速	tí//sù	
4056	提心吊胆	tíxīn-diàodǎn	
4057	提议	tíyì	动、名
4058	提早	tízǎo	动
4059	体谅	tǐliàng	动
4060	体面	tǐmiàn	名、形
4061	体能	tǐnéng	名
4062	体贴	tǐtiē	动
4063	体温	tǐwēn	名
4064	体系	tǐxì	名
4065	体制	tǐzhì	名
4066	体质	tǐzhì	名
4067	剃	tì	动
4068	替换	tìhuàn	动
4069	替身	tìshēn	名
4070	天长地久	tiāncháng-dìjiǔ	
4071	天地	tiāndì	名
4072	天鹅	tiān'é	名
4073	天分	tiānfèn	名
4074	天赋	tiānfù	动、名
4075	天经地义	tiānjīng-dìyì	
4076	天平	tiānpíng	名
4077	天桥	tiānqiáo	名
4078	天生	tiānshēng	形
4079	天使	tiānshǐ	名
4080	天线	tiānxiàn	名
4081	天性	tiānxìng	名
4082	天主教	Tiānzhǔjiào	名
4083	添加	tiānjiā	动
4084	甜美	tiánměi	形
4085	甜蜜	tiánmì	形
4086	甜头	tiántou	名
4087	填补	tiánbǔ	动
4088	填充	tiánchōng	动
4089	填写	tiánxiě	动
4090	舔	tiǎn	动
4091	挑剔	tiāoti	动
4092	条款	tiáokuǎn	名
4093	条例	tiáolì	名
4094	条约	tiáoyuē	名
4095	调侃	tiáokǎn	动
4096	调控	tiáokòng	动
4097	调料	tiáoliào	名
4098	调试	tiáoshì	动
4099	挑起	tiǎoqǐ	
4100	挑衅	tiǎoxìn	动
4101	跳槽	tiào//cáo	
4102	跳动	tiàodòng	动
4103	跳伞	tiào//sǎn	
4104	跳跃	tiàoyuè	动
4105	贴近	tiējìn	动、形
4106	贴切	tiēqiè	形
4107	帖子	tiězi	名
4108	听从	tīngcóng	动
4109	听话	tīng//huà	
4110	停泊	tíngbó	动
4111	停车位	tíngchēwèi	名
4112	停电	tíngdiàn	动
4113	停顿	tíngdùn	
4114	停放	tíngfàng	动
4115	停业	tíng//yè	
4116	通畅	tōngchàng	形
4117	通车	tōng//chē	
4118	通风	tōng//fēng	
4119	通告	tōnggào	动、名
4120	通缉	tōngjī	动
4121	通顺	tōngshùn	形
4122	通俗	tōngsú	形
4123	通通	tōngtōng	副

4124	通往	tōngwǎng		4163	透彻	tòuchè	形
4125	通宵	tōngxiāo	名	4164	透过	tòuguò	动
4126	通行证	tōngxíngzhèng	名	4165	透气	tòu//qì	
4127	同伴	tóngbàn	名	4166	透支	tòuzhī	动
4128	同步	tóngbù	动	4167	凸	tū	形
4129	同等	tóngděng	形	4168	凸显	tūxiǎn	动
4130	同感	tónggǎn	名	4169	秃	tū	形
4131	同伙	tónghuǒ	动、名	4170	突发	tūfā	动
4132	同类	tónglèi	形、名	4171	突击	tūjī	动
4133	同盟	tóngméng	动、名	4172	突破口	tūpòkǒu	名
4134	同年	tóngnián	名	4173	突如其来	tūrú-qílái	
4135	同人	tóngrén	名	4174	图表	túbiǎo	名
4136	同志	tóngzhì	名	4175	图像	túxiàng	名
4137	同舟共济	tóngzhōu-gòngjì		4176	图形	túxíng	名
4138	铜	tóng	名	4177	图纸	túzhǐ	名
4139	统筹	tǒngchóu	动	4178	徒步	túbù	副
4140	统统	tǒngtǒng	副	4179	涂	tú	动
4141	统治	tǒngzhì	动	4180	屠杀	túshā	动
4142	捅	tǒng	动	4181	土匪	tǔfěi	名
4143	桶	tǒng	名	4182	土壤	tǔrǎng	名
4144	筒	tǒng	名	4183	土生土长	tǔshēng-tǔzhǎng	
4145	痛	tòng	副	4184	团伙	tuánhuǒ	名
4146	痛心	tòngxīn	形	4185	团聚	tuánjù	动
4147	偷看	tōukàn		4186	团员	tuányuán	名
4148	偷窥	tōukuī	动	4187	团圆	tuányuán	动
4149	偷懒	tōu//lǎn		4188	推测	tuīcè	动
4150	头部	tóubù	名	4189	推辞	tuīcí	动
4151	头顶	tóudǐng	名	4190	推断	tuīduàn	动
4152	头号	tóuhào	形	4191	推翻	tuī//fān	
4153	头条	tóutiáo	名	4192	推荐	tuījiàn	动
4154	头头是道	tóutóu-shìdào		4193	推理	tuīlǐ	动
4155	头衔	tóuxián	名	4194	推敲	tuīqiāo	动
4156	头晕	tóuyūn	动	4195	推算	tuīsuàn	动
4157	投奔	tóubèn	动	4196	推卸	tuīxiè	动
4158	投稿	tóu//gǎo		4197	推选	tuīxuǎn	动
4159	投机	tóujī	形、动	4198	推移	tuīyí	动
4160	投射	tóushè	动	4199	颓废	tuífèi	形
4161	投身	tóushēn	动	4200	退回	tuìhuí	动
4162	投降	tóuxiáng	动	4201	退却	tuìquè	动

4202	退让	tuìràng	动
4203	退缩	tuìsuō	动
4204	退休金	tuìxiūjīn	名
4205	退学	tuì//xué	
4206	退役	tuì//yì	
4207	屯	tún	名
4208	托付	tuōfù	动
4209	拖累	tuōlěi	动
4210	拖欠	tuōqiàn	动
4211	拖延	tuōyán	动
4212	脱节	tuō//jié	
4213	脱口而出	tuōkǒu'érchū	
4214	脱落	tuōluò	动
4215	脱身	tuō//shēn	
4216	脱颖而出	tuōyǐng'érchū	
4217	驮	tuó	动
4218	妥	tuǒ	形
4219	妥当	tuǒ·dàng	形
4220	妥善	tuǒshàn	形
4221	妥协	tuǒxié	动
4222	拓宽	tuòkuān	动
4223	拓展	tuòzhǎn	动
4224	唾液	tuòyè	名
4225	挖掘	wājué	动
4226	挖苦	wāku	动
4227	瓦	wǎ	名
4228	歪	wāi	形
4229	歪曲	wāiqū	动
4230	外表	wàibiǎo	名
4231	外公	wàigōng	名
4232	外行	wàiháng	形、名
4233	外号	wàihào	名
4234	外籍	wàijí	名
4235	外贸	wàimào	名
4236	外貌	wàimào	名
4237	外婆	wàipó	名
4238	外企	wàiqǐ	名
4239	外星人	wàixīngrén	名
4240	外形	wàixíng	名
4241	外援	wàiyuán	名
4242	丸	wán	名、量
4243	完备	wánbèi	形
4244	完毕	wánbì	动
4245	完蛋	wán//dàn	
4246	完好	wánhǎo	形
4247	玩耍	wánshuǎ	动
4248	玩意儿	wányìr	名
4249	顽固	wángù	形
4250	挽	wǎn	动
4251	挽回	wǎnhuí	动
4252	挽救	wǎnjiù	动
4253	晚间	wǎnjiān	名
4254	晚年	wǎnnián	名
4255	晚期	wǎnqī	名
4256	惋惜	wǎnxī	形
4257	万分	wànfēn	副
4258	万古长青	wàngǔ-chángqīng	
4259	万能	wànnéng	形
4260	万万	wànwàn	副
4261	万无一失	wànwú-yìshī	
4262	汪洋	wāngyáng	形
4263	亡羊补牢	wángyáng-bǔláo	
4264	王国	wángguó	名
4265	王牌	wángpái	名
4266	网点	wǎngdiǎn	名
4267	网民	wǎngmín	名
4268	往常	wǎngcháng	名
4269	往返	wǎngfǎn	动
4270	往日	wǎngrì	名
4271	往事	wǎngshì	名
4272	妄想	wàngxiǎng	动、名
4273	忘不了	wàng bu liǎo	
4274	忘掉	wàng//diào	
4275	旺	wàng	形
4276	旺季	wàngjì	名
4277	旺盛	wàngshèng	形
4278	望	wàng	动
4279	望远镜	wàngyuǎnjìng	名

4280	危及	wēijí	动	4319	喂养	wèiyǎng	动
4281	危急	wēijí	形	4320	慰劳	wèiláo	动
4282	威风	wēifēng	名、形	4321	温度计	wēndùjì	名
4283	威力	wēilì	名	4322	温泉	wēnquán	名
4284	威慑	wēishè	动	4323	温柔	wēnróu	形
4285	威信	wēixìn	名	4324	温室	wēnshì	名
4286	微不足道	wēibùzúdào		4325	温习	wēnxí	动
4287	微观	wēiguān	形	4326	温馨	wēnxīn	形
4288	微妙	wēimiào	形	4327	瘟疫	wēnyì	名
4289	微弱	wēiruò	形	4328	文	wén	名
4290	微型	wēixíng	形	4329	文具	wénjù	名
4291	为人	wéirén	动、名	4330	文科	wénkē	名
4292	违背	wéibèi	动	4331	文盲	wénmáng	名
4293	违约	wéi//yuē		4332	文凭	wénpíng	名
4294	违章	wéi//zhāng		4333	文人	wénrén	名
4295	围墙	wéiqiáng	名	4334	文物	wénwù	名
4296	唯	wéi	副	4335	文献	wénxiàn	名
4297	唯独	wéidú	副	4336	文雅	wényǎ	形
4298	伪造	wěizào	动	4337	闻名	wénmíng	动
4299	伪装	wěizhuāng	动、名	4338	蚊帐	wénzhàng	名
4300	尾气	wěiqì	名	4339	蚊子	wénzi	名
4301	尾声	wěishēng	名	4340	吻	wěn	名、动
4302	纬度	wěidù	名	4341	吻合	wěnhé	形
4303	委屈	wěiqu	形、动	4342	紊乱	wěnluàn	形
4304	委婉	wěiwǎn	形	4343	稳固	wěngù	形、动
4305	委员	wěiyuán	名	4344	稳健	wěnjiàn	形
4306	委员会	wěiyuánhuì	名	4345	稳妥	wěntuǒ	形
4307	萎缩	wěisuō	动	4346	稳重	wěnzhòng	形
4308	卫视	wèishì	名	4347	问卷	wènjuàn	名
4309	未	wèi	副	4348	问世	wènshì	动
4310	未成年人	wèichéngniánrén	名	4349	窝	wō	名
4311	未经	wèijīng	动	4350	卧	wò	动
4312	未免	wèimiǎn	副	4351	污秽	wūhuì	形、名
4313	未知数	wèizhīshù	名	4352	巫婆	wūpó	名
4314	位子	wèizi	名	4353	呜咽	wūyè	动
4315	味精	wèijīng	名	4354	屋顶	wūdǐng	名
4316	畏惧	wèijù	动	4355	无比	wúbǐ	动
4317	畏缩	wèisuō	动	4356	无不	wúbù	副
4318	胃口	wèikǒu	名	4357	无偿	wúcháng	形

4358	无敌	wúdí	动
4359	无恶不作	wú'è-búzuò	
4360	无非	wúfēi	副
4361	无辜	wúgū	形、名
4362	无故	wúgù	副
4363	无关紧要	wúguān-jǐnyào	
4364	无话可说	wúhuà-kěshuō	
4365	无济于事	wújìyúshì	
4366	无家可归	wújiā-kěguī	
4367	无精打采	wújīng-dǎcǎi	
4368	无可奉告	wúkěfènggào	
4369	无可厚非	wúkěhòufēi	
4370	无可奈何	wúkěnàihé	
4371	无理	wúlǐ	动
4372	无力	wúlì	动
4373	无论如何	wúlùn-rúhé	
4374	无能	wúnéng	形
4375	无能为力	wúnéngwéilì	
4376	无情	wúqíng	形
4377	无情无义	wúqíng-wúyì	
4378	无穷	wúqióng	动
4379	无私	wúsī	形
4380	无所事事	wúsuǒshìshì	
4381	无所作为	wúsuǒzuòwéi	
4382	无条件	wútiáojiàn	动
4383	无微不至	wúwēi-búzhì	
4384	无线	wúxiàn	形
4385	无线电	wúxiàndiàn	名
4386	无形	wúxíng	形
4387	无形中	wúxíngzhōng	副
4388	无须	wúxū	副
4389	无意	wúyì	动、副
4390	无忧无虑	wúyōu-wúlǜ	
4391	无缘	wúyuán	动、副
4392	无知	wúzhī	形
4393	无足轻重	wúzú-qīngzhòng	
4394	五花八门	wǔhuā-bāmén	
4395	五星级	wǔxīngjí	形
4396	武力	wǔlì	名
4397	武装	wǔzhuāng	名、动
4398	侮辱	wǔrǔ	动
4399	捂	wǔ	动
4400	舞厅	wǔtīng	名
4401	勿	wù	副
4402	务必	wùbì	副
4403	务实	wùshí	形
4404	物流	wùliú	名
4405	物体	wùtǐ	名
4406	物证	wùzhèng	名
4407	物资	wùzī	名
4408	误差	wùchā	名
4409	误导	wùdǎo	动
4410	误区	wùqū	名
4411	雾	wù	名
4412	吸纳	xīnà	动
4413	吸取	xīqǔ	动
4414	昔日	xīrì	名
4415	息息相关	xīxī-xiāngguān	
4416	稀	xī	形
4417	稀罕	xīhan	形、动
4418	稀奇	xīqí	形
4419	稀少	xīshǎo	形
4420	锡	xī	名
4421	熙熙攘攘	xīxī-rǎngrǎng	形
4422	熄火	xī∥huǒ	
4423	膝盖	xīgài	名
4424	嬉笑	xīxiào	动
4425	习俗	xísú	名
4426	席	xí	名
4427	席位	xíwèi	名
4428	袭击	xíjī	动
4429	媳妇	xífu	名
4430	洗涤剂	xǐdíjì	名
4431	洗礼	xǐlǐ	名
4432	喜出望外	xǐchūwàngwài	
4433	喜好	xǐhào	动、名
4434	喜酒	xǐjiǔ	名
4435	喜怒哀乐	xǐ-nù-āi-lè	

4436	喜庆	xǐqìng	形、名	4475	夏令营	xiàlìngyíng	名
4437	喜事	xǐshì	名	4476	仙鹤	xiānhè	名
4438	喜糖	xǐtáng	名	4477	仙女	xiānnǚ	名
4439	喜洋洋	xǐyángyáng	形	4478	先例	xiānlì	名
4440	喜悦	xǐyuè	形	4479	先天	xiāntiān	名
4441	细腻	xìnì	形	4480	纤维	xiānwéi	名
4442	细微	xìwēi	形	4481	掀	xiān	动
4443	细心	xìxīn	形	4482	掀起	xiānqǐ	动
4444	虾	xiā	名	4483	鲜活	xiānhuó	形
4445	瞎	xiā	动、副	4484	鲜美	xiānměi	形
4446	侠义	xiáyì	形	4485	鲜血	xiānxuè	名
4447	峡谷	xiágǔ	名	4486	弦	xián	名
4448	狭隘	xiá'ài	形	4487	衔接	xiánjiē	动
4449	狭小	xiáxiǎo	形	4488	嫌弃	xiánqì	动
4450	狭窄	xiázhǎi	形	4489	嫌疑	xiányí	名
4451	下场	xiàchǎng	名	4490	显而易见	xiǎn'éryìjiàn	
4452	下跌	xiàdiē	动	4491	显赫	xiǎnhè	形
4453	下岗	xià∥gǎng		4492	显示器	xiǎnshìqì	名
4454	下功夫	xià gōngfu		4493	显现	xiǎnxiàn	动
4455	下海	xià∥hǎi		4494	显眼	xiǎnyǎn	形
4456	下级	xiàjí	名	4495	现成	xiànchéng	形
4457	下决心	xià juéxīn		4496	现任	xiànrèn	动、形
4458	下令	xià∥lìng		4497	现行	xiànxíng	形
4459	下落	xiàluò	名	4498	限	xiàn	动
4460	下期	xià qī		4499	限定	xiàndìng	动
4461	下棋	xià∥qí		4500	限度	xiàndù	名
4462	下山	xià∥shān		4501	限于	xiànyú	动
4463	下手	xià∥shǒu		4502	线条	xiàntiáo	名
4464	下属	xiàshǔ	名	4503	宪法	xiànfǎ	名
4465	下台	xià∥tái		4504	陷	xiàn	动
4466	下调	xiàtiáo	动	4505	陷阱	xiànjǐng	名
4467	下乡	xià∥xiāng		4506	馅儿	xiànr	名
4468	下旬	xiàxún	名	4507	羡慕	xiànmù	动
4469	下一代	xià yí dài		4508	献血	xiànxiě	动
4470	下意识	xiàyì·shí	名、副	4509	腺	xiàn	名
4471	下游	xiàyóu	名	4510	乡亲	xiāngqīn	名
4472	下坠	xiàzhuì	动	4511	乡下	xiāngxia	名
4473	吓唬	xiàhu	动	4512	相伴	xiāngbàn	动
4474	吓人	xià∥rén		4513	相比之下	xiāngbǐ zhī xià	

4514	相差	xiāngchà	动
4515	相传	xiāngchuán	动
4516	相当于	xiāngdāngyú	动
4517	相对	xiāngduì	动、形
4518	相对而言	xiāngduì-éryán	
4519	相辅相成	xiāngfǔ-xiāngchéng	
4520	相继	xiāngjì	副
4521	相连	xiānglián	动
4522	相识	xiāngshí	动
4523	相提并论	xiāngtí-bìnglùn	
4524	相通	xiāngtōng	动
4525	相依为命	xiāngyī-wéimìng	
4526	相遇	xiāngyù	动
4527	相约	xiāngyuē	动
4528	香料	xiāngliào	名
4529	香水	xiāngshuǐ	名
4530	香味	xiāngwèi	名
4531	香烟	xiāngyān	名
4532	香油	xiāngyóu	名
4533	镶	xiāng	动
4534	镶嵌	xiāngqiàn	动
4535	详尽	xiángjìn	形
4536	祥和	xiánghé	形
4537	享	xiǎng	动
4538	享有	xiǎngyǒu	动
4539	响亮	xiǎngliàng	形
4540	响起	xiǎngqǐ	
4541	响应	xiǎngyìng	动
4542	想方设法	xiǎngfāng-shèfǎ	
4543	向来	xiànglái	副
4544	向往	xiàngwǎng	动
4545	向着	xiàngzhe	动
4546	项链	xiàngliàn	名
4547	像	xiàng	名
4548	像样	xiàng//yàng	
4549	橡胶	xiàngjiāo	名
4550	橡皮	xiàngpí	名
4551	削	xiāo	动
4552	消	xiāo	动
4553	消沉	xiāochén	形
4554	消遣	xiāoqiǎn	动
4555	萧条	xiāotiáo	形
4556	销	xiāo	动
4557	销毁	xiāohuǐ	动
4558	销量	xiāoliàng	名
4559	潇洒	xiāosǎ	形
4560	小丑	xiǎochǒu	名
4561	小贩	xiǎofàn	名
4562	小看	xiǎokàn	动
4563	小康	xiǎokāng	形
4564	小路	xiǎolù	名
4565	小品	xiǎopǐn	名
4566	小气	xiǎoqi	形
4567	小区	xiǎoqū	名
4568	小曲	xiǎoqǔ	名
4569	小人	xiǎorén	名
4570	小提琴	xiǎotíqín	名
4571	小溪	xiǎoxī	名
4572	小心翼翼	xiǎoxīn-yìyì	
4573	小卒	xiǎozú	名
4574	孝敬	xiàojìng	动
4575	孝顺	xiào·shùn	动
4576	肖像	xiàoxiàng	名
4577	效仿	xiàofǎng	动
4578	效力	xiàolì	名
4579	效益	xiàoyì	名
4580	效应	xiàoyìng	名
4581	协定	xiédìng	名、动
4582	协同	xiétóng	动
4583	协作	xiézuò	动
4584	邪	xié	形
4585	邪恶	xié'è	形
4586	挟持	xiéchí	动
4587	携带	xiédài	动
4588	携手	xiéshǒu	动
4589	写照	xiězhào	动、名
4590	泄	xiè	动
4591	泄漏	xièlòu	动

4592	泄露	xièlòu	动		4631	信贷	xìndài	名
4593	泄密	xiè//mì			4632	信件	xìnjiàn	名
4594	泄气	xiè//qì			4633	信赖	xìnlài	动
4595	泻	xiè	动		4634	信誉	xìnyù	名
4596	卸	xiè	动		4635	兴奋剂	xīngfènjì	名
4597	心爱	xīn'ài	形		4636	兴建	xīngjiàn	动
4598	心安理得	xīn'ān-lǐdé			4637	兴起	xīngqǐ	动
4599	心病	xīnbìng	名		4638	星座	xīngzuò	名
4600	心肠	xīncháng	名		4639	猩猩	xīngxing	名
4601	心得	xīndé	名		4640	腥	xīng	形
4602	心慌	xīn//huāng			4641	刑法	xíngfǎ	名
4603	心急如焚	xīnjí-rúfén			4642	行使	xíngshǐ	动
4604	心里话	xīnlǐhuà	名		4643	行政	xíngzhèng	名
4605	心灵手巧	xīnlíng-shǒuqiǎo			4644	行走	xíngzǒu	动
4606	心目	xīnmù	名		4645	形形色色	xíngxíngsèsè	形
4607	心声	xīnshēng	名		4646	形影不离	xíngyǐng-bùlí	
4608	心事	xīnshì	名		4647	醒来	xǐnglai	
4609	心思	xīnsi	名		4648	醒目	xǐngmù	形
4610	心酸	xīn//suān			4649	醒悟	xǐngwù	动
4611	心想事成	xīnxiǎng-shìchéng			4650	兴高采烈	xìnggāo-cǎiliè	
4612	心胸	xīnxiōng	名		4651	兴致	xìngzhì	名
4613	心血	xīnxuè	名		4652	幸存	xìngcún	动
4614	心眼儿	xīnyǎnr	名		4653	幸好	xìnghǎo	副
4615	心意	xīnyì	名		4654	幸亏	xìngkuī	副
4616	芯片	xīnpiàn	名		4655	幸免	xìngmiǎn	动
4617	辛勤	xīnqín	形		4656	性价比	xìngjiàbǐ	名
4618	辛酸	xīnsuān	形		4657	性命	xìngmìng	名
4619	欣慰	xīnwèi	形		4658	性情	xìngqíng	名
4620	欣喜	xīnxǐ	形		4659	姓氏	xìngshì	名
4621	欣欣向荣	xīnxīn-xiàngróng			4660	凶残	xiōngcán	形
4622	新潮	xīncháo	名、形		4661	凶恶	xiōng'è	形
4623	新陈代谢	xīnchén-dàixiè			4662	凶狠	xiōnghěn	形
4624	新房	xīnfáng	名		4663	凶猛	xiōngměng	形
4625	新款	xīnkuǎn	名		4664	汹涌	xiōngyǒng	动
4626	新奇	xīnqí	形		4665	胸膛	xiōngtáng	名
4627	新生	xīnshēng	形、名		4666	胸有成竹	xiōngyǒuchéngzhú	
4628	新式	xīnshì	形		4667	雄厚	xiónghòu	形
4629	新手	xīnshǒu	名		4668	休克	xiūkè	动
4630	新颖	xīnyǐng	形		4669	休眠	xiūmián	动

4670	休想	xiūxiǎng	动		4709	宣扬	xuānyáng	动
4671	休养	xiūyǎng	动		4710	喧哗	xuānhuá	动、形
4672	修补	xiūbǔ	动		4711	喧闹	xuānnào	形
4673	修长	xiūcháng	形		4712	玄	xuán	形
4674	修订	xiūdìng	动		4713	玄机	xuánjī	名
4675	修路	xiū//lù			4714	悬挂	xuánguà	动
4676	修正	xiūzhèng	动		4715	悬念	xuánniàn	名
4677	羞愧	xiūkuì	形		4716	悬殊	xuánshū	形
4678	秀丽	xiùlì	形		4717	悬崖	xuányá	名
4679	秀美	xiùměi	形		4718	旋律	xuánlǜ	名
4680	袖手旁观	xiùshǒu-pángguān			4719	旋涡	xuánwō	名
4681	绣	xiù	动		4720	选民	xuǎnmín	名
4682	锈	xiù	名、动		4721	选项	xuǎnxiàng	名
4683	嗅觉	xiùjué	名		4722	选用	xuǎnyòng	动
4684	须	xū	动		4723	炫耀	xuànyào	动
4685	虚	xū	形、副		4724	削弱	xuēruò	动
4686	虚构	xūgòu	动		4725	靴子	xuēzi	名
4687	虚幻	xūhuàn	形		4726	穴位	xuéwèi	名
4688	虚假	xūjiǎ	形		4727	学历	xuélì	名
4689	虚拟	xūnǐ	动、形		4728	学士	xuéshì	名
4690	虚弱	xūruò	形		4729	学说	xuéshuō	名
4691	虚伪	xūwěi	形		4730	学堂	xuétáng	名
4692	需	xū	动		4731	学业	xuéyè	名
4693	徐徐	xúxú	形		4732	学艺	xuéyì	动
4694	许	xǔ	动、副		4733	学子	xuézǐ	名
4695	许可证	xǔkězhèng	名		4734	雪山	xuěshān	名
4696	旭日	xùrì	名		4735	雪上加霜	xuěshàng-jiāshuāng	
4697	序	xù	名		4736	血脉	xuèmài	名
4698	序幕	xùmù	名		4737	血栓	xuèshuān	名
4699	叙述	xùshù	动		4738	血压	xuèyā	名
4700	酗酒	xùjiǔ	动		4739	血缘	xuèyuán	名
4701	续	xù	动		4740	勋章	xūnzhāng	名
4702	絮叨	xùdao	形		4741	熏	xūn	动
4703	宣称	xuānchēng	动		4742	熏陶	xūntáo	动
4704	宣读	xuāndú	动		4743	寻	xún	动
4705	宣告	xuāngào	动		4744	寻常	xúncháng	形
4706	宣誓	xuān//shì			4745	寻觅	xúnmì	动
4707	宣泄	xuānxiè	动		4746	巡逻	xúnluó	动
4708	宣言	xuānyán	名		4747	循序渐进	xúnxù-jiànjìn	

4748	训	xùn	动		4787	掩饰	yǎnshì	动
4749	驯	xùn	动		4788	眼红	yǎnhóng	形
4750	逊色	xùnsè	名、形		4789	眼界	yǎnjiè	名
4751	丫头	yātou	名		4790	眼色	yǎnsè	名
4752	压倒	yādǎo	动		4791	眼神	yǎnshén	名
4753	压缩	yāsuō	动		4792	眼下	yǎnxià	名
4754	压抑	yāyì	动		4793	演变	yǎnbiàn	动
4755	压制	yāzhì	动		4794	演播室	yǎnbōshì	名
4756	押	yā	动		4795	演技	yǎnjì	名
4757	鸦雀无声	yāquè-wúshēng			4796	演练	yǎnliàn	动
4758	牙齿	yáchǐ	名		4797	演示	yǎnshì	动
4759	牙膏	yágāo	名		4798	演说	yǎnshuō	动、名
4760	芽	yá	名		4799	演习	yǎnxí	动
4761	哑	yǎ	形		4800	演戏	yǎn∥xì	
4762	咽喉	yānhóu	名		4801	演艺圈	yǎnyìquān	名
4763	烟囱	yāncōng	名		4802	演绎	yǎnyì	名、动
4764	烟火	yānhuǒ	名		4803	厌烦	yànfán	动
4765	淹	yān	动		4804	厌倦	yànjuàn	动
4766	延	yán	动		4805	咽	yàn	动
4767	延缓	yánhuǎn	动		4806	艳丽	yànlì	形
4768	延误	yánwù	动		4807	验	yàn	动
4769	严谨	yánjǐn	形		4808	验收	yànshōu	动
4770	严禁	yánjìn	动		4809	验证	yànzhèng	动
4771	严峻	yánjùn	形		4810	焰火	yànhuǒ	名
4772	严密	yánmì	形、动		4811	燕子	yànzi	名
4773	言辞	yáncí	名		4812	秧歌	yāngge	名
4774	言论	yánlùn	名		4813	扬	yáng	动
4775	言行	yánxíng	名		4814	阳性	yángxìng	名
4776	岩石	yánshí	名		4815	杨树	yángshù	名
4777	炎热	yánrè	形		4816	洋溢	yángyì	动
4778	炎症	yánzhèng	名		4817	养活	yǎnghuo	动
4779	沿岸	yán'àn	名		4818	养老金	yǎnglǎojīn	名
4780	沿途	yántú	名、副		4819	养老院	yǎnglǎoyuàn	名
4781	沿线	yánxiàn	名		4820	养生	yǎngshēng	动
4782	研讨	yántǎo	动		4821	养殖	yǎngzhí	动
4783	阎王	Yánwang	名		4822	氧	yǎng	
4784	衍生	yǎnshēng	动		4823	痒	yǎng	形
4785	掩盖	yǎngài	动		4824	样本	yàngběn	名
4786	掩护	yǎnhù	动		4825	样品	yàngpǐn	名

4826	妖怪	yāoguài	名		4865	夜总会	yèzǒnghuì	名
4827	邀	yāo	动		4866	液晶	yèjīng	名
4828	窑	yáo	名		4867	液体	yètǐ	名
4829	谣言	yáoyán	名		4868	一把手	yībǎshǒu	
4830	摇摆	yáobǎi	动		4869	一线	yīxiàn	名
4831	摇滚	yáogǔn	名		4870	一一	yīyī	副
4832	摇晃	yáo·huàng	动		4871	伊斯兰教	Yīsīlánjiào	名
4833	摇篮	yáolán	名		4872	衣食住行	yī-shí-zhù-xíng	
4834	摇摇欲坠	yáoyáo-yùzhuì			4873	医务	yīwù	名
4835	遥控	yáokòng	动		4874	依	yī	动、介
4836	遥远	yáoyuǎn	形		4875	依托	yītuō	动
4837	药材	yàocái	名		4876	依依不舍	yīyī-bùshě	
4838	药方	yàofāng	名		4877	一不小心	yí bù xiǎoxīn	
4839	要不	yàobù	连		4878	一刹那	yíchànà	名
4840	要不是	yàobúshì	连		4879	一大早	yídàzǎo	名
4841	要点	yàodiǎn	名		4880	一动不动	yídòng-búdòng	
4842	要害	yàohài	名		4881	一度	yídù	副
4843	要紧	yàojǐn	形		4882	一概	yígài	副
4844	要领	yàolǐng	名		4883	一概而论	yígài'érlùn	
4845	要命	yào//mìng			4884	一个劲儿	yígejìnr	副
4846	要强	yàoqiáng	形		4885	一晃	yíhuàng	动
4847	钥匙	yàoshi	名		4886	一技之长	yíjìzhīcháng	
4848	耀眼	yàoyǎn	形		4887	一面	yímiàn	名、副
4849	椰子	yēzi	名		4888	一目了然	yímù-liǎorán	
4850	也就是说	yějiùshìshuō			4889	一事无成	yíshì-wúchéng	
4851	野餐	yěcān	动		4890	一瞬间	yíshùnjiān	名
4852	野炊	yěchuī	动		4891	一味	yíwèi	副
4853	野蛮	yěmán	形		4892	一系列	yíxìliè	形
4854	野兽	yěshòu	名		4893	一阵	yízhèn	
4855	野外	yěwài	名		4894	仪表	yíbiǎo	名
4856	野心	yěxīn	名		4895	怡然自得	yírán-zìdé	
4857	野营	yěyíng	动		4896	姨	yí	名
4858	业（服务业）	yè (fúwùyè)	后缀		4897	移交	yíjiāo	动
4859	业绩	yèjì	名		4898	移植	yízhí	动
4860	夜班	yèbān	名		4899	遗留	yíliú	动
4861	夜市	yèshì	名		4900	遗弃	yíqì	动
4862	夜晚	yèwǎn	名		4901	遗体	yítǐ	名
4863	夜校	yèxiào	名		4902	遗忘	yíwàng	动
4864	夜以继日	yèyǐjìrì			4903	遗物	yíwù	名

编号	词	拼音	词性	编号	词	拼音	词性
4904	遗愿	yíyuàn	名	4943	一无所有	yìwúsuǒyǒu	
4905	遗址	yízhǐ	名	4944	一无所知	yìwúsuǒzhī	
4906	遗嘱	yízhǔ	名	4945	一心	yìxīn	副
4907	疑点	yídiǎn	名	4946	一心一意	yìxīn-yíyì	
4908	疑惑	yíhuò	动	4947	一言不发	yìyán-bùfā	
4909	疑虑	yílǜ	动	4948	一言一行	yìyán-yìxíng	
4910	以	yǐ	介、连	4949	一眼	yìyǎn	
4911	以免	yǐmiǎn	连	4950	一应俱全	yìyīng-jùquán	
4912	以身作则	yǐshēn-zuòzé		4951	一早	yìzǎo	名
4913	以至于	yǐzhìyú	连	4952	义工	yìgōng	名
4914	以致	yǐzhì	连	4953	议	yì	动
4915	矣	yǐ	助	4954	议程	yìchéng	名
4916	倚	yǐ	动	4955	议会	yìhuì	名
4917	一长一短	yì cháng yì duǎn		4956	议员	yìyuán	名
4918	一成不变	yìchéng-búbiàn		4957	屹立	yìlì	动
4919	一筹莫展	yìchóu-mòzhǎn		4958	亦	yì	副
4920	一帆风顺	yìfān-fēngshùn		4959	异口同声	yìkǒu-tóngshēng	
4921	一干二净	yìgān-èrjìng		4960	异想天开	yìxiǎng-tiānkāi	
4922	一鼓作气	yìgǔ-zuòqì		4961	异性	yìxìng	形、名
4923	一锅粥	yìguōzhōu	名	4962	异议	yìyì	名
4924	一回事	yìhuíshì	名	4963	抑扬顿挫	yìyáng-dùncuò	
4925	一家人	yìjiārén	名	4964	抑郁	yìyù	形
4926	一经	yìjīng	副	4965	抑郁症	yìyùzhèng	名
4927	一举	yìjǔ	名、副	4966	抑制	yìzhì	动
4928	一举一动	yìjǔ-yídòng		4967	译	yì	动
4929	一卡通	yìkǎtōng	名	4968	易拉罐	yìlāguàn	名
4930	一揽子	yìlǎnzi	形	4969	疫苗	yìmiáo	名
4931	一连	yìlián	副	4970	益处	yìchù	名
4932	一连串	yìliánchuàn	形	4971	意料	yìliào	动
4933	一毛不拔	yìmáo-bùbá		4972	意料之外	yìliào zhī wài	
4934	一年到头	yìnián-dàotóu		4973	意图	yìtú	名
4935	一旁	yìpáng	名	4974	意向	yìxiàng	名
4936	一如既往	yìrú-jìwǎng		4975	溢	yì	动
4937	一声不吭	yìshēng-bùkēng		4976	毅力	yìlì	名
4938	一手	yìshǒu	名、副	4977	毅然	yìrán	副
4939	一塌糊涂	yìtāhútú		4978	因人而异	yīnrén'éryì	
4940	一体	yìtǐ	名	4979	阴暗	yīn'àn	形
4941	一天到晚	yìtiān-dàowǎn		4980	阴性	yīnxìng	
4942	一头	yìtóu	副、名	4981	音响	yīnxiǎng	名

4982	殷勤	yīnqín	形		5021	应付	yìngfu	动
4983	银幕	yínmù	名		5022	应聘	yìngpìn	动
4984	引发	yǐnfā	动		5023	应邀	yìngyāo	动
4985	引经据典	yǐnjīng-jùdiǎn			5024	映	yìng	动
4986	引领	yǐnlǐng	动		5025	硬币	yìngbì	名
4987	引擎	yǐnqíng	名		5026	硬朗	yìnglang	形
4988	引人入胜	yǐnrén-rùshèng			5027	硬盘	yìngpán	名
4989	引人注目	yǐnrén-zhùmù			5028	拥护	yōnghù	动
4990	引入	yǐnrù	动		5029	拥挤	yōngjǐ	动、形
4991	引用	yǐnyòng	动		5030	庸俗	yōngsú	形
4992	引诱	yǐnyòu	动		5031	永不	yǒng bù	
4993	饮水	yǐn shuǐ			5032	永恒	yǒnghéng	形
4994	饮用水	yǐnyòngshuǐ	名		5033	永久	yǒngjiǔ	形
4995	隐蔽	yǐnbì	动、形		5034	勇往直前	yǒngwǎng-zhíqián	
4996	隐患	yǐnhuàn	名		5035	勇于	yǒngyú	动
4997	隐瞒	yǐnmán	动		5036	涌	yǒng	动
4998	隐情	yǐnqíng	名		5037	涌入	yǒngrù	动
4999	隐身	yǐnshēn	动		5038	涌现	yǒngxiàn	动
5000	隐形	yǐnxíng	形		5039	踊跃	yǒngyuè	动、形
5001	隐性	yǐnxìng	形		5040	用餐	yòng//cān	
5002	隐约	yǐnyuē	形		5041	用功	yònggōng	形
5003	瘾	yǐn	名		5042	用力	yòng//lì	
5004	印刷术	yìnshuāshù	名		5043	用人	yòng//rén	
5005	印章	yìnzhāng	名		5044	用意	yòngyì	名
5006	印证	yìnzhèng	动、名		5045	优	yōu	形
5007	应有尽有	yīngyǒu-jìnyǒu			5046	优化	yōuhuà	动
5008	英镑	yīngbàng	名		5047	优雅	yōuyǎ	形
5009	英俊	yīngjùn	形		5048	优异	yōuyì	形
5010	婴儿	yīng'ér	名		5049	优越	yōuyuè	形
5011	鹰	yīng	名		5050	忧愁	yōuchóu	形
5012	迎	yíng	动		5051	忧虑	yōulǜ	动
5013	迎合	yínghé	动		5052	忧郁	yōuyù	形
5014	荧光	yíngguāng	名		5053	悠久	yōujiǔ	形
5015	盈利	yínglì	动、名		5054	悠闲	yōuxián	形
5016	营救	yíngjiù	动		5055	尤为	yóuwéi	副
5017	营造	yíngzào	动		5056	由此看来	yóucǐ-kànlái	
5018	赢家	yíngjiā	名		5057	由此可见	yóucǐ-kějiàn	
5019	影像	yǐngxiàng	名		5058	由来	yóulái	名
5020	应酬	yìngchou	动、名		5059	由衷	yóuzhōng	动

5060	邮编	yóubiān	名		5099	舆论	yúlùn	名
5061	邮政	yóuzhèng	名		5100	与此同时	yǔcǐ-tóngshí	
5062	犹如	yóurú	动		5101	与否	yǔ fǒu	
5063	犹豫不决	yóuyù-bùjué			5102	与其	yǔqí	连
5064	油画	yóuhuà	名		5103	与日俱增	yǔrì-jùzēng	
5065	游船	yóuchuán	名		5104	与时俱进	yǔshí-jùjìn	
5066	游览	yóulǎn	动		5105	与众不同	yǔzhòng-bùtóng	
5067	友情	yǒuqíng	名		5106	予以	yǔyǐ	动
5068	友人	yǒurén	名		5107	宇宙	yǔzhòu	名
5069	友善	yǒushàn	形		5108	语气	yǔqì	名
5070	有待	yǒudài	动		5109	浴室	yùshì	名
5071	有的放矢	yǒudì-fàngshǐ			5110	预定	yùdìng	动
5072	有机	yǒujī	形		5111	预感	yùgǎn	动、名
5073	有口无心	yǒukǒu-wúxīn			5112	预告	yùgào	动、名
5074	有两下子	yǒu liǎngxiàzi			5113	预见	yùjiàn	动、名
5075	有声有色	yǒushēng-yǒusè			5114	预料	yùliào	动、名
5076	有所	yǒusuǒ	动		5115	预赛	yùsài	动、名
5077	有所不同	yǒu suǒ bù tóng			5116	预示	yùshì	动
5078	有望	yǒuwàng	动		5117	预售	yùshòu	动
5079	有效期	yǒuxiàoqī	名		5118	预算	yùsuàn	名
5080	有幸	yǒuxìng	形		5119	预先	yùxiān	副
5081	有序	yǒuxù	形		5120	预言	yùyán	动、名
5082	有益	yǒuyì	形		5121	预兆	yùzhào	名、动
5083	有意	yǒuyì	动、副		5122	欲望	yùwàng	名
5084	有朝一日	yǒuzhāo-yírì			5123	遇难	yù//nàn	
5085	有助于	yǒuzhùyú	动		5124	遇上	yùshang	
5086	幼稚	yòuzhì	形		5125	遇险	yù//xiǎn	
5087	诱饵	yòu'ěr	名		5126	寓言	yùyán	名
5088	诱发	yòufā	动		5127	寓意	yùyì	名
5089	诱惑	yòuhuò	动、名		5128	愈合	yùhé	动
5090	诱人	yòurén	形		5129	愈来愈	yù lái yù	
5091	余	yú	动、数		5130	愈演愈烈	yùyǎn-yùliè	
5092	余地	yúdì	名		5131	冤	yuān	名、形
5093	余额	yú'é	名		5132	冤枉	yuānwang	动、形
5094	渔船	yúchuán	名		5133	渊源	yuānyuán	名
5095	渔民	yúmín	名		5134	元老	yuánlǎo	名
5096	逾期	yú//qī			5135	元首	yuánshǒu	名
5097	愚蠢	yúchǔn	形		5136	元宵节	Yuánxiāo Jié	名
5098	愚公移山	yúgōng-yíshān			5137	原本	yuánběn	副

5138	原材料	yuáncáiliào	名
5139	原创	yuánchuàng	动
5140	原地	yuándì	名
5141	原型	yuánxíng	名
5142	原汁原味	yuánzhī-yuánwèi	
5143	原装	yuánzhuāng	形
5144	圆形	yuánxíng	名
5145	缘分	yuán·fèn	名
5146	源泉	yuánquán	名
5147	源头	yuántóu	名
5148	源于	yuányú	
5149	源源不断	yuányuán-búduàn	
5150	远程	yuǎnchéng	形
5151	远见	yuǎnjiàn	名
5152	远近闻名	yuǎnjìn-wénmíng	
5153	怨恨	yuànhèn	动、名
5154	怨气	yuànqì	名
5155	怨言	yuànyán	名
5156	院士	yuànshì	名
5157	曰	yuē	动
5158	约定俗成	yuēdìng-súchéng	
5159	月初	yuèchū	名
5160	月票	yuèpiào	名
5161	乐器	yuèqì	名
5162	岳父	yuèfù	名
5163	岳母	yuèmǔ	名
5164	阅历	yuèlì	动、名
5165	悦耳	yuè'ěr	形
5166	越发	yuèfā	副
5167	越过	yuè//guò	
5168	晕倒	yūndǎo	
5169	陨石	yǔnshí	名
5170	孕妇	yùnfù	名
5171	孕育	yùnyù	动
5172	运河	yùnhé	名
5173	运送	yùnsòng	动
5174	运营	yùnyíng	动
5175	运转	yùnzhuǎn	动
5176	酝酿	yùnniàng	动
5177	韵味	yùnwèi	名
5178	蕴藏	yùncáng	动
5179	蕴涵	yùnhán	动
5180	杂技	zájì	名
5181	杂交	zájiāo	动
5182	杂乱无章	záluàn-wúzhāng	
5183	砸	zá	动
5184	栽	zāi	动
5185	栽培	zāipéi	动
5186	宰	zǎi	动
5187	再度	zàidù	副
5188	再现	zàixiàn	动
5189	在线	zàixiàn	动
5190	在意	zài//yì	
5191	在职	zàizhí	动
5192	载体	zàitǐ	名
5193	攒	zǎn	动
5194	暂	zàn	副
5195	赞不绝口	zànbùjuékǒu	
5196	赞美	zànměi	动
5197	赞叹	zàntàn	动
5198	赞叹不已	zàntàn-bùyǐ	
5199	赞同	zàntóng	动
5200	赞许	zànxǔ	动
5201	赞扬	zànyáng	动
5202	葬	zàng	动
5203	葬礼	zànglǐ	名
5204	遭殃	zāo//yāng	
5205	凿	záo	动
5206	早年	zǎonián	名
5207	早日	zǎorì	副、名
5208	枣	zǎo	名
5209	造福	zàofú	动
5210	造假	zàojiǎ	动
5211	造价	zàojià	名
5212	造就	zàojiù	动、名
5213	造纸术	zàozhǐshù	名
5214	噪声	zàoshēng	名
5215	噪音	zàoyīn	名

5216	则¹	zé	连		5255	帐子	zhàngzi	名
5217	则²	zé	量		5256	账单	zhàngdān	名
5218	责备	zébèi	动		5257	账号	zhànghào	名
5219	责怪	zéguài	动		5258	胀	zhàng	动
5220	贼	zéi	名		5259	招标	zhāo//biāo	
5221	增收	zēngshōu	动		5260	招待	zhāodài	动
5222	增添	zēngtiān	动		5261	招待会	zhāodàihuì	名
5223	扎根	zhā//gēn			5262	招揽	zhāolǎn	动
5224	渣子	zhāzi	名		5263	招募	zhāomù	动
5225	闸	zhá	名		5264	招牌	zhāopai	名
5226	炸	zhá	动		5265	招收	zhāoshōu	动
5227	眨眼	zhǎ//yǎn			5266	招数	zhāoshù	名
5228	诈骗	zhàpiàn	动		5267	朝气蓬勃	zhāoqì-péngbó	
5229	榨	zhà	动		5268	朝三暮四	zhāosān-mùsì	
5230	窄	zhǎi	形		5269	朝夕相处	zhāoxī-xiāngchǔ	
5231	债务	zhàiwù	名		5270	着迷	zháo//mí	
5232	占卜	zhānbǔ	动		5271	沼泽	zhǎozé	名
5233	沾	zhān	动		5272	召集	zhàojí	动
5234	沾光	zhān//guāng			5273	兆头	zhàotou	名
5235	粘	zhān	动		5274	照办	zhào//bàn	
5236	瞻仰	zhānyǎng	动		5275	照常	zhàocháng	动、副
5237	斩	zhǎn	动		5276	照例	zhàolì	副
5238	斩草除根	zhǎncǎo-chúgēn			5277	照料	zhàoliào	动
5239	盏	zhǎn	量		5278	照明	zhàomíng	动
5240	展出	zhǎnchū	动		5279	罩	zhào	动、名
5241	展览会	zhǎnlǎnhuì	名		5280	肇事	zhàoshì	动
5242	展望	zhǎnwàng	动		5281	折腾	zhēteng	动
5243	崭新	zhǎnxīn	形		5282	遮	zhē	动
5244	占用	zhànyòng	动		5283	遮盖	zhēgài	动
5245	站立	zhànlì	动		5284	折叠	zhédié	动
5246	绽放	zhànfàng	动		5285	折合	zhéhé	动
5247	蘸	zhàn	动		5286	折扣	zhékòu	名
5248	张灯结彩	zhāngdēng-jiécǎi			5287	折磨	zhé·mó	动
5249	张贴	zhāngtiē	动		5288	折射	zhéshè	动
5250	张扬	zhāngyáng	动		5289	这会儿	zhèhuìr	代
5251	长辈	zhǎngbèi	名		5290	这样一来	zhèyàng-yìlái	
5252	长相	zhǎngxiàng	名		5291	针锋相对	zhēnfēng-xiāngduì	
5253	掌管	zhǎngguǎn	动		5292	针灸	zhēnjiǔ	名
5254	帐篷	zhàngpeng	名		5293	侦察	zhēnchá	动

5294	珍藏	zhēncáng	动、名		5333	正能量	zhèngnéngliàng	名
5295	珍视	zhēnshì	动		5334	正视	zhèngshì	动
5296	珍重	zhēnzhòng	动		5335	正直	zhèngzhí	形
5297	真假	zhēnjiǎ	名		5336	正宗	zhèngzōng	名、形
5298	真空	zhēnkōng	名		5337	证人	zhèng·rén	名
5299	真情	zhēnqíng	名		5338	郑重	zhèngzhòng	形
5300	真是的	zhēnshide			5339	之¹	zhī	代
5301	真心	zhēnxīn	名		5340	之²	zhī	助
5302	真挚	zhēnzhì	形		5341	之所以	zhīsuǒyǐ	连
5303	诊所	zhěnsuǒ	名		5342	支票	zhīpiào	名
5304	枕头	zhěntou	名		5343	支柱	zhīzhù	名
5305	阵容	zhènróng	名		5344	汁	zhī	名
5306	阵营	zhènyíng	名		5345	芝麻	zhīma	名
5307	振奋	zhènfèn	形、动		5346	芝士	zhīshì	名
5308	振兴	zhènxīng	动		5347	知己	zhījǐ	形、名
5309	振作	zhènzuò	形、动		5348	知觉	zhījué	名
5310	震	zhèn	动		5349	知识分子	zhīshi fènzǐ	
5311	震动	zhèndòng	动		5350	知足	zhīzú	形
5312	震撼	zhènhàn	动		5351	肢体	zhītǐ	名
5313	镇定	zhèndìng	形、动		5352	脂肪	zhīfáng	名
5314	争吵	zhēngchǎo	动		5353	执法	zhífǎ	动
5315	争端	zhēngduān	名		5354	执意	zhíyì	副
5316	争分夺秒	zhēngfēn-duómiǎo			5355	执照	zhízhào	名
5317	争光	zhēng∥guāng			5356	执着	zhízhuó	形
5318	争气	zhēng∥qì			5357	直奔	zhíbèn	动
5319	争先恐后	zhēngxiān-kǒnghòu			5358	直达	zhídá	动
5320	争执	zhēngzhí	动		5359	直观	zhíguān	形
5321	征	zhēng	动		5360	直径	zhíjìng	名
5322	征集	zhēngjí	动		5361	直觉	zhíjué	名
5323	征收	zhēngshōu	动		5362	直视	zhíshì	动
5324	挣扎	zhēngzhá	动		5363	直至	zhízhì	动
5325	症结	zhēngjié	名		5364	值钱	zhíqián	形
5326	睁	zhēng	动		5365	职权	zhíquán	名
5327	蒸	zhēng	动		5366	职业病	zhíyèbìng	名
5328	拯救	zhěngjiù	动		5367	职员	zhíyuán	名
5329	整合	zhěnghé	动		5368	止步	zhǐ∥bù	
5330	整洁	zhěngjié	形		5369	止咳	zhǐ ké	
5331	整数	zhěngshù	名		5370	止血	zhǐxuè	动
5332	正面	zhèngmiàn	名、形		5371	旨在	zhǐzài	动

5372	指点	zhǐdiǎn	动		5411	中型	zhōngxíng	形
5373	指教	zhǐjiào	动		5412	中性	zhōngxìng	名、形
5374	指令	zhǐlìng	名		5413	中旬	zhōngxún	名
5375	指南	zhǐnán	名		5414	中庸	zhōngyōng	名、形
5376	指南针	zhǐnánzhēn	名		5415	中止	zhōngzhǐ	动
5377	指手画脚	zhǐshǒu-huàjiǎo			5416	忠诚	zhōngchéng	形、名
5378	指望	zhǐ·wàng	动、名		5417	忠实	zhōngshí	形
5379	指向	zhǐxiàng	动、名		5418	忠于	zhōngyú	动
5380	指引	zhǐyǐn	动		5419	忠贞	zhōngzhēn	形
5381	至此	zhìcǐ	动		5420	终结	zhōngjié	动
5382	至关重要	zhìguān-zhòngyào			5421	终究	zhōngjiū	副
5383	志气	zhì·qì	名		5422	终生	zhōngshēng	名
5384	制	zhì	动		5423	衷心	zhōngxīn	形
5385	制裁	zhìcái	动		5424	肿瘤	zhǒngliú	名
5386	制服	zhìfú	名		5425	种族	zhǒngzú	名
5387	制品	zhìpǐn	名		5426	仲裁	zhòngcái	动
5388	制止	zhìzhǐ	动		5427	众人	zhòngrén	名
5389	质地	zhìdì	名		5428	众所周知	zhòngsuǒzhōuzhī	
5390	质朴	zhìpǔ	形		5429	众志成城	zhòngzhì-chéngchéng	
5391	质问	zhìwèn	动		5430	重创	zhòngchuāng	动
5392	质疑	zhìyí	动		5431	重量级	zhòngliàngjí	形
5393	治学	zhìxué	动		5432	重任	zhòngrèn	名
5394	治愈	zhìyù	动		5433	重伤	zhòngshāng	名
5395	致	zhì	动		5434	重心	zhòngxīn	名
5396	致辞	zhì∥cí			5435	重型	zhòngxíng	形
5397	致富	zhìfù	动		5436	重中之重	zhòngzhōngzhīzhòng	
5398	致敬	zhìjìng	动		5437	周边	zhōubiān	名
5399	致力于	zhìlì yú			5438	周到	zhōudào	形
5400	致命	zhìmìng	动		5439	周密	zhōumì	形
5401	致使	zhìshǐ	动、连		5440	周旋	zhōuxuán	动
5402	秩序	zhìxù	名		5441	昼夜	zhòuyè	名
5403	窒息	zhìxī	动		5442	皱	zhòu	动、名
5404	智商	zhìshāng	名		5443	骤然	zhòurán	副
5405	滞后	zhìhòu	动		5444	朱红	zhūhóng	形
5406	滞留	zhìliú	动		5445	株	zhū	量
5407	置	zhì	动		5446	诸多	zhūduō	形
5408	中国画	zhōngguóhuà	名		5447	诸如此类	zhūrú-cǐlèi	
5409	中立	zhōnglì	动		5448	竹竿	zhúgān	名
5410	中途	zhōngtú	名		5449	逐年	zhúnián	副

5450	主	zhǔ	名
5451	主编	zhǔbiān	名、动
5452	主妇	zhǔfù	名
5453	主力	zhǔlì	名
5454	主权	zhǔquán	名
5455	主人公	zhǔréngōng	名
5456	主食	zhǔshí	名
5457	主题歌	zhǔtígē	名
5458	主演	zhǔyǎn	动、名
5459	主页	zhǔyè	名
5460	主义	zhǔyì	名
5461	主宰	zhǔzǎi	动、名
5462	拄	zhǔ	动
5463	嘱咐	zhǔ·fù	动
5464	瞩目	zhǔmù	动
5465	助威	zhù//wēi	
5466	住处	zhùchù	名
5467	住户	zhùhù	名
5468	住宿	zhùsù	动
5469	住址	zhùzhǐ	名
5470	贮藏	zhùcáng	动
5471	注	zhù	名、动
5472	注定	zhùdìng	动
5473	注入	zhùrù	
5474	铸造	zhùzào	动
5475	筑	zhù	动
5476	爪子	zhuǎzi	名
5477	拽	zhuài	动
5478	专长	zhuāncháng	名
5479	专程	zhuānchéng	副
5480	专柜	zhuānguì	名
5481	专栏	zhuānlán	名
5482	专卖店	zhuānmàidiàn	名
5483	专人	zhuānrén	名
5484	专职	zhuānzhí	名
5485	专制	zhuānzhì	动
5486	专注	zhuānzhù	形
5487	专著	zhuānzhù	名
5488	砖	zhuān	名
5489	转播	zhuǎnbō	动
5490	转达	zhuǎndá	动
5491	转机	zhuǎnjī	名
5492	转交	zhuǎnjiāo	动
5493	转型	zhuǎnxíng	动
5494	转学	zhuǎn//xué	
5495	转眼	zhuǎnyǎn	动
5496	转载	zhuǎnzǎi	动
5497	转折	zhuǎnzhé	动
5498	转折点	zhuǎnzhédiǎn	名
5499	传	zhuàn	名
5500	传记	zhuànjì	名
5501	转悠	zhuànyou	动
5502	撰写	zhuànxiě	动
5503	庄稼	zhuāngjia	名
5504	庄严	zhuāngyán	形
5505	庄园	zhuāngyuán	名
5506	桩	zhuāng	名、量
5507	装扮	zhuāngbàn	动
5508	壮	zhuàng	形、动
5509	壮大	zhuàngdà	动、形
5510	壮胆	zhuàng//dǎn	
5511	壮丽	zhuànglì	形
5512	壮实	zhuàngshi	形
5513	状元	zhuàngyuan	名
5514	撞击	zhuàngjī	动
5515	幢	zhuàng	量
5516	追悼会	zhuīdàohuì	名
5517	追赶	zhuīgǎn	动
5518	追溯	zhuīsù	动
5519	追随	zhuīsuí	动
5520	追尾	zhuī//wěi	
5521	追问	zhuīwèn	动
5522	追逐	zhuīzhú	动
5523	追踪	zhuīzōng	动
5524	坠	zhuì	动、名
5525	准许	zhǔnxǔ	动
5526	准则	zhǔnzé	名
5527	拙劣	zhuōliè	形

5528	捉迷藏	zhuōmícáng			5567	自相矛盾	zìxiāng-máodùn	
5529	灼热	zhuórè	形		5568	自信心	zìxìnxīn	名
5530	卓越	zhuóyuè	形		5569	自行	zìxíng	副
5531	酌情	zhuóqíng	动		5570	自以为是	zìyǐwéishì	
5532	着力	zhuólì	动		5571	自由自在	zìyóu-zìzài	
5533	着落	zhuóluò	名		5572	自责	zìzé	动
5534	着实	zhuóshí	副		5573	自助	zìzhù	动
5535	着手	zhuóshǒu	动		5574	自尊	zìzūn	动
5536	着想	zhuóxiǎng	动		5575	自尊心	zìzūnxīn	名
5537	着眼	zhuóyǎn	动		5576	字迹	zìjì	名
5538	着眼于	zhuóyǎn yú			5577	字幕	zìmù	名
5539	着重	zhuózhòng	动		5578	字体	zìtǐ	名
5540	姿势	zīshì	名		5579	字眼	zìyǎn	名
5541	姿态	zītài	名		5580	宗	zōng	量
5542	兹	zī	代		5581	宗旨	zōngzhǐ	名
5543	资本主义	zīběn zhǔyì			5582	综上所述	zōngshàng-suǒshù	
5544	资历	zīlì	名		5583	总的来说	zǒngde lái shuō	
5545	资深	zīshēn	形		5584	总额	zǒng'é	名
5546	资讯	zīxùn	名		5585	总而言之	zǒng'éryánzhī	
5547	滋润	zīrùn	形、动		5586	总计	zǒngjì	动
5548	滋味	zīwèi	名		5587	纵观	zòngguān	动
5549	子弟	zǐdì	名		5588	纵横交错	zònghéng-jiāocuò	
5550	子孙	zǐsūn	名		5589	纵然	zòngrán	连
5551	自卑	zìbēi	形		5590	纵容	zòngróng	动
5552	自称	zìchēng	动		5591	纵深	zòngshēn	名
5553	自发	zìfā	形		5592	粽子	zòngzi	名
5554	自费	zìfèi	动		5593	走过场	zǒu guòchǎng	
5555	自负	zìfù	形、动		5594	走后门	zǒu hòumén	
5556	自理	zìlǐ	动		5595	走近	zǒujìn	
5557	自力更生	zìlì-gēngshēng			5596	走廊	zǒuláng	名
5558	自立	zìlì	动		5597	走投无路	zǒutóu-wúlù	
5559	自强不息	zìqiáng-bùxī			5598	走弯路	zǒu wānlù	
5560	自然而然	zìrán'érrán			5599	奏效	zòu//xiào	
5561	自然界	zìránjiè	名		5600	揍	zòu	动
5562	自如	zìrú	形		5601	租赁	zūlìn	动
5563	自始至终	zìshǐ-zhìzhōng			5602	足迹	zújì	名
5564	自私	zìsī	形		5603	足智多谋	zúzhì-duōmóu	
5565	自私自利	zìsī-zìlì			5604	阻挡	zǔdǎng	动
5566	自卫	zìwèi	动		5605	阻拦	zǔlán	动

5606	阻力	zǔlì	名		5622	遵循	zūnxún	动
5607	阻挠	zǔnáo	动		5623	遵照	zūnzhào	动
5608	组建	zǔjiàn	动		5624	琢磨	zuómo	动
5609	组装	zǔzhuāng	动		5625	左顾右盼	zuǒgù-yòupàn	
5610	祖传	zǔchuán	动		5626	佐料	zuǒliào	名
5611	祖籍	zǔjí	名		5627	作弊	zuò//bì	
5612	祖先	zǔxiān	名		5628	作对	zuò//duì	
5613	祖宗	zǔzong	名		5629	作风	zuòfēng	名
5614	钻空子	zuān kòngzi			5630	作客	zuò//kè	
5615	钻研	zuānyán	动		5631	作物	zuòwù	名
5616	钻石	zuànshí	名		5632	坐落	zuòluò	动
5617	嘴唇	zuǐchún	名		5633	座谈	zuòtán	动
5618	罪犯	zuìfàn	名		5634	座右铭	zuòyòumíng	名
5619	罪魁祸首	zuìkuí-huòshǒu			5635	做生意	zuò shēngyi	
5620	尊贵	zūnguì	形		5636	做证	zuò//zhèng	
5621	尊严	zūnyán	名					

按音序排列的词汇表（11092 个）

序号	词语	拼音	词性	等级
1	阿拉伯语	Ālābóyǔ	名	高等
2	阿姨	āyí	名	四级
3	啊	ā	叹	四级
4	啊	a	助	二级
5	哎	āi	叹	高等
6	哎呀	āiyā	叹	高等
7	哀求	āiqiú	动	高等
8	挨家挨户	āijiā-āihù		高等
9	挨着	āizhe		六级
10	挨	ái	动	六级
11	挨打	áidǎ	动	六级
12	癌	ái	名	高等
13	癌症	áizhèng	名	高等
14	矮	ǎi	形	四级
15	矮小	ǎixiǎo	形	四级
16	艾滋病	àizībìng	名	高等
17	唉	ài	叹	高等
18	爱	ài	动	一级
19	爱不释手	àibúshìshǒu		高等
20	爱国	ài//guó		四级
21	爱好	àihào	动、名	一级
22	爱护	àihù	动	四级
23	爱理不理	àilǐ-bùlǐ		高等
24	爱面子	ài miànzi		高等
25	爱情	àiqíng	名	二级
26	爱人	àiren	名	二级
27	爱惜	àixī	动	高等
28	爱心	àixīn	名	三级
29	碍事	ài//shì		高等
30	安	ān	动、形	四级
31	安定	āndìng	形、动	高等
32	安抚	ānfǔ	动	高等
33	安检	ānjiǎn	动	六级
34	安静	ānjìng	形、动	二级
35	安眠药	ānmiányào	名	高等
36	安宁	ānníng	形	高等
37	安排	ānpái	动、名	三级
38	安全	ānquán	形、名	二级
39	安慰	ānwèi	动、形	五级
40	安稳	ānwěn	形	高等
41	安心	ānxīn	形	高等
42	安逸	ānyì	形	高等
43	安置	ānzhì	动	四级
44	安装	ānzhuāng	动	三级
45	岸	àn	名	五级
46	岸上	àn shang		五级
47	按	àn	动、介	三级
48	按键	ànjiàn	名	高等
49	按理说	ànlǐ shuō		高等
50	按摩	ànmó	动	五级
51	按时	ànshí	副	四级
52	按说	ànshuō	副	高等
53	按照	ànzhào	介	三级
54	案件	ànjiàn	名	高等
55	暗	àn	形	四级
56	暗地里	àndì·lǐ	名	高等
57	暗杀	ànshā	动	高等
58	暗示	ànshì	动	四级
59	暗中	ànzhōng	名	高等
60	昂贵	ángguì	形	高等
61	凹	āo	形	高等
62	熬	áo	动	高等
63	熬夜	áo//yè		高等
64	傲	ào	形	高等
65	傲慢	àomàn	形	高等
66	奥秘	àomì	名	高等
67	奥运会	Àoyùnhuì	名	高等
68	八	bā	数	一级
69	八卦	bāguà	名	高等
70	巴不得	bābu·dé	动	高等
71	巴士	bāshì	名	四级

72	扒	bā	动	高等		111	摆脱	bǎituō	动	四级
73	芭蕾	bālěi	名	高等		112	败	bài	动	四级
74	拔	bá	动	五级		113	拜访	bàifǎng	动	五级
75	把¹	bǎ	介	三级		114	拜会	bàihuì	动	高等
76	把²	bǎ	量	三级		115	拜见	bàijiàn	动	高等
77	把柄	bǎbǐng	名	高等		116	拜年	bài//nián		高等
78	把关	bǎ//guān		高等		117	拜托	bàituō	动	高等
79	把手	bǎshou	名	高等		118	扳	bān	动	高等
80	把握	bǎwò	动、名	三级		119	班	bān	名、量	一级
81	靶子	bǎzi	名	高等		120	班级	bānjí	名	三级
82	坝	bà	名	高等		121	班长	bānzhǎng	名	二级
83	爸爸|爸	bàba|bà	名	一级		122	颁布	bānbù	动	高等
84	罢工	bà//gōng		六级		123	颁发	bānfā	动	高等
85	罢了	bàle	助	六级		124	颁奖	bān//jiǎng		高等
86	罢免	bàmiǎn	动	高等		125	斑点	bāndiǎn	名	高等
87	罢休	bàxiū	动	高等		126	搬	bān	动	三级
88	霸占	bàzhàn	动	高等		127	搬家	bān//jiā		三级
89	吧	ba	助	一级		128	搬迁	bānqiān	动	高等
90	掰	bāi	动	高等		129	板	bǎn	名	三级
91	白	bái	形	一级		130	板块	bǎnkuài	名	高等
92	白	bái	副	三级		131	版	bǎn	名	五级
93	白白	báibái	副	高等		132	办	bàn	动	二级
94	白菜	báicài	名	三级		133	办不到	bàn bu dào		高等
95	白酒	báijiǔ	名	五级		134	办法	bànfǎ	名	二级
96	白领	báilǐng	名	六级		135	办公	bàn//gōng		六级
97	白色	báisè	名	二级		136	办公室	bàngōngshì	名	二级
98	白天	báitiān	名	一级		137	办理	bànlǐ	动	三级
99	百	bǎi	数	一级		138	办事	bàn//shì		四级
100	百分比	bǎifēnbǐ	名	高等		139	办事处	bànshìchù	名	六级
101	百分点	bǎifēndiǎn	名	六级		140	办学	bànxué	动	六级
102	百合	bǎihé	名	高等		141	半	bàn	数	一级
103	百货	bǎihuò	名	四级		142	半边天	bànbiāntiān	名	高等
104	百科全书	bǎikē quánshū		高等		143	半场	bànchǎng	名	高等
105	柏树	bǎishù	名	高等		144	半岛	bàndǎo	名	高等
106	摆	bǎi	动	四级		145	半决赛	bànjuésài	名	六级
107	摆动	bǎidòng	动	四级		146	半路	bànlù	名	高等
108	摆放	bǎifàng	动	高等		147	半年	bàn nián		一级
109	摆平	bǎi//píng		高等		148	半数	bànshù	名	高等
110	摆设	bǎishe	名	高等		149	半天	bàntiān		一级

150	半途而废	bàntú'érfèi		高等	189	宝宝	bǎobao	名	四级
151	半信半疑	bànxìn-bànyí		高等	190	宝贝	bǎo·bèi	名	四级
152	半夜	bànyè	名	二级	191	宝贵	bǎoguì	形	四级
153	半真半假	bànzhēn-bànjiǎ		高等	192	宝库	bǎokù	名	高等
154	扮	bàn	动	高等	193	宝石	bǎoshí	名	四级
155	扮演	bànyǎn	动	五级	194	宝藏	bǎozàng	名	高等
156	伴	bàn	动、名	高等	195	保	bǎo	动	三级
157	伴侣	bànlǚ	名	高等	196	保安	bǎo'ān	名	三级
158	伴随	bànsuí	动	高等	197	保持	bǎochí	动	三级
159	伴奏	bànzòu	动	高等	198	保存	bǎocún	动	三级
160	拌	bàn	动	高等	199	保管	bǎoguǎn	动、名	高等
161	帮	bāng	动	一级	200	保护	bǎohù	动	三级
162	帮忙	bāng∥máng		一级	201	保健	bǎojiàn	动	六级
163	帮手	bāngshou	名	高等	202	保留	bǎoliú	动	三级
164	帮助	bāngzhù	动	二级	203	保密	bǎo∥mì		四级
165	绑	bǎng	动	高等	204	保姆	bǎomǔ	名	高等
166	绑架	bǎngjià	动	高等	205	保暖	bǎo∥nuǎn		高等
167	榜样	bǎngyàng	名	高等	206	保守	bǎoshǒu	动、形	四级
168	棒	bàng	形	五级	207	保卫	bǎowèi	动	五级
169	棒球	bàngqiú	名	高等	208	保鲜	bǎoxiān	动	高等
170	傍晚	bàngwǎn	名	六级	209	保险	bǎoxiǎn	形、名	三级
171	磅	bàng	量、名	高等	210	保修	bǎoxiū	动	高等
172	包	bāo	名、量、动	一级	211	保养	bǎoyǎng	动	五级
173	包袱	bāofu	名	高等	212	保佑	bǎoyòu	动	高等
174	包裹	bāoguǒ	名、动	四级	213	保障	bǎozhàng	动、名	高等
175	包含	bāohán	动	四级	214	保证	bǎozhèng	动、名	三级
176	包括	bāokuò	动	四级	215	保质期	bǎozhìqī	名	高等
177	包容	bāoróng	动	高等	216	保重	bǎozhòng	动	高等
178	包围	bāowéi	动	五级	217	堡垒	bǎolěi	名	高等
179	包扎	bāozā	动	高等	218	报	bào	名	三级
180	包装	bāozhuāng	动、名	五级	219	报	bào	动	高等
181	包子	bāozi	名	一级	220	报仇	bào∥chóu		高等
182	剥	bāo	动	高等	221	报酬	bàochou	名	高等
183	煲	bāo	名、动	高等	222	报答	bàodá	动	五级
184	薄	báo	形	四级	223	报到	bào∥dào		三级
185	饱	bǎo	形	二级	224	报道	bàodào	动、名	三级
186	饱和	bǎohé	动	高等	225	报废	bào∥fèi		高等
187	饱满	bǎomǎn	形	高等	226	报复	bào·fù	动	高等
188	宝	bǎo	名	四级	227	报告	bàogào	动、名	三级

228	报警	bào//jǐng		五级		267	碑	bēi	名	高等
229	报刊	bàokān	名	六级		268	北	běi	名	一级
230	报考	bàokǎo	动	六级		269	北边	běibian	名	一级
231	报名	bào//míng		二级		270	北部	běibù	名	三级
232	报社	bàoshè	名	高等		271	北方	běifāng	名	二级
233	报亭	bàotíng	名	高等		272	北极	běijí	名	五级
234	报销	bàoxiāo	动	高等		273	北京	Běijīng	名	一级
235	报纸	bàozhǐ	名	二级		274	贝壳	bèiké	名	高等
236	抱	bào	动	四级		275	备课	bèi//kè		高等
237	抱负	bàofù	名	高等		276	备受	bèishòu	动	高等
238	抱歉	bàoqiàn	形	六级		277	备用	bèiyòng	动	高等
239	抱怨	bào·yuàn	动	五级		278	背	bèi	动	二级
240	豹	bào	名	高等		279	背	bèi	名	三级
241	暴风雨	bàofēngyǔ	名	六级		280	背后	bèihòu	名	三级
242	暴风骤雨	bàofēng-zhòuyǔ		高等		281	背景	bèijǐng	名	四级
243	暴力	bàolì	名	六级		282	背面	bèimiàn	名	高等
244	暴利	bàolì	名	高等		283	背叛	bèipàn	动	高等
245	暴露	bàolù	动	六级		284	背诵	bèisòng	动	高等
246	暴雨	bàoyǔ	名	六级		285	背心	bèixīn	名	六级
247	暴躁	bàozào	形	高等		286	背着	bèizhe		六级
248	曝光	bào//guāng		高等		287	倍	bèi	量	四级
249	爆	bào	动	六级		288	被	bèi	介	三级
250	爆发	bàofā	动	六级		289	被捕	bèibǔ	动	高等
251	爆冷门	bào lěngmén		高等		290	被动	bèidòng	形	五级
252	爆满	bàomǎn	动	高等		291	被告	bèigào	名	六级
253	爆炸	bàozhà	动	六级		292	被迫	bèipò	动	四级
254	爆竹	bàozhú	名	高等		293	被子	bèizi	名	三级
255	杯	bēi	量	一级		294	辈	bèi	名	五级
256	杯子	bēizi	名	一级		295	奔波	bēnbō	动	高等
257	卑鄙	bēibǐ	形	高等		296	奔赴	bēnfù	动	高等
258	背	bēi	动	三级		297	奔跑	bēnpǎo	动	六级
259	背包	bēibāo	名	五级		298	本	běn	量	一级
260	悲哀	bēi'āi	形	高等		299	本	běn	代、副	六级
261	悲惨	bēicǎn	形	六级		300	本地	běndì	名	六级
262	悲观	bēiguān	形	高等		301	本分	běnfèn	名、形	高等
263	悲欢离合	bēihuān-líhé		高等		302	本科	běnkē	名	四级
264	悲剧	bēijù	名	五级		303	本来	běnlái	形、副	三级
265	悲伤	bēishāng	形	五级		304	本领	běnlǐng	名	三级
266	悲痛	bēitòng	形	高等		305	本能	běnnéng	名	高等

#	词	拼音	词性	等级	#	词	拼音	词性	等级
306	本期	běnqī		六级	345	比重	bǐzhòng	名	五级
307	本钱	běnqián	名	高等	346	彼此	bǐcǐ	代	五级
308	本人	běnrén	代	五级	347	笔	bǐ	名、量	二级
309	本色	běnsè	名	高等	348	笔记	bǐjì	名	二级
310	本身	běnshēn	代	六级	349	笔记本	bǐjìběn	名	二级
311	本事	běnshi	名	三级	350	笔试	bǐshì	动	六级
312	本土	běntǔ	名	六级	351	鄙视	bǐshì	动	高等
313	本性	běnxìng	名	高等	352	必	bì	副	五级
314	本意	běnyì	名	高等	353	必不可少	bìbùkěshǎo		高等
315	本着	běnzhe	介	高等	354	必定	bìdìng	副	高等
316	本质	běnzhì	名	六级	355	必将	bìjiāng	副	六级
317	本子	běnzi	名	一级	356	必然	bìrán	形	三级
318	奔	bēn	动	高等	357	必修	bìxiū	形	六级
319	笨	bèn	形	四级	358	必须	bìxū	副	二级
320	笨蛋	bèndàn	名	高等	359	必需	bìxū	动	五级
321	笨重	bènzhòng	形	高等	360	必要	bìyào	形、名	三级
322	崩溃	bēngkuì	动	高等	361	毕竟	bìjìng	副	五级
323	绷	bēng	动	高等	362	毕业	bì//yè		四级
324	绷带	bēngdài	名	高等	363	毕业生	bìyèshēng	名	四级
325	蹦	bèng	动	高等	364	闭	bì	动	六级
326	逼	bī	动	六级	365	闭幕	bì//mù		五级
327	逼近	bījìn	动	高等	366	闭幕式	bìmùshì	名	五级
328	逼迫	bīpò	动	高等	367	碧绿	bìlǜ	形	高等
329	逼真	bīzhēn	形	高等	368	弊病	bìbìng	名	高等
330	鼻涕	bítì	名	高等	369	弊端	bìduān	名	高等
331	鼻子	bízi	名	五级	370	壁画	bìhuà	名	高等
332	比	bǐ	介、动	一级	371	避	bì	动	四级
333	比比皆是	bǐbǐ-jiēshì		高等	372	避免	bìmiǎn	动	四级
334	比不上	bǐ bu shàng		高等	373	避难	bì//nàn		高等
335	比方	bǐfang	名、动	五级	374	避暑	bì//shǔ		高等
336	比分	bǐfēn	名	四级	375	边	biān	名	二级
337	比较	bǐjiào	副、动	三级	376	边疆	biānjiāng	名	高等
338	比例	bǐlì	名	三级	377	边界	biānjiè	名	高等
339	比起	bǐqǐ		高等	378	边境	biānjìng	名	五级
340	比如	bǐrú	动	二级	379	边缘	biānyuán	名	六级
341	比如说	bǐrú shuō		二级	380	边远	biānyuǎn	形	高等
342	比赛	bǐsài	动、名	三级	381	编	biān	动	四级
343	比试	bǐshi	动	高等	382	编号	biānhào	名	高等
344	比喻	bǐyù	名、动	高等	383	编辑	biānjí	动	五级

384	编辑	biānjí	名		五级	423	辩解	biànjiě	动	高等
385	编剧	biānjù	名		高等	424	辩论	biànlùn	动、名	四级
386	编排	biānpái	动		高等	425	辫子	biànzi	名	高等
387	编写	biānxiě	动		高等	426	标	biāo	动	高等
388	编造	biānzào	动		高等	427	标榜	biāobǎng	动	高等
389	编制	biānzhì	动		六级	428	标本	biāoběn	名	高等
390	鞭策	biāncè	动		高等	429	标签	biāoqiān	名	高等
391	鞭炮	biānpào	名		高等	430	标示	biāoshì	动	高等
392	贬值	biǎnzhí	动		高等	431	标题	biāotí	名	三级
393	扁	biǎn	形		六级	432	标语	biāoyǔ	名	高等
394	变	biàn	动		二级	433	标志	biāozhì	动、名	四级
395	变成	biànchéng			二级	434	标致	biāo·zhì	形	高等
396	变动	biàndòng	动		五级	435	标准	biāozhǔn	名、形	三级
397	变革	biàngé	动		高等	436	飙升	biāoshēng	动	高等
398	变更	biàngēng	动		六级	437	表	biǎo	名	二级
399	变化	biànhuà	动、名		三级	438	表白	biǎobái	动	高等
400	变幻莫测	biànhuàn-mòcè			高等	439	表达	biǎodá	动	三级
401	变换	biànhuàn	动		六级	440	表格	biǎogé	名	三级
402	变迁	biànqiān	动、名		高等	441	表决	biǎojué	动	高等
403	变为	biànwéi			三级	442	表面	biǎomiàn	名	三级
404	变形	biàn∥xíng			六级	443	表面上	biǎomiàn shang		六级
405	变异	biànyì	动		高等	444	表明	biǎomíng	动	三级
406	变质	biàn∥zhì			高等	445	表情	biǎoqíng	名	四级
407	便	biàn	副、连		六级	446	表示	biǎoshì	动、名	二级
408	便道	biàndào	名		高等	447	表述	biǎoshù	动	高等
409	便饭	biànfàn	名		高等	448	表率	biǎoshuài	名	高等
410	便捷	biànjié	形		高等	449	表态	biǎo∥tài		高等
411	便利	biànlì	形、动		五级	450	表现	biǎoxiàn	动、名	三级
412	便利店	biànlìdiàn	名		高等	451	表演	biǎoyǎn	动、名	三级
413	便是	biàn shì			六级	452	表扬	biǎoyáng	动	四级
414	便条	biàntiáo	名		五级	453	表彰	biǎozhāng	动	高等
415	便于	biànyú	动		五级	454	憋	biē	动、形	高等
416	遍	biàn	量		二级	455	别	bié	副	一级
417	遍布	biànbù	动		高等	456	别	bié	动	四级
418	遍地	biàndì	副		六级	457	别的	biéde	代	一级
419	辨别	biànbié	动		高等	458	别具匠心	biéjù-jiàngxīn		高等
420	辨认	biànrèn	动		高等	459	别看	biékàn	连	高等
421	辩	biàn	动		高等	460	别人	bié·rén	代	一级
422	辩护	biànhù	动		高等	461	别墅	biéshù	名	高等

#	词	拼音	词性	等级	#	词	拼音	词性	等级
462	别说	biéshuō	连	高等	501	波浪	bōlàng	名	六级
463	别提了	biétí le		高等	502	波涛	bōtāo	名	高等
464	别致	biézhì	形	高等	503	波折	bōzhé	名	高等
465	别扭	bièniu	形	高等	504	玻璃	bōli	名	五级
466	宾馆	bīnguǎn	名	五级	505	剥夺	bōduó	动	高等
467	彬彬有礼	bīnbīn-yǒulǐ		高等	506	剥削	bōxuē	动、名	高等
468	滨海	bīn hǎi		高等	507	播	bō	动	六级
469	缤纷	bīnfēn	形	高等	508	播出	bōchū		三级
470	冰	bīng	名	四级	509	播放	bōfàng	动	三级
471	冰棍儿	bīnggùnr	名	高等	510	伯伯	bóbo	名	高等
472	冰山	bīngshān	名	高等	511	伯父	bófù	名	高等
473	冰箱	bīngxiāng	名	四级	512	伯母	bómǔ	名	高等
474	冰雪	bīngxuě	名、形	四级	513	驳回	bóhuí	动	高等
475	兵	bīng	名	四级	514	脖子	bózi	名	高等
476	丙	bǐng	名	高等	515	博客	bókè	名	五级
477	秉承	bǐngchéng	动	高等	516	博览会	bólǎnhuì	名	五级
478	饼	bǐng	名	五级	517	博士	bóshì	名	五级
479	饼干	bǐnggān	名	五级	518	博物馆	bówùguǎn	名	五级
480	并	bìng	副、连	三级	519	搏斗	bódòu	动	高等
481	并	bìng	动	四级	520	薄弱	bóruò	形	五级
482	并非	bìngfēi	动	高等	521	不必	búbì	副	三级
483	并购	bìnggòu	动	高等	522	不便	búbiàn	形、动	六级
484	并列	bìngliè	动	高等	523	不错	búcuò	形	二级
485	并且	bìngqiě	连	三级	524	不大	bú dà		一级
486	并行	bìngxíng	动	高等	525	不但	búdàn	连	二级
487	病	bìng	名、动	一级	526	不定	búdìng	形、副	高等
488	病床	bìngchuáng	名	高等	527	不断	búduàn	动、副	三级
489	病毒	bìngdú	名	五级	528	不对	búduì	形	一级
490	病房	bìngfáng	名	六级	529	不够	búgòu	动、副	二级
491	病情	bìngqíng	名	六级	530	不顾	búgù	动	五级
492	病人	bìngrén	名	一级	531	不过	búguò	连	二级
493	病症	bìngzhèng	名	高等	532	不见	bújiàn	动	六级
494	拨	bō	动	高等	533	不见得	bújiàn·dé	副	高等
495	拨打	bōdǎ	动	六级	534	不客气	bú kèqì		一级
496	拨款	bōkuǎn	名	高等	535	不利	búlì	形	五级
497	拨通	bōtōng		高等	536	不利于	búlì yú		高等
498	波动	bōdòng	动	六级	537	不料	búliào	连	六级
499	波及	bōjí	动	高等	538	不论	búlùn	连	三级
500	波澜	bōlán	名	高等	539	不耐烦	bú nàifán		五级

540	不慎	búshèn	形		高等
541	不适	búshì	形		高等
542	不算	bú suàn			高等
543	不太	bú tài			二级
544	不像话	búxiànghuà	形		高等
545	不屑	búxiè	动		高等
546	不懈	búxiè	形		高等
547	不幸	búxìng	形		五级
548	不亚于	búyàyú	动		高等
549	不要	búyào	副		二级
550	不要紧	búyàojǐn	形		四级
551	不亦乐乎	búyìlèhū			高等
552	不易	búyì	形		五级
553	不翼而飞	búyì'érfēi			高等
554	不用	búyòng	副		一级
555	不用说	búyòngshuō			高等
556	不再	búzài	动		六级
557	不在乎	búzàihu	动		四级
558	不正之风	búzhèngzhīfēng			高等
559	不至于	búzhìyú	动		六级
560	补	bǔ	动		三级
561	补偿	bǔcháng	动		五级
562	补充	bǔchōng	动、名		三级
563	补给	bǔjǐ	动、名		高等
564	补救	bǔjiù	动		高等
565	补考	bǔkǎo	动		六级
566	补课	bǔ//kè			六级
567	补贴	bǔtiē	动、名		五级
568	补习	bǔxí	动		六级
569	补助	bǔzhù	动、名		六级
570	捕	bǔ	动		六级
571	捕捉	bǔzhuō	动		高等
572	哺育	bǔyù	动		高等
573	不	bù	副		一级
574	不安	bù'ān	形		三级
575	不曾	bùcéng	副		五级
576	不成	bùchéng	动、形		六级
577	不耻下问	bùchǐ-xiàwèn			高等
578	不辞而别	bùcí'érbié			高等
579	不得不	bùdébù			三级
580	不得而知	bùdé'érzhī			高等
581	不得了	bùdéliǎo	形		五级
582	不得已	bùdéyǐ	形		高等
583	不妨	bùfáng	副		高等
584	不服	bùfú	动		高等
585	不服气	bù fúqì			高等
586	不敢当	bùgǎndāng	动		五级
587	不管	bùguǎn	连		四级
588	不光	bùguāng	副、连		三级
589	不好意思	bù hǎoyìsi			二级
590	不假思索	bùjiǎ-sīsuǒ			高等
591	不解	bùjiě	动		高等
592	不禁	bùjīn	副		六级
593	不仅	bùjǐn	连		三级
594	不仅仅	bù jǐnjǐn			六级
595	不经意	bùjīngyì	动		高等
596	不景气	bùjǐngqì	形		高等
597	不久	bùjiǔ	形		二级
598	不堪	bùkān	动、形		高等
599	不可避免	bùkě-bìmiǎn			高等
600	不可思议	bùkě-sīyì			高等
601	不肯	bù kěn			高等
602	不理	bù lǐ			高等
603	不良	bùliáng	形		五级
604	不了了之	bùliǎo-liǎozhī			高等
605	不满	bùmǎn	形		二级
606	不免	bùmiǎn	副		五级
607	不难	bù nán			高等
608	不能不	bù néng bù			五级
609	不平	bùpíng	形、名		高等
610	不起眼	bùqǐyǎn			高等
611	不然	bùrán	连		四级
612	不容	bùróng	动		高等
613	不如	bùrú	动		二级
614	不如说	bùrú shuō			高等
615	不少	bù shǎo			二级
616	不时	bùshí	副		五级
617	不停	bù tíng			五级

618	不通	bùtōng	动	六级	657	部署	bùshǔ	动	高等
619	不同	bù tóng		二级	658	部位	bùwèi	名	五级
620	不同寻常	bùtóng-xúncháng		高等	659	部长	bùzhǎng	名	三级
621	不为人知	bùwéirénzhī		高等	660	擦	cā	动	四级
622	不惜	bùxī	动	高等	661	猜	cāi	动	五级
623	不相上下	bùxiāng-shàngxià		高等	662	猜测	cāicè	动	五级
624	不行	bùxíng	动、形	二级	663	猜谜	cāi//mí		高等
625	不许	bùxǔ	动	五级	664	猜想	cāixiǎng	动	高等
626	不一定	bùyídìng	副	二级	665	才	cái	副	二级
627	不一会儿	bù yíhuìr		二级	666	才	cái	名	四级
628	不宜	bùyí	动	高等	667	才华	cáihuá	名	高等
629	不已	bùyǐ	动	高等	668	才能	cáinéng	名	三级
630	不以为然	bùyǐwéirán		高等	669	材料	cáiliào	名	四级
631	不由得	bùyóude	动、副	高等	670	财产	cáichǎn	名	四级
632	不由自主	bùyóuzìzhǔ		高等	671	财富	cáifù	名	四级
633	不予	bù yǔ		高等	672	财经	cáijīng	名	高等
634	不约而同	bùyuē'értóng		高等	673	财力	cáilì	名	高等
635	不怎么	bùzěnme	副	六级	674	财务	cáiwù	名	高等
636	不怎么样	bùzěnmeyàng		六级	675	财物	cáiwù	名	高等
637	不知	bùzhī	动	高等	676	财政	cáizhèng	名	高等
638	不知不觉	bùzhī-bùjué		高等	677	裁	cái	动	高等
639	不值	bùzhí	动	六级	678	裁定	cáidìng	动	高等
640	不止	bùzhǐ	动	五级	679	裁决	cáijué	动	高等
641	不准	bù zhǔn		高等	680	裁判	cáipàn	动、名	五级
642	不足	bùzú	形、动	五级	681	采	cǎi	动	高等
643	布	bù	名	三级	682	采访	cǎifǎng	动、名	四级
644	布局	bùjú	名、动	高等	683	采购	cǎigòu	动、名	五级
645	布满	bùmǎn		六级	684	采集	cǎijí	动	高等
646	布置	bùzhì	动	四级	685	采矿	cǎi//kuàng		高等
647	步	bù	名、量	三级	686	采纳	cǎinà	动	六级
648	步伐	bùfá	名	高等	687	采取	cǎiqǔ	动	三级
649	步入	bùrù	动	高等	688	采用	cǎiyòng	动	三级
650	步行	bùxíng	动	四级	689	彩电	cǎidiàn	名	高等
651	步骤	bùzhòu	名	高等	690	彩虹	cǎihóng	名	高等
652	部	bù	名、量	三级	691	彩票	cǎipiào	名	五级
653	部队	bùduì		六级	692	彩色	cǎisè		三级
654	部分	bùfen	名	二级	693	彩霞	cǎixiá	名	高等
655	部件	bùjiàn	名	高等	694	踩	cǎi	动	六级
656	部门	bùmén	名	三级	695	菜	cài	名	一级

696	菜单	càidān	名	二级	735	操控	cāokòng	动	高等
697	菜市场	càishìchǎng	名	高等	736	操劳	cāoláo	动	高等
698	参观	cānguān	动	二级	737	操心	cāo//xīn		高等
699	参加	cānjiā	动	二级	738	操纵	cāozòng	动	六级
700	参见	cānjiàn	动	高等	739	操作	cāozuò	动	四级
701	参军	cān//jūn		高等	740	槽	cáo	名	高等
702	参考	cānkǎo	动	四级	741	草	cǎo	名	二级
703	参谋	cānmóu	动、名	高等	742	草案	cǎo'àn	名	高等
704	参赛	cānsài	动	六级	743	草地	cǎodì	名	二级
705	参与	cānyù	动	四级	744	草坪	cǎopíng	名	高等
706	参展	cānzhǎn	动	六级	745	草原	cǎoyuán	名	五级
707	参照	cānzhào	动	高等	746	册	cè	量	五级
708	餐	cān	量	六级	747	厕所	cèsuǒ	名	六级
709	餐馆	cānguǎn	名	五级	748	侧	cè	名、动	六级
710	餐厅	cāntīng	名	五级	749	侧面	cèmiàn	名	高等
711	餐饮	cānyǐn	名	五级	750	侧重	cèzhòng	动	高等
712	餐桌	cānzhuō	名	高等	751	测	cè	动	四级
713	残	cán	动	高等	752	测定	cèdìng	动	六级
714	残疾	cán·jí	名	六级	753	测量	cèliáng	动	四级
715	残疾人	cán·jírén	名	六级	754	测试	cèshì	动、名	四级
716	残酷	cánkù	形	六级	755	测算	cèsuàn	动	高等
717	残留	cánliú	动	高等	756	测验	cèyàn	动、名	高等
718	残缺	cánquē	动	高等	757	策划	cèhuà	动	六级
719	残忍	cánrěn	形	高等	758	策略	cèlüè	名	六级
720	惭愧	cánkuì	形	高等	759	层	céng	量	二级
721	惨	cǎn	形	六级	760	层出不穷	céngchū-bùqióng		高等
722	惨白	cǎnbái	形	高等	761	层次	céngcì	名	五级
723	惨痛	cǎntòng	形	高等	762	层面	céngmiàn	名	六级
724	惨重	cǎnzhòng	形	高等	763	曾	céng	副	四级
725	灿烂	cànlàn	形	高等	764	曾经	céngjīng	副	三级
726	仓库	cāngkù	名	六级	765	蹭	cèng	动	高等
727	苍蝇	cāngying	名	高等	766	叉	chā	动	五级
728	沧桑	cāngsāng	名	高等	767	叉子	chāzi	名	五级
729	舱	cāng	名	高等	768	差别	chābié	名	五级
730	藏	cáng	动	六级	769	差错	chācuò	名	高等
731	藏匿	cángnì	动	高等	770	差额	chā'é	名	高等
732	藏品	cángpǐn	名	高等	771	差距	chājù	名	五级
733	藏身	cángshēn	动	高等	772	差异	chāyì	名	六级
734	操场	cāochǎng	名	四级	773	插	chā	动	五级

编号	词	拼音	词性	等级
774	插手	chā∥shǒu		高等
775	插图	chātú	名	高等
776	插嘴	chā∥zuǐ		高等
777	茶	chá	名	一级
778	茶道	chádào		高等
779	茶馆儿	cháguǎnr	名	高等
780	茶叶	cháyè	名	四级
781	查	chá	动	二级
782	查出	cháchū		六级
783	查处	cháchǔ	动	高等
784	查看	chákàn	动	六级
785	查明	chámíng	动	高等
786	查询	cháxún	动	五级
787	查找	cházhǎo	动	高等
788	察觉	chájué	动	高等
789	察看	chákàn	动	高等
790	诧异	chàyì	形	高等
791	差	chà	动、形	一级
792	差不多	chàbuduō	形、副	二级
793	差（一）点儿	chà(yì)diǎnr	副	五级
794	拆	chāi	动	五级
795	拆除	chāichú	动	五级
796	拆迁	chāiqiān	动	六级
797	掺	chān	动	高等
798	搀	chān	动	高等
799	馋	chán	形、动	高等
800	禅杖	chánzhàng	名	高等
801	缠	chán	动	高等
802	产	chǎn	动	高等
803	产地	chǎndì	名	高等
804	产量	chǎnliàng	名	六级
805	产品	chǎnpǐn	名	四级
806	产生	chǎnshēng	动	三级
807	产物	chǎnwù	名	高等
808	产业	chǎnyè	名	五级
809	产值	chǎnzhí	名	高等
810	铲	chǎn	动	高等
811	铲子	chǎnzi	名	高等
812	阐述	chǎnshù	动	高等
813	颤抖	chàndǒu	动	高等
814	昌盛	chāngshèng	形	六级
815	猖狂	chāngkuáng	形	高等
816	长	cháng	形	二级
817	长城	Chángchéng	名	三级
818	长处	chángchù	名	三级
819	长达	cháng dá		高等
820	长度	chángdù	名	五级
821	长短	chángduǎn	名	六级
822	长假	chángjià	名	六级
823	长久	chángjiǔ	形	六级
824	长跑	chángpǎo	名	六级
825	长期	chángqī	名	三级
826	长期以来	chángqī yǐlái		高等
827	长寿	chángshòu	形	五级
828	长途	chángtú	形、名	四级
829	长效	chángxiào	名、形	高等
830	长远	chángyuǎn	形	六级
831	长征	chángzhēng	名	高等
832	长足	chángzú	形	高等
833	肠	cháng	名	五级
834	尝	cháng	动	五级
835	尝试	chángshì	动、名	五级
836	常	cháng	副	一级
837	常常	chángcháng	副	一级
838	常规	chángguī	名	六级
839	常见	cháng jiàn		二级
840	常理	chánglǐ	名	高等
841	常年	chángnián	副、名	六级
842	常人	chángrén	名	高等
843	常识	chángshí	名	四级
844	常态	chángtài	名	高等
845	常温	chángwēn	名	高等
846	常用	cháng yòng		二级
847	偿还	chánghuán	动	高等
848	嫦娥	Cháng'é	名	高等
849	厂	chǎng	名	三级
850	厂家	chǎngjiā	名	高等

851	厂商	chǎngshāng	名		六级	890	潮湿	cháoshī	形	四级
852	厂长	chǎngzhǎng	名		五级	891	吵	chǎo	形、动	三级
853	场	chǎng	量		二级	892	吵架	chǎo//jià		三级
854	场地	chǎngdì	名		六级	893	吵嘴	chǎo//zuǐ		高等
855	场馆	chǎngguǎn	名		六级	894	炒	chǎo	动	六级
856	场合	chǎnghé	名		三级	895	炒股	chǎo//gǔ		六级
857	场景	chǎngjǐng	名		六级	896	炒作	chǎozuò	动	六级
858	场面	chǎngmiàn	名		五级	897	车	chē	名	一级
859	场所	chǎngsuǒ	名		三级	898	车道	chēdào	名	高等
860	敞开	chǎngkāi	动		高等	899	车号	chēhào	名	六级
861	畅谈	chàngtán	动		高等	900	车祸	chēhuò	名	高等
862	畅通	chàngtōng	形		六级	901	车间	chējiān	名	高等
863	畅销	chàngxiāo	动		高等	902	车辆	chēliàng	名	二级
864	倡导	chàngdǎo	动		五级	903	车轮	chēlún	名	高等
865	倡议	chàngyì	动、名		高等	904	车牌	chēpái	名	六级
866	唱	chàng	动		一级	905	车票	chēpiào	名	一级
867	唱歌	chàng//gē			一级	906	车上	chē shang		一级
868	唱片	chàngpiàn	名		四级	907	车速	chēsù	名	高等
869	抄	chāo	动		四级	908	车位	chēwèi	名	高等
870	抄袭	chāoxí	动		高等	909	车厢	chēxiāng	名	高等
871	抄写	chāoxiě	动		四级	910	车型	chēxíng	名	高等
872	钞票	chāopiào	名		高等	911	车展	chēzhǎn	名	六级
873	超	chāo	动		六级	912	车站	chēzhàn	名	一级
874	超标	chāo//biāo			高等	913	车轴	chēzhóu	名	高等
875	超车	chāo//chē			高等	914	车主	chēzhǔ	名	五级
876	超出	chāochū	动		六级	915	扯	chě	动	高等
877	超过	chāoguò	动		二级	916	彻底	chèdǐ	形	四级
878	超级	chāojí	形		三级	917	彻夜	chèyè	副	高等
879	超前	chāoqián	形、动		高等	918	撤	chè	动	高等
880	超市	chāoshì	名		二级	919	撤换	chèhuàn	动	高等
881	超速	chāosù	动		高等	920	撤离	chèlí	动	六级
882	超越	chāoyuè	动		五级	921	撤销	chèxiāo	动	六级
883	朝	cháo	介、动		三级	922	沉	chén	动、形	四级
884	朝代	cháodài	名		高等	923	沉甸甸	chéndiàndiàn	形	高等
885	朝着	cháozhe			高等	924	沉淀	chéndiàn	动、名	高等
886	嘲弄	cháonòng	动		高等	925	沉浸	chénjìn		高等
887	嘲笑	cháoxiào	动		高等	926	沉闷	chénmèn	形	高等
888	潮	cháo	名、形		四级	927	沉迷	chénmí	动	高等
889	潮流	cháoliú	名		四级	928	沉默	chénmò	形、动	四级

929	沉思	chénsī	动	高等	968	成人	chéngrén	名	四级
930	沉稳	chénwěn	形	高等	969	成熟	chéngshú	形	三级
931	沉重	chénzhòng	形	四级	970	成天	chéngtiān	副	高等
932	沉着	chénzhuó	形	高等	971	成为	chéngwéi	动	二级
933	陈旧	chénjiù	形	高等	972	成问题	chéngwèntí		高等
934	陈列	chénliè	动	高等	973	成效	chéngxiào	名	五级
935	陈述	chénshù	动	高等	974	成型	chéngxíng	动	高等
936	衬衫	chènshān	名	三级	975	成语	chéngyǔ	名	五级
937	衬托	chèntuō	动	高等	976	成员	chéngyuán	名	三级
938	衬衣	chènyī	名	三级	977	成长	chéngzhǎng	动	三级
939	趁	chèn	介	高等	978	呈现	chéngxiàn	动	高等
940	趁机	chènjī	副	高等	979	诚恳	chéngkěn	形	高等
941	趁早	chènzǎo	副	高等	980	诚实	chéng·shí	形	四级
942	趁着	chènzhe		高等	981	诚心诚意	chéngxīn-chéngyì		高等
943	称（称一称）	chēng	动	二级	982	诚信	chéngxìn	形	四级
944	称（称为）	chēng	动	五级	983	诚意	chéngyì	名	高等
945	称号	chēnghào	名	五级	984	诚挚	chéngzhì	形	高等
946	称呼	chēnghu	动、名	高等	985	承办	chéngbàn	动	五级
947	称为	chēngwéi		三级	986	承包	chéngbāo	动	高等
948	称赞	chēngzàn	动	四级	987	承担	chéngdān	动	四级
949	称作	chēngzuò		高等	988	承诺	chéngnuò	动	六级
950	撑	chēng	动	六级	989	承认	chéngrèn	动	四级
951	成	chéng	动	二级	990	承受	chéngshòu	动	四级
952	成	chéng	量	六级	991	承载	chéngzài	动	高等
953	成本	chéngběn	名	五级	992	城	chéng	名	三级
954	成才	chéngcái	动	高等	993	城里	chénglǐ	名	五级
955	成分	chéngfèn	名	六级	994	城墙	chéngqiáng	名	高等
956	成功	chénggōng	动、形	三级	995	城区	chéngqū	名	六级
957	成果	chéngguǒ	名	三级	996	城市	chéngshì	名	三级
958	成绩	chéngjì	名	二级	997	城乡	chéng xiāng		六级
959	成家	chéng//jiā		高等	998	城镇	chéngzhèn	名	六级
960	成交	chéng//jiāo		五级	999	乘	chéng	动	五级
961	成就	chéngjiù	名、动	三级	1000	乘车	chéng chē		五级
962	成立	chénglì	动	三级	1001	乘客	chéngkè	名	五级
963	成年[1]	chéngnián	动	高等	1002	乘人之危	chéngrénzhīwēi		高等
964	成年[2]	chéngnián	副	高等	1003	乘坐	chéngzuò		五级
965	成品	chéngpǐn	名	六级	1004	盛	chéng	动	高等
966	成千上万	chéngqiān-shàngwàn		高等	1005	程度	chéngdù		三级
967	成群结队	chéngqún-jiéduì		高等	1006	程序	chéngxù	名	四级

1007	惩处	chéngchǔ	动	高等	1046	冲	chōng	动	四级
1008	惩罚	chéngfá	动、名	高等	1047	冲刺	chōngcì	动	高等
1009	澄清	chéngqīng	动、形	高等	1048	冲动	chōngdòng	名、形	五级
1010	橙汁	chéngzhī	名	高等	1049	冲击	chōngjī	动、名	六级
1011	逞能	chěng//néng		高等	1050	冲浪	chōnglàng		高等
1012	逞强	chěng//qiáng		高等	1051	冲突	chōngtū	动、名	五级
1013	秤	chèng	名	高等	1052	冲洗	chōngxǐ	动	高等
1014	吃	chī	动	一级	1053	冲撞	chōngzhuàng	动	高等
1015	吃不上	chībushàng	动	高等	1054	充	chōng	动	高等
1016	吃饭	chī//fàn		一级	1055	充当	chōngdāng	动	高等
1017	吃喝玩乐	chī-hē-wán-lè		高等	1056	充电	chōng//diàn		四级
1018	吃惊	chī//jīng		四级	1057	充电器	chōngdiànqì	名	四级
1019	吃苦	chī//kǔ		高等	1058	充分	chōngfèn	形	四级
1020	吃亏	chī//kuī		高等	1059	充满	chōngmǎn	动	三级
1021	吃力	chīlì	形	五级	1060	充沛	chōngpèi	形	高等
1022	痴呆	chīdāi	形	高等	1061	充实	chōngshí	形、动	高等
1023	痴迷	chīmí	动	高等	1062	充足	chōngzú	形	五级
1024	痴心	chīxīn	名	高等	1063	虫子	chóngzi	名	四级
1025	池塘	chítáng	名	高等	1064	重	chóng	副	三级
1026	池子	chízi	名	五级	1065	重播	chóngbō	动	高等
1027	驰名	chímíng	动	高等	1066	重叠	chóngdié	动	高等
1028	迟	chí	形	五级	1067	重返	chóngfǎn	动	高等
1029	迟迟	chíchí	副	高等	1068	重复	chóngfù	动	二级
1030	迟到	chídào	动	四级	1069	重合	chónghé	动	高等
1031	迟疑	chíyí	形	高等	1070	重建	chóngjiàn	动	六级
1032	迟早	chízǎo	副	高等	1071	重申	chóngshēn	动	高等
1033	持	chí	动	高等	1072	重现	chóngxiàn	动	高等
1034	持久	chíjiǔ	形	高等	1073	重新	chóngxīn	副	二级
1035	持续	chíxù	动	三级	1074	重组	chóngzǔ	动	六级
1036	持有	chíyǒu	动	六级	1075	崇拜	chóngbài	动	六级
1037	持之以恒	chízhī-yǐhéng		高等	1076	崇高	chónggāo	形	高等
1038	尺	chǐ	名、量	四级	1077	崇尚	chóngshàng	动	高等
1039	尺寸	chǐ·cùn	名	四级	1078	宠	chǒng	动	高等
1040	尺度	chǐdù	名	高等	1079	宠爱	chǒng'ài	动	高等
1041	尺子	chǐzi	名	四级	1080	宠物	chǒngwù	名	六级
1042	耻辱	chǐrǔ	名	高等	1081	冲	chòng	介、动	六级
1043	耻笑	chǐxiào	动	高等	1082	抽	chōu	动	四级
1044	赤字	chìzì	名	高等	1083	抽奖	chōu//jiǎng		四级
1045	翅膀	chìbǎng	名	高等	1084	抽签	chōu//qiān		高等

#	词	拼音	词性	等级	#	词	拼音	词性	等级
1085	抽屉	chōuti	名	高等	1124	出局	chū//jú		高等
1086	抽象	chōuxiàng	形	高等	1125	出具	chūjù	动	高等
1087	抽烟	chōuyān	动	四级	1126	出口	chūkǒu	名	二级
1088	仇	chóu	名	高等	1127	出口	chū//kǒu		四级
1089	仇恨	chóuhèn	动、名	高等	1128	出口成章	chūkǒu-chéngzhāng		高等
1090	仇人	chóurén	名	高等	1129	出来	chū//·lái		一级
1091	稠	chóu	形	高等	1130	出路	chūlù	名	六级
1092	稠密	chóumì	形	高等	1131	出卖	chūmài	动	高等
1093	愁	chóu	动	五级	1132	出毛病	chū máo·bìng		高等
1094	愁眉苦脸	chóuméi-kǔliǎn		高等	1133	出门	chū//mén		二级
1095	筹	chóu	动	高等	1134	出面	chū//miàn		六级
1096	筹办	chóubàn	动	高等	1135	出名	chū//míng		六级
1097	筹备	chóubèi	动	高等	1136	出难题	chū nántí		高等
1098	筹措	chóucuò	动	高等	1137	出去	chū//·qù		一级
1099	筹划	chóuhuà	动、名	高等	1138	出人意料	chūrényìliào		高等
1100	筹集	chóují	动	高等	1139	出任	chūrèn	动	高等
1101	筹码	chóumǎ	名	高等	1140	出入	chūrù	动、名	六级
1102	丑	chǒu	形	五级	1141	出色	chūsè	形	四级
1103	丑恶	chǒu'è	形	高等	1142	出山	chū//shān		高等
1104	丑陋	chǒulòu	形	高等	1143	出身	chūshēn	动、名	高等
1105	丑闻	chǒuwén	名	高等	1144	出生	chūshēng	动	二级
1106	瞅	chǒu	动	高等	1145	出示	chūshì	动	高等
1107	臭	chòu	形	五级	1146	出事	chū//shì		六级
1108	出	chū	动	一级	1147	出手	chū//shǒu		高等
1109	出版	chūbǎn	动	五级	1148	出售	chūshòu	动	四级
1110	出版社	chūbǎnshè	名	高等	1149	出台	chū//tái		六级
1111	出差	chū//chāi		五级	1150	出头	chū//tóu		高等
1112	出厂	chū//chǎng		高等	1151	出土	chū//tǔ		高等
1113	出场	chū//chǎng		六级	1152	出息	chūxi	名	高等
1114	出丑	chū//chǒu		高等	1153	出席	chūxí	动	四级
1115	出道	chū//dào		高等	1154	出现	chūxiàn	动	二级
1116	出动	chūdòng	动	六级	1155	出血	chū//xiě		高等
1117	出发	chūfā	动	二级	1156	出行	chūxíng	动	六级
1118	出发点	chūfādiǎn	名	高等	1157	出演	chūyǎn	动	高等
1119	出访	chūfǎng	动	六级	1158	出洋相	chū yángxiàng		高等
1120	出风头	chū fēngtou		高等	1159	出游	chūyóu	动	高等
1121	出国	chū//guó		二级	1160	出于	chūyú	动	五级
1122	出汗	chū//hàn		五级	1161	出院	chū//yuàn		二级
1123	出境	chū//jìng		高等	1162	出众	chūzhòng	形	高等

1163	出主意	chū zhǔyi		高等	1202	触犯	chùfàn	动	高等
1164	出资	chūzī	动	高等	1203	触觉	chùjué	名	高等
1165	出自	chūzì	动	高等	1204	触摸	chùmō	动	高等
1166	出走	chūzǒu	动	高等	1205	触目惊心	chùmù-jīngxīn		高等
1167	出租	chūzū	动	二级	1206	揣	chuāi	动	高等
1168	出租车	chūzūchē	名	二级	1207	揣测	chuǎicè	动	高等
1169	初	chū	副	三级	1208	揣摩	chuǎimó	动	高等
1170	初（初一）	chū (chūyī)	前缀	三级	1209	踹	chuài	动	高等
1171	初步	chūbù	形	三级	1210	川流不息	chuānliú-bùxī		高等
1172	初次	chūcì	名	高等	1211	穿	chuān	动	一级
1173	初等	chūděng	形	六级	1212	穿过	chuānguò	动	高等
1174	初级	chūjí	形	三级	1213	穿上	chuānshang		四级
1175	初期	chūqī	名	五级	1214	穿小鞋	chuān xiǎoxié		高等
1176	初中	chūzhōng	名	三级	1215	穿越	chuānyuè	动	高等
1177	初衷	chūzhōng	名	高等	1216	穿着	chuānzhuó	名	高等
1178	除	chú	介、动	六级	1217	传	chuán	动	三级
1179	除此之外	chúcǐzhīwài		高等	1218	传播	chuánbō	动	三级
1180	除非	chúfēi	连、介	五级	1219	传承	chuánchéng	动、名	高等
1181	除了	chúle	介	三级	1220	传出	chuánchū		六级
1182	除去	chúqù	动、介	高等	1221	传达	chuándá	动	五级
1183	除外	chúwài	动	高等	1222	传递	chuándì	动	五级
1184	除夕	chúxī	名	五级	1223	传来	chuánlái		三级
1185	厨房	chúfáng	名	五级	1224	传媒	chuánméi	名	六级
1186	厨师	chúshī	名	六级	1225	传奇	chuánqí	名	高等
1187	处罚	chǔfá	动、名	五级	1226	传染	chuánrǎn	动	高等
1188	处方	chǔfāng	动、名	高等	1227	传染病	chuánrǎnbìng	名	高等
1189	处分	chǔfèn	名、动	五级	1228	传人	chuánrén	名	高等
1190	处境	chǔjìng	名	高等	1229	传授	chuánshòu	动	高等
1191	处理	chǔlǐ	动、名	三级	1230	传输	chuánshū	动	六级
1192	处于	chǔyú	动	四级	1231	传说	chuánshuō	动、名	三级
1193	处在	chǔzài	动	五级	1232	传统	chuántǒng	名、形	四级
1194	处置	chǔzhì	动	高等	1233	传闻	chuánwén	动、名	高等
1195	储备	chǔbèi	动、名	高等	1234	传言	chuányán	名、动	六级
1196	储存	chǔcún	动	六级	1235	传真	chuánzhēn	名、动	五级
1197	储蓄	chǔxù	动、名	高等	1236	船	chuán	名	二级
1198	处	chù	名	四级	1237	船舶	chuánbó	名	高等
1199	处处	chùchù	副	六级	1238	船桨	chuánjiǎng	名	高等
1200	处长	chùzhǎng	名	六级	1239	船员	chuányuán	名	六级
1201	触动	chùdòng	动	高等	1240	船长	chuánzhǎng	名	六级

1241	船只	chuánzhī	名	六级	1280	纯朴	chúnpǔ	形	高等
1242	喘	chuǎn	动	高等	1281	醇厚	chúnhòu	形	高等
1243	喘息	chuǎnxī	动	高等	1282	蠢	chǔn	形	高等
1244	串	chuàn	量、动	六级	1283	戳	chuō	动、名	高等
1245	串门	chuàn∥mén		高等	1284	绰号	chuòhào	名	高等
1246	创伤	chuāngshāng	名	高等	1285	词	cí	名	二级
1247	窗户	chuānghu	名	四级	1286	词典	cídiǎn	名	二级
1248	窗口	chuāngkǒu	名	六级	1287	词汇	cíhuì	名	四级
1249	窗帘	chuānglián	名	五级	1288	词语	cíyǔ	名	二级
1250	窗台	chuāngtái	名	四级	1289	瓷	cí	名	高等
1251	窗子	chuāngzi	名	四级	1290	瓷器	cíqì	名	高等
1252	床	chuáng	名	一级	1291	辞	cí	动	高等
1253	床位	chuángwèi	名	高等	1292	辞呈	cíchéng	名	高等
1254	闯	chuǎng	动	五级	1293	辞典	cídiǎn	名	五级
1255	创	chuàng	动	高等	1294	辞去	cíqù		高等
1256	创办	chuàngbàn	动	六级	1295	辞退	cítuì	动	高等
1257	创建	chuàngjiàn	动	六级	1296	辞职	cí∥zhí		五级
1258	创立	chuànglì	动	五级	1297	慈善	císhàn	形	高等
1259	创始人	chuàngshǐrén	名	高等	1298	慈祥	cíxiáng	形	高等
1260	创新	chuàngxīn	动、名	三级	1299	磁带	cídài	名	高等
1261	创业	chuàngyè	动	三级	1300	磁卡	cíkǎ	名	高等
1262	创意	chuàngyì	名、动	六级	1301	磁盘	cípán	名	高等
1263	创造	chuàngzào	动、名	三级	1302	此	cǐ	代	四级
1264	创作	chuàngzuò	动、名	三级	1303	此处	cǐ chù		六级
1265	吹	chuī	动	二级	1304	此次	cǐ cì		六级
1266	吹了	chuī le		高等	1305	此后	cǐhòu	名	五级
1267	吹牛	chuī∥niú		高等	1306	此刻	cǐkè	名	五级
1268	吹捧	chuīpěng	动	高等	1307	此起彼伏	cǐqǐ-bǐfú		高等
1269	垂	chuí	动	高等	1308	此前	cǐqián	名	六级
1270	垂头丧气	chuítóu-sàngqì		高等	1309	此时	cǐshí	名	五级
1271	捶	chuí	动	高等	1310	此事	cǐshì	名	六级
1272	锤子	chuízi	名	高等	1311	此外	cǐwài	连	四级
1273	春季	chūnjì	名	四级	1312	此致	cǐzhì	动	六级
1274	春节	Chūnjié	名	二级	1313	次	cì	量	一级
1275	春天	chūntiān	名	二级	1314	次	cì	形	四级
1276	纯	chún	形	四级	1315	次日	cìrì	名	高等
1277	纯粹	chúncuì	形	高等	1316	次数	cìshù	名	六级
1278	纯洁	chúnjié	形、动	高等	1317	伺候	cìhou	动	高等
1279	纯净水	chúnjìngshuǐ		四级	1318	刺	cì	动、名	四级

1319	刺耳	cì'ěr	形	高等	1358	促成	cùchéng	动	高等
1320	刺骨	cìgǔ	动	高等	1359	促进	cùjìn	动	四级
1321	刺激	cìjī	动、名	四级	1360	促使	cùshǐ	动	四级
1322	刺绣	cìxiù	动、名	高等	1361	促销	cùxiāo	动	四级
1323	赐	cì	动	高等	1362	醋	cù	名	六级
1324	赐教	cìjiào	动	高等	1363	簇拥	cùyōng	动	高等
1325	匆匆	cōngcōng	形	高等	1364	窜	cuàn	动	高等
1326	匆忙	cōngmáng	形	高等	1365	催	cuī	动	高等
1327	葱	cōng	名	高等	1366	催促	cuīcù	动	高等
1328	聪明	cōng·míng	形	五级	1367	催眠	cuīmián	动	高等
1329	从	cóng	介	一级	1368	摧毁	cuīhuǐ	动	高等
1330	从不	cóng bù		六级	1369	脆	cuì	形	五级
1331	从此	cóngcǐ	副	四级	1370	脆弱	cuìruò	形	高等
1332	从而	cóng'ér	连	五级	1371	翠绿	cuìlǜ	形	高等
1333	从今以后	cóng jīn yǐhòu		高等	1372	村	cūn	名	三级
1334	从来	cónglái	副	三级	1373	村庄	cūnzhuāng	名	六级
1335	从来不	cónglái bù		高等	1374	存	cún	动	三级
1336	从没	cóng méi		六级	1375	存放	cúnfàng	动	高等
1337	从前	cóngqián	名	三级	1376	存款	cúnkuǎn	名	五级
1338	从容	cóngróng	形	高等	1377	存心	cúnxīn	动、副	高等
1339	从容不迫	cóngróng-búpò		高等	1378	存在	cúnzài	动	三级
1340	从事	cóngshì	动	三级	1379	存折	cúnzhé	名	高等
1341	从头	cóngtóu	副	高等	1380	寸	cùn	量	五级
1342	从未	cóngwèi	副	高等	1381	搓	cuō	动	高等
1343	从小	cóngxiǎo	副	二级	1382	磋商	cuōshāng	动	高等
1344	从业	cóngyè	动	高等	1383	挫折	cuòzhé	动、名	高等
1345	从早到晚	cóngzǎo-dàowǎn		高等	1384	措施	cuòshī	名	四级
1346	从中	cóngzhōng	副	五级	1385	措手不及	cuòshǒu-bùjí		高等
1347	丛林	cónglín	名	高等	1386	错	cuò	形、名	一级
1348	凑	còu	动	高等	1387	错别字	cuòbiézì	名	高等
1349	凑合	còuhe	动	高等	1388	错过	cuòguò	动	六级
1350	凑巧	còuqiǎo	形	高等	1389	错觉	cuòjué	名	高等
1351	粗	cū	形	四级	1390	错位	cuò∥wèi		高等
1352	粗暴	cūbào	形	高等	1391	错误	cuòwù	形、名	三级
1353	粗糙	cūcāo	形	高等	1392	错综复杂	cuòzōng-fùzá		高等
1354	粗鲁	cū·lǔ	形	高等	1393	搭	dā	动	六级
1355	粗略	cūlüè	形	高等	1394	搭乘	dāchéng	动	高等
1356	粗心	cūxīn	形	四级	1395	搭档	dādàng	动、名	六级
1357	粗心大意	cūxīn-dàyì		高等	1396	搭建	dājiàn	动	高等

1397	搭配	dāpèi	动	六级	1436	打扫	dǎsǎo	动	四级
1398	答应	dāying	动	二级	1437	打算	dǎ·suàn	动、名	二级
1399	打	dá	量	四级	1438	打听	dǎting	动	三级
1400	达标	dábiāo	动	高等	1439	打通	dǎ//tōng		高等
1401	达成	dáchéng	动	五级	1440	打印	dǎyìn	动	二级
1402	达到	dá//dào		三级	1441	打印机	dǎyìnjī	名	六级
1403	答	dá	动	五级	1442	打造	dǎzào	动	六级
1404	答案	dá'àn	名	四级	1443	打仗	dǎ//zhàng		高等
1405	答辩	dábiàn	动	高等	1444	打招呼	dǎ zhāohu		高等
1406	答复	dá·fù	动、名	五级	1445	打折	dǎ//zhé		四级
1407	打	dǎ	动	一级	1446	打针	dǎ//zhēn		四级
1408	打	dǎ	介	五级	1447	大	dà	形	一级
1409	打败	dǎbài	动	四级	1448	大巴	dàbā	名	四级
1410	打扮	dǎban	动	五级	1449	大包大揽	dàbāo-dàlǎn		高等
1411	打包	dǎ//bāo		五级	1450	大笔	dàbǐ	名	高等
1412	打岔	dǎ//chà		高等	1451	大部分	dàbùfen	名	二级
1413	打车	dǎ//chē		一级	1452	大臣	dàchén	名	高等
1414	打倒	dǎ//dǎo		高等	1453	大吃一惊	dàchī-yìjīng		高等
1415	打电话	dǎ diànhuà		一级	1454	大大	dàdà	副	二级
1416	打动	dǎdòng	动	六级	1455	大大咧咧	dàdaliēliē	形	高等
1417	打断	dǎduàn	动	六级	1456	大胆	dàdǎn	形	五级
1418	打盹儿	dǎ//dǔnr		高等	1457	大道	dàdào	名	六级
1419	打发	dǎfa	动	六级	1458	大地	dàdì	名	高等
1420	打工	dǎ//gōng		二级	1459	大都	dàdū	副	五级
1421	打官司	dǎ guānsi		六级	1460	大队	dàduì	名	高等
1422	打击	dǎjī	动	五级	1461	大多	dàduō	副	四级
1423	打架	dǎ//jià		五级	1462	大多数	dàduōshù	名	二级
1424	打交道	dǎ jiāodao		高等	1463	大方	dàfang	形	四级
1425	打搅	dǎjiǎo	动	高等	1464	大幅度	dà fúdù		高等
1426	打开	dǎ//kāi		一级	1465	大概	dàgài	形、副	三级
1427	打捞	dǎlāo	动	高等	1466	大纲	dàgāng	名	五级
1428	打雷	dǎ//léi		四级	1467	大哥	dàgē	名	四级
1429	打量	dǎliang	动	高等	1468	大公无私	dàgōng-wúsī		高等
1430	打猎	dǎ//liè		高等	1469	大规模	dà guīmó		四级
1431	打磨	dǎmó	动	高等	1470	大海	dàhǎi	名	二级
1432	打牌	dǎpái	动	六级	1471	大会	dàhuì	名	四级
1433	打破	dǎ//pò		三级	1472	大伙儿	dàhuǒr	代	五级
1434	打球	dǎ qiú		一级	1473	大家	dàjiā	代	二级
1435	打扰	dǎrǎo	动	五级	1474	大家庭	dàjiātíng	名	高等

#	词	拼音	词性	等级	#	词	拼音	词性	等级
1475	大奖赛	dàjiǎngsài	名	五级	1514	大型	dàxíng	形	四级
1476	大街	dàjiē	名	六级	1515	大熊猫	dàxióngmāo	名	五级
1477	大街小巷	dàjiē-xiǎoxiàng		高等	1516	大选	dàxuǎn	动	高等
1478	大姐	dàjiě	名	四级	1517	大学	dàxué	名	一级
1479	大惊小怪	dàjīng-xiǎoguài		高等	1518	大学生	dàxuéshēng	名	一级
1480	大局	dàjú	名	高等	1519	大雁	dàyàn	名	高等
1481	大款	dàkuǎn	名	高等	1520	大爷	dàye	名	四级
1482	大力	dàlì	副	六级	1521	大衣	dàyī	名	二级
1483	大量	dàliàng	形	二级	1522	大意	dàyì	名	高等
1484	大楼	dà lóu		四级	1523	大意	dàyi	形	高等
1485	大陆	dàlù	名	四级	1524	大有可为	dàyǒu-kěwéi		高等
1486	大妈	dàmā	名	四级	1525	大于	dàyú	动	五级
1487	大门	dàmén	名	二级	1526	大约	dàyuē	副	三级
1488	大米	dàmǐ	名	六级	1527	大致	dàzhì	形、副	五级
1489	大面积	dà miànjī		高等	1528	大众	dàzhòng	名	四级
1490	大名鼎鼎	dàmíng-dǐngdǐng		高等	1529	大自然	dàzìrán	名	二级
1491	大模大样	dàmú-dàyàng		高等	1530	大宗	dàzōng	形、名	高等
1492	大脑	dànǎo	名	五级	1531	呆	dāi	形	五级
1493	大棚	dàpéng	名	高等	1532	待	dāi	动	五级
1494	大批	dàpī	形	六级	1533	待会儿	dāihuìr		六级
1495	大片	dàpiàn	名	高等	1534	歹徒	dǎitú	名	高等
1496	大气	dàqì	名	高等	1535	逮	dǎi	动	高等
1497	大人	dàren	名	二级	1536	大夫	dàifu	名	三级
1498	大赛	dàsài	名	六级	1537	代	dài	动、名	三级
1499	大厦	dàshà	名	高等	1538	代表	dàibiǎo	名、动	三级
1500	大声	dà shēng		二级	1539	代表团	dàibiǎotuán	名	三级
1501	大师	dàshī	名	六级	1540	代号	dàihào	名	高等
1502	大使	dàshǐ	名	六级	1541	代价	dàijià	名	五级
1503	大使馆	dàshǐguǎn		三级	1542	代理	dàilǐ	动	五级
1504	大事	dàshì	名	五级	1543	代理人	dàilǐrén	名	高等
1505	大数据	dàshùjù	名	高等	1544	代替	dàitì	动	四级
1506	大肆	dàsì	副	高等	1545	代言人	dàiyánrén	名	高等
1507	大体	dàtǐ	副	高等	1546	带	dài	动	二级
1508	大体上	dàtǐ shang		高等	1547	带动	dàidòng	动	三级
1509	大厅	dàtīng	名	五级	1548	带队	dàiduì	动	高等
1510	大同小异	dàtóng-xiǎoyì		高等	1549	带来	dài·lái		二级
1511	大腕儿	dàwànr	名	高等	1550	带领	dàilǐng	动	三级
1512	大象	dàxiàng	名	五级	1551	带路	dài//lù		高等
1513	大小	dàxiǎo	名	二级	1552	带头	dài//tóu		高等

#	词	拼音	词性	等级	#	词	拼音	词性	等级
1553	带头人	dàitóurén	名	高等	1592	担子	dànzi	名	高等
1554	带有	dàiyǒu		五级	1593	诞辰	dànchén	名	高等
1555	贷款	dàikuǎn	动、名	五级	1594	诞生	dànshēng	动	六级
1556	待	dài	动	高等	1595	淡	dàn	形	四级
1557	待遇	dàiyù	名	四级	1596	淡化	dànhuà	动	高等
1558	怠工	dài∥gōng		高等	1597	淡季	dànjì	名	高等
1559	怠慢	dàimàn	动	高等	1598	蛋	dàn	名	二级
1560	袋	dài	名、量	四级	1599	蛋白质	dànbáizhì	名	高等
1561	逮捕	dàibǔ	动	高等	1600	蛋糕	dàngāo	名	五级
1562	戴	dài	动	四级	1601	当	dāng	动、介	二级
1563	担	dān	动	高等	1602	当场	dāngchǎng	副	五级
1564	担保	dānbǎo	动、名	四级	1603	当初	dāngchū	名	三级
1565	担当	dāndāng	动	高等	1604	当代	dāngdài	名	五级
1566	担负	dānfù	动	高等	1605	当地	dāngdì	名	三级
1567	担任	dānrèn	动	四级	1606	当即	dāngjí	副	高等
1568	担心	dān∥xīn		四级	1607	当今	dāngjīn	名	高等
1569	担忧	dānyōu	动	六级	1608	当面	dāng∥miàn		高等
1570	单	dān	形、副	四级	1609	当年	dāngnián	名	五级
1571	单边	dānbiān	形	高等	1610	当前	dāngqián	名、动	五级
1572	单薄	dānbó	形	高等	1611	当然	dāngrán	形、副	三级
1573	单纯	dānchún	形	四级	1612	当日	dāngrì	名	高等
1574	单打	dāndǎ	名	六级	1613	当时	dāngshí	名	二级
1575	单调	dāndiào	形	四级	1614	当事人	dāngshìrén	名	高等
1576	单独	dāndú	副	四级	1615	当务之急	dāngwùzhījí		高等
1577	单方面	dānfāngmiàn	名	高等	1616	当下	dāngxià	副	高等
1578	单身	dānshēn	名	高等	1617	当心	dāngxīn	动	高等
1579	单位	dānwèi	名	二级	1618	当选	dāngxuǎn	动	五级
1580	单一	dānyī	形	五级	1619	当着	dāngzhe		高等
1581	单元	dānyuán	名	三级	1620	当之无愧	dāngzhīwúkuì		高等
1582	耽搁	dānge	动	高等	1621	当中	dāngzhōng	名	三级
1583	耽误	dānwu	动	高等	1622	当众	dāngzhòng	副	高等
1584	胆	dǎn	名	五级	1623	挡	dǎng	动	五级
1585	胆怯	dǎnqiè	形	高等	1624	党	dǎng	名	六级
1586	胆小	dǎnxiǎo	形	五级	1625	当	dàng	动	六级
1587	胆子	dǎnzi	名	高等	1626	当成	dàngchéng	动	六级
1588	但	dàn	连	二级	1627	当天	dàngtiān		六级
1589	但是	dànshì	连	二级	1628	当晚	dàngwǎn	名	高等
1590	但愿	dànyuàn	动	高等	1629	当真	dàngzhēn	动、副	高等
1591	担	dàn	量	高等	1630	当作	dàngzuò	动	六级

1631	荡漾	dàngyàng	动	高等
1632	档	dàng	名	六级
1633	档案	dàng'àn	名	六级
1634	档次	dàngcì	名	高等
1635	刀	dāo	名	三级
1636	导弹	dǎodàn	名	高等
1637	导航	dǎoháng	动	高等
1638	导火索	dǎohuǒsuǒ	名	高等
1639	导师	dǎoshī	名	高等
1640	导向	dǎoxiàng	动、名	高等
1641	导演	dǎoyǎn	动、名	三级
1642	导游	dǎoyóu	动、名	四级
1643	导致	dǎozhì	动	四级
1644	岛	dǎo	名	六级
1645	岛屿	dǎoyǔ	名	高等
1646	捣乱	dǎo//luàn		高等
1647	倒	dǎo	动	二级
1648	倒闭	dǎobì	动	四级
1649	倒车	dǎo//chē		四级
1650	倒卖	dǎomài	动	高等
1651	倒霉	dǎo//méi		高等
1652	倒塌	dǎotā	动	高等
1653	倒下	dǎoxia		高等
1654	到	dào	动	一级
1655	到处	dàochù	副	二级
1656	到达	dàodá	动	三级
1657	到底	dàodǐ	副	三级
1658	到来	dàolái	动	五级
1659	到期	dào//qī		六级
1660	到头来	dàotóulái	副	高等
1661	到位	dào//wèi		高等
1662	倒	dào	动	二级
1663	倒车	dào//chē		四级
1664	倒计时	dàojìshí	动	高等
1665	倒是	dàoshì	副	五级
1666	倒数	dàoshǔ		高等
1667	盗	dào	动	高等
1668	盗版	dàobǎn	名	六级
1669	盗窃	dàoqiè	动	高等
1670	悼念	dàoniàn	动	高等
1671	道	dào	量	二级
1672	道德	dàodé	名	五级
1673	道教	Dàojiào	名	六级
1674	道具	dàojù	名	高等
1675	道理	dào·lǐ	名	二级
1676	道路	dàolù	名	二级
1677	道歉	dào//qiàn		六级
1678	稻草	dàocǎo	名	高等
1679	得	dé	动	二级
1680	得不偿失	débùchángshī		高等
1681	得出	déchū		二级
1682	得当	dédàng	形	高等
1683	得到	dé//dào		一级
1684	得分	défēn	动、名	三级
1685	得了	déle	动	五级
1686	得力	délì	形	高等
1687	得失	déshī	名	高等
1688	得手	déshǒu	形	高等
1689	得体	détǐ	形	高等
1690	得天独厚	détiāndúhòu		高等
1691	得以	déyǐ	动	五级
1692	得益于	déyì yú		高等
1693	得意	déyì	形	四级
1694	得意扬扬	déyì-yángyáng		高等
1695	得知	dézhī	动	高等
1696	得罪	dézuì	动	高等
1697	德	dé	名	高等
1698	地	de	助	一级
1699	的	de	助	一级
1700	的话	dehuà	助	二级
1701	得	de	助	二级
1702	得	děi	动	四级
1703	灯	dēng	名	二级
1704	灯光	dēngguāng	名	四级
1705	灯笼	dēnglong	名	高等
1706	灯泡	dēngpào	名	高等
1707	登	dēng	动	四级
1708	登机	dēngjī	动	高等

1709	登记	dēng//jì		四级	1748	抵制	dǐzhì	动	高等
1710	登陆	dēng//lù		高等	1749	底	dǐ	名	四级
1711	登录	dēnglù	动	四级	1750	底层	dǐcéng	名	高等
1712	登山	dēng//shān		四级	1751	底下	dǐxia	名	三级
1713	蹬	dēng	动	高等	1752	底线	dǐxiàn	名	高等
1714	等	děng	动	一级	1753	底蕴	dǐyùn	名	高等
1715	等	děng	助、名	二级	1754	底子	dǐzi	名	高等
1716	等待	děngdài	动	三级	1755	地	dì	名	一级
1717	等到	děngdào	介	二级	1756	地板	dìbǎn	名	六级
1718	等候	děnghòu	动	五级	1757	地步	dìbù	名	高等
1719	等级	děngjí	名	五级	1758	地带	dìdài	名	五级
1720	等于	děngyú	动	二级	1759	地道	dìdào	名	高等
1721	凳子	dèngzi	名	高等	1760	地道	dìdao	形	高等
1722	瞪	dèng	动	高等	1761	地点	dìdiǎn	名	一级
1723	低	dī	形、动	二级	1762	地段	dìduàn	名	高等
1724	低调	dīdiào	名、形	高等	1763	地方	dìfāng	名	四级
1725	低估	dīgū	动	高等	1764	地方	dìfang	名	一级
1726	低谷	dīgǔ	名	高等	1765	地理	dìlǐ	名	高等
1727	低价	dījià	名	高等	1766	地面	dìmiàn	名	四级
1728	低迷	dīmí	形	高等	1767	地名	dìmíng	名	六级
1729	低碳	dītàn	形	高等	1768	地球	dìqiú	名	二级
1730	低头	dī//tóu		六级	1769	地区	dìqū	名	三级
1731	低温	dīwēn	名	六级	1770	地上	dìshang		一级
1732	低下	dīxià	形	高等	1771	地毯	dìtǎn	名	高等
1733	低于	dīyú		五级	1772	地铁	dìtiě	名	二级
1734	堤	dī	名	高等	1773	地铁站	dìtiězhàn	名	二级
1735	堤坝	dībà	名	高等	1774	地图	dìtú	名	一级
1736	提防	dīfang	动	高等	1775	地位	dìwèi	名	四级
1737	滴	dī	动、量	六级	1776	地下	dìxià	名	四级
1738	的确	díquè	副	四级	1777	地下室	dìxiàshì	名	六级
1739	敌人	dírén	名	四级	1778	地下水	dìxiàshuǐ	名	高等
1740	笛子	dízi	名	高等	1779	地形	dìxíng	名	五级
1741	抵触	dǐchù	动	高等	1780	地狱	dìyù	名	高等
1742	抵达	dǐdá	动	六级	1781	地域	dìyù	名	高等
1743	抵挡	dǐdǎng	动	高等	1782	地震	dìzhèn	名、动	五级
1744	抵抗	dǐkàng	动	六级	1783	地址	dìzhǐ	名	四级
1745	抵消	dǐxiāo	动	高等	1784	地质	dìzhì	名	高等
1746	抵押	dǐyā	动	高等	1785	弟弟|弟	dìdi|dì	名	一级
1747	抵御	dǐyù	动	高等	1786	弟子	dìzǐ	名	高等

1787	帝国	dìguó		名	高等	1826	电视剧	diànshìjù	名	三级
1788	帝国主义	dìguó zhǔyì			高等	1827	电视台	diànshìtái	名	三级
1789	递	dì		动	五级	1828	电台	diàntái	名	三级
1790	递给	dì gěi			五级	1829	电梯	diàntī	名	四级
1791	递交	dìjiāo		动	高等	1830	电网	diànwǎng	名	高等
1792	第（第二）	dì (dì-èr)		前缀	一级	1831	电线	diànxiàn	名	高等
1793	第一手	dìyīshǒu		形	高等	1832	电信	diànxìn	名	高等
1794	第一线	dìyīxiàn		名	高等	1833	电讯	diànxùn	名	高等
1795	颠倒	diāndǎo		动	高等	1834	电影	diànyǐng	名	一级
1796	颠覆	diānfù		动	高等	1835	电影院	diànyǐngyuàn	名	一级
1797	巅峰	diānfēng		名	高等	1836	电源	diànyuán	名	四级
1798	典范	diǎnfàn		名	高等	1837	电子版	diànzǐbǎn	名	五级
1799	典礼	diǎnlǐ		名	五级	1838	电子邮件	diànzǐ yóujiàn		三级
1800	典型	diǎnxíng		名、形	四级	1839	店	diàn	名	二级
1801	点	diǎn		量、动、名	一级	1840	垫	diàn	动	高等
1802	点火	diǎn//huǒ			高等	1841	垫底	diàn//dǐ		高等
1803	点击率	diǎnjīlǜ		名	高等	1842	垫子	diànzi	名	高等
1804	点名	diǎn//míng			四级	1843	淀粉	diànfěn	名	高等
1805	点评	diǎnpíng		动、名	高等	1844	惦记	diàn·jì	动	高等
1806	点燃	diǎnrán		动	五级	1845	奠定	diàndìng	动	高等
1807	点头	diǎn//tóu			二级	1846	殿堂	diàntáng	名	高等
1808	点心	diǎnxin		名	高等	1847	刁难	diāonàn	动	高等
1809	点缀	diǎnzhuì		动	高等	1848	叼	diāo	动	高等
1810	点子	diǎnzi		名	高等	1849	雕	diāo	动	高等
1811	电	diàn		名	一级	1850	雕刻	diāokè	动、名	高等
1812	电报	diànbào		名	高等	1851	雕塑	diāosù	动、名	高等
1813	电车	diànchē		名	六级	1852	吊	diào	动	六级
1814	电池	diànchí		名	五级	1853	吊销	diàoxiāo	动	高等
1815	电灯	diàndēng		名	四级	1854	钓鱼	diàoyú	动	高等
1816	电动	diàndòng		形	六级	1855	调	diào	动	三级
1817	电动车	diàndòngchē		名	四级	1856	调查	diàochá	动、名	三级
1818	电饭锅	diànfànguō		名	五级	1857	调动	diàodòng	动	五级
1819	电话	diànhuà		名	一级	1858	调度	diàodù	动、名	高等
1820	电力	diànlì		名	六级	1859	调研	diàoyán	动	六级
1821	电铃	diànlíng		名	高等	1860	掉	diào	动	二级
1822	电脑	diànnǎo		名	一级	1861	掉队	diào//duì		高等
1823	电器	diànqì		名	六级	1862	掉头	diào//tóu		高等
1824	电视	diànshì		名	一级	1863	爹	diē	名	高等
1825	电视机	diànshìjī		名	一级	1864	跌	diē	动	六级

1865	迭起	diéqǐ	动	高等	1904	东部	dōngbù	名	三级
1866	叠	dié	动	高等	1905	东道主	dōngdàozhǔ	名	高等
1867	丁	dīng	名	高等	1906	东方	dōngfāng	名	二级
1868	叮嘱	dīngzhǔ	动	高等	1907	东南	dōngnán	名	二级
1869	盯	dīng	动	高等	1908	东西	dōngxi	名	一级
1870	钉子	dīngzi	名	高等	1909	东张西望	dōngzhāng-xīwàng		高等
1871	顶	dǐng	名、动、量	四级	1910	冬季	dōngjì	名	四级
1872	顶多	dǐngduō	副	高等	1911	冬天	dōngtiān	名	二级
1873	顶级	dǐngjí	形	高等	1912	董事	dǒngshì	名	高等
1874	顶尖	dǐngjiān	名、形	高等	1913	董事会	dǒngshìhuì	名	高等
1875	订	dìng	动	三级	1914	董事长	dǒngshìzhǎng	名	高等
1876	订单	dìngdān	名	高等	1915	懂	dǒng	动	二级
1877	订购	dìnggòu	动	高等	1916	懂得	dǒngde	动	二级
1878	订婚	dìng//hūn		高等	1917	懂事	dǒng//shì		高等
1879	订立	dìnglì	动	高等	1918	动	dòng	动	一级
1880	钉	dìng	动	高等	1919	动不动	dòngbudòng	副	高等
1881	定	dìng	动	四级	1920	动荡	dòngdàng	动、形	高等
1882	定价	dìngjià	名	六级	1921	动感	dònggǎn	名	高等
1883	定金	dìngjīn	名	高等	1922	动工	dòng//gōng		高等
1884	定居	dìng//jū		高等	1923	动画	dònghuà	名	六级
1885	定论	dìnglùn	名	高等	1924	动画片	dònghuàpiàn	名	四级
1886	定期	dìngqī	动、形	三级	1925	动机	dòngjī	名	五级
1887	定时	dìngshí	动、名	六级	1926	动静	dòngjing	名	高等
1888	定为	dìngwéi		高等	1927	动力	dònglì	名	三级
1889	定位	dìng//wèi		六级	1928	动脉	dòngmài	名	高等
1890	定向	dìngxiàng	动	高等	1929	动人	dòngrén	形	三级
1891	定心丸	dìngxīnwán	名	高等	1930	动身	dòng//shēn		高等
1892	定义	dìngyì	名	高等	1931	动手	dòng//shǒu		五级
1893	定做	dìngzuò	动	高等	1932	动态	dòngtài	名	五级
1894	丢	diū	动	五级	1933	动弹	dòngtan	动	高等
1895	丢掉	diūdiào	动	高等	1934	动听	dòngtīng	形	高等
1896	丢脸	diū//liǎn		高等	1935	动物	dòngwù	名	二级
1897	丢弃	diūqì	动	高等	1936	动物园	dòngwùyuán	名	二级
1898	丢人	diū//rén		高等	1937	动向	dòngxiàng	名	高等
1899	丢失	diūshī	动	高等	1938	动摇	dòngyáo	动	四级
1900	东	dōng	名	一级	1939	动用	dòngyòng	动	高等
1901	东北	dōngběi	名	二级	1940	动员	dòngyuán	动	五级
1902	东奔西走	dōngbēn-xīzǒu		高等	1941	动作	dòngzuò	名	一级
1903	东边	dōngbian	名	一级	1942	冻	dòng	动	五级

#	词	拼音	词性	等级
1943	冻结	dòngjié	动	高等
1944	栋	dòng	量	高等
1945	栋梁	dòngliáng	名	高等
1946	洞	dòng	名	五级
1947	都	dōu	副	一级
1948	兜	dōu	动	高等
1949	兜儿	dōur	名	高等
1950	兜售	dōushòu	动	高等
1951	抖	dǒu	动	高等
1952	陡	dǒu	形	高等
1953	斗	dòu	动	高等
1954	斗争	dòuzhēng	动、名	六级
1955	斗志	dòuzhì	名	高等
1956	豆腐	dòufu	名	四级
1957	豆浆	dòujiāng	名	高等
1958	豆制品	dòuzhìpǐn	名	五级
1959	豆子	dòuzi	名	高等
1960	逗	dòu	动、形	高等
1961	都会	dūhuì	名	高等
1962	都市	dūshì	名	六级
1963	督促	dūcù	动	高等
1964	毒	dú	名、动、形	五级
1965	毒品	dúpǐn	名	六级
1966	独	dú	副	高等
1967	独唱	dúchàng	动	高等
1968	独家	dújiā	名	高等
1969	独立	dúlì	动	四级
1970	独立自主	dúlì-zìzhǔ		高等
1971	独身	dúshēn	动	高等
1972	独特	dútè	形	四级
1973	独一无二	dúyī-wú'èr		高等
1974	独自	dúzì	副	四级
1975	读	dú	动	一级
1976	读书	dú//shū		一级
1977	读音	dúyīn	名	二级
1978	读者	dúzhě	名	三级
1979	堵	dǔ	动	四级
1980	堵车	dǔ//chē		四级
1981	堵塞	dǔsè	动	高等
1982	赌	dǔ	动	六级
1983	赌博	dǔbó	动	六级
1984	杜绝	dùjué	动	高等
1985	肚子	dùzi	名	四级
1986	妒忌	dùjì	动	高等
1987	度	dù	名、量	二级
1988	度（知名度）	dù (zhīmíngdù)	后缀	高等
1989	度过	dùguò	动	四级
1990	度假	dùjià	动	高等
1991	渡	dù	动	六级
1992	渡过	dùguò		高等
1993	端	duān	动	六级
1994	端午节	Duānwǔ Jié	名	六级
1995	端正	duānzhèng	形、动	高等
1996	短	duǎn	形	二级
1997	短处	duǎnchù	名	三级
1998	短裤	duǎnkù	名	三级
1999	短片	duǎnpiàn	名	六级
2000	短期	duǎnqī	名	三级
2001	短缺	duǎnquē	动	高等
2002	短信	duǎnxìn	名	二级
2003	短暂	duǎnzàn	形	高等
2004	段	duàn	量	二级
2005	段落	duànluò	名	高等
2006	断	duàn	动	三级
2007	断定	duàndìng	动	高等
2008	断断续续	duànduànxùxù	形	高等
2009	断裂	duànliè	动	高等
2010	锻炼	duànliàn	动	四级
2011	堆	duī	动、名、量	五级
2012	堆砌	duīqì	动	高等
2013	队	duì	名	二级
2014	队伍	duìwu	名	六级
2015	队形	duìxíng	名	高等
2016	队员	duìyuán	名	三级
2017	队长	duìzhǎng	名	二级
2018	对	duì	形	一级
2019	对	duì	介、动	二级

#	词	拼音	词性	等级	#	词	拼音	词性	等级
2020	对白	duìbái	名	高等	2059	多久	duōjiǔ	代	二级
2021	对比	duìbǐ	动、名	四级	2060	多亏	duōkuī	动	高等
2022	对不起	duìbuqǐ	动	一级	2061	多劳多得	duōláo-duōdé		高等
2023	对策	duìcè	名	高等	2062	多么	duōme	副	二级
2024	对称	duìchèn	形	高等	2063	多媒体	duōméitǐ	名	六级
2025	对待	duìdài	动	三级	2064	多年	duō nián		四级
2026	对得起	duìdeqǐ	动	高等	2065	多年来	duō nián lái		高等
2027	对方	duìfāng	名	三级	2066	多少	duōshao	代	一级
2028	对付	duìfu	动	四级	2067	多数	duōshù	名	二级
2029	对话	duìhuà	动、名	二级	2068	多心	duō∥xīn		高等
2030	对抗	duìkàng	动	六级	2069	多样	duōyàng	形	四级
2031	对立	duìlì	动	五级	2070	多余	duōyú	动、形	高等
2032	对联	duìlián	名	高等	2071	多元	duōyuán	形	高等
2033	对面	duìmiàn	名	二级	2072	多云	duōyún	名	二级
2034	对手	duìshǒu	名	三级	2073	多种	duō zhǒng		四级
2035	对外	duìwài	动	六级	2074	哆嗦	duōsuo	动	高等
2036	对象	duìxiàng	名	三级	2075	夺	duó	动	六级
2037	对弈	duìyì	动	高等	2076	夺冠	duó∥guàn		高等
2038	对应	duìyìng	动	五级	2077	夺魁	duó∥kuí		高等
2039	对于	duìyú	介	四级	2078	夺取	duóqǔ	动	六级
2040	对照	duìzhào	动	高等	2079	朵	duǒ	量	五级
2041	对峙	duìzhì	动	高等	2080	躲	duǒ	动	五级
2042	对准	duìzhǔn		高等	2081	躲避	duǒbì	动	高等
2043	兑换	duìhuàn	动	高等	2082	躲藏	duǒcáng	动	高等
2044	兑现	duìxiàn	动	高等	2083	舵手	duòshǒu	名	高等
2045	吨	dūn	量	五级	2084	堕落	duòluò	动	高等
2046	敦促	dūncù	动	高等	2085	讹诈	ézhà	动	高等
2047	敦厚	dūnhòu	形	高等	2086	俄语	Éyǔ	名	高等
2048	蹲	dūn	动	六级	2087	鹅	é	名	高等
2049	炖	dùn	动	高等	2088	额外	éwài	形	高等
2050	顿	dùn	量	三级	2089	恶心	ěxin	形、动	四级
2051	顿时	dùnshí	副	高等	2090	厄运	èyùn	名	高等
2052	多	duō	形、代	一级	2091	恶	è	形	高等
2053	多	duō	副	二级	2092	恶化	èhuà	动	高等
2054	多半	duōbàn	数、副	六级	2093	恶劣	èliè	形	高等
2055	多边	duōbiān	形	高等	2094	恶性	èxìng	形	高等
2056	多次	duō cì		四级	2095	恶意	èyì	名	高等
2057	多方面	duō fāngmiàn		六级	2096	饿	è	形、动	一级
2058	多功能	duōgōngnéng	形	高等	2097	遏制	èzhì	动	高等

2098	鳄鱼	èyú	名	高等
2099	恩赐	ēncì	动	高等
2100	恩惠	ēnhuì	名	高等
2101	恩情	ēnqíng	名	高等
2102	恩人	ēnrén	名	六级
2103	恩怨	ēnyuàn	名	高等
2104	儿科	érkē	名	六级
2105	儿女	érnǚ	名	五级
2106	儿童	értóng	名	四级
2107	儿子	érzi	名	一级
2108	而	ér	连	四级
2109	而且	érqiě	连	二级
2110	而是	ér shì		四级
2111	而已	éryǐ	助	高等
2112	耳朵	ěrduo	名	五级
2113	耳光	ěrguāng	名	高等
2114	耳机	ěrjī	名	四级
2115	耳目一新	ěrmù-yìxīn		高等
2116	耳熟能详	ěrshú-néngxiáng		高等
2117	耳闻目睹	ěrwén-mùdǔ		高等
2118	二	èr	数	一级
2119	二手	èrshǒu	形	四级
2120	二手车	èrshǒuchē	名	高等
2121	二维码	èrwéimǎ	名	五级
2122	二氧化碳	èryǎnghuàtàn	名	高等
2123	发	fā	动	二级
2124	发表	fābiǎo	动	三级
2125	发病	fā//bìng		六级
2126	发布	fābù	动	五级
2127	发布会	fābùhuì	名	高等
2128	发财	fā//cái		高等
2129	发愁	fā//chóu		高等
2130	发出	fāchū	动	三级
2131	发达	fādá	形	三级
2132	发电	fā//diàn		六级
2133	发电机	fādiànjī	名	高等
2134	发动	fādòng	动	三级
2135	发抖	fādǒu	动	高等
2136	发放	fāfàng	动	六级
2137	发愤图强	fāfèn-túqiáng		高等
2138	发光	fā//guāng		高等
2139	发挥	fāhuī	动	四级
2140	发火	fā//huǒ		高等
2141	发酵	fā//jiào		高等
2142	发觉	fājué	动	五级
2143	发掘	fājué	动	高等
2144	发愣	fā//lèng		高等
2145	发明	fāmíng	动、名	三级
2146	发怒	fā//nù		六级
2147	发脾气	fā píqi		高等
2148	发票	fāpiào	名	四级
2149	发起	fāqǐ	动	六级
2150	发起人	fāqǐrén	名	高等
2151	发热	fā//rè		高等
2152	发烧	fā//shāo		四级
2153	发射	fāshè	动	五级
2154	发生	fāshēng	动	三级
2155	发誓	fā//shì		高等
2156	发送	fāsòng	动	三级
2157	发现	fāxiàn	动、名	二级
2158	发泄	fāxiè	动	高等
2159	发行	fāxíng	动	五级
2160	发言	fāyán	动、名	三级
2161	发言人	fāyánrén	名	六级
2162	发炎	fāyán	动	六级
2163	发扬	fāyáng	动	高等
2164	发扬光大	fāyáng-guāngdà		高等
2165	发育	fāyù	动	高等
2166	发源地	fāyuándì	名	高等
2167	发展	fāzhǎn	动、名	三级
2168	发作	fāzuò	动	高等
2169	罚	fá	动	五级
2170	罚款	fákuǎn	名	五级
2171	阀门	fámén	名	高等
2172	法	fǎ	名	四级
2173	法官	fǎguān	名	四级
2174	法规	fǎguī	名	五级
2175	法律	fǎlǜ	名	四级

#	词	拼音	词性	等级	#	词	拼音	词性	等级
2176	法庭	fǎtíng	名	六级	2215	反面	fǎnmiàn	名、形	高等
2177	法语	Fǎyǔ	名	六级	2216	反思	fǎnsī	动	高等
2178	法院	fǎyuàn	名	四级	2217	反弹	fǎntán	动	高等
2179	法制	fǎzhì	名	五级	2218	反问	fǎnwèn	动	六级
2180	发型	fàxíng	名	高等	2219	反响	fǎnxiǎng	名	六级
2181	帆	fān	名	高等	2220	反省	fǎnxǐng	动	高等
2182	帆船	fānchuán	名	高等	2221	反应	fǎnyìng	动、名	三级
2183	番	fān	量	六级	2222	反映	fǎnyìng	动、名	四级
2184	番茄	fānqié	名	六级	2223	反正	fǎn·zhèng	副	三级
2185	翻	fān	动	四级	2224	返还	fǎnhuán	动	高等
2186	翻番	fān//fān		高等	2225	返回	fǎnhuí	动	五级
2187	翻来覆去	fānlái-fùqù		高等	2226	犯	fàn	动	六级
2188	翻天覆地	fāntiān-fùdì		高等	2227	犯愁	fàn//chóu		高等
2189	翻译	fānyì	动、名	四级	2228	犯规	fàn//guī		六级
2190	凡	fán	副	高等	2229	犯罪	fàn//zuì		六级
2191	凡是	fánshì	副	六级	2230	饭	fàn	名	一级
2192	烦	fán	形、动	四级	2231	饭店	fàndiàn	名	一级
2193	烦闷	fánmèn	形	高等	2232	饭馆	fànguǎn	名	二级
2194	烦恼	fánnǎo	形	高等	2233	饭碗	fànwǎn	名	高等
2195	烦躁	fánzào	形	高等	2234	泛滥	fànlàn	动	高等
2196	繁华	fánhuá	形	高等	2235	范畴	fànchóu	名	高等
2197	繁忙	fánmáng	形	高等	2236	范围	fànwéi	名	三级
2198	繁荣	fánróng	形、动	五级	2237	贩卖	fànmài	动	高等
2199	繁体字	fántǐzì	名	高等	2238	方	fāng	形、名	四级
2200	繁殖	fánzhí	动	六级	2239	方案	fāng'àn	名	四级
2201	繁重	fánzhòng	形	高等	2240	方便	fāngbiàn	形	二级
2202	反	fǎn	形、动、副	四级	2241	方便面	fāngbiànmiàn	名	二级
2203	反驳	fǎnbó	动	高等	2242	方法	fāngfǎ	名	二级
2204	反差	fǎnchā	名	高等	2243	方方面面	fāngfāngmiànmiàn	名	高等
2205	反常	fǎncháng	形	高等	2244	方面	fāngmiàn	名	二级
2206	反倒	fǎndào	副	高等	2245	方式	fāngshì	名	三级
2207	反对	fǎnduì	动	三级	2246	方向	fāngxiàng	名	二级
2208	反而	fǎn'ér	副	四级	2247	方向盘	fāngxiàngpán	名	高等
2209	反复	fǎnfù	副、名	三级	2248	方言	fāngyán	名	高等
2210	反感	fǎngǎn	形、名	高等	2249	方针	fāngzhēn	名	四级
2211	反过来	fǎn·guò·lái		高等	2250	防	fáng	动	三级
2212	反击	fǎnjī	动	高等	2251	防盗	fángdào	动	高等
2213	反抗	fǎnkàng	动	六级	2252	防盗门	fángdàomén	名	高等
2214	反馈	fǎnkuì	动	高等					

#	词	拼音	词性	等级	#	词	拼音	词性	等级
2253	防范	fángfàn	动	六级	2292	放纵	fàngzòng	动	高等
2254	防护	fánghù	动	高等	2293	飞	fēi	动	一级
2255	防火墙	fánghuǒqiáng	名	高等	2294	飞船	fēichuán	名	六级
2256	防守	fángshǒu	动	六级	2295	飞机	fēijī	名	一级
2257	防卫	fángwèi	动	高等	2296	飞速	fēisù	副	高等
2258	防汛	fángxùn	动	高等	2297	飞往	fēiwǎng		高等
2259	防疫	fángyì	动	高等	2298	飞翔	fēixiáng	动	高等
2260	防御	fángyù	动	高等	2299	飞行	fēixíng	动	三级
2261	防止	fángzhǐ	动	三级	2300	飞行员	fēixíngyuán	名	六级
2262	防治	fángzhì	动	五级	2301	飞跃	fēiyuè	动	高等
2263	妨碍	fáng'ài	动	高等	2302	非	fēi	副	四级
2264	妨害	fánghài	动	高等	2303	非（非金属）	fēi (fēijīnshǔ)	前缀	高等
2265	房地产	fángdìchǎn	名	高等	2304	非常	fēicháng	副	一级
2266	房东	fángdōng	名	三级	2305	非得	fēiděi	副	高等
2267	房价	fángjià	名	六级	2306	非法	fēifǎ	形	高等
2268	房间	fángjiān	名	一级	2307	非凡	fēifán	形	高等
2269	房屋	fángwū	名	三级	2308	绯闻	fēiwén	名	高等
2270	房子	fángzi	名	一级	2309	肥	féi	形	四级
2271	房租	fángzū	名	三级	2310	肥料	féiliào	名	高等
2272	仿	fǎng	动	高等	2311	肥胖	féipàng	形	高等
2273	仿佛	fǎngfú	副	六级	2312	肥沃	féiwò	形	高等
2274	仿制	fǎngzhì	动	高等	2313	肥皂	féizào	名	高等
2275	访谈	fǎngtán	动	高等	2314	诽谤	fěibàng	动	高等
2276	访问	fǎngwèn	动	三级	2315	肺	fèi	名	六级
2277	纺织	fǎngzhī	动	高等	2316	废	fèi	形、动	高等
2278	放	fàng	动	一级	2317	废除	fèichú	动	高等
2279	放大	fàngdà	动	五级	2318	废话	fèihuà	名	高等
2280	放到	fàngdào		三级	2319	废品	fèipǐn	名	高等
2281	放过	fàngguò		高等	2320	废寝忘食	fèiqǐn-wàngshí		高等
2282	放假	fàng//jià		一级	2321	废物	fèiwù	名	高等
2283	放弃	fàngqì	动	五级	2322	废墟	fèixū	名	高等
2284	放水	fàng//shuǐ		高等	2323	沸沸扬扬	fèifèi-yángyáng	形	高等
2285	放肆	fàngsì	形	高等	2324	沸腾	fèiténg	动	高等
2286	放松	fàngsōng	动	四级	2325	费	fèi	动、名	三级
2287	放下	fàngxia		二级	2326	费劲	fèi//jìn		高等
2288	放心	fàng//xīn		二级	2327	费用	fèiyong	名	三级
2289	放学	fàng//xué		一级	2328	分	fēn	名、量	一级
2290	放映	fàngyìng	动	高等	2329	分	fēn	动	二级
2291	放置	fàngzhì	动	高等					

2330	分辨	fēnbiàn	动	高等	2369	粉碎	fěnsuì	形、动	高等
2331	分别	fēnbié	动、副	三级	2370	分量	fèn·liàng	名	高等
2332	分布	fēnbù	动	四级	2371	分外	fènwài	副	高等
2333	分成	fēnchéng		五级	2372	份	fèn	量	二级
2334	分寸	fēncun	名	高等	2373	份额	fèn'é	名	高等
2335	分担	fēndān	动	高等	2374	奋斗	fèndòu	动	四级
2336	分割	fēngē	动	高等	2375	奋力	fènlì	副	高等
2337	分工	fēn∥gōng		六级	2376	奋勇	fènyǒng	动	高等
2338	分红	fēn∥hóng		高等	2377	粪	fèn	名	高等
2339	分化	fēnhuà	动	高等	2378	粪便	fènbiàn	名	高等
2340	分解	fēnjiě	动	五级	2379	愤怒	fènnù	形	六级
2341	分开	fēn∥kāi		二级	2380	丰富	fēngfù	形	三级
2342	分类	fēn∥lèi		五级	2381	丰富多彩	fēngfù-duōcǎi		高等
2343	分离	fēnlí	动	五级	2382	丰厚	fēnghòu	形	高等
2344	分裂	fēnliè	动	六级	2383	丰满	fēngmǎn	形	高等
2345	分泌	fēnmì	动	高等	2384	丰盛	fēngshèng	形	高等
2346	分明	fēnmíng	形、副	高等	2385	丰收	fēngshōu	动	五级
2347	分配	fēnpèi	动	三级	2386	丰硕	fēngshuò	形	高等
2348	分歧	fēnqí	名、形	高等	2387	风	fēng	名	一级
2349	分散	fēnsàn	动、形	四级	2388	风暴	fēngbào	名	六级
2350	分手	fēn∥shǒu		四级	2389	风波	fēngbō	名	高等
2351	分数	fēnshù	名	二级	2390	风采	fēngcǎi	名	高等
2352	分为	fēnwéi		四级	2391	风餐露宿	fēngcān-lùsù		高等
2353	分析	fēnxī	动	五级	2392	风度	fēngdù	名	五级
2354	分享	fēnxiǎng	动	五级	2393	风范	fēngfàn	名	高等
2355	分赃	fēn∥zāng		高等	2394	风风雨雨	fēngfēngyǔyǔ	名	高等
2356	…分之…	…fēn zhī…		四级	2395	风格	fēnggé	名	四级
2357	分支	fēnzhī	名	高等	2396	风光	fēngguāng	名	五级
2358	分钟	fēnzhōng	量	二级	2397	风和日丽	fēnghé-rìlì		高等
2359	分组	fēn zǔ		三级	2398	风景	fēngjǐng	名	四级
2360	芬芳	fēnfāng	形、名	高等	2399	风浪	fēnglàng	名	高等
2361	吩咐	fēn·fù	动	高等	2400	风力	fēnglì	名	高等
2362	纷纷	fēnfēn	副	四级	2401	风流	fēngliú	形	高等
2363	氛围	fēnwéi	名	高等	2402	风貌	fēngmào	名	高等
2364	坟	fén	名	高等	2403	风气	fēngqì	名	高等
2365	坟墓	fénmù	名	高等	2404	风情	fēngqíng	名	高等
2366	焚烧	fénshāo	动	高等	2405	风趣	fēngqù	名	高等
2367	粉	fěn	名	高等	2406	风沙	fēngshā	名	高等
2368	粉丝	fěnsī	名	高等	2407	风尚	fēngshàng	名	高等

2408	风水	fēng·shuǐ	名	高等	2447	扶持	fúchí	动	高等
2409	风俗	fēngsú	名	四级	2448	服	fú	动	六级
2410	风味	fēngwèi	名	高等	2449	服从	fúcóng	动	五级
2411	风险	fēngxiǎn	名	三级	2450	服饰	fúshì	名	高等
2412	风雨	fēngyǔ	名	高等	2451	服务	fúwù	动	二级
2413	风云	fēngyún	名	高等	2452	服务器	fúwùqì	名	高等
2414	风筝	fēngzheng	名	高等	2453	服用	fúyòng	动	高等
2415	封	fēng	量	二级	2454	服装	fúzhuāng	名	三级
2416	封	fēng	动	五级	2455	俘获	fúhuò	动	高等
2417	封闭	fēngbì	动、形	四级	2456	俘虏	fúlǔ	名	高等
2418	封顶	fēngdǐng	动	高等	2457	浮	fú	动	六级
2419	封建	fēngjiàn	名、形	高等	2458	浮力	fúlì	名	高等
2420	封面	fēngmiàn	名	高等	2459	浮现	fúxiàn	动	高等
2421	封锁	fēngsuǒ	动	高等	2460	浮躁	fúzào	形	高等
2422	疯	fēng	形	五级	2461	符号	fúhào	名	四级
2423	疯狂	fēngkuáng	形	五级	2462	符合	fúhé	动	四级
2424	疯子	fēngzi	名	高等	2463	幅	fú	量	五级
2425	峰回路转	fēnghuí-lùzhuǎn		高等	2464	幅度	fúdù	名	五级
2426	峰会	fēnghuì	名	六级	2465	辐射	fúshè	动	高等
2427	蜂蜜	fēngmì	名	高等	2466	福	fú	名	三级
2428	逢	féng	动	高等	2467	福利	fúlì	名	五级
2429	缝	féng	动	高等	2468	福气	fúqi	名	高等
2430	缝合	fénghé	动	高等	2469	抚摸	fǔmō	动	高等
2431	讽刺	fěngcì	动	高等	2470	抚恤	fǔxù	动	高等
2432	凤凰	fènghuáng	名	高等	2471	抚养	fǔyǎng	动	高等
2433	奉献	fèngxiàn	动	六级	2472	抚养费	fǔyǎngfèi	名	高等
2434	缝	fèng	名	高等	2473	斧子	fǔzi	名	高等
2435	佛	fó	名	六级	2474	俯首	fǔshǒu	动	高等
2436	佛教	Fójiào	名	六级	2475	辅导	fǔdǎo	动	六级
2437	否定	fǒudìng	动、形	三级	2476	辅助	fǔzhù	动	五级
2438	否决	fǒujué	动	高等	2477	腐败	fǔbài	形	高等
2439	否认	fǒurèn	动	三级	2478	腐化	fǔhuà	动	高等
2440	否则	fǒuzé	连	四级	2479	腐烂	fǔlàn	动、形	高等
2441	夫妇	fūfù	名	四级	2480	腐蚀	fǔshí	动	高等
2442	夫妻	fūqī	名	四级	2481	腐朽	fǔxiǔ	形	高等
2443	夫人	fū·rén	名	四级	2482	父母	fùmǔ	名	三级
2444	孵化	fūhuà	动	高等	2483	父女	fùnǚ	名	六级
2445	敷	fū	动	高等	2484	父亲	fù·qīn	名	三级
2446	扶	fú	动	五级	2485	父子	fùzǐ	名	六级

2486	付	fù	动	三级	2525	富翁	fùwēng	名	高等
2487	付出	fùchū	动	四级	2526	富有	fùyǒu	形、动	六级
2488	付费	fùfèi	动	高等	2527	富裕	fùyù	形	高等
2489	付款	fùkuǎn	动	高等	2528	富足	fùzú	形	高等
2490	负	fù		六级	2529	腹部	fùbù	名	高等
2491	负担	fùdān	动、名	四级	2530	腹泻	fùxiè	动	高等
2492	负面	fùmiàn	形	高等	2531	覆盖	fùgài	动	高等
2493	负有	fùyǒu		高等	2532	该	gāi	动	二级
2494	负责	fùzé	动、形	三级	2533	该	gāi	代	高等
2495	负责人	fùzérén	名	五级	2534	改	gǎi	动	二级
2496	妇女	fùnǚ	名	六级	2535	改版	gǎi//bǎn		高等
2497	附	fù	动	高等	2536	改编	gǎibiān	动	高等
2498	附带	fùdài	动、形	高等	2537	改变	gǎibiàn	动、名	二级
2499	附和	fùhè	动	高等	2538	改动	gǎidòng	动	高等
2500	附加	fùjiā	动	高等	2539	改革	gǎigé	动、名	五级
2501	附件	fùjiàn	名	五级	2540	改革开放	gǎigé kāifàng		高等
2502	附近	fùjìn	名	四级	2541	改进	gǎijìn	动	三级
2503	附属	fùshǔ	动、形	高等	2542	改良	gǎiliáng	动	高等
2504	赴	fù	动	高等	2543	改名	gǎimíng	动	高等
2505	复查	fùchá	动	高等	2544	改日	gǎirì	副	高等
2506	复发	fùfā	动	高等	2545	改善	gǎishàn	动	四级
2507	复合	fùhé	动	高等	2546	改为	gǎiwéi		高等
2508	复活	fùhuó	动	高等	2547	改邪归正	gǎixié-guīzhèng		高等
2509	复苏	fùsū	动	六级	2548	改造	gǎizào	动	三级
2510	复习	fùxí	动	二级	2549	改正	gǎizhèng	动	四级
2511	复兴	fùxīng	动	高等	2550	改装	gǎizhuāng	动	六级
2512	复印	fùyìn	动	三级	2551	钙	gài	名	高等
2513	复原	fù//yuán		高等	2552	盖	gài	动	四级
2514	复杂	fùzá	形	三级	2553	盖子	gàizi	名	高等
2515	复制	fùzhì	动	四级	2554	概况	gàikuàng	名	高等
2516	副[1]	fù	形	六级	2555	概括	gàikuò	动、形	四级
2517	副[2]	fù	量	六级	2556	概率	gàilǜ	名	高等
2518	副作用	fùzuòyòng	名	高等	2557	概论	gàilùn	名	高等
2519	赋予	fùyǔ	动	高等	2558	概念	gàiniàn	名	三级
2520	富	fù	形	三级	2559	干	gān	形	一级
2521	富含	fùhán	动	高等	2560	干杯	gān//bēi		二级
2522	富豪	fùháo	名	高等	2561	干脆	gāncuì	形、副	五级
2523	富强	fùqiáng	形	高等	2562	干戈	gāngē	名	高等
2524	富人	fùrén	名	六级	2563	干旱	gānhàn	形	高等

编号	词	拼音	词性	等级
2564	干净	gānjìng	形	一级
2565	干扰	gānrǎo	动	五级
2566	干涉	gānshè	动	六级
2567	干预	gānyù	动	五级
2568	干燥	gānzào	形	高等
2569	甘心	gānxīn	动	高等
2570	肝	gān	名	六级
2571	肝脏	gānzàng	名	高等
2572	尴尬	gāngà	形	高等
2573	杆	gǎn	名	六级
2574	赶	gǎn	动	三级
2575	赶不上	gǎnbushàng	动	六级
2576	赶到	gǎndào		三级
2577	赶赴	gǎnfù	动	高等
2578	赶紧	gǎnjǐn	副	三级
2579	赶快	gǎnkuài	副	三级
2580	赶忙	gǎnmáng	副	六级
2581	赶上	gǎn//·shàng		六级
2582	赶往	gǎnwǎng		高等
2583	敢	gǎn	动	三级
2584	敢情	gǎnqing	副	高等
2585	敢于	gǎnyú	动	六级
2586	感	gǎn	后缀	高等
	（责任感）	(zérèngǎn)		
2587	感触	gǎnchù	名	高等
2588	感到	gǎndào	动	二级
2589	感动	gǎndòng	形、动	二级
2590	感恩	gǎn//ēn		高等
2591	感激	gǎnjī	动	高等
2592	感觉	gǎnjué	动、名	二级
2593	感慨	gǎnkǎi	动	高等
2594	感冒	gǎnmào	名、动	三级
2595	感情	gǎnqíng	名	三级
2596	感染	gǎnrǎn	动	高等
2597	感染力	gǎnrǎnlì	名	高等
2598	感人	gǎnrén	形	六级
2599	感受	gǎnshòu	名、动	三级
2600	感叹	gǎntàn	动	高等
2601	感想	gǎnxiǎng	名	五级
2602	感谢	gǎnxiè	动	二级
2603	感兴趣	gǎn xìngqù		四级
2604	感性	gǎnxìng	形	高等
2605	干	gàn	动	一级
2606	干部	gànbù	名	高等
2607	干活儿	gàn//huór		二级
2608	干吗	gànmá	代	三级
2609	干什么	gàn shénme		一级
2610	干事	gànshi	名	高等
2611	刚	gāng	副	二级
2612	刚才	gāngcái	名	二级
2613	刚刚	gānggāng	副	二级
2614	刚好	gānghǎo	副	六级
2615	刚毅	gāngyì	形	高等
2616	纲领	gānglǐng	名	高等
2617	纲要	gāngyào	名	高等
2618	钢	gāng	名	高等
2619	钢笔	gāngbǐ	名	五级
2620	钢琴	gāngqín	名	五级
2621	缸	gāng	名	高等
2622	岗位	gǎngwèi	名	六级
2623	港	gǎng	名	高等
2624	港口	gǎngkǒu	名	六级
2625	杠铃	gànglíng	名	高等
2626	高	gāo	形	一级
2627	高昂	gāo'áng	动、形	高等
2628	高傲	gāo'ào	形	高等
2629	高层	gāocéng	名、形	六级
2630	高超	gāochāo	形	高等
2631	高潮	gāocháo	名	四级
2632	高大	gāodà	形	五级
2633	高档	gāodàng	形	六级
2634	高等	gāoděng	形	六级
2635	高低	gāodī	名	高等
2636	高调	gāodiào	名	高等
2637	高度	gāodù	名、形	五级
2638	高额	gāo'é	形	高等
2639	高尔夫球	gāo'ěrfūqiú	名	高等
2640	高峰	gāofēng	名	六级

#	词	拼音	词性	等级	#	词	拼音	词性	等级
2641	高峰期	gāofēngqī	名	高等	2680	告状	gào//zhuàng		高等
2642	高跟鞋	gāogēnxié	名	五级	2681	戈壁	gēbì	名	高等
2643	高贵	gāoguì	形	高等	2682	哥哥|哥	gēge|gē	名	一级
2644	高级	gāojí	形	二级	2683	胳膊	gēbo	名	高等
2645	高价	gāojià	名	四级	2684	鸽子	gēzi	名	高等
2646	高考	gāokǎo	名	六级	2685	搁	gē	动	高等
2647	高科技	gāokējì	名	六级	2686	搁浅	gē//qiǎn		高等
2648	高空	gāokōng	名	高等	2687	搁置	gēzhì	动	高等
2649	高龄	gāolíng	名、形	高等	2688	割	gē	动	高等
2650	高明	gāomíng	形	高等	2689	歌	gē	名	一级
2651	高山	gāoshān	名	高等	2690	歌唱	gēchàng	动	六级
2652	高尚	gāoshàng	形	四级	2691	歌词	gēcí	名	六级
2653	高手	gāoshǒu	名	六级	2692	歌剧	gējù	名	高等
2654	高速	gāosù	形	三级	2693	歌迷	gēmí	名	三级
2655	高速公路	gāosù gōnglù		三级	2694	歌曲	gēqǔ	名	五级
2656	高铁	gāotiě	名	四级	2695	歌声	gēshēng	名	三级
2657	高温	gāowēn	名	五级	2696	歌手	gēshǒu	名	三级
2658	高效	gāoxiào	形	高等	2697	歌颂	gēsòng	动	高等
2659	高新技术	gāoxīn-jìshù		高等	2698	歌舞	gēwǔ	名	高等
2660	高兴	gāoxìng	形	一级	2699	歌星	gēxīng	名	六级
2661	高血压	gāoxuèyā	名	高等	2700	歌咏	gēyǒng	动	高等
2662	高压	gāoyā	名	高等	2701	革命	gémìng	动、形	高等
2663	高雅	gāoyǎ	形	高等	2702	革新	géxīn	动、名	六级
2664	高于	gāoyú	动	五级	2703	格	gé	名	高等
2665	高原	gāoyuán	名	五级	2704	格格不入	gégé-búrù		高等
2666	高涨	gāozhǎng	动、形	高等	2705	格局	géjú	名	高等
2667	高中	gāozhōng	名	二级	2706	格式	géshi	名	高等
2668	搞	gǎo	动	五级	2707	格外	géwài	副	四级
2669	搞鬼	gǎo//guǐ		高等	2708	隔	gé	动	四级
2670	搞好	gǎohǎo		五级	2709	隔壁	gébì	名	五级
2671	搞笑	gǎoxiào	动	高等	2710	隔阂	géhé	名	高等
2672	稿子	gǎozi	名	六级	2711	隔开	gékāi	动	四级
2673	告	gào	动	高等	2712	隔离	gélí	动	高等
2674	告别	gào//bié		三级	2713	个	gè	量	一级
2675	告辞	gàocí	动	高等	2714	个案	gè'àn	名	高等
2676	告诫	gàojiè	动	高等	2715	个别	gèbié	形	四级
2677	告示	gàoshi	名	高等	2716	个儿	gèr	名	五级
2678	告诉	gàosu	动	一级	2717	个人	gèrén	名	三级
2679	告知	gàozhī	动	高等	2718	个体	gètǐ	名	四级

2719	个头儿	gètóur	名		高等	2758	工会	gōnghuì	名	高等
2720	个性	gèxìng	名		三级	2759	工具	gōngjù	名	三级
2721	个子	gèzi	名		二级	2760	工科	gōngkē	名	高等
2722	各	gè	代、副		三级	2761	工人	gōngrén	名	一级
2723	各奔前程	gèbènqiánchéng			高等	2762	工商	gōngshāng	名	六级
2724	各地	gèdì	名		三级	2763	工商界	gōngshāngjiè	名	高等
2725	各个	gègè	代、副		四级	2764	工序	gōngxù	名	高等
2726	各式各样	gèshì-gèyàng			高等	2765	工业	gōngyè	名	三级
2727	各位	gèwèi	代		三级	2766	工艺	gōngyì	名	五级
2728	各种	gèzhǒng	代		三级	2767	工整	gōngzhěng	形	高等
2729	各自	gèzì	代		三级	2768	工资	gōngzī	名	三级
2730	给	gěi	动、介		一级	2769	工作	gōngzuò	动、名	一级
2731	根	gēn	量、名		四级	2770	工作量	gōngzuòliàng	名	高等
2732	根本	gēnběn	副、形、名		三级	2771	工作日	gōngzuòrì	名	五级
2733	根基	gēnjī	名		高等	2772	弓	gōng	名	高等
2734	根据	gēnjù	动、介、名		四级	2773	公	gōng	形	六级
2735	根深蒂固	gēnshēn-dìgù			高等	2774	公安	gōng'ān	名	六级
2736	根源	gēnyuán	名		高等	2775	公安局	gōng'ānjú	名	高等
2737	根治	gēnzhì	动		高等	2776	公布	gōngbù	动	三级
2738	跟	gēn	介、连、动		一级	2777	公车	gōngchē	名	高等
2739	跟不上	gēn bu shàng			高等	2778	公道	gōngdao	形	高等
2740	跟前	gēnqián	名		五级	2779	公费	gōngfèi	名	高等
2741	跟上	gēnshang			高等	2780	公告	gōnggào	名	五级
2742	跟随	gēnsuí	动		五级	2781	公共	gōnggòng	形	三级
2743	跟踪	gēnzōng	动		高等	2782	公共场所	gōnggòng chǎngsuǒ		高等
2744	更改	gēnggǎi	动		高等	2783	公共汽车	gōnggòng qìchē		二级
2745	更换	gēnghuàn	动		五级	2784	公关	gōngguān	名	高等
2746	更新	gēngxīn	动		五级	2785	公函	gōnghán	名	高等
2747	更衣室	gēngyīshì	名		高等	2786	公鸡	gōngjī	名	六级
2748	耕地	gēngdì	名		高等	2787	公积金	gōngjījīn	名	高等
2749	耿直	gěngzhí	形		高等	2788	公交车	gōngjiāochē	名	二级
2750	更	gèng	副		二级	2789	公斤	gōngjīn	量	二级
2751	更加	gèngjiā	副		三级	2790	公开	gōngkāi	形、动	三级
2752	更是	gèng shì			六级	2791	公开信	gōngkāixìn	名	高等
2753	工厂	gōngchǎng	名		三级	2792	公款	gōngkuǎn	名	高等
2754	工程	gōngchéng	名		四级	2793	公里	gōnglǐ	量	二级
2755	工程师	gōngchéngshī	名		三级	2794	公立	gōnglì	形	高等
2756	工地	gōngdì	名		高等	2795	公路	gōnglù	名	二级
2757	工夫	gōngfu	名		三级	2796	公民	gōngmín	名	三级

2797	公墓	gōngmù	名	高等	2836	供不应求	gōngbúyìngqiú		高等
2798	公平	gōngpíng	形	二级	2837	供给	gōngjǐ	动	六级
2799	公仆	gōngpú	名	高等	2838	供暖	gōngnuǎn	动	高等
2800	公顷	gōngqǐng	量	高等	2839	供求	gōngqiú	名	高等
2801	公然	gōngrán	副	高等	2840	供应	gōngyìng	动	四级
2802	公认	gōngrèn	动	五级	2841	宫	gōng	名	六级
2803	公示	gōngshì	动	高等	2842	宫殿	gōngdiàn	名	高等
2804	公式	gōngshì	名	五级	2843	宫廷	gōngtíng	名	高等
2805	公事	gōngshì	名	高等	2844	恭维	gōng·wéi	动	高等
2806	公司	gōngsī	名	二级	2845	恭喜	gōngxǐ	动	高等
2807	公务	gōngwù	名	高等	2846	巩固	gǒnggù	形、动	六级
2808	公务员	gōngwùyuán	名	三级	2847	拱	gǒng	动	高等
2809	公益	gōngyì	名	高等	2848	共	gòng	副	四级
2810	公益性	gōngyìxìng	名	高等	2849	共计	gòngjì	动	五级
2811	公用	gōngyòng	动	高等	2850	共鸣	gòngmíng	动	高等
2812	公寓	gōngyù	名	高等	2851	共识	gòngshí	名	高等
2813	公元	gōngyuán	名	四级	2852	共同	gòngtóng	形	三级
2814	公园	gōngyuán	名	二级	2853	共同体	gòngtóngtǐ	名	高等
2815	公约	gōngyuē	名	高等	2854	共享	gòngxiǎng	动	五级
2816	公正	gōngzhèng	形	五级	2855	共性	gòngxìng	名	高等
2817	公证	gōngzhèng	动	高等	2856	共有	gòngyǒu	动	三级
2818	公职	gōngzhí	名	高等	2857	贡献	gòngxiàn	动、名	六级
2819	公众	gōngzhòng	名	六级	2858	供奉	gòngfèng	动、名	高等
2820	公主	gōngzhǔ	名	六级	2859	勾	gōu	动	高等
2821	功	gōng	名	高等	2860	勾画	gōuhuà	动	高等
2822	功臣	gōngchén	名	高等	2861	勾结	gōujié	动	高等
2823	功底	gōngdǐ	名	高等	2862	沟	gōu	名	五级
2824	功夫	gōngfu	名	三级	2863	沟通	gōutōng	动	五级
2825	功课	gōngkè	名	三级	2864	钩	gōu	动	高等
2826	功劳	gōngláo	名	高等	2865	钩子	gōuzi	名	高等
2827	功力	gōnglì	名	高等	2866	狗	gǒu	名	二级
2828	功率	gōnglǜ	名	高等	2867	构成	gòuchéng	动	四级
2829	功能	gōngnéng	名	三级	2868	构建	gòujiàn	动	六级
2830	功效	gōngxiào	名	高等	2869	构思	gòusī	动	高等
2831	攻	gōng	动	高等	2870	构想	gòuxiǎng	动、名	高等
2832	攻读	gōngdú	动	高等	2871	构造	gòuzào	名	四级
2833	攻关	gōngguān	动	高等	2872	购	gòu	动	高等
2834	攻击	gōngjī	动	六级	2873	购买	gòumǎi	动	四级
2835	供	gōng	动	高等	2874	购物	gòuwù	动	四级

2875	够	gòu	动、副	二级		2914	固定	gùdìng	形、动	四级
2876	够呛	gòuqiàng	形	高等		2915	固然	gùrán	连	高等
2877	估计	gūjì	动	五级		2916	固执	gùzhi	形	高等
2878	估算	gūsuàn	动	高等		2917	故	gù	副、连	高等
2879	沽名钓誉	gūmíng-diàoyù		高等		2918	故事	gùshi	名	二级
2880	孤单	gūdān	形	高等		2919	故乡	gùxiāng	名	三级
2881	孤独	gūdú	形	六级		2920	故意	gùyì	副	二级
2882	孤儿	gū'ér	名	六级		2921	故障	gùzhàng	名	六级
2883	孤立	gūlì	形、动	高等		2922	顾	gù	动	六级
2884	孤零零	gūlínglíng	形	高等		2923	顾不得	gùbu·dé		高等
2885	孤陋寡闻	gūlòu-guǎwén		高等		2924	顾不上	gùbushàng		高等
2886	姑姑	gūgu	名	六级		2925	顾及	gùjí	动	高等
2887	姑娘	gūniang	名	三级		2926	顾客	gùkè	名	二级
2888	辜负	gūfù	动	高等		2927	顾虑	gùlù	名、动	高等
2889	古	gǔ	形	三级		2928	顾全大局	gùquán-dàjú		高等
2890	古代	gǔdài	名	三级		2929	顾问	gùwèn	名	五级
2891	古典	gǔdiǎn	形	六级		2930	雇	gù	动	高等
2892	古董	gǔdǒng	名	高等		2931	雇佣	gùyōng	动	高等
2893	古怪	gǔguài	形	高等		2932	雇员	gùyuán	名	高等
2894	古迹	gǔjì	名	高等		2933	雇主	gùzhǔ	名	高等
2895	古今中外	gǔjīn-zhōngwài		高等		2934	瓜	guā	名	四级
2896	古老	gǔlǎo	形	五级		2935	瓜分	guāfēn	动	高等
2897	古朴	gǔpǔ	形	高等		2936	瓜子	guāzǐ	名	高等
2898	古人	gǔrén	名	高等		2937	刮	guā	动	六级
2899	股	gǔ	量	六级		2938	刮风	guā fēng		高等
2900	股东	gǔdōng	名	六级		2939	寡妇	guǎfu	名	高等
2901	股份	gǔfèn	名	高等		2940	挂	guà	动	三级
2902	股民	gǔmín	名	高等		2941	挂钩	guàgōu	名	高等
2903	股票	gǔpiào	名	六级		2942	挂号	guà//hào		高等
2904	股市	gǔshì	名	高等		2943	挂念	guàniàn	动	高等
2905	骨干	gǔgàn	名	高等		2944	挂失	guà//shī		高等
2906	骨气	gǔqì	名	高等		2945	乖	guāi	形	高等
2907	骨头	gǔtou	名	高等		2946	乖巧	guāiqiǎo	形	高等
2908	骨折	gǔzhé	动	高等		2947	拐	guǎi	动	六级
2909	鼓	gǔ	名、动	五级		2948	拐弯	guǎi//wān		高等
2910	鼓动	gǔdòng	动	高等		2949	拐杖	guǎizhàng	名	高等
2911	鼓励	gǔlì	动、名	五级		2950	怪	guài	形、副	四级
2912	鼓舞	gǔwǔ	动、形	高等		2951	怪	guài	动	五级
2913	鼓掌	gǔ//zhǎng		五级		2952	怪不得	guàibude	副、动	高等

#	词	拼音	词性	等级	#	词	拼音	词性	等级
2953	怪物	guàiwu	名	高等	2992	棺材	guāncai	名	高等
2954	怪异	guàiyì	形	高等	2993	管	guǎn	动	三级
2955	关	guān	动	一级	2994	管道	guǎndào	名	六级
2956	关	guān	名	四级	2995	管家	guǎnjiā	名	高等
2957	关爱	guān'ài	动	六级	2996	管教	guǎnjiào	动、名	高等
2958	关闭	guānbì	动	四级	2997	管理	guǎnlǐ	动	三级
2959	关掉	guāndiào		高等	2998	管理费	guǎnlǐfèi	名	高等
2960	关怀	guānhuái	动	五级	2999	管辖	guǎnxiá	动	高等
2961	关机	guān∥jī		二级	3000	管用	guǎn∥yòng		高等
2962	关键	guānjiàn	名	五级	3001	管子	guǎnzi	名	高等
2963	关节	guānjié	名	高等	3002	贯彻	guànchè	动	高等
2964	关联	guānlián	动	六级	3003	贯穿	guànchuān	动	高等
2965	关上	guānshang		一级	3004	贯通	guàntōng	动	高等
2966	关税	guānshuì	名	高等	3005	冠军	guànjūn	名	五级
2967	关头	guāntóu	名	高等	3006	惯	guàn	动	高等
2968	关系	guān·xì	名、动	三级	3007	惯例	guànlì	名	高等
2969	关心	guānxīn	动	二级	3008	惯性	guànxìng	名	高等
2970	关于	guānyú	介	四级	3009	灌	guàn	动	高等
2971	关照	guānzhào	动	高等	3010	灌溉	guàngài	动	高等
2972	关注	guānzhù	动	三级	3011	灌输	guànshū	动	高等
2973	观测	guāncè	动	高等	3012	罐	guàn	名	高等
2974	观察	guānchá	动	三级	3013	罐头	guàntou	名	高等
2975	观点	guāndiǎn	名	二级	3014	光	guāng	副、名、形	三级
2976	观感	guāngǎn	名	高等	3015	光彩	guāngcǎi	名、形	高等
2977	观光	guānguāng	动	六级	3016	光碟	guāngdié	名	高等
2978	观看	guānkàn	动	三级	3017	光顾	guānggù	动	高等
2979	观摩	guānmó	动	高等	3018	光滑	guānghuá	形	高等
2980	观念	guānniàn	名	三级	3019	光环	guānghuán	名	高等
2981	观赏	guānshǎng	动	高等	3020	光辉	guānghuī	名、形	六级
2982	观望	guānwàng	动	高等	3021	光缆	guānglǎn	名	高等
2983	观众	guānzhòng	名	三级	3022	光临	guānglín	动	四级
2984	官	guān	名	四级	3023	光芒	guāngmáng	名	高等
2985	官兵	guānbīng	名	高等	3024	光明	guāngmíng	形、名	三级
2986	官方	guānfāng	名	四级	3025	光明磊落	guāngmíng-lěiluò		高等
2987	官吏	guānlì	名	高等	3026	光盘	guāngpán	名	四级
2988	官僚	guānliáo	名	高等	3027	光荣	guāngróng	形、名	五级
2989	官僚主义	guānliáo zhǔyì		高等	3028	光线	guāngxiàn	名	五级
2990	官司	guānsi	名	六级	3029	光泽	guāngzé		高等
2991	官员	guānyuán	名	高等	3030	广	guǎng	形	五级

3031	广播	guǎngbō	动、名	三级	3070	滚动	gǔndòng	动	高等
3032	广场	guǎngchǎng	名	二级	3071	棍	gùn	名	高等
3033	广大	guǎngdà	形	三级	3072	棍子	gùnzi	名	高等
3034	广泛	guǎngfàn	形	五级	3073	锅	guō	名	五级
3035	广告	guǎnggào	名	二级	3074	国	guó	名	一级
3036	广阔	guǎngkuò	形	六级	3075	国宝	guóbǎo	名	高等
3037	广义	guǎngyì	名	高等	3076	国产	guóchǎn	形	六级
3038	逛	guàng	动	四级	3077	国防	guófáng	名	高等
3039	归	guī	动	四级	3078	国歌	guógē	名	六级
3040	归根到底	guīgēn-dàodǐ		高等	3079	国画	guóhuà	名	高等
3041	归还	guīhuán	动	高等	3080	国徽	guóhuī	名	高等
3042	归结	guījié	动	高等	3081	国会	guóhuì	名	六级
3043	归来	guīlái	动	高等	3082	国籍	guójí	名	五级
3044	归纳	guīnà	动	高等	3083	国际	guójì	名	二级
3045	归属	guīshǔ	动	高等	3084	国家	guójiā	名	一级
3046	归宿	guīsù	名	高等	3085	国民	guómín	名	五级
3047	龟	guī	名	高等	3086	国内	guó nèi		三级
3048	规定	guīdìng	动、名	三级	3087	国旗	guóqí	名	六级
3049	规范	guīfàn	形、名、动	三级	3088	国情	guóqíng	名	高等
3050	规格	guīgé	名	高等	3089	国庆	guóqìng	名	三级
3051	规划	guīhuà	名、动	五级	3090	国土	guótǔ	名	高等
3052	规矩	guīju	名、形	高等	3091	国外	guó wài		一级
3053	规律	guīlǜ	名	四级	3092	国王	guówáng	名	六级
3054	规模	guīmó	名	四级	3093	国学	guóxué	名	高等
3055	规则	guīzé	名、形	四级	3094	国有	guóyǒu	动	高等
3056	闺女	guīnü	名	高等	3095	果断	guǒduàn	形	高等
3057	瑰宝	guībǎo	名	高等	3096	果酱	guǒjiàng	名	六级
3058	轨道	guǐdào	名	六级	3097	果然	guǒrán	副	三级
3059	轨迹	guǐjì	名	高等	3098	果实	guǒshí	名	四级
3060	鬼	guǐ	名	五级	3099	果树	guǒshù	名	六级
3061	柜台	guìtái	名	高等	3100	果园	guǒyuán	名	高等
3062	柜子	guìzi	名	五级	3101	果真	guǒzhēn	副、连	高等
3063	贵	guì	形	一级	3102	果汁	guǒzhī	名	三级
3064	贵宾	guìbīn	名	高等	3103	裹	guǒ	动	高等
3065	贵重	guìzhòng	形	高等	3104	过	guò	动	一级
3066	贵族	guìzú	名	高等	3105	过半	guòbàn	动	高等
3067	桂花	guìhuā	名	高等	3106	过不去	guòbuqù	动	高等
3068	跪	guì	动	六级	3107	过程	guòchéng	名	三级
3069	滚	gǔn	动	五级	3108	过错	guòcuò	名	高等

#	词	拼音	词性	等级	#	词	拼音	词性	等级
3109	过道	guòdào	名	高等	3148	海盗	hǎidào	名	高等
3110	过度	guòdù	形	五级	3149	海底	hǎidǐ	名	六级
3111	过渡	guòdù	动	六级	3150	海关	hǎiguān	名	三级
3112	过分	guò//fèn		四级	3151	海军	hǎijūn	名	六级
3113	过关	guò//guān		高等	3152	海浪	hǎilàng	名	六级
3114	过后	guòhòu	名	六级	3153	海量	hǎiliàng	名	高等
3115	过奖	guòjiǎng	动	高等	3154	海绵	hǎimián	名	高等
3116	过节	guò//jié		高等	3155	海面	hǎimiàn	名	高等
3117	过境	guò//jìng		高等	3156	海内外	hǎi nèiwài		高等
3118	过来	guò·lái	动	二级	3157	海水	hǎishuǐ	名	四级
3119	过滤	guòlǜ	动	高等	3158	海滩	hǎitān	名	高等
3120	过敏	guòmǐn	动、形	五级	3159	海外	hǎiwài	名	六级
3121	过年	guò//nián		二级	3160	海湾	hǎiwān	名	六级
3122	过期	guò//qī		高等	3161	海峡	hǎixiá	名	高等
3123	过去	guòqù	名	三级	3162	海鲜	hǎixiān	名	四级
3124	过去	guò·qù	动	二级	3163	海啸	hǎixiào	名	高等
3125	过日子	guò rìzi		高等	3164	海洋	hǎiyáng	名	六级
3126	过剩	guòshèng	动	高等	3165	海域	hǎiyù	名	高等
3127	过失	guòshī	名	高等	3166	海运	hǎiyùn	动	高等
3128	过时	guòshí	形	六级	3167	海藻	hǎizǎo	名	高等
3129	过头	guò//tóu		高等	3168	骇人听闻	hàiréntīngwén		高等
3130	过往	guòwǎng	动、名	高等	3169	害	hài	名、动	五级
3131	过意不去	guòyìbúqù		高等	3170	害虫	hàichóng	名	高等
3132	过瘾	guò//yǐn		高等	3171	害怕	hài//pà		三级
3133	过硬	guò//yìng		高等	3172	害臊	hài//sào		高等
3134	过于	guòyú	副	五级	3173	害羞	hài//xiū		高等
3135	过早	guò zǎo		高等	3174	酣畅	hānchàng	形	高等
3136	过	guo	助	二级	3175	酣睡	hānshuì	动	高等
3137	哈哈	hāhā	拟声	三级	3176	含	hán	动	四级
3138	还	hái	副	一级	3177	含糊	hánhu	形	高等
3139	还是	háishi	副、连	一级	3178	含量	hánliàng	名	四级
3140	还有	hái yǒu		一级	3179	含蓄	hánxù	动、形	高等
3141	孩子	háizi	名	一级	3180	含义	hányì	名	四级
3142	海	hǎi	名	二级	3181	含有	hányǒu	动	四级
3143	海岸	hǎi'àn	名	高等	3182	函授	hánshòu	动	高等
3144	海拔	hǎibá	名	高等	3183	涵盖	hángài	动	高等
3145	海报	hǎibào	名	六级	3184	涵义	hányì	名	高等
3146	海边	hǎi biān		二级	3185	寒假	hánjià	名	四级
3147	海滨	hǎibīn	名	高等	3186	寒冷	hánlěng	形	四级

3187	罕见	hǎnjiàn	形	高等
3188	喊	hǎn	动	二级
3189	汉语	Hànyǔ	名	一级
3190	汉字	Hànzì	名	一级
3191	汗	hàn	名	五级
3192	汗水	hànshuǐ	名	高等
3193	旱	hàn	形	高等
3194	旱灾	hànzāi	名	高等
3195	捍卫	hànwèi	动	高等
3196	焊	hàn	动	高等
3197	行	háng	量	三级
3198	行家	hángjia	名	高等
3199	行列	hángliè	名	高等
3200	行情	hángqíng	名	高等
3201	行业	hángyè	名	四级
3202	航班	hángbān	名	四级
3203	航海	hánghǎi	动	高等
3204	航空	hángkōng	动	四级
3205	航天	hángtiān	动	高等
3206	航天员	hángtiānyuán	名	高等
3207	航行	hángxíng	动	高等
3208	航运	hángyùn	名	高等
3209	毫不	háo bù		高等
3210	毫不犹豫	háo bù yóuyù		高等
3211	毫米	háomǐ	量	四级
3212	毫升	háoshēng	量	四级
3213	毫无	háo wú		高等
3214	豪华	háohuá	形	高等
3215	好	hǎo	形	一级
3216	好	hǎo	副	二级
3217	好比	hǎobǐ	动	高等
3218	好（不）容易	hǎo(bù)róngyì	形	六级
3219	好吃	hǎochī	形	一级
3220	好处	hǎochù	名	二级
3221	好歹	hǎodǎi	名、副	高等
3222	好多	hǎoduō	数	二级
3223	好感	hǎogǎn	名	高等
3224	好好	hǎohǎo	形、副	三级
3225	好坏	hǎohuài	名	高等
3226	好家伙	hǎojiāhuo	叹	高等
3227	好久	hǎojiǔ	形	二级
3228	好看	hǎokàn	形	一级
3229	好评	hǎopíng	名	高等
3230	好人	hǎorén	名	二级
3231	好事	hǎoshì	名	二级
3232	好说	hǎoshuō	动	高等
3233	好似	hǎosì	动	六级
3234	好听	hǎotīng	形	一级
3235	好玩儿	hǎowánr	形	一级
3236	好像	hǎoxiàng	副、动	二级
3237	好笑	hǎoxiào	形	高等
3238	好心	hǎoxīn	名	高等
3239	好心人	hǎoxīnrén	名	高等
3240	好意	hǎoyì	名	高等
3241	好友	hǎoyǒu	名	四级
3242	好运	hǎoyùn	名	五级
3243	好在	hǎozài	副	高等
3244	好转	hǎozhuǎn	动	六级
3245	号	hào	名、量	一级
3246	号称	hàochēng	动	高等
3247	号码	hàomǎ	名	四级
3248	号召	hàozhào	动、名	五级
3249	好	hào	动	四级
3250	好客	hàokè	形	高等
3251	好奇	hàoqí	形	三级
3252	好奇心	hàoqíxīn	名	高等
3253	好学	hàoxué	动	六级
3254	耗	hào	动	高等
3255	耗费	hàofèi	动	高等
3256	耗时	hàoshí	动	高等
3257	浩劫	hàojié	名	高等
3258	呵护	hēhù	动	高等
3259	喝	hē	动	一级
3260	禾苗	hémiáo	名	高等
3261	合	hé	动	三级
3262	合并	hébìng	动	五级
3263	合唱	héchàng	动	高等

#	词	拼音	词性	等级	#	词	拼音	词性	等级
3264	合成	héchéng	动	五级	3303	核武器	héwǔqì	名	高等
3265	合法	héfǎ	形	三级	3304	核心	héxīn	名	六级
3266	合格	hégé	形	三级	3305	盒	hé	名、量	五级
3267	合乎	héhū	动	高等	3306	盒饭	héfàn	名	五级
3268	合伙	héhuǒ	动	高等	3307	盒子	hézi	名	五级
3269	合计	héjì	动	高等	3308	贺电	hèdiàn	名	高等
3270	合理	hélǐ	形	三级	3309	贺卡	hèkǎ	名	五级
3271	合情合理	héqíng-hélǐ		高等	3310	贺信	hèxìn	名	高等
3272	合适	héshì	形	二级	3311	喝彩	hè//cǎi		高等
3273	合同	hé·tóng	名	四级	3312	赫然	hèrán	形	高等
3274	合影	hé//yǐng		高等	3313	鹤立鸡群	hèlìjīqún		高等
3275	合约	héyuē	名	六级	3314	黑	hēi	形	二级
3276	合资	hézī	动	高等	3315	黑暗	hēi'àn	形	四级
3277	合作	hézuò	动	三级	3316	黑白	hēibái	名	高等
3278	合作社	hézuòshè	名	高等	3317	黑板	hēibǎn	名	二级
3279	何必	hébì	副	高等	3318	黑客	hēikè	名	高等
3280	何处	hé chù		高等	3319	黑马	hēimǎ	名	高等
3281	何苦	hékǔ	副	高等	3320	黑色	hēisè	名	二级
3282	何况	hékuàng	连	高等	3321	黑手	hēishǒu	名	高等
3283	何时	hé shí		高等	3322	黑心	hēixīn	形、名	高等
3284	和	hé	介、连	一级	3323	黑夜	hēiyè	名	六级
3285	和蔼	hé'ǎi	形	高等	3324	嘿	hēi	叹	高等
3286	和解	héjiě	动	高等	3325	痕迹	hénjì	名	高等
3287	和睦	hémù	形	高等	3326	很	hěn	副	一级
3288	和平	hépíng	名	三级	3327	很难说	hěn nánshuō		六级
3289	和平共处	hépíng gòngchǔ		高等	3328	狠	hěn	形	六级
3290	和气	héqi	形、名	高等	3329	恨	hèn	动	五级
3291	和尚	héshang	名	高等	3330	恨不得	hènbude	动	高等
3292	和谐	héxié	形	六级	3331	哼	hēng	动	高等
3293	河	hé	名	二级	3332	横	héng	动、形	六级
3294	河流	héliú	名	高等	3333	横七竖八	héngqī-shùbā		高等
3295	河畔	hépàn	名	高等	3334	横向	héngxiàng	形	高等
3296	荷花	héhuā	名	高等	3335	衡量	héngliáng	动	六级
3297	核	hé	名	高等	3336	横	hèng	形	高等
3298	核电站	hédiànzhàn	名	高等	3337	轰	hōng	动、拟声	高等
3299	核对	héduì	动	高等	3338	轰动	hōngdòng		高等
3300	核能	hénéng	名	高等	3339	轰炸	hōngzhà	动	高等
3301	核实	héshí	动	高等	3340	哄	hōng	拟声	高等
3302	核桃	hétao	名	高等	3341	哄堂大笑	hōngtáng-dàxiào		高等

3342	烘干	hōnggān	动	高等
3343	烘托	hōngtuō	动	高等
3344	弘扬	hóngyáng	动	高等
3345	红	hóng	形	二级
3346	红包	hóngbāo	名	四级
3347	红茶	hóngchá	名	三级
3348	红灯	hóngdēng	名	高等
3349	红火	hónghuo	形	高等
3350	红酒	hóngjiǔ	名	三级
3351	红扑扑	hóngpūpū	形	高等
3352	红润	hóngrùn	形	高等
3353	红色	hóngsè	名	二级
3354	红薯	hóngshǔ	名	高等
3355	红眼	hóngyǎn	动	高等
3356	宏大	hóngdà	形	六级
3357	宏观	hóngguān	形	高等
3358	宏伟	hóngwěi	形	高等
3359	洪亮	hóngliàng	形	高等
3360	洪水	hóngshuǐ	名	六级
3361	哄	hǒng	动	高等
3362	哄	hòng	动	高等
3363	喉咙	hóu·lóng	名	高等
3364	猴	hóu	名	五级
3365	吼	hǒu	动	高等
3366	后	hòu	名	一级
3367	后备	hòubèi	形、名	高等
3368	后备箱	hòubèixiāng	名	高等
3369	后边	hòubian	名	一级
3370	后代	hòudài	名	高等
3371	后盾	hòudùn	名	高等
3372	后顾之忧	hòugùzhīyōu		高等
3373	后果	hòuguǒ	名	三级
3374	后悔	hòuhuǐ	动	五级
3375	后来	hòulái	名	二级
3376	后面	hòumiàn	名	三级
3377	后年	hòunián	名	三级
3378	后期	hòuqī	名	高等
3379	后勤	hòuqín	名	高等
3380	后人	hòurén	名	高等
3381	后台	hòutái	名	高等
3382	后天	hòutiān	名	一级
3383	后头	hòutou	名	四级
3384	后退	hòutuì	动	高等
3385	后续	hòuxù	形	高等
3386	后遗症	hòuyízhèng	名	高等
3387	后裔	hòuyì	名	高等
3388	后者	hòuzhě	名	高等
3389	厚	hòu	形	四级
3390	厚道	hòudao	形	高等
3391	厚度	hòudù	名	高等
3392	候选人	hòuxuǎnrén	名	高等
3393	呼风唤雨	hūfēng-huànyǔ		高等
3394	呼唤	hūhuàn	动	高等
3395	呼救	hūjiù	动	高等
3396	呼声	hūshēng	名	高等
3397	呼吸	hūxī	动	四级
3398	呼应	hūyìng	动	高等
3399	呼吁	hūyù	动	高等
3400	忽高忽低	hūgāo-hūdī		高等
3401	忽略	hūlüè	动	六级
3402	忽然	hūrán	副	二级
3403	忽视	hūshì	动	四级
3404	忽悠	hūyou	动	高等
3405	胡闹	húnào	动	高等
3406	胡说	húshuō	动、名	高等
3407	胡思乱想	húsī-luànxiǎng		高等
3408	胡同儿	hútòngr	名	五级
3409	胡子	húzi	名	五级
3410	壶	hú	名、量	六级
3411	湖	hú	名	二级
3412	湖泊	húpō	名	高等
3413	糊	hú	动	高等
3414	糊涂	hútu	形	高等
3415	虎	hǔ	名	五级
3416	互补	hùbǔ	动	高等
3417	互动	hùdòng	动	六级
3418	互访	hùfǎng	动	高等
3419	互联网	hùliánwǎng	名	三级

3420	互相	hùxiāng	副	三级	3458	化身	huàshēn	名	高等
3421	互信	hùxìn	动	高等	3459	化石	huàshí	名	五级
3422	互助	hùzhù	动	高等	3460	化纤	huàxiān	名	高等
3423	户	hù	量	四级	3461	化险为夷	huàxiǎnwéiyí		高等
3424	户外	hùwài	名	六级	3462	化验	huàyàn	动	高等
3425	护	hù	动	六级	3463	化妆	huà//zhuāng		高等
3426	护理	hùlǐ	动	高等	3464	划	huà	动	四级
3427	护士	hùshi	名	四级	3465	划分	huàfēn	动	五级
3428	护照	hùzhào	名	二级	3466	划时代	huàshídài	形	高等
3429	花	huā	名	一级	3467	画	huà	动	二级
3430	花	huā	动	二级	3468	画册	huàcè	名	高等
3431	花	huā	形	四级	3469	画家	huàjiā	名	二级
3432	花瓣	huābàn	名	高等	3470	画龙点睛	huàlóng-diǎnjīng		高等
3433	花费	huāfèi	动	六级	3471	画面	huàmiàn	名	五级
3434	花卉	huāhuì	名	高等	3472	画儿	huàr	名	二级
3435	花瓶	huāpíng	名	六级	3473	画蛇添足	huàshé-tiānzú		高等
3436	花生	huāshēng	名	六级	3474	画展	huàzhǎn	名	高等
3437	花纹	huāwén	名	高等	3475	话	huà	名	一级
3438	花样	huāyàng	名	高等	3476	话费	huàfèi	名	高等
3439	花园	huāyuán	名	二级	3477	话剧	huàjù	名	三级
3440	划	huá	动	四级	3478	话题	huàtí	名	三级
3441	划船	huáchuán	动	三级	3479	话筒	huàtǒng	名	高等
3442	划算	huásuàn	动、形	高等	3480	话语	huàyǔ	名	高等
3443	华丽	huálì	形	高等	3481	怀抱	huáibào	动、名	高等
3444	华侨	huáqiáo	名	高等	3482	怀旧	huáijiù	动	高等
3445	华人	huárén	名	三级	3483	怀里	huái li		高等
3446	华裔	huáyì	名	高等	3484	怀念	huáiniàn	动	四级
3447	华语	Huáyǔ	名	五级	3485	怀疑	huáiyí	动	四级
3448	哗变	huábiàn	动	高等	3486	怀孕	huái//yùn		高等
3449	哗然	huárán	形	高等	3487	怀着	huáizhe		高等
3450	滑	huá	形、动	五级	3488	槐树	huáishù	名	高等
3451	滑冰	huábīng	动	高等	3489	坏	huài	形	一级
3452	滑稽	huá·jī	形	高等	3490	坏处	huàichù	名	二级
3453	滑梯	huátī	名	高等	3491	坏人	huàirén	名	二级
3454	滑雪	huáxuě	动	高等	3492	坏事	huàishì	名	高等
3455	化	huà	后缀	三级	3493	欢呼	huānhū	动	高等
	（现代化）	(xiàndàihuà)			3494	欢聚	huānjù	动	高等
3456	化肥	huàféi	名	高等	3495	欢快	huānkuài	形	高等
3457	化解	huàjiě	动	六级	3496	欢乐	huānlè	形	三级

3497	欢声笑语	huānshēng-xiàoyǔ		高等	3536	皇宫	huánggōng	名	高等
3498	欢迎	huānyíng	动	二级	3537	皇后	huánghòu	名	高等
3499	还	huán	动	一级	3538	皇上	huángshang	名	高等
3500	还款	huán kuǎn		高等	3539	皇室	huángshì	名	高等
3501	还原	huán∥yuán		高等	3540	黄	huáng	形	二级
3502	环	huán	名	三级	3541	黄瓜	huáng·guā	名	四级
3503	环保	huánbǎo	名、形	三级	3542	黄昏	huánghūn	名	高等
3504	环节	huánjié	名	五级	3543	黄金	huángjīn	名	四级
3505	环境	huánjìng	名	三级	3544	黄色	huángsè	名	二级
3506	环球	huánqiú	动	高等	3545	恍然大悟	huǎngrán-dàwù		高等
3507	环绕	huánrào	动	高等	3546	晃	huǎng	动	高等
3508	缓	huǎn	动	高等	3547	谎话	huǎnghuà	名	高等
3509	缓和	huǎnhé	动、形	高等	3548	谎言	huǎngyán	名	高等
3510	缓缓	huǎnhuǎn	副	高等	3549	晃	huàng	动	高等
3511	缓解	huǎnjiě	动	四级	3550	晃荡	huàngdang	动	高等
3512	缓慢	huǎnmàn	形	高等	3551	灰	huī	名、形	高等
3513	幻觉	huànjué	名	高等	3552	灰尘	huīchén	名	高等
3514	幻想	huànxiǎng	动、名	六级	3553	灰色	huīsè	名、形	五级
3515	幻影	huànyǐng	名	高等	3554	灰心	huī∥xīn		高等
3516	换	huàn	动	二级	3555	挥	huī	动	高等
3517	换成	huànchéng		高等	3556	恢复	huīfù	动	五级
3518	换取	huànqǔ	动	高等	3557	辉煌	huīhuáng	形	高等
3519	换位	huànwèi	动	高等	3558	回	huí	动	一级
3520	换言之	huànyánzhī		高等	3559	回	huí	量	二级
3521	唤起	huànqǐ	动	高等	3560	回报	huíbào	动	五级
3522	患	huàn	动	高等	3561	回避	huíbì	动	五级
3523	患病	huànbìng	动	高等	3562	回答	huídá	动、名	一级
3524	患有	huànyǒu		高等	3563	回到	huídào	动	一级
3525	患者	huànzhě	名	六级	3564	回复	huífù	动	四级
3526	焕发	huànfā	动	高等	3565	回顾	huígù	动	五级
3527	荒	huāng	动	高等	3566	回归	huíguī	动	高等
3528	荒诞	huāngdàn	形	高等	3567	回国	huí guó		二级
3529	荒凉	huāngliáng	形	高等	3568	回家	huí jiā		一级
3530	荒谬	huāngmiù	形	高等	3569	回扣	huíkòu	名	高等
3531	慌	huāng	形	五级	3570	回馈	huíkuì	动	高等
3532	慌乱	huāngluàn	形	高等	3571	回来	huí∥·lái		一级
3533	慌忙	huāngmáng	形	五级	3572	回落	huíluò	动	高等
3534	慌张	huāng·zhāng	形	高等	3573	回去	huí∥·qù		一级
3535	皇帝	huángdì	名	六级	3574	回升	huíshēng	动	高等

#	词	拼音	词性	等级	#	词	拼音	词性	等级
3575	回收	huíshōu	动	五级	3614	婚姻	hūnyīn	名	高等
3576	回首	huíshǒu	动	高等	3615	浑身	húnshēn	名	高等
3577	回头	huítóu	副	五级	3616	魂	hún	名	高等
3578	回味	huíwèi	名、动	高等	3617	混	hùn	动、副	六级
3579	回想	huíxiǎng	动	高等	3618	混合	hùnhé	动	六级
3580	回信	huíxìn	名	五级	3619	混乱	hùnluàn	形	六级
3581	回忆	huíyì	动	五级	3620	混凝土	hùnníngtǔ	名	高等
3582	回忆录	huíyìlù	名	高等	3621	混淆	hùnxiáo	动	高等
3583	回应	huíyìng		六级	3622	混浊	hùnzhuó	形	高等
3584	悔恨	huǐhèn	动	高等	3623	豁	huō	动	高等
3585	毁	huǐ	动	六级	3624	豁出去	huō//chuqu		高等
3586	毁坏	huǐhuài	动	高等	3625	活	huó	形、动	三级
3587	毁灭	huǐmiè	动	高等	3626	活动	huódòng	动、名	二级
3588	汇	huì	动	四级	3627	活该	huógāi	动	高等
3589	汇报	huìbào	动、名	四级	3628	活力	huólì	名	五级
3590	汇合	huìhé	动	高等	3629	活泼	huó·pō	形	五级
3591	汇集	huìjí	动	高等	3630	活期	huóqī	形	高等
3592	汇聚	huìjù	动	高等	3631	活儿	huór	名	高等
3593	汇款	huì//kuǎn		五级	3632	活跃	huóyuè	形、动	六级
3594	汇率	huìlǜ	名	四级	3633	火	huǒ	名	三级
3595	会	huì	动	一级	3634	火	huǒ	形	四级
3596	会	huì	名	二级	3635	火暴	huǒbào	形	高等
3597	会场	huìchǎng	名	高等	3636	火柴	huǒchái	名	五级
3598	会见	huìjiàn	动	六级	3637	火车	huǒchē	名	一级
3599	会面	huì//miàn		高等	3638	火锅	huǒguō	名	高等
3600	会谈	huìtán	动、名	五级	3639	火候	huǒhou	名	高等
3601	会晤	huìwù	动	高等	3640	火花	huǒhuā	名	高等
3602	会议	huìyì	名	三级	3641	火箭	huǒjiàn	名	六级
3603	会意	huìyì	动	高等	3642	火炬	huǒjù	名	高等
3604	会员	huìyuán	名	三级	3643	火辣辣	huǒlàlà	形	高等
3605	会长	huìzhǎng	名	六级	3644	火热	huǒrè	形	高等
3606	会诊	huì//zhěn		高等	3645	火山	huǒshān	名	高等
3607	绘画	huìhuà	动	六级	3646	火速	huǒsù	副	高等
3608	绘声绘色	huìshēng-huìsè		高等	3647	火腿	huǒtuǐ	名	五级
3609	贿赂	huìlù	动、名	高等	3648	火焰	huǒyàn	名	高等
3610	昏	hūn	动	六级	3649	火药	huǒyào	名	高等
3611	昏迷	hūnmí	动	高等	3650	火灾	huǒzāi	名	五级
3612	婚礼	hūnlǐ	名	四级	3651	伙	huǒ	量	四级
3613	婚纱	hūnshā	名	高等	3652	伙伴	huǒbàn	名	四级

3653	伙食	huǒ·shí	名	高等
3654	或	huò	连	二级
3655	或多或少	huòduō-huòshǎo		高等
3656	或是	huòshì	连	五级
3657	或许	huòxǔ	副	四级
3658	或者	huòzhě	连	二级
3659	货	huò	名	四级
3660	货币	huòbì	名	高等
3661	货车	huòchē	名	高等
3662	货物	huòwù	名	高等
3663	货运	huòyùn	名	高等
3664	获	huò	动	四级
3665	获得	huòdé	动	四级
3666	获奖	huòjiǎng	动	四级
3667	获取	huòqǔ	动	四级
3668	获胜	huòshèng	动	高等
3669	获悉	huòxī	动	高等
3670	祸害	huòhai	名、动	高等
3671	霍乱	huòluàn	名	高等
3672	豁达	huòdá	形	高等
3673	几乎	jīhū	副	四级
3674	几率	jīlǜ	名	高等
3675	讥笑	jīxiào	动	高等
3676	饥饿	jī'è	形	高等
3677	机舱	jīcāng	名	高等
3678	机场	jīchǎng	名	一级
3679	机动	jīdòng	形	高等
3680	机动车	jīdòngchē	名	六级
3681	机构	jīgòu	名	四级
3682	机关	jīguān	名	六级
3683	机会	jī·huì	名	二级
3684	机灵	jīling	形	高等
3685	机密	jīmì	形、名	高等
3686	机票	jīpiào	名	一级
3687	机器	jī·qì	名	三级
3688	机器人	jī·qìrén	名	五级
3689	机械	jīxiè	名	六级
3690	机遇	jīyù	名	四级
3691	机制	jīzhì	名	五级
3692	机智	jīzhì	形	高等
3693	肌肤	jīfū	名	高等
3694	肌肉	jīròu	名	五级
3695	鸡	jī	名	二级
3696	鸡蛋	jīdàn	名	一级
3697	积	jī	动	高等
3698	积淀	jīdiàn	动、名	高等
3699	积极	jījí	形	三级
3700	积累	jīlěi	动	四级
3701	积蓄	jīxù	动、名	高等
3702	基本	jīběn	形	三级
3703	基本功	jīběngōng	名	高等
3704	基本上	jīběn·shàng	副	三级
3705	基层	jīcéng	名	高等
3706	基础	jīchǔ	名	三级
3707	基地	jīdì	名	五级
3708	基督教	Jīdūjiào	名	六级
3709	基金	jījīn	名	五级
3710	基因	jīyīn	名	高等
3711	基于	jīyú	介	高等
3712	基准	jīzhǔn	名	高等
3713	畸形	jīxíng	形	高等
3714	激动	jīdòng	形、动	四级
3715	激发	jīfā	动	高等
3716	激光	jīguāng	名	高等
3717	激化	jīhuà	动	高等
3718	激活	jīhuó	动	高等
3719	激励	jīlì	动	高等
3720	激烈	jīliè	形	四级
3721	激起	jīqǐ	动	高等
3722	激情	jīqíng	名	六级
3723	激素	jīsù	名	高等
3724	及	jí	连	高等
3725	及格	jí∥gé		四级
3726	及其	jí qí		高等
3727	及时	jíshí	形	三级
3728	及早	jízǎo	副	高等
3729	吉利	jílì	形	六级
3730	吉普	jípǔ	名	高等

编号	词	拼音	词性	等级	编号	词	拼音	词性	等级
3731	吉他	jítā	名	高等	3770	集装箱	jízhuāngxiāng	名	高等
3732	吉祥	jíxiáng	形	六级	3771	集资	jízī	动	高等
3733	吉祥物	jíxiángwù	名	高等	3772	嫉妒	jídù	动	高等
3734	级	jí	名	二级	3773	几	jǐ	数、代	一级
3735	级别	jíbié	名	高等	3774	挤	jǐ	动、形	五级
3736	极	jí	副	四级	3775	挤压	jǐyā	动	高等
3737	极度	jídù	副	高等	3776	给予	jǐyǔ	动	六级
3738	极端	jíduān	名、形	六级	3777	脊梁	jǐ·liáng	名	高等
3739	…极了	…jí le		三级	3778	计	jì	名、动	高等
3740	极力	jílì	副	高等	3779	计策	jìcè	名	高等
3741	极其	jíqí	副	四级	3780	计划	jìhuà	名、动	二级
3742	极少数	jí shǎoshù		高等	3781	计较	jìjiào	动	高等
3743	极为	jíwéi	副	高等	3782	计时	jìshí	动	高等
3744	极限	jíxiàn	名	高等	3783	计算	jìsuàn	动	三级
3745	即	jí	副	高等	3784	计算机	jìsuànjī	名	二级
3746	即便	jíbiàn	连	高等	3785	记	jì	动	一级
3747	即将	jíjiāng	副	四级	3786	记得	jìde	动	一级
3748	即可	jíkě	动	高等	3787	记号	jìhao	名	高等
3749	即使	jíshǐ	连	五级	3788	记录	jìlù	名、动	三级
3750	急	jí	形	二级	3789	记忆	jìyì	动、名	五级
3751	急救	jíjiù	动	六级	3790	记忆犹新	jìyì-yóuxīn		高等
3752	急剧	jíjù	形	高等	3791	记载	jìzǎi	动	四级
3753	急忙	jímáng	副	四级	3792	记者	jìzhě	名	三级
3754	急迫	jípò	形	高等	3793	记住	jìzhù		一级
3755	急性	jíxìng	形	高等	3794	纪录	jìlù	名	三级
3756	急需	jíxū	动	高等	3795	纪录片	jìlùpiàn	名	高等
3757	急于	jíyú	动	高等	3796	纪律	jìlù	名	四级
3758	急诊	jízhěn	动、名	高等	3797	纪念	jìniàn	动、名	三级
3759	急转弯	jízhuǎnwān		高等	3798	纪念碑	jìniànbēi		高等
3760	疾病	jíbìng	名	六级	3799	纪念馆	jìniànguǎn	名	高等
3761	棘手	jíshǒu	形	高等	3800	纪念日	jìniànrì	名	高等
3762	集	jí	名、量	六级	3801	纪实	jìshí	动、名	高等
3763	集合	jíhé	动	四级	3802	技能	jìnéng	名	五级
3764	集会	jíhuì	名、动	高等	3803	技巧	jìqiǎo	名	四级
3765	集结	jíjié	动	高等	3804	技术	jìshù	名	三级
3766	集体	jítǐ	名	三级	3805	技艺	jìyì		高等
3767	集团	jítuán	名	五级	3806	系	jì	动	四级
3768	集邮	jí//yóu		高等	3807	忌	jì	动	高等
3769	集中	jízhōng	动、形	三级	3808	忌讳	jì·huì	动	高等

3809	忌口	jì//kǒu		高等		3848	佳节	jiājié	名	高等
3810	季	jì	名	四级		3849	家	jiā	名、量	一级
3811	季度	jìdù	名	四级		3850	家（科学家）	jiā (kēxuéjiā)	后缀	二级
3812	季节	jìjié	名	四级		3851	家电	jiādiàn	名	六级
3813	剂	jì	名、量	高等		3852	家伙	jiāhuo	名	高等
3814	迹象	jìxiàng	名	高等		3853	家家户户	jiājiāhùhù	名	高等
3815	既	jì	副、连	四级		3854	家教	jiājiào	名	高等
3816	既然	jìrán	连	四级		3855	家境	jiājìng	名	高等
3817	继	jì	动	高等		3856	家具	jiājù	名	三级
3818	继承	jìchéng	动	五级		3857	家里	jiā li		一级
3819	继而	jì'ér	连	高等		3858	家禽	jiāqín	名	高等
3820	继父	jìfù	名	高等		3859	家人	jiārén	名	一级
3821	继母	jìmǔ	名	高等		3860	家属	jiāshǔ	名	三级
3822	继续	jìxù	动	三级		3861	家庭	jiātíng	名	二级
3823	祭	jì	动	高等		3862	家务	jiāwù	名	四级
3824	祭奠	jìdiàn	动	高等		3863	家乡	jiāxiāng	名	三级
3825	祭祀	jìsì	动	高等		3864	家用	jiāyòng	名、形	高等
3826	寄	jì	动	四级		3865	家喻户晓	jiāyù-hùxiǎo		高等
3827	寄托	jìtuō	动	高等		3866	家园	jiāyuán	名	六级
3828	寂静	jìjìng	形	高等		3867	家长	jiāzhǎng	名	二级
3829	寂寞	jìmò	形	高等		3868	家政	jiāzhèng	名	高等
3830	加	jiā	动	二级		3869	家族	jiāzú	名	高等
3831	加班	jiā//bān		四级		3870	嘉宾	jiābīn	名	六级
3832	加工	jiā//gōng		三级		3871	嘉年华	jiāniánhuá	名	高等
3833	加紧	jiājǐn	动	高等		3872	甲	jiǎ	名	五级
3834	加剧	jiājù	动	高等		3873	假	jiǎ	形	二级
3835	加快	jiākuài	动	三级		3874	假定	jiǎdìng	动	高等
3836	加盟	jiāméng	动	六级		3875	假冒	jiǎmào	动	高等
3837	加强	jiāqiáng	动	三级		3876	假如	jiǎrú	连	四级
3838	加热	jiā//rè		五级		3877	假设	jiǎshè	动、名	高等
3839	加入	jiārù	动	四级		3878	假使	jiǎshǐ	连	高等
3840	加上	jiāshàng	连	五级		3879	假装	jiǎzhuāng	动	高等
3841	加深	jiāshēn	动	高等		3880	价	jià	名	五级
3842	加速	jiāsù	动	五级		3881	价格	jiàgé	名	三级
3843	加以	jiāyǐ	动、连	五级		3882	价钱	jià·qián	名	三级
3844	加油	jiā//yóu		二级		3883	价位	jiàwèi	名	高等
3845	加油站	jiāyóuzhàn	名	四级		3884	价值	jiàzhí	名	三级
3846	加重	jiāzhòng	动	高等		3885	价值观	jiàzhíguān	名	高等
3847	夹	jiā	动	五级		3886	驾	jià	动	高等

#	词	拼音	词性	等级	#	词	拼音	词性	等级
3887	驾车	jià chē		高等	3926	监督	jiāndū	动、名	六级
3888	驾驶	jiàshǐ	动	五级	3927	监管	jiānguǎn	动	高等
3889	驾驭	jiàyù	动	高等	3928	监护	jiānhù	动	高等
3890	驾照	jiàzhào	名	五级	3929	监控	jiānkòng	动	高等
3891	架	jià	量、名、动	三级	3930	监视	jiānshì	动	高等
3892	架势	jiàshi	名	高等	3931	监狱	jiānyù	名	高等
3893	架子	jiàzi	名	高等	3932	兼	jiān	动	高等
3894	假期	jiàqī	名	二级	3933	兼顾	jiāngù	动	高等
3895	假日	jiàrì	名	六级	3934	兼任	jiānrèn	动	高等
3896	嫁	jià	动	高等	3935	兼容	jiānróng	动	高等
3897	嫁妆	jiàzhuang	名	高等	3936	兼职	jiānzhí	名	高等
3898	尖	jiān	形	六级	3937	煎	jiān	动	高等
3899	尖端	jiānduān	名、形	高等	3938	拣	jiǎn	动	高等
3900	尖锐	jiānruì	形	高等	3939	捡	jiǎn	动	六级
3901	奸诈	jiānzhà	形	高等	3940	检测	jiǎncè	动	四级
3902	歼灭	jiānmiè	动	高等	3941	检查	jiǎnchá	动、名	二级
3903	坚持	jiānchí	动	三级	3942	检察	jiǎnchá	动	高等
3904	坚持不懈	jiānchí-búxiè		高等	3943	检讨	jiǎntǎo	动	高等
3905	坚定	jiāndìng	形、动	五级	3944	检验	jiǎnyàn	动	五级
3906	坚固	jiāngù	形	四级	3945	减	jiǎn	动	四级
3907	坚决	jiānjué	形	三级	3946	减肥	jiǎn//féi		四级
3908	坚强	jiānqiáng	形	三级	3947	减免	jiǎnmiǎn	动	高等
3909	坚韧	jiānrèn	形	高等	3948	减轻	jiǎnqīng	动	五级
3910	坚实	jiānshí	形	高等	3949	减弱	jiǎnruò	动	高等
3911	坚守	jiānshǒu	动	高等	3950	减少	jiǎnshǎo	动	四级
3912	坚信	jiānxìn	动	高等	3951	减速	jiǎn//sù		高等
3913	坚硬	jiānyìng	形	高等	3952	减压	jiǎnyā	动	高等
3914	间	jiān	量	一级	3953	剪	jiǎn	动	五级
3915	肩	jiān	名	五级	3954	剪刀	jiǎndāo	名	五级
3916	肩膀	jiānbǎng	名	高等	3955	剪子	jiǎnzi	名	五级
3917	肩负	jiānfù	动	高等	3956	简称	jiǎnchēng	动、名	高等
3918	艰巨	jiānjù	形	高等	3957	简单	jiǎndān	形	三级
3919	艰苦	jiānkǔ	形	五级	3958	简短	jiǎnduǎn	形	高等
3920	艰苦奋斗	jiānkǔ-fèndòu		高等	3959	简化	jiǎnhuà	动	高等
3921	艰难	jiānnán	形	五级	3960	简洁	jiǎnjié	形	高等
3922	艰险	jiānxiǎn	形	高等	3961	简介	jiǎnjiè	动、名	六级
3923	艰辛	jiānxīn	形	高等	3962	简历	jiǎnlì	名	四级
3924	监测	jiāncè	动	六级	3963	简陋	jiǎnlòu	形	高等
3925	监察	jiānchá	动	高等	3964	简体字	jiǎntǐzì	名	高等

3965	简要	jiǎnyào	形		高等	4004	渐渐	jiànjiàn	副	四级
3966	简易	jiǎnyì	形		高等	4005	溅	jiàn	动	高等
3967	简直	jiǎnzhí	副		三级	4006	鉴别	jiànbié	动	高等
3968	见	jiàn	动		一级	4007	鉴定	jiàndìng	动、名	六级
3969	见到	jiàndào			二级	4008	鉴赏	jiànshǎng	动	高等
3970	见过	jiànguo			二级	4009	鉴于	jiànyú	介	高等
3971	见解	jiànjiě	名		高等	4010	键	jiàn	名	五级
3972	见面	jiàn//miàn			一级	4011	键盘	jiànpán	名	五级
3973	见钱眼开	jiànqián-yǎnkāi			高等	4012	箭	jiàn	名	六级
3974	见仁见智	jiànrén-jiànzhì			高等	4013	江	jiāng	名	四级
3975	见识	jiànshi	动、名		高等	4014	将	jiāng	副、介	五级
3976	见外	jiànwài	形		高等	4015	将近	jiāngjìn	副	三级
3977	见效	jiànxiào	动		高等	4016	将军	jiāngjūn	名	六级
3978	见义勇为	jiànyì-yǒngwéi			高等	4017	将来	jiānglái	名	三级
3979	见证	jiànzhèng	动、名		高等	4018	将要	jiāngyào	副	五级
3980	件	jiàn	量		二级	4019	姜	jiāng	名	高等
3981	间谍	jiàndié	名		高等	4020	僵	jiāng	形	高等
3982	间断	jiànduàn	动		高等	4021	僵化	jiānghuà	动	高等
3983	间隔	jiàngé	动、名		高等	4022	僵局	jiāngjú	名	高等
3984	间接	jiànjiē	形		五级	4023	讲	jiǎng	动	二级
3985	间隙	jiànxì	名		高等	4024	讲话	jiǎng//huà		二级
3986	建	jiàn	动		三级	4025	讲解	jiǎngjiě	动	高等
3987	建成	jiànchéng			三级	4026	讲究	jiǎngjiu	动、形	四级
3988	建交	jiàn//jiāo			高等	4027	讲课	jiǎng//kè		六级
3989	建立	jiànlì	动		三级	4028	讲述	jiǎngshù	动	高等
3990	建设	jiànshè	动、名		三级	4029	讲学	jiǎng//xué		高等
3991	建树	jiànshù	动、名		高等	4030	讲座	jiǎngzuò	名	四级
3992	建议	jiànyì	动、名		三级	4031	奖	jiǎng	动、名	四级
3993	建造	jiànzào	动		五级	4032	奖杯	jiǎngbēi	名	高等
3994	建筑	jiànzhù	动、名		五级	4033	奖金	jiǎngjīn	名	四级
3995	建筑师	jiànzhùshī	名		高等	4034	奖励	jiǎnglì	动、名	五级
3996	建筑物	jiànzhùwù	名		高等	4035	奖牌	jiǎngpái	名	高等
3997	贱	jiàn	形		高等	4036	奖品	jiǎngpǐn	名	高等
3998	剑	jiàn	名		六级	4037	奖项	jiǎngxiàng	名	高等
3999	健康	jiànkāng	形、名		二级	4038	奖学金	jiǎngxuéjīn	名	四级
4000	健美	jiànměi	名、形		高等	4039	降	jiàng	动	四级
4001	健全	jiànquán	形、动		五级	4040	降低	jiàngdī	动	四级
4002	健身	jiànshēn	动		四级	4041	降价	jiàng//jià		四级
4003	健壮	jiànzhuàng	形		高等	4042	降临	jiànglín	动	高等

4043	降落	jiàngluò	动		四级	4082	胶水	jiāoshuǐ	名	五级
4044	降温	jiàng//wēn			四级	4083	教	jiāo	动	一级
4045	酱	jiàng	名		六级	4084	焦	jiāo	形	高等
4046	酱油	jiàngyóu	名		六级	4085	焦点	jiāodiǎn	名	六级
4047	交	jiāo	动		二级	4086	焦急	jiāojí	形	高等
4048	交叉	jiāochā	动		高等	4087	焦距	jiāojù	名	高等
4049	交代	jiāodài	动		五级	4088	焦虑	jiāolǜ	形	高等
4050	交费	jiāofèi	动		三级	4089	焦躁	jiāozào	形	高等
4051	交锋	jiāo//fēng			高等	4090	礁石	jiāoshí	名	高等
4052	交付	jiāofù	动		高等	4091	嚼	jiáo	动	高等
4053	交给	jiāo gěi			二级	4092	角	jiǎo	量、名	二级
4054	交换	jiāohuàn	动		四级	4093	角度	jiǎodù	名	二级
4055	交集	jiāojí	动		高等	4094	角落	jiǎoluò	名	高等
4056	交际	jiāojì	动		四级	4095	狡猾	jiǎohuá	形	高等
4057	交接	jiāojiē	动		高等	4096	饺子	jiǎozi	名	二级
4058	交界	jiāojiè	动		高等	4097	绞	jiǎo	动	高等
4059	交警	jiāojǐng	名		三级	4098	矫正	jiǎozhèng	动	高等
4060	交流	jiāoliú	动、名		三级	4099	脚	jiǎo	名	二级
4061	交纳	jiāonà	动		高等	4100	脚步	jiǎobù	名	五级
4062	交朋友	jiāo péngyou			二级	4101	脚印	jiǎoyìn	名	六级
4063	交情	jiāoqing	名		高等	4102	搅	jiǎo	动	高等
4064	交涉	jiāoshè	动		高等	4103	搅拌	jiǎobàn	动	高等
4065	交谈	jiāotán	动		高等	4104	缴	jiǎo	动	高等
4066	交替	jiāotì	动		高等	4105	缴费	jiǎofèi	动	高等
4067	交通	jiāotōng	名		二级	4106	缴纳	jiǎonà	动	高等
4068	交头接耳	jiāotóu-jiē'ěr			高等	4107	叫	jiào	动	一级
4069	交往	jiāowǎng	动		三级	4108	叫	jiào	介	三级
4070	交响乐	jiāoxiǎngyuè	名		高等	4109	叫板	jiào//bǎn		高等
4071	交易	jiāoyì	名		三级	4110	叫好	jiào//hǎo		高等
4072	郊区	jiāoqū	名		五级	4111	叫作	jiàozuò	动	二级
4073	郊外	jiāowài	名		高等	4112	觉	jiào	名	六级
4074	郊游	jiāoyóu	动		高等	4113	轿车	jiàochē	名	高等
4075	浇	jiāo	动		高等	4114	较	jiào	副	三级
4076	娇惯	jiāoguàn	动		高等	4115	较劲	jiào//jìn		高等
4077	娇气	jiāo·qì	形		高等	4116	较量	jiàoliàng	动	高等
4078	骄傲	jiāo'ào	形、名		六级	4117	教材	jiàocái	名	三级
4079	胶带	jiāodài	名		五级	4118	教科书	jiàokēshū	名	高等
4080	胶囊	jiāonáng	名		高等	4119	教练	jiàoliàn	名	三级
4081	胶片	jiāopiàn	名		高等	4120	教师	jiàoshī	名	二级

4121	教室	jiàoshì	名	二级	4160	接下来	jiē·xià·lái		二级
4122	教授	jiàoshòu	名	四级	4161	接着	jiēzhe	动、副	二级
4123	教堂	jiàotáng	名	六级	4162	揭	jiē	动	六级
4124	教条	jiàotiáo	名、形	高等	4163	揭发	jiēfā	动	高等
4125	教学	jiàoxué	名	二级	4164	揭露	jiēlù	动	高等
4126	教学楼	jiàoxuélóu	名	一级	4165	揭示	jiēshì	动	高等
4127	教训	jiào·xùn	动、名	四级	4166	揭晓	jiēxiǎo	动	高等
4128	教养	jiàoyǎng	动、名	高等	4167	街	jiē	名	二级
4129	教育	jiàoyù	动、名	二级	4168	街道	jiēdào	名	四级
4130	教育部	jiàoyùbù	名	六级	4169	街头	jiētóu	名	六级
4131	阶层	jiēcéng	名	高等	4170	节	jié	名、量	二级
4132	阶段	jiēduàn	名	四级	4171	节	jié	动	六级
4133	阶级	jiējí	名	高等	4172	节假日	jiéjiàrì	名	六级
4134	阶梯	jiētī	名	高等	4173	节俭	jiéjiǎn	形	高等
4135	皆	jiē	副	高等	4174	节目	jiémù	名	二级
4136	结	jiē	动	高等	4175	节能	jiénéng	动	六级
4137	结果	jiē//guǒ		高等	4176	节气	jié·qì	名	高等
4138	结实	jiēshi	形	三级	4177	节日	jiérì	名	二级
4139	接	jiē	动	二级	4178	节省	jiéshěng	动	四级
4140	接班	jiē//bān		高等	4179	节水	jiéshuǐ	动	高等
4141	接班人	jiēbānrén	名	高等	4180	节衣缩食	jiéyī-suōshí		高等
4142	接触	jiēchù	动	五级	4181	节约	jiéyuē	动	三级
4143	接待	jiēdài	动	三级	4182	节奏	jiézòu	名	六级
4144	接到	jiēdào		二级	4183	劫	jié	动	高等
4145	接二连三	jiē'èr-liánsān		高等	4184	劫持	jiéchí	动	高等
4146	接轨	jiē//guǐ		高等	4185	杰出	jiéchū	形	六级
4147	接济	jiējì	动	高等	4186	洁净	jiéjìng	形	高等
4148	接见	jiējiàn	动	高等	4187	结	jié	动、名	四级
4149	接近	jiējìn	动	三级	4188	结冰	jiébīng	动	高等
4150	接力	jiēlì	动	高等	4189	结构	jiégòu	名	四级
4151	接连	jiēlián	副	五级	4190	结果	jiéguǒ	名、连	二级
4152	接纳	jiēnà	动	高等	4191	结合	jiéhé	动	三级
4153	接收	jiēshōu	动	六级	4192	结婚	jié//hūn		三级
4154	接手	jiēshǒu	动	高等	4193	结晶	jiéjīng	名	高等
4155	接受	jiēshòu	动	二级	4194	结局	jiéjú	名	高等
4156	接送	jiēsòng	动	高等	4195	结论	jiélùn	名	四级
4157	接替	jiētì	动	高等	4196	结识	jiéshí	动	高等
4158	接听	jiētīng	动	高等	4197	结束	jiéshù	动	三级
4159	接通	jiētōng	动	高等	4198	结尾	jiéwěi	动、名	高等

4199	截	jié	动、量	高等		4238	界线	jièxiàn	名	高等
4200	截然不同	jiérán-bùtóng		高等		4239	借	jiè	动	二级
4201	截止	jiézhǐ	动	六级		4240	借鉴	jièjiàn	动	六级
4202	截至	jiézhì	动	六级		4241	借口	jièkǒu	动、名	高等
4203	竭尽全力	jiéjìn-quánlì		高等		4242	借条	jiètiáo	名	高等
4204	竭力	jiélì	副	高等		4243	借用	jièyòng	动	高等
4205	姐姐|姐	jiějie|jiě	名	一级		4244	借助	jièzhù	动	高等
4206	姐妹	jiěmèi	名	四级		4245	斤	jīn	量	二级
4207	解	jiě	动	六级		4246	今后	jīnhòu	名	二级
4208	解除	jiěchú	动	五级		4247	今年	jīnnián	名	一级
4209	解答	jiědá	动	高等		4248	今日	jīnrì	名	五级
4210	解读	jiědú	动	高等		4249	今天	jīntiān	名	一级
4211	解放	jiěfàng	动	五级		4250	金	jīn	名	三级
4212	解雇	jiěgù	动	高等		4251	金额	jīn'é	名	六级
4213	解救	jiějiù	动	高等		4252	金牌	jīnpái	名	三级
4214	解决	jiějué	动	三级		4253	金钱	jīnqián	名	六级
4215	解开	jiěkāi		三级		4254	金融	jīnróng	名	六级
4216	解剖	jiěpōu	动	高等		4255	金属	jīnshǔ	名	高等
4217	解散	jiěsàn	动	高等		4256	金子	jīnzi	名	高等
4218	解释	jiěshì	动	四级		4257	金字塔	jīnzìtǎ	名	高等
4219	解说	jiěshuō	动	六级		4258	津津有味	jīnjīn-yǒuwèi		高等
4220	解体	jiětǐ	动	高等		4259	津贴	jīntiē	名	高等
4221	解脱	jiětuō	动	高等		4260	筋	jīn	名	高等
4222	解围	jiě//wéi		高等		4261	禁不住	jīnbuzhù	动	高等
4223	解析	jiěxī	动	高等		4262	仅	jǐn	副	三级
4224	介入	jièrù	动	高等		4263	仅次于	jǐn cì yú		高等
4225	介绍	jièshào	动	一级		4264	仅仅	jǐnjǐn	副	三级
4226	介意	jiè//yì		高等		4265	尽	jǐn	动、副	高等
4227	介于	jièyú	动	高等		4266	尽管	jǐnguǎn	副、连	五级
4228	戒	jiè	动	五级		4267	尽快	jǐnkuài	副	四级
4229	戒备	jièbèi	动	高等		4268	尽量	jǐnliàng	副	三级
4230	戒烟	jiè yān		高等		4269	尽早	jǐnzǎo	副	高等
4231	戒指	jièzhi	名	高等		4270	紧	jǐn	形	三级
4232	届	jiè	量	五级		4271	紧凑	jǐncòu	形	高等
4233	届时	jièshí	副	高等		4272	紧急	jǐnjí	形	三级
4234	界	jiè	名	六级		4273	紧接着	jǐn jiēzhe		高等
4235	界（文艺界）	jiè (wényìjiè)	后缀	六级		4274	紧紧	jǐnjǐn		五级
4236	界定	jièdìng	动	高等		4275	紧密	jǐnmì	形	四级
4237	界限	jièxiàn	名	高等		4276	紧迫	jǐnpò	形	高等

4277	紧缺	jǐnquē	形	高等
4278	紧缩	jǐnsuō	动	高等
4279	紧张	jǐnzhāng	形	三级
4280	锦旗	jǐnqí	名	高等
4281	谨慎	jǐnshèn	形	高等
4282	尽	jìn	动、副	六级
4283	尽可能	jìn kěnéng		五级
4284	尽力	jìn//lì		四级
4285	尽情	jìnqíng	副	高等
4286	尽头	jìntóu	名	高等
4287	进	jìn	动	一级
4288	进步	jìnbù	动、形	三级
4289	进场	jìnchǎng	动	高等
4290	进程	jìnchéng	名	高等
4291	进出	jìnchū	动	高等
4292	进出口	jìn-chūkǒu		高等
4293	进度	jìndù	名	高等
4294	进而	jìn'ér	连	高等
4295	进攻	jìngōng	动	六级
4296	进化	jìnhuà	动	五级
4297	进口	jìnkǒu	动、名	四级
4298	进来	jìn//·lái		一级
4299	进去	jìn//·qù		一级
4300	进入	jìnrù	动	二级
4301	进行	jìnxíng	动	二级
4302	进修	jìnxiū	动	高等
4303	进一步	jìnyíbù	副	三级
4304	进展	jìnzhǎn	动	三级
4305	近	jìn	形	二级
4306	近代	jìndài	名	四级
4307	近来	jìnlái	名	五级
4308	近年来	jìnnián lái		高等
4309	近期	jìnqī	名	三级
4310	近日	jìnrì	名	六级
4311	近视	jìnshì	形	六级
4312	劲头	jìntóu	名	高等
4313	晋升	jìnshēng	动	高等
4314	浸泡	jìnpào	动	高等
4315	禁忌	jìnjì	名、动	高等
4316	禁区	jìnqū	名	高等
4317	禁止	jìnzhǐ	动	四级
4318	茎	jīng	名	高等
4319	京剧	jīngjù	名	三级
4320	经	jīng		高等
4321	经常	jīngcháng	副	二级
4322	经典	jīngdiǎn	名	四级
4323	经度	jīngdù	名	高等
4324	经费	jīngfèi	名	五级
4325	经过	jīngguò	动、名	二级
4326	经济	jīngjì	名、形	三级
4327	经久不息	jīngjiǔ-bùxī		高等
4328	经理	jīnglǐ	名	二级
4329	经历	jīnglì	动、名	三级
4330	经贸	jīngmào	名	高等
4331	经商	jīng//shāng		高等
4332	经受	jīngshòu	动	高等
4333	经验	jīngyàn	名	三级
4334	经营	jīngyíng	动	三级
4335	荆棘	jīngjí	名	高等
4336	惊	jīng	动	高等
4337	惊诧	jīngchà	形	高等
4338	惊慌	jīnghuāng	形	高等
4339	惊慌失措	jīnghuāng-shīcuò		高等
4340	惊奇	jīngqí	形	高等
4341	惊人	jīngrén	形	六级
4342	惊叹	jīngtàn	动	高等
4343	惊天动地	jīngtiān-dòngdì		高等
4344	惊喜	jīngxǐ	形、名	六级
4345	惊险	jīngxiǎn	形	高等
4346	惊心动魄	jīngxīn-dòngpò		高等
4347	惊醒	jīngxǐng	动	高等
4348	惊讶	jīngyà	形	高等
4349	晶莹	jīngyíng	形	高等
4350	兢兢业业	jīngjīngyèyè	形	高等
4351	精	jīng	形	六级
4352	精彩	jīngcǎi	形	三级
4353	精打细算	jīngdǎ-xìsuàn		高等
4354	精华	jīnghuá	名	高等

4355	精简	jīngjiǎn	动	高等		4394	竞争	jìngzhēng	动	五级
4356	精力	jīnglì	名	四级		4395	竟	jìng	副	高等
4357	精练	jīngliàn	形	高等		4396	竟敢	jìnggǎn	动	高等
4358	精美	jīngměi	形	六级		4397	竟然	jìngrán	副	四级
4359	精妙	jīngmiào	形	高等		4398	敬	jìng	动	高等
4360	精明	jīngmíng	形	高等		4399	敬爱	jìng'ài	动	高等
4361	精疲力竭	jīngpí-lìjié		高等		4400	敬而远之	jìng'éryuǎnzhī		高等
4362	精品	jīngpǐn	名	六级		4401	敬酒	jìngjiǔ	动	高等
4363	精确	jīngquè	形	高等		4402	敬礼	jìng∥lǐ		高等
4364	精神	jīngshén	名	三级		4403	敬佩	jìngpèi	动	高等
4365	精神	jīngshen	形、名	三级		4404	敬请	jìngqǐng	动	高等
4366	精神病	jīngshénbìng	名	高等		4405	敬业	jìngyè	动	高等
4367	精髓	jīngsuǐ	名	高等		4406	敬意	jìngyì	名	高等
4368	精通	jīngtōng	动	高等		4407	敬重	jìngzhòng	动	高等
4369	精细	jīngxì	形	高等		4408	静	jìng	形、动	三级
4370	精心	jīngxīn	形	高等		4409	静止	jìngzhǐ	动	高等
4371	精益求精	jīngyìqiújīng		高等		4410	境地	jìngdì	名	高等
4372	精英	jīngyīng	名	高等		4411	境界	jìngjiè	名	高等
4373	精致	jīngzhì	形	高等		4412	境内	jìngnèi	名	高等
4374	井	jǐng	名	六级		4413	境外	jìngwài	名	高等
4375	颈部	jǐngbù	名	高等		4414	境遇	jìngyù	名	高等
4376	景	jǐng	名	六级		4415	镜头	jìngtóu	名	四级
4377	景点	jǐngdiǎn	名	六级		4416	镜子	jìngzi	名	四级
4378	景观	jǐngguān	名	高等		4417	窘迫	jiǒngpò	形	高等
4379	景区	jǐngqū	名	高等		4418	纠缠	jiūchán	动	高等
4380	景色	jǐngsè	名	三级		4419	纠纷	jiūfēn	名	六级
4381	景象	jǐngxiàng	名	五级		4420	纠正	jiūzhèng	动	六级
4382	警察	jǐngchá	名	三级		4421	究竟	jiūjìng	副	四级
4383	警车	jǐngchē	名	高等		4422	揪	jiū	动	高等
4384	警告	jǐnggào	动、名	五级		4423	九	jiǔ	数	一级
4385	警官	jǐngguān	名	高等		4424	久	jiǔ	形	三级
4386	警惕	jǐngtì	动	高等		4425	久违	jiǔwéi	动	高等
4387	警钟	jǐngzhōng	名	高等		4426	久仰	jiǔyǎng	动	高等
4388	净	jìng	形、副	六级		4427	酒	jiǔ	名	二级
4389	净化	jìnghuà	动	高等		4428	酒吧	jiǔbā	名	四级
4390	竞技	jìngjì	动	高等		4429	酒店	jiǔdiàn	名	二级
4391	竞赛	jìngsài	动	五级		4430	酒鬼	jiǔguǐ	名	五级
4392	竞相	jìngxiāng	副	高等		4431	酒精	jiǔjīng	名	高等
4393	竞选	jìngxuǎn	动	高等		4432	酒楼	jiǔlóu	名	高等

4433	酒水	jiǔshuǐ	名	六级
4434	旧	jiù	形	三级
4435	救	jiù	动	三级
4436	救护车	jiùhùchē	名	高等
4437	救济	jiùjì	动	高等
4438	救命	jiù//mìng		六级
4439	救援	jiùyuán	动	六级
4440	救灾	jiù//zāi		五级
4441	救治	jiùzhì	动	高等
4442	救助	jiùzhù	动	六级
4443	就	jiù	副	一级
4444	就餐	jiùcān	动	高等
4445	就地	jiùdì	副	高等
4446	就读	jiùdú	动	高等
4447	就近	jiùjìn	副	高等
4448	就任	jiùrèn	动	高等
4449	就是	jiùshì	连	三级
4450	就是说	jiùshìshuō		六级
4451	就算	jiùsuàn	连	六级
4452	就要	jiùyào	副	二级
4453	就业	jiù//yè		三级
4454	就医	jiù//yī		高等
4455	就诊	jiù//zhěn		高等
4456	就职	jiù//zhí		高等
4457	就座	jiù//zuò		高等
4458	舅舅	jiùjiu	名	高等
4459	拘留	jūliú	动	高等
4460	拘束	jūshù	动、形	高等
4461	居高临下	jūgāo-línxià		高等
4462	居民	jūmín	名	四级
4463	居民楼	jūmínlóu	名	高等
4464	居然	jūrán	副	五级
4465	居住	jūzhù	动	四级
4466	鞠躬	jū//gōng		高等
4467	局	jú	名	四级
4468	局	jú	量	六级
4469	局部	júbù	名	高等
4470	局面	júmiàn	名	五级
4471	局势	júshì	名	高等
4472	局限	júxiàn	动	高等
4473	局长	júzhǎng	名	五级
4474	菊花	júhuā	名	高等
4475	橘子	júzi	名	高等
4476	沮丧	jǔsàng	形	高等
4477	举	jǔ	动	二级
4478	举办	jǔbàn	动	三级
4479	举报	jǔbào	动	高等
4480	举措	jǔcuò	名	高等
4481	举动	jǔdòng	名	五级
4482	举例	jǔ//lì		高等
4483	举世闻名	jǔshì-wénmíng		高等
4484	举世无双	jǔshì-wúshuāng		高等
4485	举世瞩目	jǔshì-zhǔmù		高等
4486	举手	jǔshǒu	动	二级
4487	举行	jǔxíng	动	二级
4488	举一反三	jǔyī-fǎnsān		高等
4489	举止	jǔzhǐ	名	高等
4490	举重	jǔzhòng	名	高等
4491	巨大	jùdà	形	四级
4492	巨额	jù'é	形	高等
4493	巨人	jùrén	名	高等
4494	巨头	jùtóu	名	高等
4495	巨星	jùxīng	名	高等
4496	巨型	jùxíng	形	高等
4497	句	jù	量	二级
4498	句子	jùzi	名	二级
4499	拒绝	jùjué	动	五级
4500	具备	jùbèi	动	四级
4501	具体	jùtǐ	形	三级
4502	具有	jùyǒu	动	三级
4503	俱乐部	jùlèbù	名	五级
4504	剧	jù	名	六级
4505	剧本	jùběn	名	五级
4506	剧场	jùchǎng	名	三级
4507	剧烈	jùliè	形	高等
4508	剧目	jùmù	名	高等
4509	剧情	jùqíng	名	高等
4510	剧团	jùtuán	名	高等

编号	词	拼音	词性	等级	编号	词	拼音	词性	等级
4511	剧院	jùyuàn	名	高等	4550	绝技	juéjì	名	高等
4512	剧组	jùzǔ	名	高等	4551	绝望	jué//wàng		五级
4513	据	jù	介	六级	4552	绝缘	juéyuán	动	高等
4514	据此	jùcǐ	动	高等	4553	绝招	juézhāo	名	高等
4515	据说	jùshuō	动	三级	4554	倔强	juéjiàng	形	高等
4516	据悉	jùxī	动	高等	4555	崛起	juéqǐ	动	高等
4517	距	jù	动	高等	4556	爵士	juéshì	名	高等
4518	距离	jùlí	动、名	四级	4557	倔	juè	形	高等
4519	锯	jù	名、动	高等	4558	军队	jūnduì	名	六级
4520	聚	jù	动	四级	4559	军官	jūnguān	名	高等
4521	聚会	jùhuì	动、名	四级	4560	军舰	jūnjiàn	名	六级
4522	聚集	jùjí	动	高等	4561	军人	jūnrén	名	五级
4523	聚精会神	jùjīng-huìshén		高等	4562	军事	jūnshì	名	六级
4524	捐	juān	动	六级	4563	均衡	jūnhéng	形	高等
4525	捐款	juānkuǎn	名	六级	4564	均匀	jūnyún	形	高等
4526	捐献	juānxiàn	动	高等	4565	君子	jūnzǐ	名	高等
4527	捐赠	juānzèng	动	六级	4566	俊	jùn	形	高等
4528	捐助	juānzhù	动	六级	4567	俊俏	jùnqiào	形	高等
4529	卷	juǎn	动、量	四级	4568	骏马	jùnmǎ	名	高等
4530	卷入	juǎnrù	动	高等	4569	竣工	jùngōng	动	高等
4531	卷	juàn	量	四级	4570	咖啡	kāfēi	名	三级
4532	卷子	juànzi	名	高等	4571	卡	kǎ	名	二级
4533	圈	juàn	名	高等	4572	卡车	kǎchē	名	高等
4534	决不	jué bù		五级	4573	卡片	kǎpiàn	名	高等
4535	决策	juécè	动、名	六级	4574	卡通	kǎtōng	名	高等
4536	决定	juédìng	动、名	三级	4575	开	kāi	动	一级
4537	决赛	juésài	动、名	三级	4576	开办	kāibàn	动	高等
4538	决心	juéxīn	名、动	三级	4577	开采	kāicǎi	动	高等
4539	决议	juéyì	名	高等	4578	开场	kāi//chǎng		高等
4540	诀别	juébié	动	高等	4579	开场白	kāichǎngbái	名	高等
4541	诀窍	juéqiào	名	高等	4580	开车	kāi//chē		一级
4542	角色	juésè	名	四级	4581	开除	kāichú	动	高等
4543	角逐	juézhú	动	高等	4582	开创	kāichuàng	动	六级
4544	觉得	juéde	动	一级	4583	开动	kāidòng	动	高等
4545	觉悟	juéwù	动、名	六级	4584	开发	kāifā	动	三级
4546	觉醒	juéxǐng	动	高等	4585	开发区	kāifāqū	名	高等
4547	绝	jué	形、副	六级	4586	开发商	kāifāshāng	名	高等
4548	绝大多数	jué dàduōshù		六级	4587	开放	kāifàng	动	三级
4549	绝对	juéduì	副	三级	4588	开工	kāi//gōng		高等

编号	词	拼音	词性	等级	编号	词	拼音	词性	等级
4589	开关	kāiguān	名	六级	4628	砍	kǎn	动	高等
4590	开花	kāi//huā		四级	4629	看	kàn	动	一级
4591	开会	kāi//huì		一级	4630	看病	kàn//bìng		一级
4592	开机	kāi//jī		二级	4631	看不起	kànbuqǐ	动	四级
4593	开垦	kāikěn	动	高等	4632	看成	kànchéng		五级
4594	开口	kāi//kǒu		高等	4633	看出	kànchū		五级
4595	开阔	kāikuò	形、动	高等	4634	看待	kàndài	动	五级
4596	开朗	kāilǎng	形	高等	4635	看到	kàndào		一级
4597	开幕	kāi//mù		五级	4636	看得出	kàndechū	动	高等
4598	开幕式	kāimùshì	名	五级	4637	看得见	kàndejiàn	动	六级
4599	开辟	kāipì	动	高等	4638	看得起	kàndeqǐ	动	六级
4600	开启	kāiqǐ	动	高等	4639	看法	kàn·fǎ	名	二级
4601	开枪	kāi qiāng		高等	4640	看好	kànhǎo	动	六级
4602	开设	kāishè	动	六级	4641	看见	kàn//jiàn		一级
4603	开始	kāishǐ	动、名	三级	4642	看来	kànlái		四级
4604	开水	kāishuǐ	名	四级	4643	看起来	kàn·qǐ·lái		三级
4605	开天辟地	kāitiān-pìdì		高等	4644	看热闹	kàn rènao		高等
4606	开通	kāitōng	动	六级	4645	看上去	kàn shàng·qù		三级
4607	开头	kāitóu	名	六级	4646	看似	kànsì	动	高等
4608	开拓	kāituò	动	高等	4647	看台	kàntái	名	高等
4609	开玩笑	kāi wánxiào		一级	4648	看望	kànwàng	动	四级
4610	开销	kāi·xiāo	动、名	高等	4649	看样子	kàn yàngzi		高等
4611	开心	kāixīn	形、动	二级	4650	看中	kàn//zhòng		高等
4612	开学	kāi//xué		二级	4651	看重	kànzhòng	动	高等
4613	开业	kāi//yè		三级	4652	看作	kànzuò	动	六级
4614	开夜车	kāi yèchē		六级	4653	康复	kāngfù	动	六级
4615	开展	kāizhǎn	动	三级	4654	慷慨	kāngkǎi	形	高等
4616	开张	kāi//zhāng		高等	4655	扛	káng		
4617	开支	kāizhī	名	高等	4656	抗衡	kànghéng	动	高等
4618	凯歌	kǎigē	名	高等	4657	抗拒	kàngjù	动	高等
4619	楷模	kǎimó	名	高等	4658	抗生素	kàngshēngsù	名	高等
4620	刊登	kāndēng	动	高等	4659	抗议	kàngyì	动	六级
4621	刊物	kānwù	名	高等	4660	抗争	kàngzhēng	动	高等
4622	看	kān	动	六级	4661	考	kǎo	动	一级
4623	看管	kānguǎn	动	六级	4662	考察	kǎochá	动、名	四级
4624	看护	kānhù	动、名	高等	4663	考场	kǎochǎng	名	六级
4625	勘探	kāntàn	动	高等	4664	考核	kǎohé	动	五级
4626	堪称	kānchēng	动	高等	4665	考量	kǎo·liáng	动	高等
4627	侃大山	kǎn dàshān		高等	4666	考虑	kǎolǜ	动	四级

4667	考生	kǎoshēng	名	二级	4706	可怕	kěpà	形	二级
4668	考试	kǎo//shì		一级	4707	可是	kěshì	连	二级
4669	考题	kǎotí	名	六级	4708	可谓	kěwèi	动	高等
4670	考验	kǎoyàn	动	三级	4709	可恶	kěwù	形	高等
4671	烤	kǎo	动	高等	4710	可惜	kěxī	形	五级
4672	烤肉	kǎoròu	名	五级	4711	可想而知	kěxiǎng'érzhī		高等
4673	烤鸭	kǎoyā	名	五级	4712	可笑	kěxiào	形	高等
4674	靠	kào	动	二级	4713	可信	kěxìn	形	高等
4675	靠近	kàojìn	动	五级	4714	可行	kěxíng	形	高等
4676	靠拢	kàolǒng	动	高等	4715	可疑	kěyí	形	高等
4677	苛刻	kēkè	形	高等	4716	可以	kěyǐ	动	二级
4678	科	kē	名	二级	4717	渴	kě	形	一级
4679	科幻	kēhuàn	名	高等	4718	渴望	kěwàng	动	五级
4680	科技	kējì	名	三级	4719	克	kè	量	二级
4681	科目	kēmù	名	高等	4720	克服	kèfú	动	三级
4682	科普	kēpǔ	名	高等	4721	克隆	kèlóng	动	高等
4683	科学	kēxué	名、形	二级	4722	克制	kèzhì	动	高等
4684	科研	kēyán	动、名	六级	4723	刻	kè	量	二级
4685	棵	kē	量	四级	4724	刻	kè	动	五级
4686	颗	kē	量	五级	4725	刻苦	kèkǔ	形	高等
4687	磕	kē	动	高等	4726	刻意	kèyì	副	高等
4688	壳	ké	名	高等	4727	刻舟求剑	kèzhōu-qiújiàn		高等
4689	咳	ké	动	五级	4728	客车	kèchē	名	六级
4690	咳嗽	késou	动	高等	4729	客房	kèfáng	名	高等
4691	可	kě	副、连	五级	4730	客观	kèguān	形	三级
4692	可爱	kě'ài	形	二级	4731	客户	kèhù	名	五级
4693	可悲	kěbēi	形	高等	4732	客机	kèjī	名	高等
4694	可不是	kěbú·shi	副	高等	4733	客流	kèliú	名	高等
4695	可乘之机	kěchéngzhījī		高等	4734	客气	kèqi	形、动	五级
4696	可耻	kěchǐ	形	高等	4735	客人	kè·rén	名	二级
4697	可歌可泣	kěgē-kěqì		高等	4736	客厅	kètīng	名	五级
4698	可观	kěguān	形	高等	4737	客运	kèyùn	名	高等
4699	可贵	kěguì	形	高等	4738	课	kè	名	一级
4700	可见	kějiàn	连	四级	4739	课本	kèběn	名	一级
4701	可靠	kěkào	形	三级	4740	课程	kèchéng	名	三级
4702	可口	kěkǒu	形	高等	4741	课堂	kètáng	名	二级
4703	可乐	kělè	名	三级	4742	课题	kètí	名	五级
4704	可怜	kělián	形、动	五级	4743	课文	kèwén	名	一级
4705	可能	kěnéng	动、形、名	二级	4744	肯	kěn	动	六级

4745	肯定	kěndìng	动、形	五级	4784	口腔	kǒuqiāng	名	高等
4746	恳求	kěnqiú	动	高等	4785	口哨	kǒushào	名	高等
4747	啃	kěn	动	高等	4786	口试	kǒushì	动	六级
4748	坑	kēng	动、名	高等	4787	口水	kǒushuǐ	名	高等
4749	空	kōng	形、副	三级	4788	口头	kǒutóu	名、形	高等
4750	空荡荡	kōngdàngdàng	形	高等	4789	口味	kǒuwèi	名	高等
4751	空间	kōngjiān	名	四级	4790	口香糖	kǒuxiāngtáng	名	高等
4752	空军	kōngjūn	名	六级	4791	口音	kǒuyīn	名	高等
4753	空难	kōngnàn	名	高等	4792	口语	kǒuyǔ	名	四级
4754	空气	kōngqì	名	二级	4793	口罩	kǒuzhào	名	高等
4755	空前	kōngqián	动	高等	4794	口子	kǒuzi	名	高等
4756	空调	kōngtiáo	名	三级	4795	扣	kòu	动	六级
4757	空想	kōngxiǎng	动、名	高等	4796	扣除	kòuchú	动	高等
4758	空虚	kōngxū	形	高等	4797	扣留	kòuliú	动	高等
4759	空中	kōngzhōng	名	五级	4798	扣人心弦	kòurénxīnxián		高等
4760	恐怖	kǒngbù	形	高等	4799	扣押	kòuyā	动	高等
4761	恐吓	kǒnghè	动	高等	4800	枯燥	kūzào	形	高等
4762	恐慌	kǒnghuāng	形	高等	4801	哭	kū	动	二级
4763	恐惧	kǒngjù	形	高等	4802	哭泣	kūqì	动	高等
4764	恐龙	kǒnglóng	名	高等	4803	哭笑不得	kūxiào-bùdé		高等
4765	恐怕	kǒngpà	副	三级	4804	窟窿	kūlong	名	高等
4766	空	kòng	动、形	四级	4805	苦	kǔ	形	四级
4767	空白	kòngbái	名	高等	4806	苦力	kǔlì	名	高等
4768	空地	kòngdì	名	高等	4807	苦练	kǔliàn		高等
4769	空儿	kòngr	名	三级	4808	苦难	kǔnàn		高等
4770	空隙	kòngxì	名	高等	4809	苦恼	kǔnǎo	形	高等
4771	控告	kònggào	动	高等	4810	苦笑	kǔxiào	动	高等
4772	控制	kòngzhì	动	五级	4811	苦心	kǔxīn	名、副	高等
4773	抠	kōu	动、形	高等	4812	库	kù	名	五级
4774	口	kǒu	量、名	一级	4813	裤子	kùzi	名	三级
4775	口碑	kǒubēi	名	高等	4814	酷	kù	形	六级
4776	口才	kǒucái	名	高等	4815	酷似	kùsì	动	高等
4777	口吃	kǒuchī	动	高等	4816	夸	kuā	动	高等
4778	口袋	kǒudai	名	四级	4817	夸大	kuādà	动	高等
4779	口感	kǒugǎn	名	高等	4818	夸奖	kuājiǎng	动	高等
4780	口号	kǒuhào	名	五级	4819	夸夸其谈	kuākuā-qítán		高等
4781	口径	kǒujìng	名	高等	4820	夸耀	kuāyào	动	高等
4782	口令	kǒulìng	名	高等	4821	夸张	kuāzhāng	形、名	高等
4783	口气	kǒu·qì	名	高等	4822	垮	kuǎ	动	高等

4823	挎	kuà	动	高等	4862	框	kuàng	名、动	高等
4824	跨	kuà	动	六级	4863	框架	kuàngjià	名	高等
4825	跨国	kuàguó	动	高等	4864	亏	kuī	动	五级
4826	跨越	kuàyuè	动	高等	4865	亏本	kuī//běn		高等
4827	会计	kuài·jì	名	四级	4866	亏损	kuīsǔn	动	高等
4828	块	kuài	名、量	一级	4867	昆虫	kūnchóng	名	高等
4829	快	kuài	形、副	一级	4868	捆	kǔn	动、量	高等
4830	快餐	kuàicān	名	二级	4869	困	kùn	形、动	三级
4831	快车	kuàichē	名	六级	4870	困惑	kùnhuò	形、动	高等
4832	快递	kuàidì	名	四级	4871	困境	kùnjìng	名	高等
4833	快点儿	kuài diǎnr		二级	4872	困难	kùnnan	名、形	三级
4834	快活	kuàihuo	形	五级	4873	困扰	kùnrǎo	动	五级
4835	快捷	kuàijié	形	高等	4874	扩	kuò	动	高等
4836	快乐	kuàilè	形	二级	4875	扩大	kuòdà	动	四级
4837	快速	kuàisù	形	三级	4876	扩建	kuòjiàn	动	高等
4838	快要	kuàiyào	副	二级	4877	扩散	kuòsàn	动	高等
4839	筷子	kuàizi	名	二级	4878	扩展	kuòzhǎn	动	四级
4840	宽	kuān	形	四级	4879	扩张	kuòzhāng	动	高等
4841	宽敞	kuānchang	形	高等	4880	括号	kuòhào	名	四级
4842	宽度	kuāndù	名	五级	4881	括弧	kuòhú	名	高等
4843	宽泛	kuānfàn	形	高等	4882	阔	kuò	形	六级
4844	宽广	kuānguǎng	形	四级	4883	阔绰	kuòchuò	形	高等
4845	宽厚	kuānhòu	形	高等	4884	垃圾	lājī	名	四级
4846	宽阔	kuānkuò	形	六级	4885	拉	lā	动	二级
4847	宽容	kuānróng	动	高等	4886	拉动	lādòng	动	高等
4848	宽恕	kuānshù	动	高等	4887	拉开	lākāi		四级
4849	宽松	kuān·sōng	形	高等	4888	拉拢	lā·lǒng	动	高等
4850	款式	kuǎnshì	名	高等	4889	拉锁	lāsuǒ	名	高等
4851	款项	kuǎnxiàng	名	高等	4890	啦啦队	lālāduì	名	高等
4852	筐	kuāng	名	高等	4891	喇叭	lǎba	名	高等
4853	狂	kuáng	形	五级	4892	落	là	动	五级
4854	狂欢	kuánghuān	动	高等	4893	腊月	làyuè	名	高等
4855	狂欢节	kuánghuānjié	名	高等	4894	蜡	là	名	高等
4856	狂热	kuángrè	形	高等	4895	蜡烛	làzhú	名	高等
4857	旷课	kuàng//kè		高等	4896	辣	là	形	四级
4858	况且	kuàngqiě	连	高等	4897	辣椒	làjiāo	名	高等
4859	矿	kuàng	名	六级	4898	啦	la	助	六级
4860	矿藏	kuàngcáng	名	高等	4899	来	lái	动	一级
4861	矿泉水	kuàngquánshuǐ	名	四级	4900	来宾	láibīn	名	高等

4901	来不及	láibují	动	四级	4940	浪漫	làngmàn	形	五级
4902	来到	láidào	动	一级	4941	捞	lāo	动	高等
4903	来得及	láidejí	动	四级	4942	劳动	láodòng	动、名	五级
4904	来电	láidiàn	动、名	高等	4943	劳动力	láodònglì	名	高等
4905	来访	láifǎng	动	高等	4944	劳累	láolèi	形	高等
4906	来回	láihuí	副、名	高等	4945	劳务	láowù	名	高等
4907	来历	láilì	名	高等	4946	牢	láo	形	六级
4908	来临	láilín	动	高等	4947	牢固	láogù	形	高等
4909	来龙去脉	láilóng-qùmài		高等	4948	牢记	láojì	动	高等
4910	来年	láinián	名	高等	4949	牢牢	láoláo		高等
4911	来往	láiwǎng	动	六级	4950	唠叨	láodao	动	高等
4912	来信	láixìn	名	五级	4951	老	lǎo	形	一级
4913	来源	láiyuán	名	四级	4952	老	lǎo	副	二级
4914	来源于	láiyuán yú		高等	4953	老（老王）	lǎo	前缀	二级
4915	来自	láizì	动	二级			(Lǎo Wáng)		
4916	赖	lài	动、形	六级	4954	老百姓	lǎobǎixìng	名	三级
4917	拦	lán	动	高等	4955	老板	lǎobǎn	名	三级
4918	栏	lán	名	高等	4956	老伴儿	lǎobànr	名	高等
4919	栏杆	lángān	名	高等	4957	老大	lǎodà	名、副	高等
4920	栏目	lánmù	名	六级	4958	老公	lǎogōng	名	四级
4921	蓝	lán	形	二级	4959	老汉	lǎohàn	名	高等
4922	蓝领	lánlǐng	名	六级	4960	老化	lǎohuà	动	高等
4923	蓝色	lánsè	名	二级	4961	老家	lǎojiā	名	四级
4924	蓝天	lán tiān		六级	4962	老年	lǎonián	名	二级
4925	蓝图	lántú	名	高等	4963	老朋友	lǎo péngyou		二级
4926	篮球	lánqiú	名	二级	4964	老婆	lǎopo	名	四级
4927	揽	lǎn	动	高等	4965	老人	lǎorén	名	一级
4928	缆车	lǎnchē	名	高等	4966	老人家	lǎorenjia	名	高等
4929	懒	lǎn	形	六级	4967	老师	lǎoshī	名	一级
4930	懒得	lǎnde	动	高等	4968	老实	lǎoshi	形	四级
4931	懒惰	lǎnduò	形	高等	4969	老实说	lǎoshishuō		高等
4932	烂	làn	形	五级	4970	老是	lǎo·shì	副	二级
4933	滥用	lànyòng	动	高等	4971	老太太	lǎotàitai	名	三级
4934	狼	láng	名	高等	4972	老头儿	lǎotóur	名	三级
4935	狼狈	lángbèi	形	高等	4973	老乡	lǎoxiāng	名	六级
4936	朗读	lǎngdú	动	五级	4974	老远	lǎo yuǎn		高等
4937	朗诵	lǎngsòng	动	高等	4975	老字号	lǎozìhao	名	高等
4938	浪	làng	名	高等	4976	姥姥	lǎolao	名	高等
4939	浪费	làngfèi	动	三级	4977	姥爷	lǎoye	名	高等

4978	涝	lào	形	高等	5017	离奇	líqí	形	高等
4979	乐	lè	动	三级	5018	离职	lí∥zhí		高等
4980	乐观	lèguān	形	三级	5019	梨	lí	名	五级
4981	乐趣	lèqù	名	四级	5020	黎明	límíng	名	高等
4982	乐意	lèyì	动、形	高等	5021	礼	lǐ	名	五级
4983	乐园	lèyuán	名	高等	5022	礼拜	lǐbài	名、动	五级
4984	了	le	助	一级	5023	礼服	lǐfú	名	高等
4985	勒	lēi	动	高等	5024	礼貌	lǐmào	名、形	五级
4986	雷同	léitóng	形	高等	5025	礼品	lǐpǐn	名	高等
4987	累积	lěijī	动	高等	5026	礼堂	lǐtáng	名	六级
4988	累计	lěijì	动	高等	5027	礼物	lǐwù	名	二级
4989	泪	lèi	名	四级	5028	礼仪	lǐyí	名	高等
4990	泪水	lèishuǐ	名	四级	5029	里	lǐ	名	一级
4991	类	lèi	名、量	三级	5030	里边	lǐbian		一级
4992	类别	lèibié	名	高等	5031	里程碑	lǐchéngbēi	名	高等
4993	类似	lèisì	动、形	三级	5032	里面	lǐmiàn	名	三级
4994	类型	lèixíng	名	四级	5033	里头	lǐtou	名	二级
4995	累	lèi	形	一级	5034	理	lǐ	动、名	六级
4996	棱角	léngjiǎo	名	高等	5035	理财	lǐ∥cái		六级
4997	冷	lěng	形	一级	5036	理睬	lǐcǎi	动	高等
4998	冷淡	lěngdàn	形、动	高等	5037	理发	lǐ∥fà		三级
4999	冷冻	lěngdòng	动	高等	5038	理会	lǐhuì	动	高等
5000	冷静	lěngjìng	形	四级	5039	理解	lǐjiě	动	三级
5001	冷酷	lěngkù	形	高等	5040	理科	lǐkē	名	高等
5002	冷酷无情	lěngkù-wúqíng		高等	5041	理论	lǐlùn	名	三级
5003	冷落	lěngluò	形、动	高等	5042	理念	lǐniàn	名	高等
5004	冷门	lěngmén	名	高等	5043	理事	lǐshì	名、动	高等
5005	冷漠	lěngmò	形	高等	5044	理所当然	lǐsuǒdāngrán		高等
5006	冷气	lěngqì	名	六级	5045	理想	lǐxiǎng	名	二级
5007	冷水	lěngshuǐ	名	六级	5046	理性	lǐxìng	形、名	高等
5008	冷笑	lěngxiào	动	高等	5047	理由	lǐyóu	名	三级
5009	冷战	lěngzhàn	名	高等	5048	理直气壮	lǐzhí-qìzhuàng		高等
5010	愣	lèng	动、形	高等	5049	理智	lǐzhì	名、形	六级
5011	厘米	límǐ	量	四级	5050	力	lì	名	三级
5012	离	lí	动、介	二级	5051	力（影响力）	lì (yǐngxiǎnglì)	后缀	六级
5013	离不开	lí bu kāi		四级	5052	力不从心	lìbùcóngxīn		高等
5014	离婚	lí∥hūn		三级	5053	力度	lìdù	名	高等
5015	离开	lí∥kāi		二级	5054	力量	lì·liàng	名	三级
5016	离谱儿	lí∥pǔr		高等	5055	力气	lìqi	名	四级

5056	力求	lìqiú	动	高等	5095	连任	liánrèn	动	高等
5057	力所能及	lìsuǒnéngjí		高等	5096	连锁	liánsuǒ	形	高等
5058	力争	lìzhēng	动	高等	5097	连锁店	liánsuǒdiàn	名	高等
5059	历程	lìchéng	名	高等	5098	连续	liánxù	动	三级
5060	历届	lìjiè	形	高等	5099	连续剧	liánxùjù	名	三级
5061	历经	lìjīng	动	高等	5100	连夜	liányè	副	高等
5062	历来	lìlái	副	高等	5101	怜惜	liánxī	动	高等
5063	历时	lìshí	动、形	高等	5102	帘子	liánzi	名	高等
5064	历史	lìshǐ	名	四级	5103	莲子	liánzǐ	名	高等
5065	厉害	lìhai	形	五级	5104	联邦	liánbāng	名	高等
5066	立	lì	动	五级	5105	联合	liánhé	动	三级
5067	立场	lìchǎng	名	五级	5106	联合国	Liánhéguó	名	三级
5068	立方	lìfāng	名、量	高等	5107	联欢	liánhuān	动	高等
5069	立方米	lìfāngmǐ	量	高等	5108	联络	liánluò	动	五级
5070	立功	lì//gōng		高等	5109	联盟	liánméng	名	六级
5071	立即	lìjí	副	四级	5110	联赛	liánsài	名	六级
5072	立交桥	lìjiāoqiáo	名	高等	5111	联手	liánshǒu	动	六级
5073	立刻	lìkè	副	三级	5112	联网	lián//wǎng		高等
5074	立体	lìtǐ	形	高等	5113	联系	liánxì	动、名	三级
5075	立足	lìzú	动	高等	5114	联想	liánxiǎng	动	五级
5076	励志	lìzhì	动	高等	5115	廉价	liánjià	形	高等
5077	利	lì	名	六级	5116	廉洁	liánjié	形	高等
5078	利害	lìhài	名	高等	5117	廉正	liánzhèng	形	高等
5079	利率	lìlǜ	名	高等	5118	廉政	liánzhèng	动	高等
5080	利润	lìrùn	名	五级	5119	脸	liǎn	名	二级
5081	利索	lìsuo	形	高等	5120	脸颊	liǎnjiá	名	高等
5082	利息	lìxī	名	四级	5121	脸盆	liǎnpén	名	五级
5083	利益	lìyì	名	四级	5122	脸色	liǎnsè	名	五级
5084	利用	lìyòng	动	三级	5123	练	liàn	动	二级
5085	例如	lìrú	动	二级	5124	练习	liànxí	动、名	二级
5086	例外	lìwài	动、名	五级	5125	炼	liàn	动	高等
5087	例子	lìzi	名	二级	5126	恋爱	liàn'ài	动、名	五级
5088	粒	lì	量	高等	5127	恋恋不舍	liànliàn-bùshě		高等
5089	俩	liǎ		四级	5128	良	liáng	形	高等
5090	连	lián	动、副	三级	5129	良好	liánghǎo	形	四级
5091	连滚带爬	liángǔn-dàipá		高等	5130	良心	liángxīn	名	高等
5092	连接	liánjiē	动	五级	5131	良性	liángxìng	形	高等
5093	连忙	liánmáng	副	三级	5132	凉	liáng	形	二级
5094	连绵	liánmián	动	高等	5133	凉快	liángkuai	形	二级

编号	词	拼音	词性	等级
5134	凉爽	liángshuǎng	形	高等
5135	凉水	liángshuǐ	名	三级
5136	凉鞋	liángxié	名	六级
5137	量	liáng	动	四级
5138	粮食	liángshi	名	四级
5139	两	liǎng	数	一级
5140	两	liǎng	量	二级
5141	两岸	liǎng'àn	名	五级
5142	两边	liǎngbiān	名	四级
5143	两侧	liǎngcè	名	六级
5144	两口子	liǎngkǒuzi	名	高等
5145	两栖	liǎngqī	动	高等
5146	两手	liǎngshǒu	名	六级
5147	亮	liàng	形、动	二级
5148	亮点	liàngdiǎn	名	高等
5149	亮丽	liànglì	形	高等
5150	亮相	liàng//xiàng		高等
5151	谅解	liàngjiě	动	高等
5152	辆	liàng	量	二级
5153	辽阔	liáokuò	形	高等
5154	疗法	liáofǎ	名	高等
5155	疗效	liáoxiào	名	高等
5156	疗养	liáoyǎng	动	四级
5157	聊	liáo	动	六级
5158	聊天儿	liáo//tiānr		六级
5159	寥寥无几	liáoliáo-wújǐ		高等
5160	潦草	liáocǎo	形	高等
5161	了	liǎo	动	三级
5162	了不起	liǎobuqǐ	形	四级
5163	了结	liǎojié	动	高等
5164	了解	liǎojiě	动	四级
5165	了却	liǎoquè	动	高等
5166	料¹	liào	动	六级
5167	料²	liào	名	六级
5168	料到	liàodào		高等
5169	料理	liàolǐ	动、名	高等
5170	咧嘴	liě//zuǐ		高等
5171	列	liè	动、量	四级
5172	列车	lièchē	名	四级
5173	列举	lièjǔ	动	高等
5174	列入	lièrù	动	四级
5175	列为	lièwéi		四级
5176	劣势	lièshì	名	高等
5177	劣质	lièzhì	形	高等
5178	烈士	lièshì	名	高等
5179	猎犬	lièquǎn	名	高等
5180	猎人	lièrén	名	高等
5181	裂	liè	动	六级
5182	裂缝	lièfèng	名	高等
5183	裂痕	lièhén	名	高等
5184	拎	līn	动	高等
5185	邻国	línguó	名	高等
5186	邻居	línjū	名	五级
5187	临	lín	动、介	高等
5188	临床	línchuáng	动	高等
5189	临街	línjiē	动	高等
5190	临近	línjìn	动	高等
5191	临时	línshí	形、副	四级
5192	淋	lín	动	高等
5193	灵	líng	形	高等
5194	灵感	línggǎn	名	高等
5195	灵魂	línghún	名	高等
5196	灵活	línghuó	形	六级
5197	灵机一动	língjī-yīdòng		高等
5198	灵敏	língmǐn	形	高等
5199	灵巧	língqiǎo	形	高等
5200	灵通	língtōng	形	高等
5201	铃	líng	名	五级
5202	铃声	língshēng	名	五级
5203	凌晨	língchén	名	高等
5204	零|〇	líng|líng	数	一级
5205	零花钱	línghuāqián	名	高等
5206	零件	língjiàn	名	高等
5207	零钱	língqián	名	高等
5208	零食	língshí	名	四级
5209	零售	língshòu	动	高等
5210	零下	líng xià		二级
5211	领	lǐng	动	三级

5212	领带	lǐngdài	名	五级
5213	领导	lǐngdǎo	动、名	三级
5214	领队	lǐngduì	动、名	高等
5215	领会	lǐnghuì	动	高等
5216	领军	lǐngjūn	动	高等
5217	领略	lǐnglüè	动	高等
5218	领取	lǐngqǔ	动	六级
5219	领事	lǐngshì	名	高等
5220	领事馆	lǐngshìguǎn	名	高等
5221	领土	lǐngtǔ	名	高等
5222	领悟	lǐngwù	动	高等
5223	领先	lǐng//xiān		三级
5224	领袖	lǐngxiù	名	六级
5225	领养	lǐngyǎng	动	高等
5226	领域	lǐngyù	名	高等
5227	另	lìng	代、副	六级
5228	另外	lìngwài	代、副、连	三级
5229	另一方面	lìng yìfāngmiàn		三级
5230	令	lìng	动	五级
5231	溜	liū	动	高等
5232	溜达	liūda	动	高等
5233	浏览	liúlǎn	动	高等
5234	浏览器	liúlǎnqì	名	高等
5235	留	liú	动	二级
5236	留恋	liúliàn	动	高等
5237	留念	liúniàn	动	高等
5238	留神	liú//shén		高等
5239	留下	liúxia		二级
5240	留心	liú//xīn		高等
5241	留学	liú//xué		三级
5242	留学生	liúxuéshēng	名	二级
5243	留言	liúyán	动、名	六级
5244	留意	liú//yì		高等
5245	流	liú	动	二级
5246	流畅	liúchàng	形	高等
5247	流程	liúchéng	名	高等
5248	流传	liúchuán	动	四级
5249	流动	liúdòng	动	五级
5250	流感	liúgǎn	名	六级
5251	流浪	liúlàng	动	高等
5252	流泪	liúlèi	动	高等
5253	流利	liúlì	形	二级
5254	流量	liúliàng	名	高等
5255	流露	liúlù	动	高等
5256	流氓	liúmáng	名	高等
5257	流入	liúrù		高等
5258	流失	liúshī	动	高等
5259	流水	liúshuǐ	名	高等
5260	流淌	liútǎng	动	高等
5261	流通	liútōng	动	五级
5262	流向	liúxiàng	名	高等
5263	流行	liúxíng	动、形	二级
5264	流血	liúxuè	动	高等
5265	流域	liúyù	名	高等
5266	流转	liúzhuǎn	动	高等
5267	柳树	liǔshù	名	高等
5268	六	liù	数	一级
5269	遛	liù	动	高等
5270	龙	lóng	名	三级
5271	龙舟	lóngzhōu	名	高等
5272	聋	lóng	形	高等
5273	聋人	lóngrén	名	高等
5274	笼子	lóngzi	名	高等
5275	隆重	lóngzhòng	形	高等
5276	垄断	lǒngduàn	动	高等
5277	笼统	lǒngtǒng	形	高等
5278	笼罩	lǒngzhào	动	高等
5279	楼	lóu	名	一级
5280	楼道	lóudào	名	六级
5281	楼房	lóufáng	名	六级
5282	楼上	lóu shàng		一级
5283	楼梯	lóutī	名	四级
5284	楼下	lóu xià		一级
5285	搂	lǒu	动	高等
5286	漏	lòu	动	五级
5287	漏洞	lòudòng	名	五级
5288	露	lòu	动	六级
5289	露面	lòu//miàn		高等

5290	芦花	lúhuā	名	高等	5329	铝	lǚ	名	高等
5291	炉灶	lúzào	名	高等	5330	屡	lǚ	副	高等
5292	炉子	lúzi	名	高等	5331	屡次	lǚcì	副	高等
5293	卤味	lǔwèi	名	高等	5332	缕	lǚ	量	高等
5294	鲁莽	lǔmǎng	形	高等	5333	履行	lǚxíng	动	高等
5295	陆地	lùdì	名	四级	5334	律师	lǜshī	名	四级
5296	陆军	lùjūn	名	六级	5335	率	lǜ	后缀	高等
5297	陆续	lùxù	副	四级		（成功率）	(chénggōnglǜ)		
5298	录	lù	动	三级	5336	绿	lǜ	形	二级
5299	录取	lùqǔ	动	四级	5337	绿茶	lǜchá	名	三级
5300	录像	lùxiàng	动、名	六级	5338	绿灯	lǜdēng	名	高等
5301	录音	lùyīn	动、名	三级	5339	绿地	lǜdì	名	高等
5302	录音机	lùyīnjī	名	六级	5340	绿化	lǜhuà	动	六级
5303	录制	lùzhì	动	高等	5341	绿色	lǜsè	名	二级
5304	鹿	lù	名	高等	5342	孪生	luánshēng	形	高等
5305	路	lù	名、量	一级	5343	卵	luǎn	名	高等
5306	路边	lù biān		二级	5344	乱	luàn	形	三级
5307	路程	lùchéng	名	高等	5345	乱七八糟	luànqībāzāo	形	高等
5308	路灯	lùdēng	名	高等	5346	掠夺	lüèduó	动	高等
5309	路段	lùduàn	名	高等	5347	略	lüè	动、形	高等
5310	路过	lùguò	动	六级	5348	略微	lüèwēi	副	高等
5311	路口	lùkǒu	名	一级	5349	抡	lūn	动	高等
5312	路况	lùkuàng	名	高等	5350	伦理	lúnlǐ	名	高等
5313	路面	lùmiàn	名	高等	5351	轮	lún	名、动、量	四级
5314	路人	lùrén	名	高等	5352	轮船	lúnchuán	名	四级
5315	路上	lùshang	名	一级	5353	轮换	lúnhuàn	动	高等
5316	路途	lùtú	名	高等	5354	轮廓	lúnkuò	名	高等
5317	路线	lùxiàn	名	三级	5355	轮流	lúnliú	动	高等
5318	路子	lùzi	名	高等	5356	轮胎	lúntāi	名	高等
5319	露	lù	动	六级	5357	轮椅	lúnyǐ	名	四级
5320	露天	lùtiān	名、形	高等	5358	轮子	lúnzi	名	四级
5321	旅程	lǚchéng	名	高等	5359	论述	lùnshù	动	高等
5322	旅店	lǚdiàn	名	六级	5360	论坛	lùntán	名	高等
5323	旅馆	lǚguǎn	名	三级	5361	论文	lùnwén	名	四级
5324	旅客	lǚkè	名	二级	5362	论证	lùnzhèng	动	高等
5325	旅途	lǚtú	名	高等	5363	罗	luó	名、动	高等
5326	旅行	lǚxíng	动	二级	5364	萝卜	luóbo	名	高等
5327	旅行社	lǚxíngshè	名	三级	5365	逻辑	luó·jí	名	五级
5328	旅游	lǚyóu	动	二级	5366	螺丝	luósī	名	高等

5367	裸	luǒ	动		高等	5406	买不起	mǎi bu qǐ		高等
5368	裸露	luǒlù	动		高等	5407	买卖	mǎimai	名	五级
5369	络绎不绝	luòyì-bùjué			高等	5408	迈	mài	动	高等
5370	落	luò	动		四级	5409	迈进	màijìn	动	高等
5371	落差	luòchā	名		高等	5410	卖	mài		二级
5372	落地	luò//dì			高等	5411	卖弄	màinong	动	高等
5373	落后	luò//hòu			三级	5412	脉搏	màibó	名	高等
5374	落户	luò//hù			高等	5413	脉络	màiluò	名	高等
5375	落实	luòshí	动		五级	5414	埋怨	mányuàn	动	高等
5376	落下	luòxia			高等	5415	蛮	mán	副	高等
5377	妈妈|妈	māma|mā	名		一级	5416	馒头	mántou	名	六级
5378	麻¹	má	名		高等	5417	瞒	mán	动	高等
5379	麻²	má	形		高等	5418	满	mǎn	形	二级
5380	麻痹	mábì	动		高等	5419	满怀	mǎnhuái	动	高等
5381	麻烦	máfan	动、形		三级	5420	满意	mǎnyì	动	二级
5382	麻将	májiàng	名		高等	5421	满足	mǎnzú	动	三级
5383	麻辣	málà	形		高等	5422	蔓延	mànyán	动	高等
5384	麻木	mámù	形		高等	5423	漫	màn	动	高等
5385	麻醉	mázuì	动		高等	5424	漫长	màncháng	形	五级
5386	马	mǎ	名		三级	5425	漫画	mànhuà	名	五级
5387	马车	mǎchē	名		六级	5426	漫游	mànyóu	动	高等
5388	马后炮	mǎhòupào	名		高等	5427	慢	màn	形	一级
5389	马虎	mǎhu	形		高等	5428	慢车	mànchē	名	六级
5390	马力	mǎlì	量		高等	5429	慢慢	mànmàn		三级
5391	马路	mǎlù	名		一级	5430	慢慢来	mànmàn lái		高等
5392	马上	mǎshàng	副		一级	5431	慢性	mànxìng	形	高等
5393	马桶	mǎtǒng	名		高等	5432	忙	máng	形	一级
5394	马戏	mǎxì	名		高等	5433	忙活	mánghuo	动	高等
5395	码¹	mǎ	动		高等	5434	忙碌	mánglù	形	高等
5396	码²	mǎ	量		高等	5435	忙乱	mángluàn	形	高等
5397	码头	mǎ·tóu	名		五级	5436	盲目	mángmù	形	高等
5398	骂	mà	动		五级	5437	盲人	mángrén	名	六级
5399	吗	ma	助		一级	5438	茫然	mángrán	形	高等
5400	嘛	ma	助		六级	5439	猫	māo	名	二级
5401	埋	mái	动		六级	5440	毛	máo	量	一级
5402	埋藏	máicáng	动		高等	5441	毛	máo		三级
5403	埋伏	mái·fú	动		高等	5442	毛笔	máobǐ	名	五级
5404	埋没	máimò	动		高等	5443	毛病	máo·bìng		三级
5405	买	mǎi	动		一级	5444	毛巾	máojīn	名	四级

编号	词	拼音	词性	等级	编号	词	拼音	词性	等级
5445	毛衣	máoyī	名	四级	5484	每当	měidāng	介	高等
5446	矛盾	máodùn	名、形	五级	5485	每逢	měiféng	动	高等
5447	矛头	máotóu	名	高等	5486	美	měi	形	三级
5448	茅台（酒）	Máotái(jiǔ)	名	高等	5487	美德	měidé	名	高等
5449	茂密	màomì	形	高等	5488	美观	měiguān	形	高等
5450	茂盛	màoshèng	形	高等	5489	美好	měihǎo	形	三级
5451	冒	mào	动	五级	5490	美化	měihuà	动	高等
5452	冒充	màochōng	动	高等	5491	美金	měijīn	名	四级
5453	冒犯	màofàn	动	高等	5492	美景	měijǐng	名	高等
5454	冒昧	màomèi	形	高等	5493	美丽	měilì	形	三级
5455	冒险	mào//xiǎn		高等	5494	美满	měimǎn	形	高等
5456	贸易	màoyì	名	五级	5495	美妙	měimiào	形	高等
5457	帽子	màozi	名	四级	5496	美女	měinǚ	名	四级
5458	没	méi	副、动	一级	5497	美人	měirén	名	高等
5459	没错	méi cuò		四级	5498	美容	měiróng	动	六级
5460	没法儿	méifǎr	动	四级	5499	美食	měishí	名	三级
5461	没关系	méi guānxi		一级	5500	美术	měishù	名	三级
5462	没劲	méijìn	形	高等	5501	美味	měiwèi	名	高等
5463	没什么	méi shénme		一级	5502	美元	měiyuán	名	三级
5464	没事儿	méi//shìr		一级	5503	美中不足	měizhōng-bùzú		高等
5465	没说的	méishuōde		高等	5504	美滋滋	měizīzī	形	高等
5466	没完没了	méiwán-méiliǎo		高等	5505	妹妹|妹	mèimei|mèi	名	一级
5467	没想到	méi xiǎngdào		四级	5506	魅力	mèilì	名	高等
5468	没意思	méi yìsi		高等	5507	闷	mēn	形、动	高等
5469	没用	méiyòng	动	三级	5508	门	mén	名、量	一级
5470	没有	méi·yǒu	动、副	一级	5509	门当户对	méndāng-hùduì		高等
5471	没辙	méi//zhé		高等	5510	门槛	ménkǎn	名	高等
5472	没准儿	méi//zhǔnr		高等	5511	门口	ménkǒu	名	一级
5473	玫瑰	méigui	名	高等	5512	门铃	ménlíng	名	高等
5474	枚	méi	量	高等	5513	门路	ménlu	名	高等
5475	眉开眼笑	méikāi-yǎnxiào		高等	5514	门票	ménpiào	名	一级
5476	眉毛	méimao	名	高等	5515	门诊	ménzhěn	动	五级
5477	梅花	méihuā	名	六级	5516	闷	mèn	形	高等
5478	媒体	méitǐ	名	三级	5517	们（朋友们）	men (péngyoumen)	后缀	一级
5479	煤	méi	名	五级					
5480	煤矿	méikuàng	名	高等	5518	蒙	mēng	动	六级
5481	煤气	méiqì	名	五级	5519	萌发	méngfā	动	高等
5482	煤炭	méitàn	名	高等	5520	萌芽	méngyá	动、名	高等
5483	每	měi	代、副	三级	5521	蒙	méng	动	六级

5522	盟友	méngyǒu	名	高等		5561	蜜月	mìyuè	名	高等
5523	朦胧	ménglóng	形	高等		5562	棉	mián	名	六级
5524	猛	měng	形	六级		5563	棉花	mián·huā	名	高等
5525	猛烈	měngliè	形	高等		5564	免	miǎn	动	高等
5526	猛然	měngrán	副	高等		5565	免不了	miǎnbuliǎo		高等
5527	梦	mèng	名、动	四级		5566	免除	miǎnchú	动	高等
5528	梦幻	mènghuàn	名	高等		5567	免得	miǎnde	连	六级
5529	梦见	mèngjiàn		四级		5568	免费	miǎn//fèi		四级
5530	梦想	mèngxiǎng	动、名	四级		5569	免疫	miǎnyì	动	高等
5531	弥补	míbǔ	动	高等		5570	免职	miǎn//zhí		高等
5532	弥漫	mímàn	动	高等		5571	勉强	miǎnqiǎng	形、动	高等
5533	迷	mí	动	三级		5572	缅怀	miǎnhuái	动	高等
5534	迷惑	mí·huò	形、动	高等		5573	面¹（见面）	miàn	名、量	二级
5535	迷惑不解	míhuò-bùjiě		高等		5574	面²（面条儿）	miàn	名	二级
5536	迷恋	míliàn	动	高等		5575	面包	miànbāo	名	一级
5537	迷路	mí//lù		高等		5576	面部	miànbù	名	高等
5538	迷人	mírén	形	五级		5577	面对	miànduì	动	三级
5539	迷失	míshī	动	高等		5578	面对面	miànduìmiàn		六级
5540	迷信	míxìn	动、名	五级		5579	面粉	miànfěn	名	高等
5541	谜	mí	名	高等		5580	面红耳赤	miànhóng-ěrchì		高等
5542	谜底	mídǐ	名	高等		5581	面积	miànjī	名	三级
5543	谜团	mítuán	名	高等		5582	面临	miànlín	动	四级
5544	谜语	míyǔ	名	高等		5583	面貌	miànmào	名	五级
5545	米	mǐ	量	二级		5584	面面俱到	miànmiàn-jùdào		高等
5546	米	mǐ	名	三级		5585	面目全非	miànmù-quánfēi		高等
5547	米饭	mǐfàn	名	一级		5586	面前	miànqián	名	二级
5548	秘方	mìfāng	名	高等		5587	面试	miànshì	动	四级
5549	秘诀	mìjué	名	高等		5588	面条儿	miàntiáor	名	一级
5550	秘密	mìmì	形、名	四级		5589	面向	miànxiàng	动	六级
5551	秘书	mìshū	名	四级		5590	面子	miànzi	名	五级
5552	密	mì	形	四级		5591	苗	miáo	名	高等
5553	密不可分	mìbùkěfēn		高等		5592	苗条	miáotiao	形	高等
5554	密度	mìdù	名	高等		5593	苗头	miáotou	名	高等
5555	密封	mìfēng	动	高等		5594	描绘	miáohuì	动	高等
5556	密集	mìjí	动、形	高等		5595	描述	miáoshù	动	四级
5557	密码	mìmǎ	名	四级		5596	描写	miáoxiě	动	四级
5558	密切	mìqiè	形、动	四级		5597	瞄准	miáo//zhǔn		高等
5559	蜜	mì	名	高等		5598	秒	miǎo	量	五级
5560	蜜蜂	mìfēng	名	高等		5599	渺小	miǎoxiǎo	形	高等

#	词	拼音	词性	等级	#	词	拼音	词性	等级
5600	妙	miào	形	六级	5639	明朗	mínglǎng	形	高等
5601	庙	miào	名	高等	5640	明亮	míngliàng	形	五级
5602	庙会	miàohuì	名	高等	5641	明媚	míngmèi	形	高等
5603	灭	miè	动	六级	5642	明明	míngmíng	副	五级
5604	灭绝	mièjué	动	高等	5643	明年	míngnián	名	一级
5605	灭亡	mièwáng	动	高等	5644	明确	míngquè	形、动	三级
5606	民办	mínbàn	形	高等	5645	明日	míngrì	名	六级
5607	民歌	míngē	名	六级	5646	明天	míngtiān	名	一级
5608	民工	míngōng	名	六级	5647	明显	míngxiǎn	形	三级
5609	民间	mínjiān	名	三级	5648	明星	míngxīng	名	二级
5610	民警	mínjǐng	名	六级	5649	明智	míngzhì	形	高等
5611	民俗	mínsú	名	高等	5650	铭记	míngjì	动	高等
5612	民意	mínyì	名	六级	5651	命	mìng	名	六级
5613	民用	mínyòng	形	高等	5652	命	mìng	动	高等
5614	民众	mínzhòng	名	高等	5653	命令	mìnglìng	名、动	五级
5615	民主	mínzhǔ	名、形	六级	5654	命名	mìng∥míng		高等
5616	民族	mínzú	名	三级	5655	命题	mìng∥tí		高等
5617	敏感	mǐngǎn	形	五级	5656	命运	mìngyùn	名	三级
5618	敏捷	mǐnjié	形	高等	5657	摸	mō	动	四级
5619	敏锐	mǐnruì	形	高等	5658	摸索	mō·suǒ	动	高等
5620	名	míng	名、量	二级	5659	模范	mófàn	名	五级
5621	名称	míngchēng	名	二级	5660	模仿	mófǎng	动	五级
5622	名单	míngdān	名	二级	5661	模糊	móhu	形	五级
5623	名额	míng'é	名	六级	5662	模拟	mónǐ	动	高等
5624	名副其实	míngfùqíshí		高等	5663	模式	móshì	名	五级
5625	名贵	míngguì	形	高等	5664	模特儿	mótèr	名	四级
5626	名利	mínglì	名	高等	5665	模型	móxíng	名	四级
5627	名牌儿	míngpáir		四级	5666	膜	mó	名	六级
5628	名片	míngpiàn	名	四级	5667	摩擦	mócā	动、名	五级
5629	名气	míngqi	名	高等	5668	摩托	mótuō	名	五级
5630	名人	míngrén	名	四级	5669	磨	mó	动	六级
5631	名声	míngshēng	名	高等	5670	磨合	móhé	动	高等
5632	名胜	míngshèng	名	六级	5671	磨难	mónàn	名	高等
5633	名言	míngyán	名	高等	5672	磨损	mósǔn	动	高等
5634	名义	míngyì	名	六级	5673	蘑菇	mógu	名	高等
5635	名誉	míngyù	名、形	六级	5674	魔鬼	móguǐ	名	高等
5636	名著	míngzhù	名	高等	5675	魔术	móshù	名	高等
5637	名字	míngzi	名	一级	5676	抹	mǒ	动	高等
5638	明白	míngbai	形、动	一级	5677	末	mò	名	四级

5678	末日	mòrì	名	高等
5679	没落	mòluò	动	高等
5680	没收	mòshōu	动	六级
5681	陌生	mòshēng	形	高等
5682	莫非	mòfēi	副	高等
5683	莫过于	mòguòyú	动	高等
5684	莫名其妙	mòmíngqímiào		高等
5685	漠然	mòrán	形	高等
5686	墨	mò	名	高等
5687	墨水	mòshuǐ	名	六级
5688	默读	mòdú	动	高等
5689	默默	mòmò	副	四级
5690	默默无闻	mòmò-wúwén		高等
5691	默契	mòqì	形、名	高等
5692	谋害	móuhài	动	高等
5693	谋求	móuqiú	动	高等
5694	谋生	móushēng	动	高等
5695	某	mǒu	代	三级
5696	模样	múyàng	名	五级
5697	母	mǔ	形、名	六级
5698	母鸡	mǔjī	名	六级
5699	母女	mǔnǚ	名	六级
5700	母亲	mǔ·qīn	名	三级
5701	母子	mǔzǐ	名	六级
5702	牡丹	mǔdan	名	高等
5703	亩	mǔ	量	高等
5704	木板	mùbǎn	名	高等
5705	木材	mùcái	名	高等
5706	木匠	mù·jiàng	名	高等
5707	木偶	mù'ǒu	名	高等
5708	木头	mùtou	名	三级
5709	目标	mùbiāo	名	三级
5710	目不转睛	mùbùzhuǎnjīng		高等
5711	目瞪口呆	mùdèng-kǒudāi		高等
5712	目的	mùdì	名	二级
5713	目的地	mùdìdì		高等
5714	目睹	mùdǔ	动	高等
5715	目光	mùguāng	名	五级
5716	目录	mùlù		名	高等
5717	目前	mùqián	名	三级
5718	目中无人	mùzhōng-wúrén		高等
5719	沐浴露	mùyùlù	名	高等
5720	牧场	mùchǎng	名	高等
5721	牧民	mùmín		高等
5722	募捐	mù//juān		高等
5723	墓	mù	名	六级
5724	墓碑	mùbēi	名	高等
5725	墓地	mùdì	名	高等
5726	幕	mù	名	高等
5727	幕后	mùhòu	名	高等
5728	穆斯林	mùsīlín	名	高等
5729	拿	ná	动	一级
5730	拿出	náchū		二级
5731	拿到	nádào		二级
5732	拿手	náshǒu	形	高等
5733	拿走	názǒu		六级
5734	哪	nǎ	代	一级
5735	哪里	nǎ·lǐ	代	一级
5736	哪怕	nǎpà	连	四级
5737	哪儿	nǎr	代	一级
5738	哪些	nǎxiē	代	一级
5739	哪知道	nǎ zhīdào		高等
5740	那	nà	代	一级
5741	那	nà	连	二级
5742	那边	nàbiān	代	一级
5743	那会儿	nàhuìr	代	二级
5744	那里	nà·lǐ	代	一级
5745	那么	nàme	代	二级
5746	那儿	nàr	代	一级
5747	那时候|那时	nà shíhou|nà shí		二级
5748	那些	nàxiē	代	一级
5749	那样	nàyàng	代	二级
5750	呐喊	nàhǎn	动	高等
5751	纳闷儿	nà//mènr		高等
5752	纳入	nàrù	动	高等
5753	纳税	nà//shuì		高等
5754	纳税人	nàshuìrén	名	高等

#	词	拼音	词性	等级	#	词	拼音	词性	等级
5755	哪	na	助	四级	5794	难看	nánkàn	形	二级
5756	乃	nǎi	副	高等	5795	难免	nánmiǎn	形	四级
5757	乃至	nǎizhì	连	高等	5796	难受	nánshòu	形	二级
5758	奶	nǎi	名	一级	5797	难说	nánshuō	动	高等
5759	奶茶	nǎichá	名	三级	5798	难题	nántí	名	二级
5760	奶粉	nǎifěn	名	六级	5799	难听	nántīng	形	二级
5761	奶奶	nǎinai	名	一级	5800	难忘	nánwàng	动	六级
5762	奶牛	nǎiniú	名	六级	5801	难为情	nánwéiqíng	形	高等
5763	耐	nài	动	高等	5802	难以	nányǐ	动	五级
5764	耐人寻味	nàirénxúnwèi		高等	5803	难以想象	nányǐ-xiǎngxiàng		高等
5765	耐心	nàixīn	形、名	五级	5804	难以置信	nányǐ-zhìxìn		高等
5766	耐性	nàixìng	名	高等	5805	挠	náo	动	高等
5767	男	nán	形	一级	5806	恼羞成怒	nǎoxiū-chéngnù		高等
5768	男孩儿	nánháir	名	一级	5807	脑袋	nǎodai	名	四级
5769	男女	nánnǚ	名	四级	5808	脑海	nǎohǎi	名	高等
5770	男朋友	nánpéngyou	名	一级	5809	脑筋	nǎojīn	名	高等
5771	男人	nánrén	名	一级	5810	脑子	nǎozi	名	五级
5772	男生	nánshēng	名	一级	5811	闹	nào	形、动	四级
5773	男士	nánshì	名	四级	5812	闹事	nào//shì		高等
5774	男性	nánxìng	名	五级	5813	闹着玩儿	nàozhewánr		高等
5775	男子	nánzǐ	名	三级	5814	闹钟	nàozhōng	名	四级
5776	南	nán	名	一级	5815	呢	ne	助	一级
5777	南北	nánběi	名	五级	5816	内	nèi	名	三级
5778	南边	nánbian	名	一级	5817	内部	nèibù	名	四级
5779	南部	nánbù	名	三级	5818	内存	nèicún	名	高等
5780	南方	nánfāng	名	二级	5819	内地	nèidì	名	六级
5781	南瓜	nán·guā	名	高等	5820	内阁	nèigé	名	高等
5782	南极	nánjí	名	五级	5821	内涵	nèihán	名	高等
5783	难	nán	形	一级	5822	内行	nèiháng	形	高等
5784	难处	nánchù	名	高等	5823	内科	nèikē	名	四级
5785	难道	nándào	副	三级	5824	内幕	nèimù	名	高等
5786	难得	nándé	形	五级	5825	内容	nèiróng	名	三级
5787	难得一见	nándé yí jiàn		高等	5826	内外	nèiwài	名	六级
5788	难点	nándiǎn	名	高等	5827	内向	nèixiàng	形	高等
5789	难度	nándù	名	三级	5828	内心	nèixīn	名	三级
5790	难怪	nánguài	副、动	高等	5829	内需	nèixū	名	高等
5791	难关	nánguān	名	高等	5830	内衣	nèiyī	名	六级
5792	难过	nánguò	形	二级	5831	内在	nèizài	形	五级
5793	难堪	nánkān	动、形	高等	5832	嫩	nèn	形	高等

5833	能	néng	动	一级
5834	能不能	néng bu néng		三级
5835	能否	néngfǒu	动	六级
5836	能干	nénggàn	形	四级
5837	能够	nénggòu	动	二级
5838	能耗	nénghào	名	高等
5839	能力	nénglì	名	三级
5840	能量	néngliàng	名	五级
5841	能耐	néngnai	名、形	高等
5842	能人	néngrén	名	高等
5843	能源	néngyuán	名	高等
5844	尼龙	nílóng	名	高等
5845	泥	ní	名	六级
5846	泥潭	nítán	名	高等
5847	泥土	nítǔ	名	高等
5848	拟	nǐ	动	高等
5849	拟定	nǐdìng	动	高等
5850	你	nǐ	代	一级
5851	你们	nǐmen	代	一级
5852	逆	nì	动	高等
5853	匿名	nìmíng	动	高等
5854	年	nián	量	一级
5855	年初	niánchū	名	三级
5856	年代	niándài	名	三级
5857	年底	niándǐ	名	三级
5858	年度	niándù	名	五级
5859	年画	niánhuà	名	高等
5860	年级	niánjí	名	二级
5861	年纪	niánjì	名	三级
5862	年龄	niánlíng	名	五级
5863	年迈	niánmài	形	高等
5864	年前	niánqián	名	五级
5865	年轻	niánqīng	形	二级
5866	年限	niánxiàn	名	高等
5867	年薪	niánxīn	名	高等
5868	年夜饭	niányèfàn	名	高等
5869	年终	niánzhōng	名	高等
5870	黏	nián	形	高等
5871	念	niàn	动	三级
5872	念念不忘	niànniàn-búwàng		高等
5873	念书	niàn//shū		高等
5874	念头	niàntou	名	高等
5875	娘	niáng	名	高等
5876	酿造	niàngzào	动	高等
5877	鸟	niǎo	名	二级
5878	鸟巢	niǎocháo	名	高等
5879	尿	niào	动、名	高等
5880	捏	niē	动	高等
5881	您	nín	代	一级
5882	宁静	níngjìng	形	四级
5883	拧	níng	动	高等
5884	凝固	nínggù	动	高等
5885	凝聚	níngjù	动	高等
5886	拧	nǐng	动	高等
5887	宁可	nìngkě	副	高等
5888	宁愿	nìngyuàn	副	高等
5889	牛	niú	名	三级
5890	牛	niú	形	五级
5891	牛奶	niúnǎi	名	一级
5892	牛仔裤	niúzǎikù	名	五级
5893	扭	niǔ	动	六级
5894	扭曲	niǔqū	动	高等
5895	扭头	niǔ//tóu		高等
5896	扭转	niǔzhuǎn	动	高等
5897	纽带	niǔdài	名	高等
5898	纽扣	niǔkòu	名	高等
5899	农产品	nóngchǎnpǐn	名	五级
5900	农场	nóngchǎng	名	高等
5901	农村	nóngcūn	名	三级
5902	农历	nónglì	名	高等
5903	农民	nóngmín	名	三级
5904	农民工	nóngmíngōng	名	高等
5905	农业	nóngyè	名	三级
5906	农作物	nóngzuòwù	名	高等
5907	浓	nóng	形	四级
5908	浓厚	nónghòu	形	高等
5909	浓缩	nóngsuō	动	高等
5910	浓郁	nóngyù	形	高等

#	词	拼音	词性	等级	#	词	拼音	词性	等级
5911	浓重	nóngzhòng	形	高等	5950	排	pái	名、量	二级
5912	弄	nòng	动	二级	5951	排	pái	动	三级
5913	弄虚作假	nòngxū-zuòjiǎ		高等	5952	排斥	páichì	动	高等
5914	奴隶	núlì	名	高等	5953	排除	páichú	动	五级
5915	努力	nǔlì	形	二级	5954	排队	pái//duì		二级
5916	女	nǚ	形	一级	5955	排放	páifàng	动	高等
5917	女儿	nǚ'ér	名	一级	5956	排行榜	páihángbǎng	名	六级
5918	女孩儿	nǚháir	名	一级	5957	排练	páiliàn	动	高等
5919	女朋友	nǚpéngyou	名	一级	5958	排列	páiliè	动	四级
5920	女人	nǚrén	名	一级	5959	排名	pái//míng		三级
5921	女生	nǚshēng	名	一级	5960	排球	páiqiú	名	二级
5922	女士	nǚshì	名	四级	5961	徘徊	páihuái	动	高等
5923	女性	nǚxìng	名	五级	5962	牌	pái	名	四级
5924	女婿	nǚxu	名	高等	5963	牌照	páizhào	名	高等
5925	女子	nǚzǐ	名	三级	5964	牌子	páizi	名	三级
5926	暖	nuǎn	形、动	五级	5965	派	pài	动、名	三级
5927	暖烘烘	nuǎnhōnghōng	形	高等	5966	派别	pàibié	名	高等
5928	暖和	nuǎnhuo	形	三级	5967	派出	pàichū		六级
5929	暖气	nuǎnqì	名	四级	5968	派遣	pàiqiǎn	动	高等
5930	虐待	nüèdài	动	高等	5969	攀	pān	动	高等
5931	挪	nuó	动	高等	5970	攀升	pānshēng	动	高等
5932	诺言	nuòyán	名	高等	5971	盘	pán	名、量	四级
5933	哦	ò	叹	高等	5972	盘	pán	动	高等
5934	殴打	ōudǎ	动	高等	5973	盘算	pánsuan	动	高等
5935	呕吐	ǒutù	动	高等	5974	盘子	pánzi	名	四级
5936	偶尔	ǒu'ěr	副	五级	5975	判	pàn	动	六级
5937	偶然	ǒurán	形	五级	5976	判处	pànchǔ	动	高等
5938	偶像	ǒuxiàng	名	五级	5977	判定	pàndìng	动	高等
5939	趴	pā	动	高等	5978	判断	pànduàn	动、名	三级
5940	爬	pá	动	二级	5979	判决	pànjué	动	高等
5941	爬山	pá shān		二级	5980	盼	pàn	动	高等
5942	怕	pà	动	二级	5981	盼望	pànwàng	动	六级
5943	怕	pà	副	三级	5982	叛逆	pànnì	动、名	高等
5944	拍	pāi	动	三级	5983	庞大	pángdà	形	高等
5945	拍板	pāi//bǎn		高等	5984	旁	páng	名、代	五级
5946	拍卖	pāimài		高等	5985	旁边	pángbiān		一级
5947	拍摄	pāishè	动	五级	5986	旁观	pángguān	动	高等
5948	拍戏	pāi//xì		高等	5987	胖	pàng	形	三级
5949	拍照	pāi//zhào		四级	5988	胖子	pàngzi	名	四级

5989	抛	pāo	动	高等	6028	朋友	péngyou	名	一级
5990	抛开	pāokāi		高等	6029	蓬勃	péngbó	形	高等
5991	抛弃	pāoqì	动	高等	6030	鹏程万里	péngchéng-wànlǐ		高等
5992	刨	páo	动	高等	6031	膨胀	péngzhàng	动	高等
5993	跑	pǎo	动	一级	6032	捧	pěng		高等
5994	跑步	pǎo//bù		三级	6033	捧场	pěng//chǎng		高等
5995	跑车	pǎochē	名	高等	6034	碰	pèng	动	二级
5996	跑道	pǎodào	名	高等	6035	碰到	pèngdào		二级
5997	跑龙套	pǎo lóngtào		高等	6036	碰钉子	pèng dīngzi		高等
5998	泡	pào	动、名	六级	6037	碰见	pèng//jiàn		二级
5999	泡沫	pàomò	名	高等	6038	碰巧	pèngqiǎo	副	高等
6000	炮	pào	名	六级	6039	碰上	pèngshang		高等
6001	胚胎	pēitāi	名	高等	6040	碰撞	pèngzhuàng	动	高等
6002	陪	péi	动	五级	6041	批[1]	pī	动	四级
6003	陪伴	péibàn	动	高等	6042	批[2]	pī	量	四级
6004	陪同	péitóng	动	六级	6043	批发	pīfā	动	高等
6005	陪葬	péizàng	动	高等	6044	批判	pīpàn	动	高等
6006	培训	péixùn	动	四级	6045	批评	pīpíng	动	三级
6007	培训班	péixùnbān	名	四级	6046	批准	pīzhǔn	动	三级
6008	培养	péiyǎng	动	四级	6047	披	pī	动	五级
6009	培育	péiyù	动	四级	6048	披露	pīlù	动	高等
6010	赔	péi	动	五级	6049	劈	pī	动	高等
6011	赔偿	péicháng	动	五级	6050	皮	pí	名	三级
6012	赔钱	péi//qián		高等	6051	皮包	píbāo	名	三级
6013	佩服	pèi·fú	动	高等	6052	皮带	pídài	名	高等
6014	配	pèi	动	三级	6053	皮肤	pífū	名	五级
6015	配备	pèibèi	动	五级	6054	皮球	píqiú	名	六级
6016	配合	pèihé	动	三级	6055	皮鞋	píxié	名	五级
6017	配件	pèijiàn	名	高等	6056	疲惫	píbèi	形	高等
6018	配偶	pèi'ǒu	名	高等	6057	疲惫不堪	píbèi-bùkān		高等
6019	配送	pèisòng	动	高等	6058	疲倦	píjuàn	形	高等
6020	配套	pèi//tào		五级	6059	疲劳	píláo	形	高等
6021	配音	pèi//yīn		高等	6060	啤酒	píjiǔ	名	三级
6022	配置	pèizhì	动	六级	6061	脾	pí	名	高等
6023	喷	pēn	动	五级	6062	脾气	píqi	名	五级
6024	喷泉	pēnquán	名	高等	6063	匹	pǐ	量	五级
6025	盆	pén	名	五级	6064	匹配	pǐpèi	动	高等
6026	抨击	pēngjī	动	高等	6065	媲美	pìměi		高等
6027	烹调	pēngtiáo	动	高等	6066	僻静	pìjìng	形	高等

#	词	拼音	词性	等级	#	词	拼音	词性	等级
6067	譬如	pìrú	动	高等	6106	品尝	pǐncháng	动	高等
6068	譬如说	pìrú shuō		高等	6107	品德	pǐndé	名	高等
6069	片子	piānzi	名	高等	6108	品牌	pǐnpái	名	六级
6070	偏	piān	形、副	六级	6109	品位	pǐnwèi	名	高等
6071	偏差	piānchā	名	高等	6110	品行	pǐnxíng	名	高等
6072	偏方	piānfāng	名	高等	6111	品质	pǐnzhì	名	四级
6073	偏见	piānjiàn	名	高等	6112	品种	pǐnzhǒng	名	五级
6074	偏僻	piānpì	形	高等	6113	聘	pìn	动	高等
6075	偏偏	piānpiān	副	高等	6114	聘请	pìnqǐng	动	六级
6076	偏向	piānxiàng	动、名	高等	6115	聘任	pìnrèn	动	高等
6077	偏远	piānyuǎn	形	高等	6116	聘用	pìnyòng	动	高等
6078	篇	piān	量	二级	6117	乒乓球	pīngpāngqiú	名	高等
6079	篇幅	piān·fú	名	高等	6118	平	píng	形	二级
6080	便宜	piányi	形、名	二级	6119	平安	píng'ān	形	二级
6081	片	piàn	量	二级	6120	平常	píngcháng	名、形	二级
6082	片段	piànduàn	名	高等	6121	平常心	píngchángxīn	名	高等
6083	片面	piànmiàn	形	四级	6122	平淡	píngdàn	形	高等
6084	骗	piàn	动	五级	6123	平等	píngděng	形	二级
6085	骗人	piàn rén		高等	6124	平凡	píngfán	形	六级
6086	骗子	piànzi	名	五级	6125	平方	píngfāng	名、量	四级
6087	漂	piāo	动	高等	6126	平方米	píngfāngmǐ	量	六级
6088	飘	piāo	动、形	高等	6127	平和	pínghé	形、动	高等
6089	票	piào	名	一级	6128	平衡	pínghéng	形	六级
6090	票房	piàofáng	名	高等	6129	平价	píngjià	动、名	高等
6091	票价	piàojià	名	三级	6130	平静	píngjìng	形	四级
6092	漂亮	piàoliang	形	二级	6131	平均	píngjūn	动、形	四级
6093	撇	piě	动、名	高等	6132	平面	píngmiàn	名	高等
6094	拼	pīn	动	五级	6133	平民	píngmín	名	高等
6095	拼搏	pīnbó	动	高等	6134	平日	píngrì	名	高等
6096	拼命	pīn//mìng		高等	6135	平时	píngshí	名	二级
6097	贫富	pín fù		高等	6136	平台	píngtái	名	六级
6098	贫困	pínkùn	形	六级	6137	平坦	píngtǎn	形	五级
6099	贫穷	pínqióng	形	高等	6138	平稳	píngwěn	形	四级
6100	频道	píndào	名	五级	6139	平息	píngxī	动	高等
6101	频繁	pínfán	形	五级	6140	平原	píngyuán	名	五级
6102	频率	pínlǜ	名	高等	6141	评	píng	动	六级
6103	频频	pínpín	副	高等	6142	评定	píngdìng	动	高等
6104	品	pǐn	动	五级	6143	评估	pínggū	动、名	五级
6105	品	pǐn	后缀	五级	6144	评价	píngjià	动、名	三级
	（工艺品）	(gōngyìpǐn)							

编号	词	拼音	词性	等级	编号	词	拼音	词性	等级
6145	评论	pínglùn	动、名	五级	6184	铺路	pū//lù		高等
6146	评论员	pínglùnyuán	名	高等	6185	菩萨	pú·sà	名	高等
6147	评判	píngpàn	动	高等	6186	葡萄	pútao	名	五级
6148	评审	píngshěn	动	高等	6187	葡萄酒	pútaojiǔ	名	五级
6149	评委	píngwěi	名	高等	6188	朴实	pǔshí	形	高等
6150	评选	píngxuǎn	动	六级	6189	朴素	pǔsù	形	高等
6151	苹果	píngguǒ	名	三级	6190	普遍	pǔbiàn	形	三级
6152	凭	píng	动、介	五级	6191	普及	pǔjí	动、形	三级
6153	凭借	píngjiè	动	高等	6192	普通	pǔtōng	形	二级
6154	凭着	píngzhe		高等	6193	普通话	pǔtōnghuà	名	二级
6155	凭证	píngzhèng	名	高等	6194	普通人	pǔtōng rén		高等
6156	屏幕	píngmù	名	六级	6195	谱	pǔ	动、名	高等
6157	瓶	píng	名、量	二级	6196	瀑布	pùbù	名	高等
6158	瓶颈	píngjǐng	名	高等	6197	七	qī	数	一级
6159	瓶子	píngzi	名	二级	6198	七嘴八舌	qīzuǐ-bāshé		高等
6160	萍水相逢	píngshuǐ-xiāngféng		高等	6199	沏	qī	动	高等
6161	坡	pō	名	六级	6200	妻子	qīzi	名	四级
6162	泼	pō	动	五级	6201	凄凉	qīliáng	形	高等
6163	泼冷水	pō lěngshuǐ		高等	6202	期	qī	量	三级
6164	颇	pō	副	高等	6203	期待	qīdài	动	四级
6165	迫不及待	pòbùjídài		高等	6204	期间	qījiān	名	四级
6166	迫害	pòhài	动	高等	6205	期末	qīmò	名	四级
6167	迫切	pòqiè	形	四级	6206	期盼	qīpàn	动	高等
6168	迫使	pòshǐ	动	高等	6207	期望	qīwàng	动	五级
6169	破	pò	形、动	三级	6208	期限	qīxiàn	名	四级
6170	破案	pò//àn		高等	6209	期中	qīzhōng	名	四级
6171	破产	pò//chǎn		四级	6210	欺负	qīfu	动	六级
6172	破除	pòchú	动	高等	6211	欺骗	qīpiàn	动	高等
6173	破坏	pòhuài	动	三级	6212	欺诈	qīzhà	动	高等
6174	破解	pòjiě	动	高等	6213	漆	qī	名、动	高等
6175	破旧	pòjiù	形	高等	6214	齐	qí	形、动	三级
6176	破裂	pòliè	动	高等	6215	齐全	qíquán	形	五级
6177	破灭	pòmiè	动	高等	6216	齐心协力	qíxīn-xiélì		高等
6178	破碎	pòsuì	动	高等	6217	其	qí	代	五级
6179	魄力	pòlì	名	高等	6218	其次	qícì	代	三级
6180	扑	pū	动	六级	6219	其后	qíhòu	名	高等
6181	扑克	pūkè	名	高等	6220	其间	qíjiān	名	高等
6182	扑面而来	pūmiàn-érlái		高等	6221	其实	qíshí	副	三级
6183	铺	pū	动	六级	6222	其他	qítā	代	二级

#	词	拼音	词性	等级	#	词	拼音	词性	等级
6223	其余	qíyú	代	四级	6262	起码	qǐmǎ	形	五级
6224	其中	qízhōng	名	二级	6263	起跑线	qǐpǎoxiàn	名	高等
6225	奇怪	qíguài	形	三级	6264	起诉	qǐsù	动	六级
6226	奇花异草	qíhuā-yìcǎo		高等	6265	起源	qǐyuán	动、名	高等
6227	奇迹	qíjì	名	高等	6266	气	qì	动、名	二级
6228	奇妙	qímiào	形	六级	6267	气氛	qì·fēn	名	六级
6229	奇特	qítè	形	高等	6268	气愤	qìfèn	形	高等
6230	歧视	qíshì	动	高等	6269	气管	qìguǎn	名	高等
6231	祈祷	qídǎo	动	高等	6270	气候	qìhòu	名	三级
6232	骑	qí	动	二级	6271	气馁	qìněi	形	高等
6233	骑车	qí chē		二级	6272	气派	qìpài	名、形	高等
6234	棋	qí	名	高等	6273	气泡	qìpào	名	高等
6235	棋子	qízǐ	名	高等	6274	气魄	qìpò	名	高等
6236	旗袍	qípáo	名	高等	6275	气球	qìqiú	名	四级
6237	旗帜	qízhì	名	高等	6276	气势	qìshì	名	高等
6238	乞丐	qǐgài	名	高等	6277	气体	qìtǐ	名	五级
6239	乞求	qǐqiú	动	高等	6278	气味	qìwèi	名	高等
6240	乞讨	qǐtǎo	动	高等	6279	气温	qìwēn	名	二级
6241	岂有此理	qǐyǒucǐlǐ		高等	6280	气息	qìxī	名	高等
6242	企图	qǐtú	动、名	六级	6281	气象	qìxiàng	名	五级
6243	企业	qǐyè	名	四级	6282	气质	qìzhì	名	高等
6244	启迪	qǐdí	动	高等	6283	迄今	qìjīn	动	高等
6245	启动	qǐdòng	动	五级	6284	迄今为止	qìjīn-wéizhǐ		高等
6246	启发	qǐfā	动、名	五级	6285	汽车	qìchē	名	一级
6247	启蒙	qǐméng	动	高等	6286	汽水	qìshuǐ	名	四级
6248	启示	qǐshì	动、名	高等	6287	汽油	qìyóu	名	四级
6249	启事	qǐshì	名	五级	6288	契机	qìjī	名	高等
6250	起	qǐ	动	一级	6289	契约	qìyuē	名	高等
6251	起步	qǐbù	动	高等	6290	器材	qìcái	名	高等
6252	起草	qǐ//cǎo		高等	6291	器官	qìguān	名	四级
6253	起程	qǐchéng	动	高等	6292	器械	qìxiè	名	高等
6254	起初	qǐchū	名	高等	6293	掐	qiā	动	高等
6255	起床	qǐ//chuáng		一级	6294	卡	qiǎ	动	高等
6256	起到	qǐdào		五级	6295	卡子	qiǎzi	名	高等
6257	起点	qǐdiǎn	名	六级	6296	洽谈	qiàtán	动	高等
6258	起飞	qǐfēi	动	二级	6297	恰当	qiàdàng	形	六级
6259	起伏	qǐfú	动	高等	6298	恰到好处	qiàdào-hǎochù		高等
6260	起劲	qǐjìn	形	高等	6299	恰好	qiàhǎo	副	六级
6261	起来	qǐ//·lái		一级	6300	恰恰	qiàqià	副	六级

6301	恰恰相反	qiàqià xiāngfǎn		高等	6340	前进	qiánjìn	动	三级
6302	恰巧	qiàqiǎo	副	高等	6341	前景	qiánjǐng	名	五级
6303	恰如其分	qiàrú-qífèn		高等	6342	前来	qiánlái	动	六级
6304	千	qiān	数	二级	6343	前面	qiánmiàn	名	三级
6305	千变万化	qiānbiàn-wànhuà		高等	6344	前年	qiánnián	名	二级
6306	千方百计	qiānfāng-bǎijì		高等	6345	前期	qiánqī	名	高等
6307	千家万户	qiānjiā-wànhù		高等	6346	前任	qiánrèn	名	高等
6308	千军万马	qiānjūn-wànmǎ		高等	6347	前所未有	qiánsuǒwèiyǒu		高等
6309	千钧一发	qiānjūn-yífà		高等	6348	前台	qiántái	名	高等
6310	千克	qiānkè	量	二级	6349	前提	qiántí	名	五级
6311	千万	qiānwàn	副	三级	6350	前天	qiántiān	名	一级
6312	迁	qiān	动	高等	6351	前头	qiántou	名	四级
6313	迁就	qiānjiù	动	高等	6352	前途	qiántú	名	四级
6314	迁移	qiānyí	动	高等	6353	前往	qiánwǎng	动	三级
6315	牵	qiān	动	六级	6354	前无古人	qiánwúgǔrén		高等
6316	牵扯	qiānchě	动	高等	6355	前夕	qiánxī	名	高等
6317	牵挂	qiānguà	动	高等	6356	前线	qiánxiàn	名	高等
6318	牵涉	qiānshè	动	高等	6357	前沿	qiányán	名	高等
6319	牵头	qiān//tóu		高等	6358	前仰后合	qiányǎng-hòuhé		高等
6320	牵制	qiānzhì	动	高等	6359	前者	qiánzhě	名	高等
6321	铅	qiān	名	高等	6360	虔诚	qiánchéng	形	高等
6322	铅笔	qiānbǐ	名	六级	6361	钱	qián	名	一级
6323	谦虚	qiānxū	形	六级	6362	钱包	qiánbāo	名	一级
6324	谦逊	qiānxùn	形	高等	6363	钱财	qiáncái	名	高等
6325	签	qiān	动	五级	6364	钳子	qiánzi	名	高等
6326	签	qiān	名	高等	6365	潜力	qiánlì	名	六级
6327	签订	qiāndìng	动	五级	6366	潜能	qiánnéng	名	高等
6328	签名	qiān//míng		五级	6367	潜水	qiánshuǐ	动	高等
6329	签署	qiānshǔ	动	高等	6368	潜艇	qiántǐng	名	高等
6330	签约	qiān//yuē		五级	6369	潜移默化	qiányí-mòhuà		高等
6331	签证	qiānzhèng	动、名	五级	6370	潜在	qiánzài	形	高等
6332	签字	qiān//zì		五级	6371	浅	qiǎn	形	四级
6333	前	qián	名	一级	6372	谴责	qiǎnzé	动	高等
6334	前辈	qiánbèi	名	高等	6373	欠	qiàn	动	五级
6335	前边	qiánbian	名	一级	6374	欠缺	qiànquē	动、名	高等
6336	前不久	qiánbùjiǔ	名	高等	6375	欠条	qiàntiáo	名	高等
6337	前方	qiánfāng	名	六级	6376	歉意	qiànyì	名	高等
6338	前赴后继	qiánfù-hòujì		高等	6377	呛	qiāng	动	高等
6339	前后	qiánhòu	名	三级	6378	枪	qiāng	名	五级

6379	枪毙	qiāngbì	动	高等		6418	巧妙	qiǎomiào	形	六级
6380	腔	qiāng	名	高等		6419	窍门	qiàomén	名	高等
6381	强	qiáng	形	三级		6420	翘	qiào	动	高等
6382	强大	qiángdà	形	三级		6421	撬	qiào	动	高等
6383	强盗	qiángdào	名	六级		6422	切	qiē	动	四级
6384	强调	qiángdiào	动	三级		6423	切除	qiēchú	动	高等
6385	强度	qiángdù	名	五级		6424	切断	qiēduàn		高等
6386	强化	qiánghuà	动	六级		6425	切割	qiēgē	动	高等
6387	强加	qiángjiā	动	高等		6426	茄子	qiézi	名	六级
6388	强劲	qiángjìng	形	高等		6427	且¹	qiě	副	高等
6389	强烈	qiángliè	形	三级		6428	且²	qiě	连	高等
6390	强势	qiángshì	名、形	六级		6429	切身	qièshēn	形	高等
6391	强项	qiángxiàng	名	高等		6430	切实	qièshí	形	六级
6392	强行	qiángxíng	副	高等		6431	窃取	qièqǔ	动	高等
6393	强硬	qiángyìng	形	高等		6432	钦佩	qīnpèi	动	高等
6394	强占	qiángzhàn	动	高等		6433	侵犯	qīnfàn	动	六级
6395	强制	qiángzhì	动	高等		6434	侵害	qīnhài	动	高等
6396	强壮	qiángzhuàng	形、动	六级		6435	侵略	qīnlüè	动	高等
6397	墙	qiáng	名	二级		6436	侵权	qīnquán	动	高等
6398	墙壁	qiángbì	名	五级		6437	侵占	qīnzhàn	动	高等
6399	抢	qiǎng	动	五级		6438	亲	qīn	形	三级
6400	抢夺	qiǎngduó	动	高等		6439	亲爱	qīn'ài	形	四级
6401	抢劫	qiǎngjié	动	高等		6440	亲和力	qīnhélì	名	高等
6402	抢救	qiǎngjiù	动	五级		6441	亲近	qīnjìn	形、动	高等
6403	抢眼	qiǎngyǎn	形	高等		6442	亲密	qīnmì	形	四级
6404	强迫	qiǎngpò	动	五级		6443	亲朋好友	qīnpéng-hǎoyǒu		高等
6405	悄悄	qiāoqiāo	副	五级		6444	亲戚	qīnqi	名	高等
6406	敲	qiāo	动	五级		6445	亲切	qīnqiè	形	三级
6407	敲边鼓	qiāo biāngǔ		高等		6446	亲情	qīnqíng	名	高等
6408	敲门	qiāo mén		五级		6447	亲热	qīnrè	形、动	高等
6409	敲诈	qiāozhà	动	高等		6448	亲人	qīnrén	名	三级
6410	乔装	qiáozhuāng	动	高等		6449	亲身	qīnshēn	形	高等
6411	桥	qiáo	名	三级		6450	亲生	qīnshēng	形	高等
6412	桥梁	qiáoliáng	名	六级		6451	亲手	qīnshǒu	副	高等
6413	瞧	qiáo	动	五级		6452	亲属	qīnshǔ	名	六级
6414	瞧不起	qiáobuqǐ	动	高等		6453	亲眼	qīnyǎn	副	六级
6415	巧	qiǎo	形	三级		6454	亲友	qīnyǒu	名	高等
6416	巧合	qiǎohé	形	高等		6455	亲自	qīnzì	副	三级
6417	巧克力	qiǎokèlì	名	四级		6456	琴	qín	名	五级

6457	勤奋	qínfèn	形	五级	6496	清洗	qīngxǐ	动	六级
6458	勤工俭学	qíngōng-jiǎnxué		高等	6497	清新	qīngxīn	形	高等
6459	勤快	qínkuai	形	高等	6498	清醒	qīngxǐng	形、动	四级
6460	勤劳	qínláo	形	高等	6499	清真寺	qīngzhēnsì	名	高等
6461	寝室	qǐnshì	名	高等	6500	情	qíng	名	高等
6462	青	qīng	形	五级	6501	情报	qíngbào	名	高等
6463	青春	qīngchūn	名	四级	6502	情不自禁	qíngbúzìjīn		高等
6464	青春期	qīngchūnqī	名	高等	6503	情调	qíngdiào	名	高等
6465	青年	qīngnián	名	二级	6504	情感	qínggǎn	名	三级
6466	青少年	qīng-shàonián	名	二级	6505	情怀	qínghuái	名	高等
6467	青蛙	qīngwā	名	高等	6506	情节	qíngjié	名	五级
6468	轻	qīng	形	二级	6507	情结	qíngjié	名	高等
6469	轻而易举	qīng'éryìjǔ		高等	6508	情景	qíngjǐng	名	四级
6470	轻蔑	qīngmiè	动	高等	6509	情况	qíngkuàng	名	三级
6471	轻松	qīngsōng	形	四级	6510	情侣	qínglǚ	名	高等
6472	轻微	qīngwēi	形	高等	6511	情人	qíngrén	名	高等
6473	轻型	qīngxíng	形	高等	6512	情形	qíngxing	名	五级
6474	轻易	qīngyì	形、副	四级	6513	情绪	qíngxù	名	六级
6475	倾家荡产	qīngjiā-dàngchǎn		高等	6514	情谊	qíngyì	名	高等
6476	倾诉	qīngsù	动	高等	6515	情愿	qíngyuàn	动、副	高等
6477	倾听	qīngtīng	动	高等	6516	晴	qíng	形	二级
6478	倾向	qīngxiàng	动、名	六级	6517	晴朗	qínglǎng	形	五级
6479	倾销	qīngxiāo	动	高等	6518	晴天	qíngtiān	名	二级
6480	倾斜	qīngxié	动	高等	6519	请	qǐng	动	一级
6481	清	qīng	形、动	六级	6520	请假	qǐng//jià		一级
6482	清晨	qīngchén	名	五级	6521	请柬	qǐngjiǎn	名	高等
6483	清除	qīngchú	动	高等	6522	请教	qǐngjiào	动	三级
6484	清楚	qīngchu	形	二级	6523	请进	qǐng jìn		一级
6485	清脆	qīngcuì	形	高等	6524	请客	qǐng//kè		二级
6486	清单	qīngdān	名	高等	6525	请求	qǐngqiú	动、名	二级
6487	清淡	qīngdàn	形	高等	6526	请帖	qǐngtiě	名	高等
6488	清洁	qīngjié	形	六级	6527	请问	qǐngwèn	动	一级
6489	清洁工	qīngjiégōng	名	六级	6528	请坐	qǐng zuò		一级
6490	清静	qīngjìng	形	高等	6529	庆典	qìngdiǎn	名	高等
6491	清理	qīnglǐ	动	五级	6530	庆贺	qìnghè	动	高等
6492	清凉	qīngliáng	形	高等	6531	庆幸	qìngxìng		高等
6493	清明	qīngmíng	形	高等	6532	庆祝	qìngzhù	动	三级
6494	清明节	Qīngmíng Jié	名	六级	6533	穷	qióng	形	四级
6495	清晰	qīngxī	形	高等	6534	穷人	qióngrén	名	四级

编号	词	拼音	词性	等级	编号	词	拼音	词性	等级
6535	丘陵	qiūlíng	名	高等	6574	取决于	qǔjué yú		高等
6536	秋季	qiūjì	名	四级	6575	取款	qǔkuǎn	动	六级
6537	秋天	qiūtiān	名	二级	6576	取款机	qǔkuǎnjī	名	六级
6538	囚犯	qiúfàn	名	高等	6577	取暖	qǔnuǎn	动	高等
6539	求	qiú	动	二级	6578	取胜	qǔshèng	动	高等
6540	求婚	qiú//hūn		高等	6579	取消	qǔxiāo	动	三级
6541	求救	qiújiù	动	高等	6580	取笑	qǔxiào	动	高等
6542	求学	qiúxué	动	高等	6581	娶	qǔ	动	高等
6543	求医	qiúyī	动	高等	6582	去	qù	动	一级
6544	求证	qiúzhèng	动	高等	6583	去除	qùchú	动	高等
6545	求职	qiúzhí	动	六级	6584	去处	qùchù	名	高等
6546	求助	qiúzhù	动	高等	6585	去掉	qùdiào		六级
6547	球	qiú	名	一级	6586	去年	qùnián	名	一级
6548	球场	qiúchǎng	名	二级	6587	去世	qùshì	动	三级
6549	球队	qiúduì	名	二级	6588	去向	qùxiàng	名	高等
6550	球迷	qiúmí	名	三级	6589	趣味	qùwèi	名	高等
6551	球拍	qiúpāi	名	六级	6590	圈	quān	名、动	四级
6552	球鞋	qiúxié	名	二级	6591	圈套	quāntào	名	高等
6553	球星	qiúxīng	名	六级	6592	圈子	quānzi	名	高等
6554	球员	qiúyuán	名	六级	6593	权	quán	名	六级
6555	区	qū	名	三级	6594	权衡	quánhéng	动	高等
6556	区别	qūbié	名、动	三级	6595	权力	quánlì	名	六级
6557	区分	qūfēn	动	六级	6596	权利	quánlì	名	四级
6558	区域	qūyù	名	五级	6597	权威	quánwēi	名	高等
6559	曲线	qūxiàn	名	高等	6598	权益	quányì	名	高等
6560	曲折	qūzhé	形	高等	6599	全	quán	副、形	二级
6561	驱动	qūdòng	动	高等	6600	全部	quánbù	名	二级
6562	驱逐	qūzhú	动	高等	6601	全长	quáncháng	名	高等
6563	屈服	qūfú	动	高等	6602	全场	quánchǎng	名	三级
6564	趋势	qūshì	名	四级	6603	全程	quánchéng	名	高等
6565	趋于	qūyú	动	高等	6604	全都	quándōu	副	五级
6566	渠道	qúdào	名	六级	6605	全方位	quánfāngwèi	名	高等
6567	曲	qǔ	名	高等	6606	全国	quánguó	名	二级
6568	取	qǔ	动	二级	6607	全家	quánjiā	名	二级
6569	取代	qǔdài	动	高等	6608	全局	quánjú	名	高等
6570	取得	qǔdé	动	二级	6609	全力	quánlì	名	六级
6571	取缔	qǔdì	动	高等	6610	全力以赴	quánlìyǐfù		高等
6572	取而代之	qǔ'érdàizhī		高等	6611	全面	quánmiàn	形	三级
6573	取经	qǔ//jīng		高等	6612	全能	quánnéng	形	高等

编号	词	拼音	词性	等级
6613	全年	quánnián	名	二级
6614	全球	quánqiú	名	三级
6615	全身	quánshēn	名	二级
6616	全世界	quán shìjiè		五级
6617	全体	quántǐ	名	二级
6618	全文	quánwén	名	高等
6619	全心全意	quánxīn-quányì		高等
6620	全新	quánxīn	形	六级
6621	泉	quán	名	五级
6622	拳	quán	名、动	高等
6623	拳头	quán·tóu	名	高等
6624	劝	quàn	动	五级
6625	劝告	quàngào	动、名	高等
6626	劝说	quànshuō	动	高等
6627	劝阻	quànzǔ	动	高等
6628	券	quàn	名	六级
6629	缺	quē	动	三级
6630	缺点	quēdiǎn	名	三级
6631	缺乏	quēfá	动	五级
6632	缺口	quēkǒu	名	高等
6633	缺少	quēshǎo	动	三级
6634	缺失	quēshī	名、动	高等
6635	缺席	quē//xí		高等
6636	缺陷	quēxiàn	名	六级
6637	却	què	副	四级
6638	却是	què shì		六级
6639	确保	quèbǎo	动	三级
6640	确定	quèdìng	形、动	三级
6641	确立	quèlì	动	五级
6642	确切	quèqiè	形	高等
6643	确认	quèrèn	动	四级
6644	确实	quèshí	形、副	三级
6645	确信	quèxìn	动	高等
6646	确凿	quèzáo	形	高等
6647	确诊	quèzhěn	动	高等
6648	裙子	qúnzi	名	三级
6649	群	qún	量	三级
6650	群体	qúntǐ	名	五级
6651	群众	qúnzhòng	名	五级
6652	然而	rán'ér	连	四级
6653	然后	ránhòu	连	二级
6654	燃放	ránfàng	动	高等
6655	燃料	ránliào	名	四级
6656	燃气	ránqì	名	高等
6657	燃烧	ránshāo	动	四级
6658	燃油	rányóu	名	高等
6659	染	rǎn	动	五级
6660	嚷	rǎng	动	高等
6661	让	ràng	动、介	二级
6662	让步	ràng//bù		高等
6663	让座	ràng//zuò		六级
6664	饶	ráo	动	高等
6665	饶恕	ráoshù	动	高等
6666	扰乱	rǎoluàn	动	高等
6667	绕	rào	动	五级
6668	绕行	ràoxíng	动	高等
6669	惹	rě	动	高等
6670	热	rè	形、动	一级
6671	热爱	rè'ài	动	三级
6672	热潮	rècháo	名	高等
6673	热带	rèdài	名	高等
6674	热点	rèdiǎn	名	六级
6675	热量	rèliàng	名	五级
6676	热烈	rèliè	形	三级
6677	热门	rèmén	名	五级
6678	热闹	rènao	形、动	四级
6679	热气	rèqì	名	高等
6680	热气球	rèqìqiú	名	高等
6681	热情	rèqíng	名、形	二级
6682	热水	rèshuǐ	名	六级
6683	热水器	rèshuǐqì	名	六级
6684	热腾腾	rèténgténg	形	高等
6685	热线	rèxiàn	名	六级
6686	热心	rèxīn	形	四级
6687	热衷	rèzhōng	动	高等
6688	人	rén	名	一级
6689	人才	réncái	名	三级
6690	人次	réncì	量	高等

6691	人道	réndào	名、形	高等	6730	忍耐	rěnnài	动	高等
6692	人格	réngé	名	高等	6731	忍受	rěnshòu	动	五级
6693	人工	réngōng	名、形	三级	6732	忍心	rěn//xīn		高等
6694	人工智能	réngōng-zhìnéng		高等	6733	认	rèn	动	五级
6695	人家	rénjia	代	四级	6734	认出	rènchū		三级
6696	人间	rénjiān	名	五级	6735	认错	rèn//cuò		高等
6697	人均	rénjūn	动	高等	6736	认得	rènde	动	三级
6698	人口	rénkǒu	名	二级	6737	认定	rèndìng	动	五级
6699	人类	rénlèi	名	三级	6738	认可	rènkě	动	三级
6700	人力	rénlì	名	五级	6739	认识	rènshi	动、名	一级
6701	人们	rénmen	名	二级	6740	认同	rèntóng	动	六级
6702	人民	rénmín	名	三级	6741	认为	rènwéi	动	二级
6703	人民币	rénmínbì	名	三级	6742	认真	rènzhēn	形	一级
6704	人品	rénpǐn	名	高等	6743	认证	rènzhèng	动	高等
6705	人气	rénqì	名	高等	6744	认知	rènzhī	动	高等
6706	人情	rénqíng	名	高等	6745	任[1]	rèn	动	三级
6707	人权	rénquán	名	六级	6746	任[2]	rèn	连	三级
6708	人群	rénqún	名	三级	6747	任何	rènhé	代	三级
6709	人身	rénshēn	名	高等	6748	任命	rènmìng	动	高等
6710	人生	rénshēng	名	三级	6749	任期	rènqī	名	高等
6711	人士	rénshì	名	五级	6750	任人宰割	rènrén-zǎigē		高等
6712	人事	rénshì	名	高等	6751	任务	rènwu	名	三级
6713	人手	rénshǒu	名	高等	6752	任意	rènyì	副	高等
6714	人数	rénshù	名	二级	6753	任职	rèn//zhí		高等
6715	人体	réntǐ	名	高等	6754	韧性	rènxìng	名	高等
6716	人为	rénwéi	形	高等	6755	扔	rēng	动	五级
6717	人文	rénwén	名	高等	6756	仍	réng	副	三级
6718	人物	rénwù	名	五级	6757	仍旧	réngjiù	副	五级
6719	人行道	rénxíngdào	名	高等	6758	仍然	réngrán	副	三级
6720	人性	rénxìng	名	高等	6759	日	rì	名	一级
6721	人选	rénxuǎn	名	高等	6760	日报	rìbào	名	二级
6722	人员	rényuán	名	三级	6761	日常	rìcháng	形	三级
6723	人缘儿	rényuánr	名	高等	6762	日程	rìchéng	名	高等
6724	人造	rénzào	形	高等	6763	日复一日	rìfùyírì		高等
6725	人质	rénzhì	名	高等	6764	日后	rìhòu	名	高等
6726	仁慈	réncí	形	高等	6765	日记	rìjì	名	四级
6727	忍	rěn	动	五级	6766	日历	rìlì	名	四级
6728	忍不住	rěn bu zhù		五级	6767	日期	rìqī	名	一级
6729	忍饥挨饿	rěnjī-áiʼè		高等	6768	日前	rìqián	名	高等

6769	日趋	rìqū		副	高等	6808	如醉如痴	rúzuì-rúchī		高等
6770	日新月异	rìxīn-yuèyì			高等	6809	儒家	Rújiā	名	高等
6771	日夜	rìyè		名	六级	6810	儒学	rúxué	名	高等
6772	日益	rìyì		副	高等	6811	乳制品	rǔzhìpǐn	名	六级
6773	日语	Rìyǔ		名	六级	6812	入	rù	动	六级
6774	日子	rìzi		名	二级	6813	入场	rù//chǎng		高等
6775	荣获	rónghuò		动	高等	6814	入场券	rùchǎngquàn	名	高等
6776	荣幸	róngxìng		形	高等	6815	入境	rù//jìng		高等
6777	荣誉	róngyù		名	高等	6816	入口	rùkǒu	名	二级
6778	容光焕发	róngguāng-huànfā			高等	6817	入门	rù//mén		五级
6779	容量	róngliàng		名	高等	6818	入侵	rùqīn	动	高等
6780	容纳	róngnà		动	高等	6819	入手	rùshǒu	动	高等
6781	容忍	róngrěn		动	高等	6820	入选	rùxuǎn	动	高等
6782	容许	róngxǔ		动	高等	6821	入学	rù//xué		六级
6783	容颜	róngyán		名	高等	6822	软	ruǎn	形	五级
6784	容易	róngyì		形	三级	6823	软件	ruǎnjiàn	名	五级
6785	溶解	róngjiě		动	高等	6824	软弱	ruǎnruò	形	高等
6786	融	róng		动	高等	6825	软实力	ruǎnshílì	名	高等
6787	融合	rónghé		动	六级	6826	瑞雪	ruìxuě	名	高等
6788	融化	rónghuà		动	高等	6827	润	rùn	形、动	高等
6789	融洽	róngqià		形	高等	6828	若	ruò	连	六级
6790	融入	róngrù			六级	6829	若干	ruògān	代	高等
6791	冗长	rǒngcháng		形	高等	6830	弱	ruò	形	四级
6792	柔和	róuhé		形	高等	6831	弱点	ruòdiǎn	名	高等
6793	柔软	róuruǎn		形	高等	6832	弱势	ruòshì	名	高等
6794	揉	róu		动	高等	6833	撒	sā	动	高等
6795	肉	ròu		名	一级	6834	撒谎	sā//huǎng		高等
6796	如	rú		动、连	六级	6835	洒	sǎ	动	五级
6797	如此	rúcǐ		代	五级	6836	塞	sāi	动	六级
6798	如果	rúguǒ		连	二级	6837	赛	sài	动	六级
6799	如果说	rúguǒ shuō			高等	6838	赛场	sàichǎng	名	六级
6800	如何	rúhé		代	三级	6839	赛车	sàichē	名	高等
6801	如今	rújīn		名	四级	6840	赛跑	sàipǎo	动	高等
6802	如实	rúshí		副	高等	6841	三	sān	数	一级
6803	如同	rútóng		动	五级	6842	三番五次	sānfān-wǔcì		高等
6804	如下	rúxià		动	五级	6843	三角	sānjiǎo	名、形	高等
6805	如一	rúyī		动	六级	6844	三明治	sānmíngzhì	名	六级
6806	如意	rú//yì			高等	6845	三维	sānwéi	形	高等
6807	如愿以偿	rúyuànyǐcháng			高等	6846	伞	sǎn	名	四级

6847	散	sǎn	动	五级	6886	晒	shài	动	四级
6848	散文	sǎnwén	名	五级	6887	晒太阳	shài tàiyáng		高等
6849	散	sàn	动	四级	6888	山	shān	名	一级
6850	散布	sànbù	动	高等	6889	山川	shānchuān	名	高等
6851	散步	sàn//bù		三级	6890	山顶	shāndǐng	名	高等
6852	散发	sànfā	动	高等	6891	山峰	shānfēng	名	六级
6853	桑拿	sāngná	名	高等	6892	山冈	shāngāng	名	高等
6854	嗓子	sǎngzi	名	高等	6893	山谷	shāngǔ	名	六级
6855	丧生	sàng//shēng		高等	6894	山岭	shānlǐng	名	高等
6856	丧失	sàngshī	动	六级	6895	山路	shānlù	名	高等
6857	骚乱	sāoluàn	动	高等	6896	山坡	shānpō	名	六级
6858	骚扰	sāorǎo	动	高等	6897	山区	shānqū	名	五级
6859	扫	sǎo	动	四级	6898	山寨	shānzhài	名	高等
6860	扫除	sǎochú	动	高等	6899	删	shān	动	高等
6861	扫描	sǎomiáo	动	高等	6900	删除	shānchú	动	高等
6862	扫墓	sǎo//mù		高等	6901	扇	shān	动	五级
6863	扫兴	sǎo//xìng		高等	6902	煽动	shāndòng	动	高等
6864	嫂子	sǎozi	名	高等	6903	闪	shǎn	动	四级
6865	色	sè	名	四级	6904	闪电	shǎndiàn	名	四级
6866	色彩	sècǎi	名	四级	6905	闪烁	shǎnshuò	动	高等
6867	森林	sēnlín	名	四级	6906	扇	shàn	量、名	五级
6868	僧人	sēngrén	名	高等	6907	扇子	shànzi	名	五级
6869	杀	shā	动	五级	6908	善	shàn	形	高等
6870	杀毒	shā//dú		五级	6909	善良	shànliáng	形	四级
6871	杀害	shāhài	动	高等	6910	善意	shànyì	名	高等
6872	杀手	shāshǒu	名	高等	6911	善于	shànyú	动	四级
6873	沙发	shāfā	名	三级	6912	擅长	shàncháng	动	高等
6874	沙龙	shālóng	名	高等	6913	擅自	shànzì	副	
6875	沙漠	shāmò	名	五级	6914	膳食	shànshí	名	高等
6876	沙滩	shātān	名	高等	6915	赡养	shànyǎng	动	高等
6877	沙子	shāzi	名	三级	6916	伤	shāng	动、名	三级
6878	纱	shā	名	高等	6917	伤残	shāngcán	动	高等
6879	刹车	shāchē	名	高等	6918	伤感	shānggǎn	形	高等
6880	砂糖	shātáng	名	高等	6919	伤害	shānghài	动	四级
6881	鲨鱼	shāyú	名	高等	6920	伤痕	shānghén	名	高等
6882	傻	shǎ	形	五级	6921	伤口	shāngkǒu	名	六级
6883	傻瓜	shǎguā	名	高等	6922	伤脑筋	shāng nǎojīn		高等
6884	筛	shāi	动	高等	6923	伤势	shāngshì	名	高等
6885	筛选	shāixuǎn	动	高等	6924	伤亡	shāngwáng	动、名	六级

6925	伤心	shāng//xīn		三级
6926	伤员	shāngyuán	名	六级
6927	商标	shāngbiāo	名	五级
6928	商场	shāngchǎng	名	一级
6929	商城	shāngchéng	名	六级
6930	商店	shāngdiàn	名	一级
6931	商贩	shāngfàn	名	高等
6932	商贾	shānggǔ	名	高等
6933	商量	shāngliang	动	二级
6934	商品	shāngpǐn	名	三级
6935	商人	shāngrén	名	二级
6936	商讨	shāngtǎo	动	高等
6937	商务	shāngwù	名	四级
6938	商业	shāngyè	名	三级
6939	赏	shǎng	动	四级
6940	上	shàng	名、动	一级
6941	上班	shàng//bān		一级
6942	上报	shàngbào	动	高等
6943	上边	shàngbian	名	一级
6944	上场	shàng//chǎng		高等
6945	上车	shàng chē		一级
6946	上次	shàng cì		一级
6947	上当	shàng//dàng		六级
6948	上帝	Shàngdì	名	六级
6949	上方	shàngfāng	名	高等
6950	上岗	shàng//gǎng		高等
6951	上个月	shàng ge yuè		四级
6952	上火	shàng//huǒ		高等
6953	上级	shàngjí	名	五级
6954	上课	shàng//kè		一级
6955	上空	shàngkōng	名	高等
6956	上来	shàng//·lái		三级
6957	上流	shàngliú	名	高等
6958	上楼	shàng lóu		四级
6959	上门	shàng//mén		四级
6960	上面	shàngmiàn	名	三级
6961	上期	shàng qī		高等
6962	上去	shàng//·qù		三级
6963	上任	shàng//rèn		高等
6964	上升	shàngshēng	动	三级
6965	上市	shàng//shì		六级
6966	上述	shàngshù	形	高等
6967	上司	shàngsi	名	高等
6968	上诉	shàngsù	动	高等
6969	上台	shàng//tái		六级
6970	上调	shàngtiáo	动	高等
6971	上头	shàngtou	名	高等
6972	上网	shàng//wǎng		一级
6973	上午	shàngwǔ	名	一级
6974	上下	shàngxià	名	五级
6975	上限	shàngxiàn	名	高等
6976	上学	shàng//xué		一级
6977	上旬	shàngxún	名	高等
6978	上演	shàngyǎn	动	六级
6979	上衣	shàngyī	名	三级
6980	上瘾	shàng//yǐn		高等
6981	上映	shàngyìng	动	高等
6982	上游	shàngyóu	名	高等
6983	上涨	shàngzhǎng	动	五级
6984	上周	shàng zhōu		二级
6985	尚	shàng	副、连	高等
6986	尚未	shàngwèi	副	高等
6987	捎	shāo	动	高等
6988	烧	shāo	动	四级
6989	烧毁	shāohuǐ	动	高等
6990	烧烤	shāokǎo	名	高等
6991	稍	shāo	副	五级
6992	稍后	shāohòu	副	高等
6993	稍候	shāohòu	动	高等
6994	稍稍	shāoshāo	副	高等
6995	稍微	shāowēi	副	五级
6996	勺	sháo	名	六级
6997	少	shǎo	形、动	一级
6998	少不了	shǎobuliǎo	动	高等
6999	少见	shǎojiàn	动、形	高等
7000	少量	shǎoliàng	形	高等
7001	少数	shǎoshù	名	二级
7002	少有	shǎoyǒu		高等

编号	词	拼音	词性	等级	编号	词	拼音	词性	等级
7003	少儿	shào'ér	名	六级	7042	申报	shēnbào	动	高等
7004	少林寺	Shàolín Sì	名	高等	7043	申领	shēnlǐng	动	高等
7005	少年	shàonián	名	二级	7044	申请	shēnqǐng	动	四级
7006	少女	shàonǚ	名	高等	7045	伸	shēn	动	五级
7007	奢侈	shēchǐ	形	高等	7046	伸手	shēn//shǒu		高等
7008	奢望	shēwàng	动、名	高等	7047	伸缩	shēnsuō	动	高等
7009	舌头	shétou	名	六级	7048	伸张	shēnzhāng	动	高等
7010	蛇	shé	名	五级	7049	身边	shēnbiān	名	二级
7011	舍不得	shěbude	动	五级	7050	身不由己	shēnbùyóujǐ		高等
7012	舍得	shěde	动	五级	7051	身材	shēncái	名	四级
7013	设	shè	动	高等	7052	身份	shēn·fèn	名	四级
7014	设备	shèbèi	名	三级	7053	身份证	shēnfènzhèng	名	三级
7015	设定	shèdìng	动	高等	7054	身高	shēngāo	名	四级
7016	设法	shèfǎ	动	高等	7055	身价	shēnjià	名	高等
7017	设计	shèjì	动、名	三级	7056	身躯	shēnqū	名	高等
7018	设计师	shèjìshī	名	六级	7057	身上	shēnshang	名	一级
7019	设立	shèlì	动	三级	7058	身体	shēntǐ	名	一级
7020	设施	shèshī	名	四级	7059	身心	shēnxīn	名	高等
7021	设想	shèxiǎng	动、名	五级	7060	身影	shēnyǐng	名	高等
7022	设置	shèzhì	动	四级	7061	身子	shēnzi	名	高等
7023	社	shè	名	五级	7062	绅士	shēnshì	名	高等
7024	社会	shèhuì	名	三级	7063	深	shēn	形	三级
7025	社会主义	shèhuì zhǔyì		高等	7064	深奥	shēn'ào	形	高等
7026	社交	shèjiāo	名	高等	7065	深处	shēnchù	名	五级
7027	社论	shèlùn	名	高等	7066	深度	shēndù	名	五级
7028	社区	shèqū	名	五级	7067	深厚	shēnhòu	形	四级
7029	社团	shètuán	名	高等	7068	深化	shēnhuà	动	六级
7030	射	shè	动	五级	7069	深刻	shēnkè	形	三级
7031	射击	shèjī	动、名	五级	7070	深切	shēnqiè	形	高等
7032	涉及	shèjí	动	六级	7071	深情	shēnqíng	名、形	高等
7033	涉嫌	shèxián	动	高等	7072	深入	shēnrù	动、形	三级
7034	摄氏度	shèshìdù	量	高等	7073	深入人心	shēnrù-rénxīn		高等
7035	摄像	shèxiàng	动	五级	7074	深深	shēnshēn		六级
7036	摄像机	shèxiàngjī	名	五级	7075	深受	shēnshòu	动	高等
7037	摄影	shèyǐng	动	五级	7076	深思	shēnsī	动	高等
7038	摄影师	shèyǐngshī	名	五级	7077	深信	shēnxìn	动	高等
7039	谁	shéi / shuí	代	一级	7078	深夜	shēnyè	名	高等
7040	谁知道	shéi zhīdào		高等	7079	深远	shēnyuǎn	形	高等
7041	申办	shēnbàn	动	高等	7080	什么	shénme	代	一级

序号	词	拼音	词性	等级
7081	什么样	shénmeyàng	代	二级
7082	神	shén	名	五级
7083	神话	shénhuà	名	四级
7084	神经	shénjīng	名	五级
7085	神秘	shénmì	形	四级
7086	神奇	shénqí	形	五级
7087	神气	shén·qì	名、形	高等
7088	神情	shénqíng	名	五级
7089	神圣	shénshèng	形	高等
7090	神态	shéntài	名	高等
7091	神仙	shén·xiān	名	高等
7092	审	shěn	动	高等
7093	审查	shěnchá	动	六级
7094	审定	shěndìng	动	高等
7095	审核	shěnhé	动	高等
7096	审美	shěnměi	动	高等
7097	审判	shěnpàn	动	高等
7098	审批	shěnpī	动	高等
7099	审视	shěnshì	动	高等
7100	肾	shèn	名	高等
7101	甚至	shènzhì	连	四级
7102	甚至于	shènzhìyú	副	高等
7103	渗	shèn	动	高等
7104	渗透	shèntòu	动	高等
7105	慎重	shènzhòng	形	高等
7106	升	shēng	动	三级
7107	升高	shēnggāo		五级
7108	升级	shēng//jí		六级
7109	升温	shēngwēn	动	高等
7110	升学	shēng//xué		六级
7111	升值	shēngzhí	动	六级
7112	生	shēng	动	二级
7113	生	shēng	形	三级
7114	生病	shēng//bìng		一级
7115	生产	shēngchǎn	动	三级
7116	生成	shēngchéng	动	五级
7117	生词	shēngcí	名	二级
7118	生存	shēngcún	动	三级
7119	生动	shēngdòng	形	三级
7120	生活	shēnghuó	名、动	二级
7121	生活费	shēnghuófèi	名	六级
7122	生机	shēngjī	名	高等
7123	生理	shēnglǐ	名	高等
7124	生命	shēngmìng	名	三级
7125	生命线	shēngmìngxiàn	名	高等
7126	生怕	shēngpà	动	高等
7127	生平	shēngpíng	名	高等
7128	生气	shēng//qì		一级
7129	生前	shēngqián	名	高等
7130	生日	shēngrì	名	一级
7131	生死	shēngsǐ	名、形	高等
7132	生态	shēngtài	名	高等
7133	生物	shēngwù	名	高等
7134	生效	shēng//xiào		高等
7135	生涯	shēngyá	名	高等
7136	生意	shēngyi	名	三级
7137	生硬	shēngyìng	形	高等
7138	生育	shēngyù	动	高等
7139	生长	shēngzhǎng	动	三级
7140	声	shēng	名、量	五级
7141	声称	shēngchēng	动	高等
7142	声明	shēngmíng	动、名	三级
7143	声望	shēngwàng	名	高等
7144	声音	shēngyīn	名	二级
7145	声誉	shēngyù	名	高等
7146	牲畜	shēngchù	名	高等
7147	绳子	shéngzi	名	高等
7148	省¹	shěng	名	二级
7149	省²	shěng	动	二级
7150	省略	shěnglüè	动	高等
7151	省钱	shěng//qián		六级
7152	省事	shěng//shì		高等
7153	圣诞节	Shèngdàn Jié	名	六级
7154	圣贤	shèngxián	名	高等
7155	胜	shèng	动	三级
7156	胜出	shèngchū	动	高等
7157	胜负	shèngfù	名	五级
7158	胜利	shènglì	动、名	三级

编号	词	拼音	词性	等级	编号	词	拼音	词性	等级
7159	胜任	shèngrèn	动	高等	7198	施压	shīyā	动	高等
7160	盛大	shèngdà	形	高等	7199	湿	shī	形	四级
7161	盛会	shènghuì	名	高等	7200	湿度	shīdù	名	高等
7162	盛开	shèngkāi	动	高等	7201	湿润	shīrùn	形	高等
7163	盛气凌人	shèngqì-língrén		高等	7202	十	shí	数	一级
7164	盛行	shèngxíng	动	六级	7203	十分	shífēn	副	二级
7165	剩	shèng	动	五级	7204	十字路口	shízì lùkǒu		高等
7166	剩下	shèngxia		五级	7205	十足	shízú	形	五级
7167	剩余	shèngyú	动	高等	7206	石头	shítou	名	三级
7168	尸体	shītǐ	名	高等	7207	石油	shíyóu	名	三级
7169	失败	shībài	动、形	四级	7208	时	shí	名	三级
7170	失传	shīchuán	动	高等	7209	时不时	shíbùshí	副	高等
7171	失控	shīkòng	动	高等	7210	时常	shícháng	副	五级
7172	失利	shī∥lì		高等	7211	时代	shídài	名	三级
7173	失恋	shī∥liàn		高等	7212	时段	shíduàn	名	高等
7174	失灵	shīlíng	动	高等	7213	时而	shí'ér	副	六级
7175	失落	shīluò	动、形	高等	7214	时隔	shí gé		高等
7176	失眠	shī∥mián		高等	7215	时光	shíguāng	名	五级
7177	失明	shī∥míng		高等	7216	时好时坏	shíhǎo-shíhuài		高等
7178	失去	shīqù	动	三级	7217	时候	shíhou	名	一级
7179	失望	shīwàng	形	四级	7218	时机	shíjī	名	五级
7180	失误	shīwù	动、名	五级	7219	时间	shíjiān	名	一级
7181	失效	shī∥xiào		高等	7220	时间表	shíjiānbiǎo	名	高等
7182	失业	shī∥yè		四级	7221	时节	shíjié	名	六级
7183	失业率	shīyèlǜ	名	高等	7222	时刻	shíkè	名、副	三级
7184	失踪	shī∥zōng		高等	7223	时空	shíkōng	名	高等
7185	师范	shīfàn	名	高等	7224	时髦	shímáo	形	高等
7186	师父	shīfu	名	六级	7225	时期	shíqī	名	六级
7187	师傅	shīfu	名	五级	7226	时尚	shíshàng	形	高等
7188	师生	shīshēng	名	六级	7227	时时	shíshí	副	六级
7189	师长	shīzhǎng	名	高等	7228	时事	shíshì	名	五级
7190	师资	shīzī	名	高等	7229	时速	shísù	名	高等
7191	诗	shī	名	四级	7230	时装	shízhuāng	名	六级
7192	诗歌	shīgē	名	五级	7231	识	shí	动	六级
7193	诗人	shīrén	名	四级	7232	识别	shíbié	动	高等
7194	狮子	shīzi	名	五级	7233	识字	shí∥zì		六级
7195	施工	shī∥gōng		高等	7234	实地	shídì	副	高等
7196	施加	shījiā	动	高等	7235	实话	shíhuà	名	高等
7197	施行	shīxíng	动	高等	7236	实话实说	shíhuà-shíshuō		高等

7237	实惠	shíhuì	形、名	五级	7276	示意	shìyì	动	高等
7238	实际	shíjì	名、形	二级	7277	世代	shìdài	名	高等
7239	实际上	shíjì·shàng	副	三级	7278	世故	shìgu	形	高等
7240	实践	shíjiàn	动、名	六级	7279	世纪	shìjì	名	三级
7241	实况	shíkuàng	名	高等	7280	世界	shìjiè	名	三级
7242	实力	shílì	名	三级	7281	世界杯	shìjièbēi	名	三级
7243	实施	shíshī	动	四级	7282	世界级	shìjiè jí		高等
7244	实事求是	shíshì-qiúshì		高等	7283	世袭	shìxí	动	高等
7245	实体	shítǐ	名	高等	7284	市	shì	名	二级
7246	实物	shíwù	名	高等	7285	市场	shìchǎng	名	三级
7247	实习	shíxí	动、名	二级	7286	市场经济	shìchǎng jīngjì		高等
7248	实现	shíxiàn	动	二级	7287	市民	shìmín	名	六级
7249	实行	shíxíng	动	三级	7288	市区	shìqū	名	四级
7250	实验	shíyàn	动、名	三级	7289	市长	shìzhǎng	名	二级
7251	实验室	shíyànshì	名	三级	7290	式	shì	名	五级
7252	实用	shíyòng	形	四级	7291	似的	shìde	助	四级
7253	实在	shízài	副	二级	7292	势必	shìbì	副	高等
7254	实在	shízai	形	二级	7293	势不可当	shìbùkědāng		高等
7255	实质	shízhì	名	高等	7294	势力	shìlì	名	五级
7256	拾	shí	动	五级	7295	势头	shìtou	名	高等
7257	食品	shípǐn	名	三级	7296	事	shì	名	一级
7258	食宿	shísù	名	高等	7297	事故	shìgù	名	三级
7259	食堂	shítáng	名	四级	7298	事后	shìhòu	名	六级
7260	食物	shíwù	名	二级	7299	事迹	shìjì	名	高等
7261	食用	shíyòng	动	高等	7300	事件	shìjiàn	名	三级
7262	食欲	shíyù	名	六级	7301	事情	shìqing	名	二级
7263	史无前例	shǐwúqiánlì		高等	7302	事实	shìshí	名	三级
7264	使	shǐ	动	三级	7303	事实上	shìshíshang		三级
7265	使得	shǐde	动	五级	7304	事态	shìtài	名	高等
7266	使唤	shǐhuan	动	高等	7305	事务	shìwù	名	高等
7267	使劲	shǐ//jìn		四级	7306	事务所	shìwùsuǒ	名	高等
7268	使命	shǐmìng	名	高等	7307	事物	shìwù	名	四级
7269	使用	shǐyòng	动	二级	7308	事先	shìxiān	名	四级
7270	使者	shǐzhě	名	高等	7309	事项	shìxiàng	名	高等
7271	始终	shǐzhōng	副	三级	7310	事业	shìyè	名	三级
7272	士兵	shìbīng	名	四级	7311	事宜	shìyí	名	高等
7273	士气	shìqì	名	高等	7312	侍候	shìhòu	动	高等
7274	示范	shìfàn	动	五级	7313	试	shì	动	一级
7275	示威	shìwēi	动	高等	7314	试点	shìdiǎn	动、名	六级

7315	试卷	shìjuàn	名	四级	7354	收回	shōu//huí		四级
7316	试探	shìtan	动	高等	7355	收获	shōuhuò	动、名	四级
7317	试题	shìtí	名	三级	7356	收集	shōují	动	五级
7318	试图	shìtú	动	五级	7357	收据	shōujù	名	高等
7319	试行	shìxíng	动	高等	7358	收看	shōukàn	动	三级
7320	试验	shìyàn	动	三级	7359	收敛	shōuliǎn	动	高等
7321	试用	shìyòng	动	高等	7360	收留	shōuliú	动	高等
7322	试用期	shìyòngqī	名	高等	7361	收买	shōumǎi	动	高等
7323	视察	shìchá	动	高等	7362	收取	shōuqǔ	动	六级
7324	视角	shìjiǎo	名	高等	7363	收入	shōurù	动、名	二级
7325	视觉	shìjué	名	高等	7364	收拾	shōushi	动	五级
7326	视力	shìlì	名	高等	7365	收视率	shōushìlǜ	名	高等
7327	视频	shìpín	名	五级	7366	收缩	shōusuō	动	高等
7328	视为	shìwéi		五级	7367	收听	shōutīng	动	三级
7329	视线	shìxiàn	名	高等	7368	收养	shōuyǎng	动	六级
7330	视野	shìyě	名	高等	7369	收益	shōuyì	名	四级
7331	柿子	shìzi	名	高等	7370	收音机	shōuyīnjī	名	三级
7332	是	shì	动	一级	7371	收支	shōuzhī	名	高等
7333	是不是	shì bu shì		一级	7372	手	shǒu	名	一级
7334	是非	shìfēi	名	高等	7373	手臂	shǒubì	名	高等
7335	是否	shìfǒu	副	四级	7374	手表	shǒubiǎo	名	二级
7336	适当	shìdàng	形	六级	7375	手册	shǒucè	名	高等
7337	适度	shìdù	形	高等	7376	手动	shǒudòng	形	高等
7338	适合	shìhé	动	三级	7377	手段	shǒuduàn	名	五级
7339	适量	shìliàng	形	高等	7378	手法	shǒufǎ	名	五级
7340	适时	shìshí	形	高等	7379	手工	shǒugōng	名	四级
7341	适宜	shìyí	形	高等	7380	手机	shǒujī	名	一级
7342	适应	shìyìng	动	三级	7381	手脚	shǒujiǎo	名	高等
7343	适用	shìyòng	形	三级	7382	手里	shǒu li		四级
7344	室	shì	名	三级	7383	手帕	shǒupà	名	高等
7345	逝世	shìshì	动	高等	7384	手枪	shǒuqiāng	名	高等
7346	释放	shìfàng	动	高等	7385	手势	shǒushì	名	高等
7347	嗜好	shìhào	名	高等	7386	手术	shǒushù	名	四级
7348	收	shōu	动	二级	7387	手术室	shǒushùshì	名	高等
7349	收藏	shōucáng	动	六级	7388	手套	shǒutào	名	四级
7350	收到	shōudào		二级	7389	手头	shǒutóu	名	高等
7351	收费	shōufèi	动	三级	7390	手腕	shǒuwàn	名	高等
7352	收复	shōufù	动	高等	7391	手续	shǒuxù	名	三级
7353	收购	shōugòu	动	五级	7392	手续费	shǒuxùfèi	名	六级

7393	手艺	shǒuyì	名	高等	7432	售价	shòujià	名	高等
7394	手掌	shǒuzhǎng	名	高等	7433	售票	shòupiào	动	高等
7395	手指	shǒuzhǐ	名	三级	7434	瘦	shòu	形	五级
7396	守	shǒu	动	四级	7435	书	shū	名	一级
7397	守候	shǒuhòu	动	高等	7436	书包	shūbāo	名	一级
7398	守护	shǒuhù	动	高等	7437	书橱	shūchú	名	高等
7399	守株待兔	shǒuzhū-dàitù		高等	7438	书店	shūdiàn	名	一级
7400	首	shǒu	量	四级	7439	书法	shūfǎ	名	五级
7401	首	shǒu	名	六级	7440	书房	shūfáng	名	六级
7402	首创	shǒuchuàng	动	高等	7441	书柜	shūguì	名	五级
7403	首次	shǒucì		六级	7442	书籍	shūjí	名	高等
7404	首都	shǒudū	名	三级	7443	书记	shūjì	名	高等
7405	首府	shǒufǔ	名	高等	7444	书架	shūjià	名	三级
7406	首脑	shǒunǎo	名	六级	7445	书面	shūmiàn	形	高等
7407	首批	shǒupī		高等	7446	书写	shūxiě	动	高等
7408	首饰	shǒu·shì	名	高等	7447	书桌	shūzhuō	名	五级
7409	首席	shǒuxí	名、形	六级	7448	抒情	shūqíng	动	高等
7410	首先	shǒuxiān	副	三级	7449	枢纽	shūniǔ	名	高等
7411	首相	shǒuxiàng	名	六级	7450	叔叔	shūshu	名	四级
7412	首要	shǒuyào	形	高等	7451	梳	shū	动	高等
7413	寿命	shòumìng	名	高等	7452	梳理	shūlǐ	动	高等
7414	寿司	shòusī	名	五级	7453	梳子	shūzi	名	高等
7415	受	shòu	动	三级	7454	舒畅	shūchàng	形	高等
7416	受不了	shòubuliǎo	动	四级	7455	舒服	shūfu	形	二级
7417	受到	shòudào		二级	7456	舒适	shūshì	形	四级
7418	受过	shòu//guò		高等	7457	疏导	shūdǎo	动	高等
7419	受害	shòu//hài		高等	7458	疏忽	shūhu	动	高等
7420	受害人	shòuhàirén	名	高等	7459	疏散	shūsàn	形、动	高等
7421	受贿	shòu//huì		高等	7460	疏通	shūtōng	动	高等
7422	受惊	shòu//jīng		高等	7461	输	shū	动	三级
7423	受苦	shòu//kǔ		高等	7462	输出	shūchū	动	五级
7424	受理	shòulǐ	动	高等	7463	输家	shūjiā	名	高等
7425	受骗	shòu//piàn		高等	7464	输入	shūrù	动	三级
7426	受伤	shòu//shāng		三级	7465	输送	shūsòng	动	高等
7427	受益	shòuyì	动	高等	7466	输血	shū//xuè		高等
7428	受灾	shòu//zāi		五级	7467	输液	shū//yè		高等
7429	授权	shòuquán	动	高等	7468	蔬菜	shūcài	名	五级
7430	授予	shòuyǔ	动	高等	7469	赎	shú	动	高等
7431	售货员	shòuhuòyuán	名	四级	7470	熟	shú / shóu	形	二级

#	词	拼音	词性	等级	#	词	拼音	词性	等级
7471	熟练	shúliàn	形	四级	7510	衰竭	shuāijié	动	高等
7472	熟人	shúrén	名	三级	7511	衰老	shuāilǎo	形	高等
7473	熟悉	shúxī	动	五级	7512	衰弱	shuāiruò	形	高等
7474	暑假	shǔjià	名	四级	7513	衰退	shuāituì	动	高等
7475	暑期	shǔqī	名	高等	7514	摔	shuāi	动	五级
7476	属	shǔ	动	三级	7515	摔倒	shuāidǎo		五级
7477	属性	shǔxìng	名	高等	7516	摔跤	shuāi//jiāo		高等
7478	属于	shǔyú	动	三级	7517	甩	shuǎi	动	高等
7479	鼠	shǔ	名	五级	7518	帅	shuài	形	四级
7480	鼠标	shǔbiāo	名	五级	7519	帅哥	shuàigē	名	四级
7481	数	shǔ	动	二级	7520	率	shuài	动	高等
7482	薯片	shǔpiàn	名	六级	7521	率领	shuàilǐng	动	五级
7483	薯条	shǔtiáo	名	六级	7522	率先	shuàixiān	副	四级
7484	曙光	shǔguāng	名	高等	7523	拴	shuān	动	高等
7485	束	shù	量	三级	7524	涮	shuàn	动	高等
7486	束缚	shùfù	动	高等	7525	双	shuāng	量、形	三级
7487	树	shù	名	一级	7526	双胞胎	shuāngbāotāi	名	高等
7488	树立	shùlì	动	高等	7527	双边	shuāngbiān	形	高等
7489	树林	shùlín	名	四级	7528	双重	shuāngchóng	形	高等
7490	树木	shùmù	名	高等	7529	双打	shuāngdǎ	名	六级
7491	树梢	shùshāo	名	高等	7530	双方	shuāngfāng	名	三级
7492	树叶	shùyè	名	四级	7531	双手	shuāng shǒu		五级
7493	树荫	shùyīn	名	高等	7532	双向	shuāngxiàng	形	高等
7494	树枝	shùzhī	名	高等	7533	双赢	shuāngyíng	动	高等
7495	竖	shù	动、形	高等	7534	霜	shuāng	名	高等
7496	数额	shù'é	名	高等	7535	爽	shuǎng	形	六级
7497	数据	shùjù	名	四级	7536	爽快	shuǎngkuai	形	高等
7498	数据库	shùjùkù	名	高等	7537	水	shuǐ	名	一级
7499	数量	shùliàng	名	三级	7538	水槽	shuǐcáo	名	高等
7500	数码	shùmǎ	名	四级	7539	水产品	shuǐchǎnpǐn	名	五级
7501	数目	shùmù	名	五级	7540	水稻	shuǐdào	名	高等
7502	数字	shùzì	名	二级	7541	水分	shuǐfèn	名	五级
7503	刷	shuā	动	四级	7542	水管	shuǐguǎn	名	高等
7504	刷新	shuāxīn	动	高等	7543	水果	shuǐguǒ	名	一级
7505	刷牙	shuā yá		四级	7544	水壶	shuǐhú	名	高等
7506	刷子	shuāzi	名	四级	7545	水货	shuǐhuò	名	高等
7507	耍	shuǎ	动	高等	7546	水晶	shuǐjīng	名	高等
7508	耍赖	shuǎlài	动	高等	7547	水库	shuǐkù	名	五级
7509	衰减	shuāijiǎn	动	高等	7548	水利	shuǐlì	名	高等

#	词	拼音	词性	等级
7549	水灵灵	shuǐlínglíng	形	高等
7550	水龙头	shuǐlóngtóu	名	高等
7551	水落石出	shuǐluò-shíchū		高等
7552	水面	shuǐmiàn	名	高等
7553	水泥	shuǐní	名	六级
7554	水平	shuǐpíng	名	二级
7555	水手	shuǐshǒu	名	高等
7556	水温	shuǐwēn	名	高等
7557	水域	shuǐyù	名	高等
7558	水源	shuǐyuán	名	高等
7559	水灾	shuǐzāi	名	五级
7560	水涨船高	shuǐzhǎng-chuángāo		高等
7561	水准	shuǐzhǔn	名	高等
7562	税	shuì	名	六级
7563	税收	shuìshōu	名	高等
7564	税务	shuìwù	名	高等
7565	睡	shuì	动	一级
7566	睡袋	shuìdài	名	高等
7567	睡觉	shuì//jiào		一级
7568	睡眠	shuìmián	名	五级
7569	睡着	shuìzháo		四级
7570	顺	shùn	形、动、介	六级
7571	顺便	shùnbiàn	副	高等
7572	顺差	shùnchā	名	高等
7573	顺畅	shùnchàng	形	高等
7574	顺从	shùncóng	动	高等
7575	顺理成章	shùnlǐ-chéngzhāng		高等
7576	顺利	shùnlì	形	二级
7577	顺路	shùnlù	形、副	高等
7578	顺其自然	shùnqízìrán		高等
7579	顺势	shùnshì	副	高等
7580	顺手	shùnshǒu	形、副	高等
7581	顺心	shùn//xīn		高等
7582	顺序	shùnxù	名	四级
7583	顺应	shùnyìng	动	高等
7584	顺着	shùnzhe		高等
7585	瞬间	shùnjiān	名	高等
7586	说	shuō	动	一级
7587	说白了	shuōbáile		高等
7588	说不定	shuōbudìng	动、副	四级
7589	说不上	shuōbushàng	动	高等
7590	说到底	shuōdàodǐ		高等
7591	说道	shuōdao	动、名	高等
7592	说法	shuō·fǎ	名	五级
7593	说服	shuōfú	动	四级
7594	说干就干	shuō gàn jiù gàn		高等
7595	说话	shuō//huà		一级
7596	说谎	shuō//huǎng		高等
7597	说老实话	shuō lǎoshi huà		高等
7598	说明	shuōmíng	动、名	二级
7599	说明书	shuōmíngshū	名	六级
7600	说起来	shuō·qǐ·lái		高等
7601	说情	shuō//qíng		高等
7602	说实话	shuō shíhuà		六级
7603	说闲话	shuō xiánhuà		高等
7604	说真的	shuō zhēnde		高等
7605	硕果	shuòguǒ	名	高等
7606	硕士	shuòshì	名	五级
7607	司法	sīfǎ	动	高等
7608	司机	sījī	名	二级
7609	司空见惯	sīkōng-jiànguàn		高等
7610	司令	sīlìng	名	高等
7611	司长	sīzhǎng	名	六级
7612	丝	sī	名	高等
7613	丝绸	sīchóu	名	高等
7614	丝毫	sīháo	形	高等
7615	私房钱	sī·fángqián	名	高等
7616	私家车	sījiāchē	名	高等
7617	私立	sīlì	动、形	高等
7618	私人	sīrén	名	五级
7619	私事	sīshì	名	高等
7620	私下	sīxià	名、副	高等
7621	私营	sīyíng	形	高等
7622	私有	sīyǒu	动	高等
7623	私自	sīzì	副	高等
7624	思考	sīkǎo	动	四级
7625	思路	sīlù	名	高等
7626	思念	sīniàn	动	高等

7627	思前想后	sīqián-xiǎnghòu		高等	7666	搜寻	sōuxún	动	高等
7628	思索	sīsuǒ	动	高等	7667	艘	sōu	量	高等
7629	思维	sīwéi	名	五级	7668	苏醒	sūxǐng	动	高等
7630	思想	sīxiǎng	名	三级	7669	酥	sū	形	高等
7631	撕	sī	动	高等	7670	俗	sú	形	高等
7632	死	sǐ	动、形	三级	7671	俗话	súhuà	名	高等
7633	死亡	sǐwáng	动	六级	7672	俗话说	súhuà shuō		高等
7634	死心	sǐ//xīn		高等	7673	俗语	súyǔ	名	高等
7635	死心塌地	sǐxīn-tādì		高等	7674	诉苦	sù//kǔ		高等
7636	四	sì	数	一级	7675	诉说	sùshuō	动	高等
7637	四处	sìchù	名	六级	7676	诉讼	sùsòng	动	高等
7638	四合院	sìhéyuàn	名	高等	7677	素	sù	形、名	高等
7639	四季	sìjì	名	高等	7678	素不相识	sùbùxiāngshí		高等
7640	四面八方	sìmiàn-bāfāng		高等	7679	素材	sùcái	名	高等
7641	四周	sìzhōu	名	五级	7680	素描	sùmiáo	名	高等
7642	寺	sì	名	六级	7681	素食	sùshí	名	高等
7643	寺庙	sìmiào	名	高等	7682	素养	sùyǎng	名	高等
7644	似曾相识	sìcéng-xiāngshí		高等	7683	素质	sùzhì	名	六级
7645	似乎	sìhū	副	四级	7684	速度	sùdù	名	三级
7646	似是而非	sìshì-érfēi		高等	7685	宿舍	sùshè	名	五级
7647	伺机	sìjī	动	高等	7686	塑料	sùliào	名	四级
7648	饲料	sìliào	名	高等	7687	塑料袋	sùliàodài	名	四级
7649	饲养	sìyǎng	动	高等	7688	塑造	sùzào	动	高等
7650	松	sōng	形、动	四级	7689	酸	suān	形	四级
7651	松绑	sōng//bǎng		高等	7690	酸奶	suānnǎi	名	四级
7652	松弛	sōngchí	形	高等	7691	酸甜苦辣	suān-tián-kǔ-là		五级
7653	松树	sōngshù	名	四级	7692	蒜	suàn	名	高等
7654	耸立	sǒnglì	动	高等	7693	算	suàn	动	二级
7655	送	sòng	动	一级	7694	算计	suàn·jì	动	高等
7656	送别	sòng//bié		高等	7695	算了	suànle	动	六级
7657	送到	sòngdào		二级	7696	算盘	suàn·pán	名	高等
7658	送给	sòng gěi		二级	7697	算是	suànshì	副	六级
7659	送礼	sòng//lǐ		六级	7698	算账	suàn//zhàng		高等
7660	送行	sòng//xíng		六级	7699	虽	suī	连	六级
7661	搜	sōu	动	五级	7700	虽然	suīrán	连	二级
7662	搜查	sōuchá		高等	7701	虽说	suīshuō	连	高等
7663	搜集	sōují	动	高等	7702	随	suí	动	三级
7664	搜救	sōujiù	动	高等	7703	随便	suíbiàn	形	二级
7665	搜索	sōusuǒ	动	五级	7704	随处可见	suíchù kě jiàn		高等

7705	随大溜	suí dàliù		高等
7706	随后	suíhòu	副	五级
7707	随机	suíjī	形	高等
7708	随即	suíjí	副	高等
7709	随身	suíshēn	形	高等
7710	随时	suíshí	副	二级
7711	随时随地	suíshí-suídì		高等
7712	随手	suíshǒu	副	四级
7713	随心所欲	suíxīnsuǒyù		高等
7714	随意	suí//yì		五级
7715	随着	suízhe	介	五级
7716	岁	suì	量	一级
7717	岁数	suìshu	名	六级
7718	岁月	suìyuè	名	五级
7719	遂心	suì//xīn		高等
7720	碎	suì	形	五级
7721	隧道	suìdào	名	高等
7722	孙女	sūn·nǚ	名	四级
7723	孙子	sūnzi	名	四级
7724	损	sǔn	动	高等
7725	损害	sǔnhài	动	五级
7726	损坏	sǔnhuài	动	高等
7727	损人利己	sǔnrén-lìjǐ		高等
7728	损伤	sǔnshāng	动	高等
7729	损失	sǔnshī	动、名	五级
7730	缩	suō	动	高等
7731	缩短	suōduǎn	动	四级
7732	缩水	suō//shuǐ		高等
7733	缩小	suōxiǎo	动	四级
7734	缩影	suōyǐng	名	高等
7735	所	suǒ	名、量	三级
7736	所	suǒ	助	六级
7737	所属	suǒshǔ	形	高等
7738	所谓	suǒwèi	形	高等
7739	所以	suǒyǐ	连	二级
7740	所有	suǒyǒu	形	二级
7741	所在	suǒzài	名	五级
7742	所长	suǒzhǎng	名	三级
7743	所作所为	suǒzuò-suǒwéi		高等
7744	索赔	suǒpéi	动	高等
7745	索取	suǒqǔ	动	高等
7746	索性	suǒxìng	副	高等
7747	锁	suǒ	名、动	五级
7748	锁定	suǒdìng	动	高等
7749	他	tā	代	一级
7750	他们	tāmen	代	一级
7751	他人	tārén	代	高等
7752	它	tā	代	二级
7753	它们	tāmen	代	二级
7754	她	tā	代	一级
7755	她们	tāmen	代	一级
7756	塌	tā	动	高等
7757	踏实	tāshi	形	六级
7758	塔	tǎ	名	六级
7759	踏	tà	动	六级
7760	踏上	tàshang		高等
7761	胎	tāi	名、量	高等
7762	胎儿	tāi'ér	名	高等
7763	台	tái	名、量	三级
7764	台灯	táidēng	名	六级
7765	台风	táifēng	名	五级
7766	台阶	táijiē	名	四级
7767	台球	táiqiú	名	高等
7768	台上	táishàng	名	四级
7769	抬	tái	动	五级
7770	抬头	tái//tóu		五级
7771	太	tài	副	一级
7772	太极	tàijí	名	高等
7773	太极拳	tàijíquán	名	高等
7774	太空	tàikōng	名	五级
7775	太平	tàipíng	形	高等
7776	太太	tàitai	名	二级
7777	太阳	tài·yáng	名	二级
7778	太阳能	tàiyángnéng	名	六级
7779	态度	tài·dù	名	二级
7780	泰斗	tàidǒu	名	高等
7781	贪	tān	动	高等
7782	贪婪	tānlán	形	高等

7783	贪玩儿	tānwánr	动		高等	7822	倘若	tǎngruò	连	高等
7784	贪污	tānwū	动		高等	7823	淌	tǎng	动	高等
7785	摊	tān	动、名、量		高等	7824	躺	tǎng	动	四级
7786	瘫	tān	动		高等	7825	烫	tàng	动、形	高等
7787	瘫痪	tānhuàn	动		高等	7826	趟	tàng	量	六级
7788	坛	tán	名		高等	7827	掏	tāo	动	六级
7789	谈	tán	动		三级	7828	掏钱	tāo qián		高等
7790	谈不上	tán bu shàng			高等	7829	滔滔不绝	tāotāo-bùjué		高等
7791	谈到	tándào			高等	7830	逃	táo	动	五级
7792	谈话	tán//huà			三级	7831	逃避	táobì	动	高等
7793	谈论	tánlùn	动		高等	7832	逃跑	táopǎo	动	五级
7794	谈判	tánpàn	动、名		三级	7833	逃生	táoshēng	动	高等
7795	谈起	tánqǐ			高等	7834	逃亡	táowáng	动	高等
7796	弹	tán	动		五级	7835	逃走	táozǒu	动	五级
7797	弹性	tánxìng	名		高等	7836	桃	táo	名	五级
7798	痰	tán	名		高等	7837	桃花	táohuā	名	五级
7799	坦白	tǎnbái	形、动		高等	7838	桃树	táoshù	名	五级
7800	坦诚	tǎnchéng	形		高等	7839	陶瓷	táocí	名	高等
7801	坦克	tǎnkè	名		高等	7840	陶冶	táoyě	动	高等
7802	坦然	tǎnrán	形		高等	7841	陶醉	táozuì	动	高等
7803	坦率	tǎnshuài	形		高等	7842	淘	táo	动	高等
7804	毯子	tǎnzi	名		高等	7843	淘气	táo//qì		高等
7805	叹气	tàn//qì			六级	7844	淘汰	táotài	动	高等
7806	炭	tàn	名		高等	7845	讨	tǎo	动	高等
7807	探	tàn	动		高等	7846	讨好	tǎo//hǎo		高等
7808	探测	tàncè	动		高等	7847	讨价还价	tǎojià-huánjià		高等
7809	探亲	tàn//qīn			高等	7848	讨论	tǎolùn	动	二级
7810	探求	tànqiú	动		高等	7849	讨人喜欢	tǎo rén xǐhuan		高等
7811	探索	tànsuǒ	动		六级	7850	讨厌	tǎo//yàn		五级
7812	探讨	tàntǎo	动		六级	7851	套	tào	量	二级
7813	探望	tànwàng	动		高等	7852	套餐	tàocān	名	四级
7814	探险	tàn//xiǎn			高等	7853	特	tè	副	六级
7815	碳	tàn	名		高等	7854	特别	tèbié	形、副	二级
7816	汤	tāng	名		三级	7855	特产	tèchǎn	名	高等
7817	汤圆	tāngyuán	名		高等	7856	特长	tècháng	名	高等
7818	堂	táng	量		高等	7857	特大	tèdà	形	六级
7819	糖	táng	名		三级	7858	特地	tèdì	副	六级
7820	糖果	tángguǒ	名		高等	7859	特点	tèdiǎn	名	二级
7821	糖尿病	tángniàobìng	名		高等	7860	特定	tèdìng	形	五级

7861	特价	tèjià	名	四级
7862	特快	tèkuài	形	六级
7863	特例	tèlì	名	高等
7864	特权	tèquán	名	高等
7865	特色	tèsè	名	三级
7866	特殊	tèshū	形	四级
7867	特性	tèxìng	名	五级
7868	特邀	tèyāo	动	高等
7869	特意	tèyì	副	六级
7870	特有	tèyǒu	形	五级
7871	特征	tèzhēng	名	四级
7872	特制	tèzhì	动	高等
7873	特质	tèzhì	名	高等
7874	疼	téng	动	二级
7875	疼痛	téngtòng	形	六级
7876	腾	téng	动	高等
7877	藤椅	téngyǐ	名	高等
7878	剔除	tīchú	动	高等
7879	梯子	tīzi	名	高等
7880	踢	tī	动	六级
7881	提	tí	动	二级
7882	提拔	tíbá	动	高等
7883	提倡	tíchàng	动	五级
7884	提出	tíchū		二级
7885	提到	tídào		二级
7886	提高	tí//gāo		二级
7887	提供	tígōng	动	四级
7888	提交	tíjiāo	动	六级
7889	提炼	tíliàn	动	高等
7890	提名	tí//míng		高等
7891	提起	tíqǐ	动	五级
7892	提前	tíqián	动	三级
7893	提升	tíshēng	动	六级
7894	提示	tíshì	动	五级
7895	提速	tí//sù		高等
7896	提问	tíwèn	动	三级
7897	提心吊胆	tíxīn-diàodǎn		高等
7898	提醒	tí//xǐng		四级
7899	提议	tíyì	动、名	高等
7900	提早	tízǎo	动	高等
7901	题	tí	名	二级
7902	题材	tícái	名	五级
7903	题目	tímù	名	三级
7904	体操	tǐcāo	名	四级
7905	体会	tǐhuì	动、名	三级
7906	体积	tǐjī	名	五级
7907	体检	tǐjiǎn	动	四级
7908	体力	tǐlì	名	五级
7909	体谅	tǐliàng	动	高等
7910	体面	tǐmiàn	名、形	高等
7911	体能	tǐnéng	名	高等
7912	体贴	tǐtiē	动	高等
7913	体温	tǐwēn	名	高等
7914	体系	tǐxì	名	高等
7915	体现	tǐxiàn	动	三级
7916	体验	tǐyàn	动	三级
7917	体育	tǐyù	名	二级
7918	体育场	tǐyùchǎng	名	二级
7919	体育馆	tǐyùguǎn	名	二级
7920	体制	tǐzhì	名	高等
7921	体质	tǐzhì	名	高等
7922	体重	tǐzhòng	名	四级
7923	剃	tì	动	高等
7924	替	tì	动、介	四级
7925	替代	tìdài	动	四级
7926	替换	tìhuàn	动	高等
7927	替身	tìshēn	名	高等
7928	天	tiān	名、量	一级
7929	天才	tiāncái	名	五级
7930	天长地久	tiāncháng-dìjiǔ		高等
7931	天地	tiāndì	名	高等
7932	天鹅	tiān'é	名	高等
7933	天分	tiānfèn	名	高等
7934	天赋	tiānfù	动、名	高等
7935	天经地义	tiānjīng-dìyì		高等
7936	天空	tiānkōng	名	三级
7937	天平	tiānpíng	名	高等
7938	天气	tiānqì	名	一级

编号	词	拼音	词性	等级	编号	词	拼音	词性	等级
7939	天桥	tiānqiáo	名	高等	7978	调控	tiáokòng	动	高等
7940	天然	tiānrán	形	六级	7979	调料	tiáoliào	名	高等
7941	天然气	tiānránqì	名	五级	7980	调皮	tiáopí	形	四级
7942	天上	tiānshàng	名	二级	7981	调试	tiáoshì	动	高等
7943	天生	tiānshēng	形	高等	7982	调整	tiáozhěng	动	三级
7944	天使	tiānshǐ	名	高等	7983	挑	tiǎo	动	四级
7945	天堂	tiāntáng	名	六级	7984	挑起	tiǎoqǐ		高等
7946	天文	tiānwén	名	五级	7985	挑衅	tiǎoxìn	动	高等
7947	天下	tiānxià	名	六级	7986	挑战	tiǎo//zhàn		四级
7948	天线	tiānxiàn	名	高等	7987	跳	tiào	动	三级
7949	天性	tiānxìng	名	高等	7988	跳槽	tiào//cáo		高等
7950	天真	tiānzhēn	形	四级	7989	跳动	tiàodòng	动	高等
7951	天主教	Tiānzhǔjiào	名	高等	7990	跳高	tiàogāo	动	三级
7952	添	tiān	动	六级	7991	跳伞	tiào//sǎn		高等
7953	添加	tiānjiā	动	高等	7992	跳水	tiàoshuǐ	动	六级
7954	田	tián	名	六级	7993	跳舞	tiào//wǔ		三级
7955	田径	tiánjìng	名	六级	7994	跳远	tiàoyuǎn	动	三级
7956	甜	tián	形	三级	7995	跳跃	tiàoyuè	动	高等
7957	甜美	tiánměi	形	高等	7996	贴	tiē	动	四级
7958	甜蜜	tiánmì	形	高等	7997	贴近	tiējìn	动、形	高等
7959	甜头	tiántou	名	高等	7998	贴切	tiēqiè	形	高等
7960	填	tián	动	四级	7999	帖子	tiězi	名	高等
7961	填补	tiánbǔ	动	高等	8000	铁	tiě	名	三级
7962	填充	tiánchōng	动	高等	8001	铁路	tiělù	名	三级
7963	填空	tián//kòng		四级	8002	厅	tīng	名	五级
7964	填写	tiánxiě	动	高等	8003	听	tīng	动	一级
7965	舔	tiǎn	动	高等	8004	听从	tīngcóng	动	高等
7966	挑	tiāo	动	四级	8005	听到	tīngdào		一级
7967	挑剔	tiāoti	动	高等	8006	听话	tīng//huà		高等
7968	挑选	tiāoxuǎn	动	四级	8007	听见	tīng//jiàn		一级
7969	条	tiáo	量	二级	8008	听讲	tīng//jiǎng		二级
7970	条件	tiáojiàn	名	二级	8009	听力	tīnglì	名	三级
7971	条款	tiáokuǎn	名	高等	8010	听取	tīngqǔ	动	六级
7972	条例	tiáolì	名	高等	8011	听说	tīngshuō	动	二级
7973	条约	tiáoyuē	名	高等	8012	听写	tīngxiě	动	一级
7974	调	tiáo	动	三级	8013	听众	tīngzhòng	名	三级
7975	调节	tiáojié	动	五级	8014	停	tíng	动	二级
7976	调解	tiáojiě	动	五级	8015	停泊	tíngbó	动	高等
7977	调侃	tiáokǎn	动	高等	8016	停车	tíng//chē		二级

编号	词	拼音	词性	级别
8017	停车场	tíngchēchǎng	名	二级
8018	停车位	tíngchēwèi	名	高等
8019	停电	tíngdiàn	动	高等
8020	停顿	tíngdùn	动	高等
8021	停放	tíngfàng	动	高等
8022	停留	tíngliú	动	五级
8023	停下	tíngxia		四级
8024	停业	tíng//yè		高等
8025	停止	tíngzhǐ	动	三级
8026	挺	tǐng	副	二级
8027	挺	tǐng	动	四级
8028	挺好	tǐng hǎo		二级
8029	通	tōng	动、形	二级
8030	通报	tōngbào	动、名	六级
8031	通常	tōngcháng	形	三级
8032	通畅	tōngchàng	形	高等
8033	通车	tōng//chē		高等
8034	通道	tōngdào	名	六级
8035	通风	tōng//fēng		高等
8036	通告	tōnggào	动、名	高等
8037	通过	tōngguò	介、动	二级
8038	通红	tōnghóng	形	六级
8039	通话	tōng//huà		六级
8040	通缉	tōngjī	动	高等
8041	通顺	tōngshùn	形	高等
8042	通俗	tōngsú	形	高等
8043	通通	tōngtōng	副	高等
8044	通往	tōngwǎng		高等
8045	通宵	tōngxiāo	名	高等
8046	通信	tōng//xìn		三级
8047	通行	tōngxíng	动	六级
8048	通行证	tōngxíngzhèng	名	高等
8049	通讯	tōngxùn	名	六级
8050	通用	tōngyòng	动	五级
8051	通知	tōngzhī	动、名	二级
8052	通知书	tōngzhīshū	名	四级
8053	同	tóng	形、副、介	六级
8054	同伴	tóngbàn	名	高等
8055	同胞	tóngbāo	名	六级
8056	同步	tóngbù	动	高等
8057	同等	tóngděng	形	高等
8058	同感	tónggǎn	名	高等
8059	同行	tóngháng	名	六级
8060	同伙	tónghuǒ	动、名	高等
8061	同类	tónglèi	形、名	高等
8062	同盟	tóngméng	动、名	高等
8063	同年	tóngnián	名	高等
8064	同期	tóngqī	名	六级
8065	同情	tóngqíng	动	四级
8066	同人	tóngrén	名	高等
8067	同时	tóngshí	连、名	二级
8068	同事	tóngshì	名	二级
8069	同学	tóngxué	名	一级
8070	同样	tóngyàng	形、连	二级
8071	同一	tóngyī	形	六级
8072	同意	tóngyì	动	三级
8073	同志	tóngzhì	名	高等
8074	同舟共济	tóngzhōu-gòngjì		高等
8075	铜	tóng	名	高等
8076	铜牌	tóngpái	名	六级
8077	童话	tónghuà	名	四级
8078	童年	tóngnián	名	四级
8079	统筹	tǒngchóu	动	高等
8080	统计	tǒngjì	动	四级
8081	统统	tǒngtǒng	副	高等
8082	统一	tǒngyī	动、形	四级
8083	统治	tǒngzhì	动	高等
8084	捅	tǒng	动	高等
8085	桶	tǒng	名	高等
8086	筒	tǒng	名	高等
8087	痛	tòng	形	三级
8088	痛	tòng	副	高等
8089	痛苦	tòngkǔ	形	三级
8090	痛快	tòng·kuài	形	四级
8091	痛心	tòngxīn	形	高等
8092	偷	tōu	动、副	五级
8093	偷看	tōukàn		高等
8094	偷窥	tōukuī	动	高等

8095	偷懒	tōu//lǎn		高等	8134	突破	tūpò	动、名	五级
8096	偷偷	tōutōu	副	五级	8135	突破口	tūpòkǒu	名	高等
8097	头	tóu	名、量	二级	8136	突然	tūrán	形	三级
8098	头	tóu	形	三级	8137	突如其来	tūrú-qílái		高等
8099	头部	tóubù	名	高等	8138	图	tú	名	三级
8100	头顶	tóudǐng	名	高等	8139	图案	tú'àn	名	四级
8101	头发	tóufa	名	二级	8140	图表	túbiǎo	名	高等
8102	头号	tóuhào	形	高等	8141	图画	túhuà	名	三级
8103	头脑	tóunǎo	名	三级	8142	图片	túpiàn	名	二级
8104	头疼	tóuténg	形	六级	8143	图书	túshū	名	六级
8105	头条	tóutiáo	名	高等	8144	图书馆	túshūguǎn	名	一级
8106	头头是道	tóutóu-shìdào		高等	8145	图像	túxiàng	名	高等
8107	头衔	tóuxián	名	高等	8146	图形	túxíng	名	高等
8108	头晕	tóuyūn	动	高等	8147	图纸	túzhǐ	名	高等
8109	投	tóu	动	四级	8148	徒步	túbù	副	高等
8110	投奔	tóubèn	动	高等	8149	徒弟	tú·dì	名	六级
8111	投稿	tóu//gǎo		高等	8150	途径	tújìng	名	六级
8112	投机	tóujī	形、动	高等	8151	途中	túzhōng	名	四级
8113	投票	tóu//piào		六级	8152	涂	tú	动	高等
8114	投入	tóurù	动、名	四级	8153	屠杀	túshā	动	高等
8115	投射	tóushè	动	高等	8154	土	tǔ	名	三级
8116	投身	tóushēn	动	高等	8155	土	tǔ	形	六级
8117	投诉	tóusù	动	四级	8156	土地	tǔdì	名	四级
8118	投降	tóuxiáng	动	高等	8157	土豆	tǔdòu	名	五级
8119	投资	tóuzī	名	四级	8158	土匪	tǔfěi	名	高等
8120	透	tòu	动、形	四级	8159	土壤	tǔrǎng	名	高等
8121	透彻	tòuchè	形	高等	8160	土生土长	tǔshēng-tǔzhǎng		高等
8122	透过	tòuguò	动	高等	8161	吐	tǔ	动	五级
8123	透露	tòulù	动	六级	8162	吐	tù	动	五级
8124	透明	tòumíng	形	四级	8163	兔	tù	名	五级
8125	透气	tòu//qì		高等	8164	团	tuán	名、量	三级
8126	透支	tòuzhī	动	高等	8165	团队	tuánduì	名	六级
8127	头（里头）	tou (lǐtou)	后缀	二级	8166	团伙	tuánhuǒ	名	高等
8128	凸	tū	形	高等	8167	团结	tuánjié	动	三级
8129	凸显	tūxiǎn	动	高等	8168	团聚	tuánjù	动	高等
8130	秃	tū	形	高等	8169	团体	tuántǐ	名	三级
8131	突出	tūchū	形、动	三级	8170	团员	tuányuán	名	高等
8132	突发	tūfā	动	高等	8171	团圆	tuányuán	动	高等
8133	突击	tūjī		高等	8172	团长	tuánzhǎng	名	五级

8173	推	tuī	动	二级	8212	拖欠	tuōqiàn	动	高等
8174	推测	tuīcè	动	高等	8213	拖鞋	tuōxié	名	六级
8175	推迟	tuīchí	动	四级	8214	拖延	tuōyán	动	高等
8176	推出	tuīchū	动	六级	8215	脱	tuō	动	四级
8177	推辞	tuīcí	动	高等	8216	脱节	tuō//jié		高等
8178	推动	tuī//dòng		三级	8217	脱口而出	tuōkǒu'érchū		高等
8179	推断	tuīduàn	动	高等	8218	脱离	tuōlí	动	五级
8180	推翻	tuī//fān		高等	8219	脱落	tuōluò	动	高等
8181	推广	tuīguǎng	动	三级	8220	脱身	tuō//shēn		高等
8182	推荐	tuījiàn	动	高等	8221	脱颖而出	tuōyǐng'érchū		高等
8183	推进	tuījìn	动	三级	8222	驮	tuó	动	高等
8184	推开	tuīkāi		三级	8223	妥	tuǒ	形	高等
8185	推理	tuīlǐ	动	高等	8224	妥当	tuǒ·dàng	形	高等
8186	推敲	tuīqiāo	动	高等	8225	妥善	tuǒshàn	形	高等
8187	推算	tuīsuàn	动	高等	8226	妥协	tuǒxié	动	高等
8188	推销	tuīxiāo	动	四级	8227	拓宽	tuòkuān	动	高等
8189	推卸	tuīxiè	动	高等	8228	拓展	tuòzhǎn	动	高等
8190	推行	tuīxíng	动	五级	8229	唾液	tuòyè	名	高等
8191	推选	tuīxuǎn	动	高等	8230	挖	wā	动	六级
8192	推移	tuīyí	动	高等	8231	挖掘	wājué	动	高等
8193	颓废	tuífèi	形	高等	8232	挖苦	wāku	动	高等
8194	腿	tuǐ	名	二级	8233	娃娃	wáwa	名	六级
8195	退	tuì	动	三级	8234	瓦	wǎ	名	高等
8196	退出	tuìchū	动	三级	8235	袜子	wàzi	名	四级
8197	退回	tuìhuí	动	高等	8236	哇	wa	助	六级
8198	退票	tuì//piào		六级	8237	歪	wāi	形	高等
8199	退却	tuìquè	动	高等	8238	歪曲	wāiqū	动	高等
8200	退让	tuìràng	动	高等	8239	外	wài	名	一级
8201	退缩	tuìsuō	动	高等	8240	外币	wàibì	名	六级
8202	退休	tuì//xiū		三级	8241	外边	wàibian	名	一级
8203	退休金	tuìxiūjīn	名	高等	8242	外表	wàibiǎo	名	高等
8204	退学	tuì//xué		高等	8243	外部	wàibù	名	六级
8205	退役	tuì//yì		高等	8244	外出	wàichū	动	六级
8206	吞	tūn	动	六级	8245	外地	wàidì	名	二级
8207	屯	tún	名	高等	8246	外公	wàigōng	名	高等
8208	托	tuō	动	六级	8247	外观	wàiguān	名	六级
8209	托付	tuōfù	动	高等	8248	外国	wàiguó	名	一级
8210	拖	tuō	动	六级	8249	外行	wàiháng	形、名	高等
8211	拖累	tuōlěi	动	高等	8250	外号	wàihào	名	高等

8251	外汇	wàihuì	名		四级	8290	玩意儿	wányìr	名	高等
8252	外籍	wàijí	名		高等	8291	顽固	wángù	形	高等
8253	外交	wàijiāo	名		三级	8292	顽皮	wánpí	形	六级
8254	外交官	wàijiāoguān	名		四级	8293	顽强	wánqiáng	形	六级
8255	外界	wàijiè	名		五级	8294	挽	wǎn	动	高等
8256	外科	wàikē	名		六级	8295	挽回	wǎnhuí	动	高等
8257	外来	wàilái	形		六级	8296	挽救	wǎnjiù	动	高等
8258	外卖	wàimài	名、动		二级	8297	晚	wǎn	形	一级
8259	外贸	wàimào	名		高等	8298	晚安	wǎn'ān	动	二级
8260	外貌	wàimào	名		高等	8299	晚报	wǎnbào	名	二级
8261	外面	wài·miàn	名		三级	8300	晚餐	wǎncān	名	二级
8262	外婆	wàipó	名		高等	8301	晚点	wǎn//diǎn		四级
8263	外企	wàiqǐ	名		高等	8302	晚饭	wǎnfàn	名	一级
8264	外套	wàitào	名		四级	8303	晚会	wǎnhuì	名	二级
8265	外头	wàitou	名		六级	8304	晚间	wǎnjiān	名	高等
8266	外文	wàiwén	名		三级	8305	晚年	wǎnnián	名	高等
8267	外星人	wàixīngrén	名		高等	8306	晚期	wǎnqī	名	高等
8268	外形	wàixíng	名		高等	8307	晚上	wǎnshang	名	一级
8269	外衣	wàiyī	名		六级	8308	惋惜	wǎnxī	形	高等
8270	外语	wàiyǔ	名		一级	8309	碗	wǎn	名	二级
8271	外援	wàiyuán	名		高等	8310	万	wàn	数	二级
8272	外资	wàizī	名		六级	8311	万分	wànfēn	副	高等
8273	弯	wān	形、动		四级	8312	万古长青	wàngǔ-chángqīng		高等
8274	弯曲	wānqū	形		六级	8313	万能	wànnéng	形	高等
8275	丸	wán	名、量		高等	8314	万万	wànwàn	副	高等
8276	完	wán	动		二级	8315	万无一失	wànwú-yìshī		高等
8277	完备	wánbèi	形		高等	8316	万一	wànyī	名、连	四级
8278	完毕	wánbì	动		高等	8317	汪洋	wāngyáng	形	高等
8279	完成	wán//chéng			二级	8318	亡羊补牢	wángyáng-bǔláo		高等
8280	完蛋	wán//dàn			高等	8319	王	wáng	名	四级
8281	完好	wánhǎo	形		高等	8320	王国	wángguó	名	高等
8282	完了	wánle	连		五级	8321	王后	wánghòu	名	六级
8283	完美	wánměi	形		三级	8322	王牌	wángpái	名	高等
8284	完全	wánquán	形、副		二级	8323	王子	wángzǐ	名	六级
8285	完善	wánshàn	形、动		三级	8324	网	wǎng	名	二级
8286	完整	wánzhěng	形		三级	8325	网吧	wǎngbā	名	六级
8287	玩具	wánjù	名		三级	8326	网点	wǎngdiǎn	名	高等
8288	玩儿	wánr	动		一级	8327	网络	wǎngluò	名	四级
8289	玩耍	wánshuǎ	动		高等	8328	网民	wǎngmín	名	高等

8329	网球	wǎngqiú	名	二级
8330	网上	wǎng shang		一级
8331	网页	wǎngyè	名	六级
8332	网友	wǎngyǒu	名	一级
8333	网站	wǎngzhàn	名	二级
8334	网址	wǎngzhǐ	名	四级
8335	往	wǎng	动、介	二级
8336	往常	wǎngcháng	名	高等
8337	往返	wǎngfǎn	动	高等
8338	往后	wǎnghòu	名	六级
8339	往来	wǎnglái	动	六级
8340	往年	wǎngnián	名	六级
8341	往日	wǎngrì	名	高等
8342	往事	wǎngshì	名	高等
8343	往往	wǎngwǎng	副	三级
8344	妄想	wàngxiǎng	动、名	高等
8345	忘	wàng	动	一级
8346	忘不了	wàng bu liǎo		高等
8347	忘掉	wàng∥diào		高等
8348	忘记	wàngjì	动	一级
8349	旺	wàng	形	高等
8350	旺季	wàngjì	名	高等
8351	旺盛	wàngshèng	形	高等
8352	望	wàng	动	高等
8353	望见	wàng·jiàn		六级
8354	望远镜	wàngyuǎnjìng	名	高等
8355	危害	wēihài	动、名	三级
8356	危机	wēijī	名	六级
8357	危及	wēijí	动	高等
8358	危急	wēijí	形	高等
8359	危险	wēixiǎn	形、名	三级
8360	威风	wēifēng	名、形	高等
8361	威力	wēilì	名	高等
8362	威慑	wēishè	动	高等
8363	威胁	wēixié	动	六级
8364	威信	wēixìn	名	高等
8365	微波炉	wēibōlú	名	六级
8366	微博	wēibó	名	五级
8367	微不足道	wēibùzúdào		高等
8368	微观	wēiguān	形	高等
8369	微妙	wēimiào	形	高等
8370	微弱	wēiruò	形	高等
8371	微笑	wēixiào	动	四级
8372	微信	wēixìn	名	四级
8373	微型	wēixíng	形	高等
8374	为[1]	wéi	动	三级
8375	为[2]	wéi	介	三级
8376	为难	wéinán	形、动	五级
8377	为期	wéiqī	动	五级
8378	为人	wéirén	动、名	高等
8379	为止	wéizhǐ	动	五级
8380	为主	wéizhǔ	动	五级
8381	违背	wéibèi	动	高等
8382	违法	wéi∥fǎ		五级
8383	违反	wéifǎn	动	五级
8384	违规	wéi∥guī		五级
8385	违约	wéi∥yuē		高等
8386	违章	wéi∥zhāng		高等
8387	围	wéi	动	三级
8388	围巾	wéijīn	名	四级
8389	围墙	wéiqiáng	名	高等
8390	围绕	wéirào	动	五级
8391	唯	wéi	副	高等
8392	唯独	wéidú	副	高等
8393	唯一	wéiyī	形	五级
8394	维持	wéichí	动	四级
8395	维护	wéihù	动	四级
8396	维生素	wéishēngsù	名	六级
8397	维修	wéixiū	动	四级
8398	伟大	wěidà	形	三级
8399	伪造	wěizào	动	高等
8400	伪装	wěizhuāng	动、名	高等
8401	尾巴	wěiba	名	四级
8402	尾气	wěiqì	名	高等
8403	尾声	wěishēng	名	高等
8404	纬度	wěidù	名	高等
8405	委屈	wěiqu	形、动	高等
8406	委托	wěituō	动	五级

编号	词	拼音	词性	等级	编号	词	拼音	词性	等级
8407	委婉	wěiwǎn	形	高等	8445	温和	wēnhé	形	五级
8408	委员	wěiyuán	名	高等	8446	温暖	wēnnuǎn	形、动	三级
8409	委员会	wěiyuánhuì	名	高等	8447	温泉	wēnquán	名	高等
8410	萎缩	wěisuō	动	高等	8448	温柔	wēnróu	形	高等
8411	卫生	wèishēng	形、名	三级	8449	温室	wēnshì	名	高等
8412	卫生间	wèishēngjiān	名	三级	8450	温习	wēnxí	动	高等
8413	卫视	wèishì	名	高等	8451	温馨	wēnxīn	形	高等
8414	卫星	wèixīng	名	五级	8452	瘟疫	wēnyì	名	高等
8415	为	wèi	介	二级	8453	文	wén	名	高等
8416	为此	wèicǐ	连	六级	8454	文化	wénhuà	名	三级
8417	为何	wèihé	副	六级	8455	文件	wénjiàn	名	三级
8418	为了	wèile	介	三级	8456	文具	wénjù	名	高等
8419	为什么	wèi shénme		二级	8457	文科	wénkē	名	高等
8420	未	wèi	副	高等	8458	文盲	wénmáng	名	高等
8421	未必	wèibì	副	四级	8459	文明	wénmíng	名、形	三级
8422	未成年人	wèichéng-niánrén	名	高等	8460	文凭	wénpíng	名	高等
					8461	文人	wénrén	名	高等
8423	未经	wèijīng	动	高等	8462	文物	wénwù	名	高等
8424	未来	wèilái	名	四级	8463	文献	wénxiàn	名	高等
8425	未免	wèimiǎn	副	高等	8464	文学	wénxué	名	三级
8426	未知数	wèizhīshù	名	高等	8465	文雅	wényǎ	形	高等
8427	位	wèi	量	二级	8466	文艺	wényì	名	五级
8428	位于	wèiyú	动	四级	8467	文娱	wényú	名	六级
8429	位置	wèi·zhì	名	四级	8468	文章	wénzhāng	名	三级
8430	位子	wèizi	名	高等	8469	文字	wénzì	名	三级
8431	味道	wèi·dào	名	二级	8470	闻	wén	动	二级
8432	味精	wèijīng	名	高等	8471	闻名	wénmíng	动	高等
8433	味儿	wèir	名	四级	8472	蚊帐	wénzhàng	名	高等
8434	畏惧	wèijù	动	高等	8473	蚊子	wénzi	名	高等
8435	畏缩	wèisuō	动	高等	8474	吻	wěn	名、动	高等
8436	胃	wèi	名	五级	8475	吻合	wěnhé	形	高等
8437	胃口	wèikǒu	名	高等	8476	紊乱	wěnluàn	形	高等
8438	喂	wèi	叹	二级	8477	稳	wěn	形	四级
8439	喂	wèi	动	四级	8478	稳定	wěndìng	形	四级
8440	喂养	wèiyǎng	动	高等	8479	稳固	wěngù	形、动	高等
8441	慰劳	wèiláo	动	高等	8480	稳健	wěnjiàn	形	高等
8442	慰问	wèiwèn	动	五级	8481	稳妥	wěntuǒ	形	高等
8443	温度	wēndù	名	二级	8482	稳重	wěnzhòng	形	高等
8444	温度计	wēndùjì	名	高等	8483	问	wèn	动	一级

8484	问候	wènhòu	动	四级	8523	无可奉告	wúkěfènggào		高等
8485	问卷	wènjuàn	名	高等	8524	无可厚非	wúkěhòufēi		高等
8486	问路	wènlù	动	二级	8525	无可奈何	wúkěnàihé		高等
8487	问世	wènshì	动	高等	8526	无理	wúlǐ	动	高等
8488	问题	wèntí	名	二级	8527	无力	wúlì	动	高等
8489	窝	wō	名	高等	8528	无聊	wúliáo	形	四级
8490	我	wǒ	代	一级	8529	无论	wúlùn	连	四级
8491	我们	wǒmen	代	一级	8530	无论如何	wúlùn-rúhé		高等
8492	卧	wò	动	高等	8531	无奈	wúnài	动、连	五级
8493	卧铺	wòpù	名	六级	8532	无能	wúnéng	形	高等
8494	卧室	wòshì	名	五级	8533	无能为力	wúnéngwéilì		高等
8495	握	wò	动	五级	8534	无情	wúqíng	形	高等
8496	握手	wò//shǒu		三级	8535	无情无义	wúqíng-wúyì		高等
8497	乌云	wūyún	名	六级	8536	无穷	wúqióng	动	高等
8498	污秽	wūhuì	形、名	高等	8537	无数	wúshù	形	四级
8499	污染	wūrǎn	动	五级	8538	无私	wúsī	形	高等
8500	污水	wūshuǐ	名	五级	8539	无所事事	wúsuǒshìshì		高等
8501	巫婆	wūpó	名	高等	8540	无所谓	wúsuǒwèi	动	四级
8502	呜咽	wūyè	动	高等	8541	无所作为	wúsuǒzuòwéi		高等
8503	屋	wū	名	五级	8542	无条件	wútiáojiàn	动	高等
8504	屋顶	wūdǐng	名	高等	8543	无微不至	wúwēi-búzhì		高等
8505	屋子	wūzi	名	三级	8544	无限	wúxiàn	形	四级
8506	无	wú	动	四级	8545	无线	wúxiàn	形	高等
8507	无比	wúbǐ	动	高等	8546	无线电	wúxiàndiàn	名	高等
8508	无边	wúbiān	动	六级	8547	无效	wúxiào	动	六级
8509	无不	wúbù	副	高等	8548	无形	wúxíng	形	高等
8510	无偿	wúcháng	形	高等	8549	无形中	wúxíngzhōng	副	高等
8511	无敌	wúdí	动	高等	8550	无须	wúxū	副	高等
8512	无恶不作	wú'è-búzuò		高等	8551	无疑	wúyí	动	五级
8513	无法	wúfǎ	动	四级	8552	无意	wúyì	动、副	高等
8514	无非	wúfēi	副	高等	8553	无忧无虑	wúyōu-wúlǜ		高等
8515	无辜	wúgū	形、名	高等	8554	无缘	wúyuán	动、副	高等
8516	无故	wúgù	副	高等	8555	无知	wúzhī	形	高等
8517	无关	wúguān	动	六级	8556	无足轻重	wúzú-qīngzhòng		高等
8518	无关紧要	wúguān-jǐnyào		高等	8557	五	wǔ	数	一级
8519	无话可说	wúhuà-kěshuō		高等	8558	五花八门	wǔhuā-bāmén		高等
8520	无济于事	wújìyúshì		高等	8559	五星级	wǔxīngjí	形	高等
8521	无家可归	wújiā-kěguī		高等	8560	五颜六色	wǔyán-liùsè		四级
8522	无精打采	wújīng-dǎcǎi		高等	8561	午餐	wǔcān	名	二级

编号	词	拼音	词性	等级	编号	词	拼音	词性	等级
8562	午饭	wǔfàn	名	一级	8601	西南	xīnán	名	二级
8563	午睡	wǔshuì	名、动	二级	8602	西医	xīyī	名	二级
8564	武力	wǔlì	名	高等	8603	西装	xīzhuāng	名	五级
8565	武器	wǔqì	名	三级	8604	吸	xī	动	四级
8566	武术	wǔshù	名	三级	8605	吸毒	xī∥dú		六级
8567	武装	wǔzhuāng	名、动	高等	8606	吸管	xīguǎn	名	四级
8568	侮辱	wǔrǔ	动	高等	8607	吸纳	xīnà	动	高等
8569	捂	wǔ	动	高等	8608	吸取	xīqǔ	动	高等
8570	舞	wǔ	名、动	五级	8609	吸收	xīshōu	动	四级
8571	舞蹈	wǔdǎo	名	六级	8610	吸烟	xīyān	动	四级
8572	舞台	wǔtái	名	三级	8611	吸引	xīyǐn	动	四级
8573	舞厅	wǔtīng	名	高等	8612	希望	xīwàng	动、名	三级
8574	勿	wù	副	高等	8613	昔日	xīrì	名	高等
8575	务必	wùbì	副	高等	8614	牺牲	xīshēng	动、名	六级
8576	务实	wùshí	形	高等	8615	息息相关	xīxī-xiāngguān		高等
8577	物价	wùjià	名	五级	8616	稀	xī	形	高等
8578	物流	wùliú	名	高等	8617	稀罕	xīhan	形、动	高等
8579	物品	wùpǐn	名	六级	8618	稀奇	xīqí	形	高等
8580	物体	wùtǐ	名	高等	8619	稀少	xīshǎo	形	高等
8581	物业	wùyè	名	五级	8620	锡	xī	名	高等
8582	物证	wùzhèng	名	高等	8621	熙熙攘攘	xīxī-rǎngrǎng	形	高等
8583	物质	wùzhì	名	五级	8622	熄火	xī∥huǒ		高等
8584	物资	wùzī	名	高等	8623	膝盖	xīgài	名	高等
8585	误	wù	动	六级	8624	嬉笑	xīxiào	动	高等
8586	误差	wùchā	名	高等	8625	习惯	xíguàn	名、动	二级
8587	误导	wùdǎo	动	高等	8626	习俗	xísú	名	高等
8588	误会	wùhuì	动、名	四级	8627	席	xí	名	高等
8589	误解	wùjiě	动、名	五级	8628	席位	xíwèi	名	高等
8590	误区	wùqū	名	高等	8629	袭击	xíjī	动	高等
8591	雾	wù	名	高等	8630	媳妇	xífu	名	高等
8592	西	xī	名	一级	8631	洗	xǐ	动	一级
8593	西班牙语	Xībānyáyǔ	名	六级	8632	洗涤剂	xǐdíjì	名	高等
8594	西北	xīběi	名	二级	8633	洗礼	xǐlǐ	名	高等
8595	西边	xībian	名	一级	8634	洗手间	xǐshǒujiān	名	一级
8596	西部	xībù	名	三级	8635	洗衣粉	xǐyīfěn	名	六级
8597	西餐	xīcān	名	二级	8636	洗衣机	xǐyījī	名	二级
8598	西方	xīfāng	名	二级	8637	洗澡	xǐ∥zǎo		二级
8599	西瓜	xī·guā	名	四级	8638	喜爱	xǐ'ài	动	四级
8600	西红柿	xīhóngshì	名	五级	8639	喜出望外	xǐchūwàngwài		高等

8640	喜好	xǐhào	动、名	高等		8679	下岗	xià//gǎng		高等
8641	喜欢	xǐhuan	动	一级		8680	下个月	xià ge yuè		四级
8642	喜酒	xǐjiǔ	名	高等		8681	下功夫	xià gōngfu		高等
8643	喜剧	xǐjù	名	五级		8682	下海	xià//hǎi		高等
8644	喜怒哀乐	xǐ-nù-āi-lè		高等		8683	下级	xiàjí	名	高等
8645	喜庆	xǐqìng	形、名	高等		8684	下降	xiàjiàng	动	四级
8646	喜事	xǐshì	名	高等		8685	下决心	xià juéxīn		高等
8647	喜糖	xǐtáng	名	高等		8686	下课	xià//kè		一级
8648	喜洋洋	xǐyángyáng	形	高等		8687	下来	xià•lái		三级
8649	喜悦	xǐyuè	形	高等		8688	下令	xià//lìng		高等
8650	戏	xì	名	五级		8689	下楼	xià lóu		四级
8651	戏剧	xìjù	名	五级		8690	下落	xiàluò	名	高等
8652	戏曲	xìqǔ	名	六级		8691	下面	xiàmiàn	名	三级
8653	系	xì	名	三级		8692	下期	xià qī		高等
8654	系列	xìliè	名	四级		8693	下棋	xià//qí		高等
8655	系统	xìtǒng	名、形	四级		8694	下去	xià•qù		三级
8656	细	xì	形	四级		8695	下山	xià//shān		高等
8657	细胞	xìbāo	名	六级		8696	下手	xià//shǒu		高等
8658	细节	xìjié	名	四级		8697	下属	xiàshǔ	名	高等
8659	细菌	xìjūn	名	六级		8698	下台	xià//tái		高等
8660	细腻	xìnì	形	高等		8699	下调	xiàtiáo	动	高等
8661	细微	xìwēi	形	高等		8700	下午	xiàwǔ	名	一级
8662	细心	xìxīn	形	高等		8701	下乡	xià//xiāng		高等
8663	细致	xìzhì	形	四级		8702	下雪	xià xuě		二级
8664	虾	xiā	名	高等		8703	下旬	xiàxún	名	高等
8665	瞎	xiā	动、副	高等		8704	下一代	xià yí dài		高等
8666	侠义	xiáyì	形	高等		8705	下意识	xiàyì•shí	名、副	高等
8667	峡谷	xiágǔ	名	高等		8706	下游	xiàyóu	名	高等
8668	狭隘	xiá'ài	形	高等		8707	下雨	xià yǔ		一级
8669	狭小	xiáxiǎo	形	高等		8708	下载	xiàzài	动	四级
8670	狭窄	xiázhǎi	形	高等		8709	下周	xià zhōu		二级
8671	下	xià	名、动	一级		8710	下坠	xiàzhuì	动	高等
8672	下	xià	量	二级		8711	吓	xià	动	五级
8673	下班	xià//bān		一级		8712	吓唬	xiàhu	动	高等
8674	下边	xiàbian	名	一级		8713	吓人	xià//rén		高等
8675	下场	xiàchǎng	名	高等		8714	夏季	xiàjì	名	四级
8676	下车	xià chē		一级		8715	夏令营	xiàlìngyíng	名	高等
8677	下次	xià cì		一级		8716	夏天	xiàtiān	名	二级
8678	下跌	xiàdiē	动	高等		8717	仙鹤	xiānhè	名	高等

#	词	拼音	词性	等级	#	词	拼音	词性	等级
8718	仙女	xiānnǚ	名	高等	8757	现场	xiànchǎng	名	三级
8719	先	xiān	副	一级	8758	现成	xiànchéng	形	高等
8720	先锋	xiānfēng	名	六级	8759	现代	xiàndài	名	三级
8721	先后	xiānhòu	名、副	五级	8760	现金	xiànjīn	名	三级
8722	先进	xiānjìn	形、名	三级	8761	现任	xiànrèn	动、形	高等
8723	先例	xiānlì	名	高等	8762	现实	xiànshí	名	三级
8724	先前	xiānqián	名	五级	8763	现象	xiànxiàng	名	三级
8725	先生	xiānsheng	名	一级	8764	现行	xiànxíng	形	高等
8726	先天	xiāntiān	名	高等	8765	现有	xiànyǒu		五级
8727	纤维	xiānwéi	名	高等	8766	现在	xiànzài	名	一级
8728	掀	xiān	动	高等	8767	现状	xiànzhuàng	名	五级
8729	掀起	xiānqǐ	动	高等	8768	限	xiàn	动	高等
8730	鲜	xiān	形	四级	8769	限定	xiàndìng	动	高等
8731	鲜花	xiānhuā	名	四级	8770	限度	xiàndù	名	高等
8732	鲜活	xiānhuó	形	高等	8771	限于	xiànyú	动	高等
8733	鲜美	xiānměi	形	高等	8772	限制	xiànzhì	动、名	四级
8734	鲜明	xiānmíng	形	四级	8773	线	xiàn	名	三级
8735	鲜血	xiānxuè	名	高等	8774	线路	xiànlù	名	六级
8736	鲜艳	xiānyàn	形	五级	8775	线索	xiànsuǒ	名	五级
8737	闲	xián	形	五级	8776	线条	xiàntiáo	名	高等
8738	弦	xián	名	高等	8777	宪法	xiànfǎ	名	高等
8739	咸	xián	形	四级	8778	陷	xiàn	动	高等
8740	衔接	xiánjiē	动	高等	8779	陷阱	xiànjǐng	名	高等
8741	嫌	xián	动	六级	8780	陷入	xiànrù	动	六级
8742	嫌弃	xiánqì	动	高等	8781	馅儿	xiànr	名	高等
8743	嫌疑	xiányí	名	高等	8782	羡慕	xiànmù	动	高等
8744	显	xiǎn	动	五级	8783	献	xiàn	动	五级
8745	显出	xiǎnchū		六级	8784	献血	xiànxiě	动	高等
8746	显得	xiǎnde	动	三级	8785	腺	xiàn	名	高等
8747	显而易见	xiǎn'éryìjiàn		高等	8786	乡	xiāng	名	五级
8748	显赫	xiǎnhè	形	高等	8787	乡村	xiāngcūn	名	五级
8749	显然	xiǎnrán	形	三级	8788	乡亲	xiāngqīn	名	高等
8750	显示	xiǎnshì	动	三级	8789	乡下	xiāngxia	名	高等
8751	显示器	xiǎnshìqì	名	高等	8790	相伴	xiāngbàn	动	高等
8752	显现	xiǎnxiàn	动	高等	8791	相比	xiāngbǐ	动	三级
8753	显眼	xiǎnyǎn	形	高等	8792	相比之下	xiāngbǐ zhī xià		高等
8754	显著	xiǎnzhù	形	四级	8793	相差	xiāngchà	动	高等
8755	险	xiǎn	形	六级	8794	相处	xiāngchǔ	动	四级
8756	县	xiàn	名	四级	8795	相传	xiāngchuán	动	高等

8796	相当	xiāngdāng	副、动	三级	8835	响	xiǎng	形	二级
8797	相当于	xiāngdāngyú	动	高等	8836	响亮	xiǎngliàng	形	高等
8798	相等	xiāngděng	动	五级	8837	响起	xiǎngqǐ		高等
8799	相对	xiāngduì	动、形	高等	8838	响声	xiǎngshēng	名	六级
8800	相对而言	xiāngduì-éryán		高等	8839	响应	xiǎngyìng	动	高等
8801	相反	xiāngfǎn	形、连	四级	8840	想	xiǎng	动	一级
8802	相辅相成	xiāngfǔ-xiāngchéng		高等	8841	想不到	xiǎngbudào	动	六级
8803	相关	xiāngguān	动	三级	8842	想到	xiǎngdào		二级
8804	相互	xiānghù	副	三级	8843	想法	xiǎng·fǎ	名	二级
8805	相继	xiāngjì	副	高等	8844	想方设法	xiǎngfāng-shèfǎ		高等
8806	相连	xiānglián	动	高等	8845	想念	xiǎngniàn	动	四级
8807	相识	xiāngshí	动	高等	8846	想起	xiǎngqǐ		二级
8808	相似	xiāngsì	形	三级	8847	想象	xiǎngxiàng	名、动	四级
8809	相提并论	xiāngtí-bìnglùn		高等	8848	向	xiàng	介、动	二级
8810	相通	xiāngtōng	动	高等	8849	向导	xiàngdǎo	名	五级
8811	相同	xiāngtóng	形	二级	8850	向来	xiànglái	副	高等
8812	相信	xiāngxìn	动	二级	8851	向前	xiàng qián		五级
8813	相依为命	xiāngyī-wéimìng		高等	8852	向上	xiàngshàng	动	五级
8814	相应	xiāngyìng	动	五级	8853	向往	xiàngwǎng	动	高等
8815	相遇	xiāngyù	动	高等	8854	向着	xiàngzhe	动	高等
8816	相约	xiāngyuē	动	高等	8855	项	xiàng	量	四级
8817	香	xiāng	形	三级	8856	项链	xiàngliàn	名	高等
8818	香肠	xiāngcháng	名	五级	8857	项目	xiàngmù	名	四级
8819	香蕉	xiāngjiāo	名	三级	8858	相机	xiàngjī	名	二级
8820	香料	xiāngliào	名	高等	8859	相片	xiàngpiàn	名	四级
8821	香水	xiāngshuǐ	名	高等	8860	相声	xiàngsheng	名	五级
8822	香味	xiāngwèi	名	高等	8861	象征	xiàngzhēng	动、名	五级
8823	香烟	xiāngyān	名	高等	8862	像	xiàng	动	二级
8824	香油	xiāngyóu	名	高等	8863	像	xiàng	名	高等
8825	箱	xiāng	量	四级	8864	像样	xiàng∥yàng		高等
8826	箱子	xiāngzi	名	四级	8865	橡胶	xiàngjiāo	名	高等
8827	镶	xiāng	动	高等	8866	橡皮	xiàngpí	名	高等
8828	镶嵌	xiāngqiàn	动	高等	8867	削	xiāo	动	高等
8829	详尽	xiángjìn	形	高等	8868	消	xiāo	动	高等
8830	详细	xiángxì	形	五级	8869	消沉	xiāochén	形	高等
8831	祥和	xiánghé	形	高等	8870	消除	xiāochú	动	五级
8832	享	xiǎng	动	高等	8871	消毒	xiāo∥dú		五级
8833	享受	xiǎngshòu	动、名	五级	8872	消防	xiāofáng	动	五级
8834	享有	xiǎngyǒu	动	高等	8873	消费	xiāofèi	动	三级

#	词	拼音	词性	等级	#	词	拼音	词性	等级
8874	消费者	xiāofèizhě	名	五级	8912	小偷儿	xiǎotōur	名	五级
8875	消耗	xiāohào	动、名	六级	8913	小溪	xiǎoxī	名	高等
8876	消化	xiāohuà	动	四级	8914	小心	xiǎoxīn	形、动	二级
8877	消极	xiāojí	形	五级	8915	小心翼翼	xiǎoxīn-yìyì		高等
8878	消灭	xiāomiè	动	六级	8916	小型	xiǎoxíng	形	四级
8879	消遣	xiāoqiǎn	动	高等	8917	小学	xiǎoxué	名	一级
8880	消失	xiāoshī	动	三级	8918	小学生	xiǎoxuéshēng	名	一级
8881	消息	xiāoxi	名	三级	8919	小于	xiǎoyú	动	六级
8882	萧条	xiāotiáo	形	高等	8920	小卒	xiǎozú	名	高等
8883	销	xiāo	动	高等	8921	小组	xiǎozǔ	名	二级
8884	销毁	xiāohuǐ	动	高等	8922	晓得	xiǎode	动	六级
8885	销量	xiāoliàng	名	高等	8923	孝敬	xiàojìng	动	高等
8886	销售	xiāoshòu	动	四级	8924	孝顺	xiào·shùn	动	高等
8887	潇洒	xiāosǎ	形	高等	8925	肖像	xiàoxiàng	名	高等
8888	小	xiǎo	形	一级	8926	校园	xiàoyuán	名	二级
8889	小（小王）	xiǎo (Xiǎo Wáng)	前缀	二级	8927	校长	xiàozhǎng	名	二级
8890	小吃	xiǎochī	名	四级	8928	笑	xiào	动	一级
8891	小丑	xiǎochǒu	名	高等	8929	笑话	xiàohua	动	二级
8892	小贩	xiǎofàn	名	高等	8930	笑话儿	xiàohuar	名	二级
8893	小费	xiǎofèi	名	六级	8931	笑脸	xiàoliǎn	名	六级
8894	小孩儿	xiǎoháir	名	一级	8932	笑容	xiàoróng	名	六级
8895	小伙子	xiǎohuǒzi	名	四级	8933	笑声	xiàoshēng	名	六级
8896	小姐	xiǎojiě	名	一级	8934	效仿	xiàofǎng	动	高等
8897	小看	xiǎokàn	动	高等	8935	效果	xiàoguǒ	名	三级
8898	小康	xiǎokāng	形	高等	8936	效力	xiàolì	名	高等
8899	小路	xiǎolù	名	高等	8937	效率	xiàolǜ	名	四级
8900	小麦	xiǎomài	名	六级	8938	效益	xiàoyì	名	高等
8901	小朋友	xiǎopéngyǒu	名	一级	8939	效应	xiàoyìng	名	高等
8902	小品	xiǎopǐn	名	高等	8940	些	xiē	量	四级
8903	小气	xiǎoqi	形	高等	8941	歇	xiē	动	五级
8904	小区	xiǎoqū	名	高等	8942	协定	xiédìng	名、动	高等
8905	小曲	xiǎoqǔ	名	高等	8943	协会	xiéhuì	名	六级
8906	小人	xiǎorén	名	高等	8944	协商	xiéshāng	动	六级
8907	小声	xiǎo shēng		二级	8945	协调	xiétiáo	动、形	六级
8908	小时	xiǎoshí	名	一级	8946	协同	xiétóng	动	高等
8909	小时候	xiǎoshíhou	名	二级	8947	协议	xiéyì	动、名	五级
8910	小说	xiǎoshuō	名	二级	8948	协议书	xiéyìshū	名	五级
8911	小提琴	xiǎotíqín	名	高等	8949	协助	xiézhù	动	六级
					8950	协作	xiézuò	动	高等

8951	邪	xié	形	高等		8990	心酸	xīn//suān		高等
8952	邪恶	xié'è	形	高等		8991	心态	xīntài	名	五级
8953	挟持	xiéchí	动	高等		8992	心疼	xīnténg	动	五级
8954	斜	xié	形	五级		8993	心想事成	xīnxiǎng-shìchéng		高等
8955	携带	xiédài	动	高等		8994	心胸	xīnxiōng	名	高等
8956	携手	xiéshǒu	动	高等		8995	心血	xīnxuè	名	高等
8957	鞋	xié	名	二级		8996	心眼儿	xīnyǎnr	名	高等
8958	写	xiě	动	一级		8997	心意	xīnyì	名	高等
8959	写照	xiězhào	动、名	高等		8998	心愿	xīnyuàn	名	六级
8960	写字楼	xiězìlóu	名	六级		8999	心脏	xīnzàng	名	六级
8961	写字台	xiězìtái	名	六级		9000	心脏病	xīnzàngbìng	名	六级
8962	写作	xiězuò	动	三级		9001	心中	xīnzhōng	名	二级
8963	血	xiě	名	三级		9002	芯片	xīnpiàn	名	高等
8964	泄	xiè	动	高等		9003	辛苦	xīnkǔ	形、动	五级
8965	泄漏	xièlòu	动	高等		9004	辛勤	xīnqín	形	高等
8966	泄露	xièlòu	动	高等		9005	辛酸	xīnsuān	形	高等
8967	泄密	xiè//mì		高等		9006	欣赏	xīnshǎng	动	五级
8968	泄气	xiè//qì		高等		9007	欣慰	xīnwèi	形	高等
8969	泻	xiè	动	高等		9008	欣喜	xīnxǐ	形	高等
8970	卸	xiè	动	高等		9009	欣欣向荣	xīnxīn-xiàngróng		高等
8971	谢谢	xièxie	动	一级		9010	新	xīn	形	一级
8972	心	xīn	名	三级		9011	新潮	xīncháo	名、形	高等
8973	心爱	xīn'ài	形	高等		9012	新陈代谢	xīnchén-dàixiè		高等
8974	心安理得	xīn'ān-lǐdé		高等		9013	新房	xīnfáng	名	高等
8975	心病	xīnbìng	名	高等		9014	新款	xīnkuǎn	名	高等
8976	心肠	xīncháng	名	高等		9015	新郎	xīnláng	名	四级
8977	心得	xīndé	名	高等		9016	新年	xīnnián	名	一级
8978	心慌	xīn//huāng		高等		9017	新娘	xīnniáng	名	四级
8979	心急如焚	xīnjí-rúfén		高等		9018	新奇	xīnqí	形	高等
8980	心里	xīn·lǐ	名	二级		9019	新人	xīnrén	名	六级
8981	心里话	xīnlǐhuà	名	高等		9020	新生	xīnshēng	形、名	高等
8982	心理	xīnlǐ	名	四级		9021	新式	xīnshì	形	高等
8983	心灵	xīnlíng	名	六级		9022	新手	xīnshǒu	名	高等
8984	心灵手巧	xīnlíng-shǒuqiǎo		高等		9023	新闻	xīnwén	名	二级
8985	心目	xīnmù	名	高等		9024	新鲜	xīn·xiān	形	四级
8986	心情	xīnqíng	名	二级		9025	新兴	xīnxīng	形	六级
8987	心声	xīnshēng	名	高等		9026	新型	xīnxíng	形	四级
8988	心事	xīnshì	名	高等		9027	新颖	xīnyǐng	形	高等
8989	心思	xīnsi	名	高等		9028	薪水	xīnshui	名	六级

编号	词	拼音	词性	等级	编号	词	拼音	词性	等级
9029	信	xìn	名	二级	9068	形	xíng	名	六级
9030	信	xìn	动	三级	9069	形成	xíngchéng	动	三级
9031	信贷	xìndài	名	高等	9070	形容	xíngróng	动	四级
9032	信封	xìnfēng	名	三级	9071	形式	xíngshì	名	三级
9033	信号	xìnhào	名	二级	9072	形势	xíngshì	名	四级
9034	信件	xìnjiàn	名	高等	9073	形态	xíngtài	名	五级
9035	信赖	xìnlài	动	高等	9074	形象	xíngxiàng	名、形	三级
9036	信念	xìnniàn	名	五级	9075	形形色色	xíngxíngsèsè	形	高等
9037	信任	xìnrèn	动	三级	9076	形影不离	xíngyǐng-bùlí		高等
9038	信息	xìnxī	名	二级	9077	形状	xíngzhuàng	名	三级
9039	信箱	xìnxiāng	名	五级	9078	型	xíng	名	四级
9040	信心	xìnxīn	名	二级	9079	型号	xínghào	名	四级
9041	信仰	xìnyǎng	动	六级	9080	醒	xǐng	动	四级
9042	信用	xìnyòng	名	六级	9081	醒来	xǐnglai		高等
9043	信用卡	xìnyòngkǎ	名	二级	9082	醒目	xǐngmù	形	高等
9044	信誉	xìnyù	名	高等	9083	醒悟	xǐngwù	动	高等
9045	兴奋	xīngfèn	形	四级	9084	兴高采烈	xìnggāo-cǎiliè		高等
9046	兴奋剂	xīngfènjì	名	高等	9085	兴趣	xìngqù	名	四级
9047	兴建	xīngjiàn	动	高等	9086	兴致	xìngzhì	名	高等
9048	兴起	xīngqǐ	动	高等	9087	幸存	xìngcún	动	高等
9049	兴旺	xīngwàng	形	六级	9088	幸福	xìngfú	形、名	三级
9050	星期	xīngqī	名	一级	9089	幸好	xìnghǎo	副	高等
9051	星期日	xīngqīrì	名	一级	9090	幸亏	xìngkuī	副	高等
9052	星期天	xīngqītiān	名	一级	9091	幸免	xìngmiǎn	动	高等
9053	星星	xīngxing	名	二级	9092	幸运	xìngyùn	形	三级
9054	星座	xīngzuò	名	高等	9093	性（积极性）	xìng (jījíxìng)	后缀	三级
9055	猩猩	xīngxing	名	高等	9094	性别	xìngbié	名	三级
9056	腥	xīng	形	高等	9095	性格	xìnggé	名	三级
9057	刑法	xíngfǎ	名	高等	9096	性价比	xìngjiàbǐ	名	高等
9058	行	xíng	动、形	一级	9097	性命	xìngmìng	名	高等
9059	行程	xíngchéng	名	六级	9098	性能	xìngnéng	名	五级
9060	行动	xíngdòng	动、名	二级	9099	性情	xìngqíng	名	高等
9061	行李	xíngli	名	三级	9100	性质	xìngzhì	名	四级
9062	行人	xíngrén	名	二级	9101	姓	xìng	名、动	二级
9063	行使	xíngshǐ	动	高等	9102	姓名	xìngmíng	名	二级
9064	行驶	xíngshǐ	动	五级	9103	姓氏	xìngshì	名	高等
9065	行为	xíngwéi	名	二级	9104	凶	xiōng	形	六级
9066	行政	xíngzhèng	名	高等	9105	凶残	xiōngcán	形	高等
9067	行走	xíngzǒu	动	高等	9106	凶恶	xiōng'è	形	高等

9107	凶狠	xiōnghěn	形	高等
9108	凶猛	xiōngměng	形	高等
9109	凶手	xiōngshǒu	名	六级
9110	兄弟	xiōngdì	名	四级
9111	汹涌	xiōngyǒng	动	高等
9112	胸部	xiōngbù	名	四级
9113	胸膛	xiōngtáng	名	高等
9114	胸有成竹	xiōngyǒuchéngzhú		高等
9115	雄厚	xiónghòu	形	高等
9116	雄伟	xióngwěi	形	五级
9117	熊	xióng	名	五级
9118	休假	xiū//jià		二级
9119	休克	xiūkè	动	高等
9120	休眠	xiūmián	动	高等
9121	休息	xiūxi	动	一级
9122	休闲	xiūxián	动	五级
9123	休想	xiūxiǎng	动	高等
9124	休养	xiūyǎng	动	高等
9125	修	xiū	动	三级
9126	修补	xiūbǔ	动	高等
9127	修长	xiūcháng	形	高等
9128	修车	xiū chē		六级
9129	修订	xiūdìng	动	高等
9130	修复	xiūfù	动	五级
9131	修改	xiūgǎi	动	三级
9132	修建	xiūjiàn	动	五级
9133	修理	xiūlǐ	动	四级
9134	修路	xiū//lù		高等
9135	修养	xiūyǎng	名	五级
9136	修正	xiūzhèng	动	高等
9137	羞愧	xiūkuì	形	高等
9138	秀丽	xiùlì	形	高等
9139	秀美	xiùměi	形	高等
9140	袖手旁观	xiùshǒu-pángguān		高等
9141	袖珍	xiùzhēn	形	六级
9142	绣	xiù	动	高等
9143	锈	xiù	名、动	高等
9144	嗅觉	xiùjué	名	高等
9145	须	xū	动	高等
9146	虚	xū	形、副	高等
9147	虚构	xūgòu	动	高等
9148	虚幻	xūhuàn	形	高等
9149	虚假	xūjiǎ	形	高等
9150	虚拟	xūnǐ	动、形	高等
9151	虚弱	xūruò	形	高等
9152	虚伪	xūwěi	形	高等
9153	虚心	xūxīn	形	五级
9154	需	xū	动	高等
9155	需求	xūqiú	名	三级
9156	需要	xūyào	动、名	三级
9157	徐徐	xúxú	形	高等
9158	许	xǔ	动、副	高等
9159	许多	xǔduō	数	二级
9160	许可	xǔkě	动	五级
9161	许可证	xǔkězhèng	名	高等
9162	旭日	xùrì	名	高等
9163	序	xù	名	高等
9164	序幕	xùmù	名	高等
9165	叙述	xùshù	动	高等
9166	酗酒	xùjiǔ	动	高等
9167	续	xù	动	高等
9168	絮叨	xùdao	形	高等
9169	宣布	xuānbù	动	三级
9170	宣称	xuānchēng	动	高等
9171	宣传	xuānchuán	动、名	三级
9172	宣读	xuāndú	动	高等
9173	宣告	xuāngào	动	高等
9174	宣誓	xuān//shì		高等
9175	宣泄	xuānxiè	动	高等
9176	宣言	xuānyán	名	高等
9177	宣扬	xuānyáng	动	高等
9178	喧哗	xuānhuá	动、形	高等
9179	喧闹	xuānnào	形	高等
9180	玄	xuán	形	高等
9181	玄机	xuánjī	名	高等
9182	悬	xuán	动	六级
9183	悬挂	xuánguà	动	高等
9184	悬念	xuánniàn	名	高等

9185	悬殊	xuánshū	形	高等	9224	学院	xuéyuàn	名	一级
9186	悬崖	xuányá	名	高等	9225	学者	xuézhě	名	五级
9187	旋律	xuánlǜ	名	高等	9226	学子	xuézǐ	名	高等
9188	旋涡	xuánwō	名	高等	9227	雪	xuě	名	二级
9189	旋转	xuánzhuǎn	动	六级	9228	雪山	xuěshān	名	高等
9190	选	xuǎn	动	二级	9229	雪上加霜	xuěshàng-jiāshuāng		高等
9191	选拔	xuǎnbá	动	六级	9230	血管	xuèguǎn	名	六级
9192	选举	xuǎnjǔ	动、名	六级	9231	血脉	xuèmài	名	高等
9193	选民	xuǎnmín	名	高等	9232	血栓	xuèshuān	名	高等
9194	选手	xuǎnshǒu	名	三级	9233	血压	xuèyā	名	高等
9195	选项	xuǎnxiàng	名	高等	9234	血液	xuèyè	名	六级
9196	选修	xuǎnxiū	动	五级	9235	血缘	xuèyuán	名	高等
9197	选用	xuǎnyòng	动	高等	9236	勋章	xūnzhāng	名	高等
9198	选择	xuǎnzé	动、名	四级	9237	熏	xūn	动	高等
9199	炫耀	xuànyào	动	高等	9238	熏陶	xūntáo	动	高等
9200	削弱	xuēruò	动	高等	9239	寻	xún	动	高等
9201	靴子	xuēzi	名	高等	9240	寻常	xúncháng	形	高等
9202	穴位	xuéwèi	名	高等	9241	寻觅	xúnmì	动	高等
9203	学	xué	动	一级	9242	寻求	xúnqiú	动	五级
9204	学费	xuéfèi	名	三级	9243	寻找	xúnzhǎo	动	四级
9205	学分	xuéfēn	名	四级	9244	巡逻	xúnluó	动	高等
9206	学会	xuéhuì	名	六级	9245	询问	xúnwèn	动	五级
9207	学科	xuékē	名	五级	9246	循环	xúnhuán	动	六级
9208	学历	xuélì	名	高等	9247	循序渐进	xúnxù-jiànjìn		高等
9209	学年	xuénián	名	四级	9248	训	xùn	动	高等
9210	学期	xuéqī	名	二级	9249	训练	xùnliàn	动、名	三级
9211	学生	xué·shēng	名	一级	9250	迅速	xùnsù	形	四级
9212	学时	xuéshí	名	四级	9251	驯	xùn	动	高等
9213	学士	xuéshì	名	高等	9252	逊色	xùnsè	名、形	高等
9214	学术	xuéshù	名	四级	9253	丫头	yātou	名	高等
9215	学说	xuéshuō	名	高等	9254	压	yā	动	三级
9216	学堂	xuétáng	名	高等	9255	压倒	yādǎo	动	高等
9217	学位	xuéwèi	名	五级	9256	压力	yālì	名	三级
9218	学问	xuéwen	名	四级	9257	压迫	yāpò	动	六级
9219	学习	xuéxí	动	一级	9258	压缩	yāsuō	动	高等
9220	学校	xuéxiào	名	一级	9259	压抑	yāyì	动	高等
9221	学业	xuéyè	名	高等	9260	压制	yāzhì	动	高等
9222	学艺	xuéyì	动	高等	9261	押	yā	动	高等
9223	学员	xuéyuán	名	六级	9262	押金	yājīn	名	五级

编号	词	拼音	词性	等级	编号	词	拼音	词性	等级
9263	鸦雀无声	yāquè-wúshēng		高等	9302	炎症	yánzhèng	名	高等
9264	鸭子	yāzi	名	五级	9303	沿	yán	介	六级
9265	牙	yá	名	四级	9304	沿岸	yán'àn	名	高等
9266	牙齿	yáchǐ	名	高等	9305	沿海	yánhǎi	名	六级
9267	牙膏	yágāo	名	高等	9306	沿途	yántú	名、副	高等
9268	牙刷	yáshuā	名	四级	9307	沿线	yánxiàn	名	高等
9269	芽	yá	名	高等	9308	沿着	yánzhe		六级
9270	哑	yǎ	形	高等	9309	研发	yánfā	动	六级
9271	亚军	yàjūn	名	五级	9310	研究	yánjiū	动	四级
9272	亚运会	Yàyùnhuì	名	四级	9311	研究生	yánjiūshēng	名	四级
9273	呀	ya	助	四级	9312	研究所	yánjiūsuǒ	名	五级
9274	咽喉	yānhóu	名	高等	9313	研讨	yántǎo	动	高等
9275	烟	yān	名	三级	9314	研制	yánzhì	动	四级
9276	烟囱	yāncōng	名	高等	9315	盐	yán	名	四级
9277	烟花	yānhuā	名	六级	9316	阎王	Yánwang	名	高等
9278	烟火	yānhuǒ	名	高等	9317	颜色	yánsè	名	二级
9279	淹	yān	动	高等	9318	衍生	yǎnshēng	动	高等
9280	延	yán	动	高等	9319	掩盖	yǎngài	动	高等
9281	延长	yáncháng	动	四级	9320	掩护	yǎnhù	动	高等
9282	延缓	yánhuǎn	动	高等	9321	掩饰	yǎnshì	动	高等
9283	延期	yán//qī		四级	9322	眼	yǎn	名、量	二级
9284	延伸	yánshēn	动	五级	9323	眼光	yǎnguāng	名	五级
9285	延误	yánwù	动	高等	9324	眼红	yǎnhóng	形	高等
9286	延续	yánxù	动	四级	9325	眼界	yǎnjiè	名	高等
9287	严	yán	形	四级	9326	眼睛	yǎnjing	名	二级
9288	严格	yángé	形、动	四级	9327	眼镜	yǎnjìng	名	四级
9289	严谨	yánjǐn	形	高等	9328	眼看	yǎnkàn	动、副	六级
9290	严禁	yánjìn	动	高等	9329	眼泪	yǎnlèi	名	四级
9291	严峻	yánjùn	形	高等	9330	眼里	yǎnli	名	四级
9292	严厉	yánlì	形	五级	9331	眼前	yǎnqián	名	三级
9293	严密	yánmì	形、动	高等	9332	眼色	yǎnsè	名	高等
9294	严肃	yánsù	形、动	五级	9333	眼神	yǎnshén	名	高等
9295	严重	yánzhòng	形	四级	9334	眼下	yǎnxià	名	高等
9296	言辞	yáncí	名	高等	9335	演	yǎn	动	三级
9297	言论	yánlùn	名	高等	9336	演变	yǎnbiàn	动	高等
9298	言行	yánxíng	名	高等	9337	演播室	yǎnbōshì	名	高等
9299	言语	yányǔ	名	五级	9338	演唱	yǎnchàng	动	三级
9300	岩石	yánshí	名	高等	9339	演唱会	yǎnchànghuì	名	三级
9301	炎热	yánrè	形	高等	9340	演出	yǎnchū	动、名	三级

编号	词	拼音	词性	等级	编号	词	拼音	词性	等级
9341	演技	yǎnjì	名	高等	9380	氧	yǎng	名	高等
9342	演讲	yǎnjiǎng	动	四级	9381	氧气	yǎngqì	名	六级
9343	演练	yǎnliàn	动	高等	9382	痒	yǎng	形	高等
9344	演示	yǎnshì	动	高等	9383	样	yàng	名、量	六级
9345	演说	yǎnshuō	动、名	高等	9384	样本	yàngběn	名	高等
9346	演习	yǎnxí	动	高等	9385	样品	yàngpǐn	名	高等
9347	演戏	yǎn//xì		高等	9386	样子	yàngzi	名	二级
9348	演艺圈	yǎnyìquān	名	高等	9387	妖怪	yāoguài	名	高等
9349	演绎	yǎnyì	名、动	高等	9388	要求	yāoqiú	动、名	二级
9350	演员	yǎnyuán	名	三级	9389	腰	yāo	名	四级
9351	演奏	yǎnzòu	动	六级	9390	邀	yāo	动	高等
9352	厌烦	yànfán	动	高等	9391	邀请	yāoqǐng	动、名	五级
9353	厌倦	yànjuàn	动	高等	9392	窑	yáo	名	高等
9354	咽	yàn	动	高等	9393	谣言	yáoyán	名	高等
9355	艳丽	yànlì	形	高等	9394	摇	yáo	动	四级
9356	宴会	yànhuì	名	六级	9395	摇摆	yáobǎi	动	高等
9357	验	yàn	动	高等	9396	摇滚	yáogǔn	名	高等
9358	验收	yànshōu	动	高等	9397	摇晃	yáo·huàng	动	高等
9359	验证	yànzhèng	动	高等	9398	摇篮	yáolán	名	高等
9360	焰火	yànhuǒ	名	高等	9399	摇头	yáo//tóu		五级
9361	燕子	yànzi	名	高等	9400	摇摇欲坠	yáoyáo-yùzhuì		高等
9362	秧歌	yāngge	名	高等	9401	遥控	yáokòng	动	高等
9363	扬	yáng	动	高等	9402	遥远	yáoyuǎn	形	高等
9364	羊	yáng	名	三级	9403	咬	yǎo	动	五级
9365	阳光	yángguāng	名	三级	9404	药	yào	名	二级
9366	阳台	yángtái	名	四级	9405	药材	yàocái	名	高等
9367	阳性	yángxìng	名	高等	9406	药店	yàodiàn	名	二级
9368	杨树	yángshù	名	高等	9407	药方	yàofāng	名	高等
9369	洋	yáng	形	六级	9408	药片	yàopiàn	名	二级
9370	洋溢	yángyì	动	高等	9409	药品	yàopǐn	名	六级
9371	仰	yǎng	动	六级	9410	药水	yàoshuǐ	名	二级
9372	养	yǎng	动	二级	9411	药物	yàowù	名	四级
9373	养成	yǎngchéng	动	四级	9412	要	yào	动	一级
9374	养活	yǎnghuo	动	高等	9413	要	yào	连	四级
9375	养老	yǎng//lǎo		六级	9414	要不	yàobù	连	高等
9376	养老金	yǎnglǎojīn	名	高等	9415	要不然	yàobùrán	连	六级
9377	养老院	yǎnglǎoyuàn	名	高等	9416	要不是	yàobúshì	连	高等
9378	养生	yǎngshēng	动	高等	9417	要点	yàodiǎn	名	高等
9379	养殖	yǎngzhí	动	高等	9418	要害	yàohài	名	高等

9419	要好	yàohǎo	形	六级
9420	要紧	yàojǐn	形	高等
9421	要领	yàolǐng	名	高等
9422	要么	yàome	连	六级
9423	要命	yào∥mìng		高等
9424	要强	yàoqiáng	形	高等
9425	要是	yàoshi	连	三级
9426	要素	yàosù	名	六级
9427	钥匙	yàoshi	名	高等
9428	耀眼	yàoyǎn	形	高等
9429	椰子	yēzi	名	高等
9430	爷爷	yéye	名	一级
9431	也	yě	副	一级
9432	也好	yěhǎo	助	五级
9433	也就是说	yějiùshìshuō		高等
9434	也许	yěxǔ	副	二级
9435	野	yě	形	六级
9436	野餐	yěcān	动	高等
9437	野炊	yěchuī	动	高等
9438	野蛮	yěmán	形	高等
9439	野生	yěshēng	形	六级
9440	野兽	yěshòu	名	高等
9441	野外	yěwài	名	高等
9442	野心	yěxīn	名	高等
9443	野营	yěyíng	动	高等
9444	业（服务业）	yè (fúwùyè)	后缀	高等
9445	业绩	yèjì	名	高等
9446	业务	yèwù	名	五级
9447	业余	yèyú	形	四级
9448	叶子	yèzi	名	四级
9449	页	yè	量	一级
9450	夜	yè	名	二级
9451	夜班	yèbān	名	高等
9452	夜间	yèjiān	名	五级
9453	夜里	yè·lǐ	名	二级
9454	夜市	yèshì	名	高等
9455	夜晚	yèwǎn	名	高等
9456	夜校	yèxiào	名	高等
9457	夜以继日	yèyǐjìrì		高等
9458	夜总会	yèzǒnghuì	名	高等
9459	液晶	yèjīng	名	高等
9460	液体	yètǐ	名	高等
9461	一	yī	数	一级
9462	一把手	yībǎshǒu		高等
9463	一流	yīliú	名、形	五级
9464	一线	yīxiàn	名	高等
9465	一一	yīyī	副	高等
9466	伊斯兰教	Yīsīlánjiào	名	高等
9467	衣服	yīfu	名	一级
9468	衣架	yījià	名	三级
9469	衣食住行	yī-shí-zhù-xíng		高等
9470	医疗	yīliáo	动	四级
9471	医生	yīshēng	名	一级
9472	医务	yīwù	名	高等
9473	医学	yīxué	名	四级
9474	医药	yīyào	名	六级
9475	医院	yīyuàn	名	一级
9476	依	yī	动、介	高等
9477	依次	yīcì	副	六级
9478	依法	yīfǎ	副	五级
9479	依旧	yījiù	动、副	五级
9480	依据	yījù	动、名	五级
9481	依靠	yīkào	动、名	四级
9482	依赖	yīlài	动	六级
9483	依然	yīrán	副	四级
9484	依托	yītuō	动	高等
9485	依依不舍	yīyī-bùshě		高等
9486	依照	yīzhào	动、介	五级
9487	一半	yíbàn	数	一级
9488	一辈子	yíbèizi	名	五级
9489	一不小心	yí bù xiǎoxīn		高等
9490	一部分	yí bùfen		二级
9491	一刹那	yíchànà	名	高等
9492	一次性	yícìxìng	形	六级
9493	一大早	yídàzǎo	名	高等
9494	一代	yídài	名	六级
9495	一带	yídài	名	五级
9496	一旦	yídàn	名、副	五级

9497	一道	yídào	副	六级	9536	姨	yí	名	高等
9498	一定	yídìng	形、副	二级	9537	移	yí	动	四级
9499	一动不动	yídòng-búdòng		高等	9538	移动	yídòng	动	四级
9500	一度	yídù	副	高等	9539	移交	yíjiāo	动	高等
9501	一概	yígài	副	高等	9540	移民	yímín	动、名	四级
9502	一概而论	yígài'érlùn		高等	9541	移植	yízhí	动	高等
9503	一个劲儿	yígèjìnr	副	高等	9542	遗产	yíchǎn	名	四级
9504	一共	yígòng	副	二级	9543	遗传	yíchuán	动	四级
9505	一贯	yíguàn	形	六级	9544	遗憾	yíhàn	形、名	六级
9506	一晃	yíhuàng	动	高等	9545	遗留	yíliú	动	高等
9507	一会儿	yíhuìr		一级	9546	遗弃	yíqì	动	高等
9508	一会儿	yíhuìr	副	二级	9547	遗体	yítǐ	名	高等
9509	一技之长	yíjìzhīcháng		高等	9548	遗忘	yíwàng	动	高等
9510	一句话	yí jù huà		五级	9549	遗物	yíwù	名	高等
9511	一块儿	yíkuàir	名、副	一级	9550	遗愿	yíyuàn	名	高等
9512	一路	yílù	名、副	五级	9551	遗址	yízhǐ	名	高等
9513	一路平安	yílù-píng'ān		二级	9552	遗嘱	yízhǔ	名	高等
9514	一路上	yílù shang		六级	9553	疑点	yídiǎn	名	高等
9515	一路顺风	yílù-shùnfēng		二级	9554	疑惑	yíhuò	动	高等
9516	一律	yílù	副	四级	9555	疑虑	yílù	动	高等
9517	一面	yímiàn	名、副	高等	9556	疑问	yíwèn	名	四级
9518	一目了然	yímù-liǎorán		高等	9557	乙	yǐ	名	五级
9519	一切	yíqiè	代	三级	9558	已	yǐ	副	三级
9520	一事无成	yíshì-wúchéng		高等	9559	已经	yǐjīng	副	二级
9521	一瞬间	yíshùnjiān	名	高等	9560	以	yǐ	介、连	高等
9522	一味	yíwèi	副	高等	9561	以便	yǐbiàn	连	五级
9523	一系列	yíxìliè	形	高等	9562	以后	yǐhòu	名	二级
9524	一下儿	yíxiàr		一级	9563	以及	yǐjí	连	四级
9525	一下儿	yíxiàr	副	五级	9564	以来	yǐlái	名	三级
9526	一下子	yíxiàzi	副	五级	9565	以免	yǐmiǎn	连	高等
9527	一向	yíxiàng	副	五级	9566	以内	yǐnèi	名	四级
9528	一样	yíyàng	形	一级	9567	以前	yǐqián	名	二级
9529	一再	yízài	副	四级	9568	以上	yǐshàng	名	二级
9530	一阵	yízhèn		高等	9569	以身作则	yǐshēn-zuòzé		高等
9531	一致	yízhì	形、副	四级	9570	以外	yǐwài	名	二级
9532	仪表	yíbiǎo	名	高等	9571	以往	yǐwǎng	名	五级
9533	仪器	yíqì	名	六级	9572	以为	yǐwéi	动	二级
9534	仪式	yíshì	名	六级	9573	以下	yǐxià	名	二级
9535	怡然自得	yírán-zìdé		高等	9574	以至于	yǐzhìyú	连	高等

9575	以致	yǐzhì	连	高等
9576	矣	yǐ	助	高等
9577	倚	yǐ	动	高等
9578	椅子	yǐzi	名	二级
9579	一般	yìbān	形	二级
9580	一般来说	yìbānláishuō		四级
9581	一边	yìbiān	名、副	一级
9582	一长一短	yì cháng yì duǎn		高等
9583	一成不变	yìchéng-búbiàn		高等
9584	一筹莫展	yìchóu-mòzhǎn		高等
9585	一点点	yì diǎndiǎn		二级
9586	一点儿	yìdiǎnr		一级
9587	一帆风顺	yìfān-fēngshùn		高等
9588	一番	yìfān		六级
9589	一方面	yìfāngmiàn	名	三级
9590	一干二净	yìgān-èrjìng		高等
9591	一鼓作气	yìgǔ-zuòqì		高等
9592	一锅粥	yìguōzhōu	名	高等
9593	一回事	yìhuíshì	名	高等
9594	一家人	yìjiārén	名	高等
9595	一经	yìjīng	副	高等
9596	一举	yìjǔ	名、副	高等
9597	一举一动	yìjǔ-yídòng		高等
9598	一卡通	yìkǎtōng	名	高等
9599	一口气	yìkǒuqì	副	五级
9600	一揽子	yìlǎnzi	形	高等
9601	一连	yìlián	副	高等
9602	一连串	yìliánchuàn	形	高等
9603	一毛不拔	yìmáo-bùbá		高等
9604	一模一样	yìmú-yíyàng		六级
9605	一年到头	yìnián-dàotóu		高等
9606	一旁	yìpáng	名	高等
9607	一齐	yìqí	副	六级
9608	一起	yìqǐ	副、名	一级
9609	一如既往	yìrú-jìwǎng		高等
9610	一身	yìshēn	名	五级
9611	一生	yìshēng	名	二级
9612	一声不吭	yìshēng-bùkēng		高等
9613	一时	yìshí	名、副	六级
9614	一手	yìshǒu	名、副	高等
9615	一塌糊涂	yìtāhútú		高等
9616	一体	yìtǐ	名	高等
9617	一天到晚	yìtiān-dàowǎn		高等
9618	一同	yìtóng	副	六级
9619	一头	yìtóu	副、名	高等
9620	一无所有	yìwúsuǒyǒu		高等
9621	一无所知	yìwúsuǒzhī		高等
9622	一些	yìxiē		一级
9623	一心	yìxīn	副	高等
9624	一心一意	yìxīn-yíyì		高等
9625	一行	yìxíng	名	六级
9626	一言不发	yìyán-bùfā		高等
9627	一言一行	yìyán-yìxíng		高等
9628	一眼	yìyǎn		高等
9629	一应俱全	yìyīng-jùquán		高等
9630	一早	yìzǎo	名	高等
9631	一直	yìzhí	副	二级
9632	亿	yì	数	二级
9633	义工	yìgōng	名	高等
9634	义务	yìwù	名	四级
9635	艺人	yìrén	名	六级
9636	艺术	yìshù	名	三级
9637	议	yì	动	高等
9638	议程	yìchéng	名	高等
9639	议会	yìhuì	名	高等
9640	议论	yìlùn	动、名	四级
9641	议题	yìtí	名	六级
9642	议员	yìyuán	名	高等
9643	屹立	yìlì	动	高等
9644	亦	yì	副	高等
9645	异常	yìcháng	形、副	六级
9646	异口同声	yìkǒu-tóngshēng		高等
9647	异想天开	yìxiǎng-tiānkāi		高等
9648	异性	yìxìng	形、名	高等
9649	异议	yìyì		高等
9650	抑扬顿挫	yìyáng-dùncuò		高等
9651	抑郁	yìyù	形	高等
9652	抑郁症	yìyùzhèng	名	高等

#	词	拼音	词性	等级	#	词	拼音	词性	等级
9653	抑制	yìzhì	动	高等	9692	殷勤	yīnqín	形	高等
9654	译	yì	动	高等	9693	银	yín	名	三级
9655	易拉罐	yìlāguàn	名	高等	9694	银行	yínháng	名	二级
9656	疫苗	yìmiáo	名	高等	9695	银行卡	yínhángkǎ	名	二级
9657	益处	yìchù	名	高等	9696	银幕	yínmù	名	高等
9658	意见	yì·jiàn	名	二级	9697	银牌	yínpái	名	三级
9659	意料	yìliào	动	高等	9698	引	yǐn	动	四级
9660	意料之外	yìliào zhī wài		高等	9699	引导	yǐndǎo	动	四级
9661	意识	yì·shí	名、动	五级	9700	引发	yǐnfā	动	高等
9662	意思	yìsi	名	二级	9701	引进	yǐnjìn	动	四级
9663	意图	yìtú	名	高等	9702	引经据典	yǐnjīng-jùdiǎn		高等
9664	意外	yìwài	形、名	三级	9703	引领	yǐnlǐng	动	高等
9665	意味着	yìwèizhe	动	五级	9704	引起	yǐnqǐ	动	四级
9666	意想不到	yìxiǎng bú dào		六级	9705	引擎	yǐnqíng	名	高等
9667	意向	yìxiàng	名	高等	9706	引人入胜	yǐnrén-rùshèng		高等
9668	意义	yìyì	名	三级	9707	引人注目	yǐnrén-zhùmù		高等
9669	意愿	yìyuàn	名	六级	9708	引入	yǐnrù	动	高等
9670	意志	yìzhì	名	五级	9709	引用	yǐnyòng	动	高等
9671	溢	yì	动	高等	9710	引诱	yǐnyòu	动	高等
9672	毅力	yìlì	名	高等	9711	饮料	yǐnliào	名	五级
9673	毅然	yìrán	副	高等	9712	饮食	yǐnshí	名	五级
9674	因	yīn	介、连	六级	9713	饮水	yǐn shuǐ		高等
9675	因此	yīncǐ	连	三级	9714	饮用水	yǐnyòngshuǐ	名	高等
9676	因而	yīn'ér	连	五级	9715	隐蔽	yǐnbì	动、形	高等
9677	因人而异	yīnrén'éryì		高等	9716	隐藏	yǐncáng	动	六级
9678	因素	yīnsù	名	六级	9717	隐患	yǐnhuàn	名	高等
9679	因为	yīn·wèi	连、介	二级	9718	隐瞒	yǐnmán	动	高等
9680	阴	yīn	形	二级	9719	隐情	yǐnqíng	名	高等
9681	阴暗	yīn'àn	形	高等	9720	隐身	yǐnshēn	动	高等
9682	阴谋	yīnmóu	名	六级	9721	隐私	yǐnsī	名	六级
9683	阴天	yīntiān	名	二级	9722	隐形	yǐnxíng	形	高等
9684	阴性	yīnxìng	名	高等	9723	隐性	yǐnxìng	形	高等
9685	阴影	yīnyǐng	名	六级	9724	隐约	yǐnyuē	形	高等
9686	音节	yīnjié	名	二级	9725	瘾	yǐn	名	高等
9687	音量	yīnliàng	名	六级	9726	印	yìn	动	六级
9688	音响	yīnxiǎng	名	高等	9727	印刷	yìnshuā	动	五级
9689	音像	yīnxiàng	名	六级	9728	印刷术	yìnshuāshù	名	高等
9690	音乐	yīnyuè	名	二级	9729	印象	yìnxiàng	名	三级
9691	音乐会	yīnyuèhuì	名	二级	9730	印章	yìnzhāng	名	高等

9731	印证	yìnzhèng	动、名	高等	9770	应邀	yìngyāo	动	高等
9732	应	yīng	动	四级	9771	应用	yìngyòng	动	三级
9733	应当	yīngdāng	动	三级	9772	映	yìng	动	高等
9734	应该	yīnggāi	动	二级	9773	硬	yìng	形、副	五级
9735	应有尽有	yīngyǒu-jìnyǒu		高等	9774	硬币	yìngbì	名	高等
9736	英镑	yīngbàng	名	高等	9775	硬件	yìngjiàn	名	五级
9737	英俊	yīngjùn	形	高等	9776	硬朗	yìnglang	形	高等
9738	英文	Yīngwén	名	二级	9777	硬盘	yìngpán	名	高等
9739	英雄	yīngxióng	名	六级	9778	拥抱	yōngbào	动	五级
9740	英勇	yīngyǒng	形	四级	9779	拥护	yōnghù	动	高等
9741	英语	Yīngyǔ	名	二级	9780	拥挤	yōngjǐ	动、形	高等
9742	婴儿	yīng'ér	名	高等	9781	拥有	yōngyǒu	动	五级
9743	鹰	yīng	名	高等	9782	庸俗	yōngsú	形	高等
9744	迎	yíng	动	高等	9783	永不	yǒng bù		高等
9745	迎合	yínghé	动	高等	9784	永恒	yǒnghéng	形	高等
9746	迎接	yíngjiē	动	三级	9785	永久	yǒngjiǔ	形	高等
9747	迎来	yínglái		六级	9786	永远	yǒngyuǎn	副	二级
9748	荧光	yíngguāng	名	高等	9787	勇敢	yǒnggǎn	形	四级
9749	盈利	yínglì	动、名	高等	9788	勇气	yǒngqì	名	四级
9750	营救	yíngjiù	动	高等	9789	勇往直前	yǒngwǎng-zhíqián		高等
9751	营养	yíngyǎng	名	三级	9790	勇于	yǒngyú	动	高等
9752	营业	yíngyè	动	四级	9791	涌	yǒng	动	高等
9753	营造	yíngzào	动	高等	9792	涌入	yǒngrù	动	高等
9754	赢	yíng	动	三级	9793	涌现	yǒngxiàn	动	高等
9755	赢得	yíngdé	动	四级	9794	踊跃	yǒngyuè	动、形	高等
9756	赢家	yíngjiā	名	高等	9795	用	yòng	动	一级
9757	影迷	yǐngmí	名	六级	9796	用不着	yòngbuzháo	动	五级
9758	影片	yǐngpiàn	名	二级	9797	用餐	yòng//cān		高等
9759	影视	yǐngshì	名	三级	9798	用处	yòngchù	名	六级
9760	影响	yǐngxiǎng	动、名	二级	9799	用得着	yòngdezháo	动	六级
9761	影像	yǐngxiàng	名	高等	9800	用法	yòngfǎ	名	六级
9762	影星	yǐngxīng	名	六级	9801	用功	yònggōng	形	高等
9763	影子	yǐngzi	名	四级	9802	用户	yònghù	名	五级
9764	应	yìng	动	五级	9803	用来	yònglái		五级
9765	应酬	yìngchou	动、名	高等	9804	用力	yòng//lì		高等
9766	应对	yìngduì	动	六级	9805	用品	yòngpǐn	名	六级
9767	应付	yìngfu	动	高等	9806	用人	yòng//rén		高等
9768	应急	yìng//jí		六级	9807	用途	yòngtú	名	四级
9769	应聘	yìngpìn	动	高等	9808	用心	yòngxīn	名	六级

9809	用意	yòngyì	名	高等	9848	油	yóu	名	二级
9810	用于	yòngyú		五级	9849	油画	yóuhuà	名	高等
9811	优	yōu	形	高等	9850	游	yóu	动	三级
9812	优点	yōudiǎn	名	三级	9851	游船	yóuchuán	名	高等
9813	优化	yōuhuà	动	高等	9852	游客	yóukè	名	二级
9814	优惠	yōuhuì	形	五级	9853	游览	yóulǎn	动	高等
9815	优良	yōuliáng	形	四级	9854	游人	yóurén	名	六级
9816	优美	yōuměi	形	四级	9855	游玩	yóuwán	动	六级
9817	优势	yōushì	名	三级	9856	游戏	yóuxì	名	三级
9818	优先	yōuxiān	动	五级	9857	游戏机	yóuxìjī	名	六级
9819	优秀	yōuxiù	形	四级	9858	游行	yóuxíng	动	六级
9820	优雅	yōuyǎ	形	高等	9859	游泳	yóuyǒng	名、动	三级
9821	优异	yōuyì	形	高等	9860	游泳池	yóuyǒngchí	名	五级
9822	优越	yōuyuè	形	高等	9861	友好	yǒuhǎo	形	二级
9823	优质	yōuzhì	形	六级	9862	友情	yǒuqíng	名	高等
9824	忧愁	yōuchóu	形	高等	9863	友人	yǒurén	名	高等
9825	忧虑	yōulǜ	动	高等	9864	友善	yǒushàn	形	高等
9826	忧郁	yōuyù	形	高等	9865	友谊	yǒuyì	名	五级
9827	幽默	yōumò	形	五级	9866	有	yǒu	动	一级
9828	悠久	yōujiǔ	形	高等	9867	有待	yǒudài	动	高等
9829	悠闲	yōuxián	形	高等	9868	有的	yǒude	代	一级
9830	尤其	yóuqí	副	五级	9869	有的是	yǒudeshì		三级
9831	尤为	yóuwéi	副	高等	9870	有的放矢	yǒudì-fàngshǐ		高等
9832	由	yóu	介	三级	9871	有毒	yǒu dú		五级
9833	由此	yóu cǐ		五级	9872	有关	yǒuguān	动	六级
9834	由此看来	yóucǐ-kànlái		高等	9873	有害	yǒu hài		五级
9835	由此可见	yóucǐ-kějiàn		高等	9874	有机	yǒujī	形	高等
9836	由来	yóulái	名	高等	9875	有劲儿	yǒu//jìnr		四级
9837	由于	yóuyú	介、连	三级	9876	有空儿	yǒukòngr	动	二级
9838	由衷	yóuzhōng	动	高等	9877	有口无心	yǒukǒu-wúxīn		高等
9839	邮编	yóubiān	名	高等	9878	有力	yǒulì	形	五级
9840	邮件	yóujiàn	名	三级	9879	有利	yǒulì	形	三级
9841	邮局	yóujú	名	四级	9880	有利于	yǒulì yú		五级
9842	邮票	yóupiào	名	三级	9881	有两下子	yǒu liǎngxiàzi		高等
9843	邮箱	yóuxiāng	名	三级	9882	有没有	yǒu méiyǒu		六级
9844	邮政	yóuzhèng	名	高等	9883	有名	yǒu//míng		一级
9845	犹如	yóurú	动	高等	9884	有趣	yǒuqù	形	四级
9846	犹豫	yóuyù	形	五级	9885	有人	yǒu rén		二级
9847	犹豫不决	yóuyù-bùjué		高等	9886	有声有色	yǒushēng-yǒusè		高等

9887	有时候|有时	yǒushíhou|yǒushí	副	一级		9924	逾期	yú//qī		高等
9888	有事	yǒushì	动	六级		9925	愉快	yúkuài	形	六级
9889	有所	yǒusuǒ	动	高等		9926	愚蠢	yúchǔn	形	高等
9890	有所不同	yǒusuǒ bù tóng		高等		9927	愚公移山	yúgōng-yíshān		高等
9891	有望	yǒuwàng	动	高等		9928	舆论	yúlùn	名	高等
9892	有限	yǒuxiàn	形	四级		9929	与	yǔ	介、连	六级
9893	有效	yǒuxiào	动	三级		9930	与此同时	yǔcǐ-tóngshí		高等
9894	有效期	yǒuxiàoqī	名	高等		9931	与否	yǔ fǒu		高等
9895	有(一)点儿	yǒu(yì)diǎnr	副	二级		9932	与其	yǔqí	连	高等
9896	有(一)些	yǒu(yì)xiē	代	一级		9933	与日俱增	yǔrì-jùzēng		高等
9897	有幸	yǒuxìng	形	高等		9934	与时俱进	yǔshí-jùjìn		高等
9898	有序	yǒuxù	形	高等		9935	与众不同	yǔzhòng-bùtóng		高等
9899	有益	yǒuyì	形	高等		9936	予以	yǔyǐ	动	高等
9900	有意	yǒuyì	动、副	高等		9937	宇航员	yǔhángyuán	名	六级
9901	有意思	yǒu yìsi		二级		9938	宇宙	yǔzhòu	名	高等
9902	有用	yǒuyòng	动	一级		9939	羽毛球	yǔmáoqiú	名	五级
9903	有朝一日	yǒuzhāo-yírì		高等		9940	羽绒服	yǔróngfú	名	五级
9904	有着	yǒuzhe	动	五级		9941	雨	yǔ	名	一级
9905	有助于	yǒuzhùyú	动	高等		9942	雨水	yǔshuǐ	名	五级
9906	又	yòu	副	二级		9943	雨衣	yǔyī	名	六级
9907	右	yòu	名	一级		9944	语法	yǔfǎ	名	四级
9908	右边	yòubian	名	一级		9945	语气	yǔqì	名	高等
9909	幼儿园	yòu'éryuán	名	四级		9946	语言	yǔyán	名	二级
9910	幼稚	yòuzhì	形	高等		9947	语音	yǔyīn	名	四级
9911	诱饵	yòu'ěr	名	高等		9948	玉	yù	名	四级
9912	诱发	yòufā	动	高等		9949	玉米	yùmǐ	名	四级
9913	诱惑	yòuhuò	动、名	高等		9950	浴室	yùshì	名	高等
9914	诱人	yòurén	形	高等		9951	预报	yùbào	动、名	三级
9915	于	yú	介	六级		9952	预备	yùbèi	动	五级
9916	于是	yúshì	连	四级		9953	预测	yùcè	动	四级
9917	余	yú	动、数	高等		9954	预订	yùdìng	动	四级
9918	余地	yúdì	名	高等		9955	预定	yùdìng	动	高等
9919	余额	yú'é	名	高等		9956	预防	yùfáng	动	三级
9920	鱼	yú	名	二级		9957	预感	yùgǎn	动、名	高等
9921	娱乐	yúlè	动、名	六级		9958	预告	yùgào	动、名	高等
9922	渔船	yúchuán	名	高等		9959	预计	yùjì	动	三级
9923	渔民	yúmín	名	高等		9960	预见	yùjiàn	动、名	高等
						9961	预料	yùliào	动、名	高等
						9962	预期	yùqī	动	五级

9963	预赛	yùsài	动、名	高等	10001	原创	yuánchuàng	动	高等
9964	预示	yùshì	动	高等	10002	原地	yuándì	名	高等
9965	预售	yùshòu	动	高等	10003	原告	yuángào	名	六级
9966	预算	yùsuàn	名	高等	10004	原来	yuánlái	形、副	二级
9967	预习	yùxí	动	三级	10005	原理	yuánlǐ	名	五级
9968	预先	yùxiān	副	高等	10006	原谅	yuánliàng	动	六级
9969	预言	yùyán	动、名	高等	10007	原料	yuánliào	名	四级
9970	预约	yùyuē	动	六级	10008	原始	yuánshǐ	形	五级
9971	预兆	yùzhào	名、动	高等	10009	原先	yuánxiān	名	五级
9972	欲望	yùwàng	名	高等	10010	原型	yuánxíng	名	高等
9973	遇	yù	动	四级	10011	原因	yuányīn	名	二级
9974	遇到	yùdào		四级	10012	原有	yuányǒu		五级
9975	遇见	yùjiàn	动	四级	10013	原则	yuánzé	名	四级
9976	遇难	yù//nàn		高等	10014	原汁原味	yuánzhī-yuánwèi		高等
9977	遇上	yùshang		高等	10015	原装	yuánzhuāng	形	高等
9978	遇险	yù//xiǎn		高等	10016	圆	yuán	形、名	四级
9979	寓言	yùyán	名	高等	10017	圆满	yuánmǎn	形	四级
9980	寓意	yùyì	名	高等	10018	圆形	yuánxíng	名	高等
9981	愈合	yùhé	动	高等	10019	圆珠笔	yuánzhūbǐ	名	六级
9982	愈来愈	yù lái yù		高等	10020	援助	yuánzhù	动	六级
9983	愈演愈烈	yùyǎn-yùliè		高等	10021	缘分	yuán·fèn	名	高等
9984	冤	yuān	名、形	高等	10022	缘故	yuángù	名	六级
9985	冤枉	yuānwang	动、形	高等	10023	源泉	yuánquán	名	高等
9986	渊源	yuānyuán	名	高等	10024	源头	yuántóu	名	高等
9987	元	yuán	量	一级	10025	源于	yuányú		高等
9988	元旦	Yuándàn	名	五级	10026	源源不断	yuányuán-búduàn		高等
9989	元老	yuánlǎo	名	高等	10027	远	yuǎn	形	一级
9990	元首	yuánshǒu	名	高等	10028	远程	yuǎnchéng	形	高等
9991	元素	yuánsù	名	六级	10029	远处	yuǎnchù	名	五级
9992	元宵节	Yuánxiāo Jié	名	高等	10030	远方	yuǎnfāng	名	六级
9993	园	yuán	名	六级	10031	远见	yuǎnjiàn	名	高等
9994	园地	yuándì	名	六级	10032	远近闻名	yuǎnjìn-wénmíng		高等
9995	园林	yuánlín	名	五级	10033	远离	yuǎnlí	动	六级
9996	员	yuán	后缀	三级	10034	远远	yuǎnyuǎn		六级
	(服务员)	(fúwùyuán)			10035	怨	yuàn	动	五级
9997	员工	yuángōng	名	三级	10036	怨恨	yuànhèn	动、名	高等
9998	原	yuán	形	六级	10037	怨气	yuànqì	名	高等
9999	原本	yuánběn	副	高等	10038	怨言	yuànyán		高等
10000	原材料	yuáncáiliào	名	高等	10039	院	yuàn	名	二级

编号	词	拼音	词性	等级	编号	词	拼音	词性	等级
10040	院士	yuànshì	名	高等	10079	孕育	yùnyù	动	高等
10041	院长	yuànzhǎng	名	二级	10080	运	yùn	动	五级
10042	院子	yuànzi	名	二级	10081	运动	yùndòng	动、名	二级
10043	愿	yuàn	动	五级	10082	运动会	yùndònghuì	名	四级
10044	愿望	yuànwàng	名	三级	10083	运动员	yùndòngyuán	名	四级
10045	愿意	yuànyì	动	二级	10084	运河	yùnhé	名	高等
10046	曰	yuē	动	高等	10085	运气	yùnqi	名	四级
10047	约	yuē	动	三级	10086	运输	yùnshū	动	三级
10048	约定	yuēdìng	动	六级	10087	运送	yùnsòng	动	高等
10049	约定俗成	yuēdìng-súchéng		高等	10088	运行	yùnxíng	动	五级
10050	约会	yuē·huì	动、名	四级	10089	运营	yùnyíng	动	高等
10051	约束	yuēshù	动	五级	10090	运用	yùnyòng	动	四级
10052	月	yuè	名	一级	10091	运转	yùnzhuǎn	动	高等
10053	月饼	yuèbing	名	五级	10092	运作	yùnzuò	动	六级
10054	月初	yuèchū	名	高等	10093	晕车	yùn//chē		六级
10055	月底	yuèdǐ	名	四级	10094	酝酿	yùnniàng	动	高等
10056	月份	yuèfèn	名	二级	10095	韵味	yùnwèi	名	高等
10057	月亮	yuèliang	名	二级	10096	蕴藏	yùncáng	动	高等
10058	月票	yuèpiào	名	高等	10097	蕴涵	yùnhán	动	高等
10059	月球	yuèqiú	名	五级	10098	杂	zá	形	六级
10060	乐队	yuèduì	名	三级	10099	杂技	zájì	名	高等
10061	乐器	yuèqì	名	高等	10100	杂交	zájiāo	动	高等
10062	乐曲	yuèqǔ	名	六级	10101	杂乱无章	záluàn-wúzhāng		高等
10063	岳父	yuèfù	名	高等	10102	杂志	zázhì	名	三级
10064	岳母	yuèmǔ	名	高等	10103	砸	zá	动	高等
10065	阅读	yuèdú	动	四级	10104	灾	zāi	名	五级
10066	阅览室	yuèlǎnshì	名	五级	10105	灾害	zāihài	名	五级
10067	阅历	yuèlì	动、名	高等	10106	灾难	zāinàn	名	五级
10068	悦耳	yuè'ěr	形	高等	10107	灾区	zāiqū	名	五级
10069	越	yuè	副	二级	10108	栽	zāi	动	高等
10070	越发	yuèfā	副	高等	10109	栽培	zāipéi	动	高等
10071	越过	yuè//guò		高等	10110	宰	zǎi	动	高等
10072	越来越	yuè lái yuè		二级	10111	再	zài	副	一级
10073	晕	yūn	动、形	六级	10112	再次	zàicì	副	五级
10074	晕倒	yūndǎo		高等	10113	再度	zàidù	副	高等
10075	云	yún	名	二级	10114	再见	zàijiàn	动	一级
10076	允许	yǔnxǔ	动	六级	10115	再三	zàisān	副	四级
10077	陨石	yǔnshí	名	高等	10116	再生	zàishēng	动	六级
10078	孕妇	yùnfù	名	高等	10117	再说	zàishuō	动、连	六级

编号	词	拼音	词性	等级	编号	词	拼音	词性	等级
10118	再现	zàixiàn	动	高等	10157	早餐	zǎocān	名	二级
10119	再也	zài yě		五级	10158	早晨	zǎochen	名	二级
10120	在	zài	动、介、副	一级	10159	早饭	zǎofàn	名	一级
10121	在场	zàichǎng	动	五级	10160	早就	zǎo jiù		二级
10122	在乎	zàihu	动	四级	10161	早年	zǎonián	名	高等
10123	在家	zàijiā	动	一级	10162	早期	zǎoqī	名	五级
10124	在内	zàinèi	动	五级	10163	早日	zǎorì	副、名	高等
10125	在线	zàixiàn	动	高等	10164	早上	zǎoshang	名	一级
10126	在意	zài//yì		高等	10165	早晚	zǎowǎn	名、副	六级
10127	在于	zàiyú	动	四级	10166	早已	zǎoyǐ	副	三级
10128	在职	zàizhí	动	高等	10167	枣	zǎo	名	高等
10129	载体	zàitǐ	名	高等	10168	造	zào	动	三级
10130	咱	zán	代	二级	10169	造成	zàochéng	动	三级
10131	咱们	zánmen	代	二级	10170	造福	zàofú	动	高等
10132	攒	zǎn	动	高等	10171	造假	zàojiǎ	动	高等
10133	暂	zàn	副	高等	10172	造价	zàojià	名	高等
10134	暂时	zànshí	形	五级	10173	造就	zàojiù	动、名	高等
10135	暂停	zàntíng	动	五级	10174	造型	zàoxíng	名	四级
10136	赞不绝口	zànbùjuékǒu		高等	10175	造纸术	zàozhǐshù	名	高等
10137	赞成	zànchéng	动	四级	10176	噪声	zàoshēng	名	高等
10138	赞美	zànměi	动	高等	10177	噪音	zàoyīn	名	高等
10139	赞赏	zànshǎng	动	四级	10178	则[1]	zé	连	高等
10140	赞叹	zàntàn	动	高等	10179	则[2]	zé	量	高等
10141	赞叹不已	zàntàn-bùyǐ		高等	10180	责备	zébèi	动	高等
10142	赞同	zàntóng	动	高等	10181	责怪	zéguài	动	高等
10143	赞许	zànxǔ	动	高等	10182	责任	zérèn	名	三级
10144	赞扬	zànyáng	动	高等	10183	贼	zéi	名	高等
10145	赞助	zànzhù	动	四级	10184	怎么	zěnme	代	一级
10146	脏	zāng	形	二级	10185	怎么办	zěnme bàn		二级
10147	葬	zàng	动	高等	10186	怎么样	zěnmeyàng	代	二级
10148	葬礼	zànglǐ	名	高等	10187	怎样	zěnyàng	代	二级
10149	遭到	zāodào		六级	10188	增	zēng	动	五级
10150	遭受	zāoshòu	动	六级	10189	增产	zēng//chǎn		五级
10151	遭殃	zāo//yāng		高等	10190	增大	zēngdà	动	五级
10152	遭遇	zāoyù	动、名	六级	10191	增多	zēngduō	动	五级
10153	糟	zāo	形	五级	10192	增加	zēngjiā	动	三级
10154	糟糕	zāogāo	形	五级	10193	增进	zēngjìn	动	六级
10155	凿	záo	动	高等	10194	增强	zēngqiáng	动	五级
10156	早	zǎo	形	一级	10195	增收	zēngshōu	动	高等

10196	增添	zēngtiān	动	高等	10235	占领	zhànlǐng	动	五级
10197	增长	zēngzhǎng	动	三级	10236	占用	zhànyòng	动	高等
10198	增值	zēngzhí	动	六级	10237	占有	zhànyǒu	动	五级
10199	赠	zèng	动	五级	10238	战场	zhànchǎng	名	六级
10200	赠送	zèngsòng	动	五级	10239	战斗	zhàndòu	动、名	四级
10201	扎	zhā	动	六级	10240	战略	zhànlüè	名	六级
10202	扎根	zhā∥gēn		高等	10241	战胜	zhànshèng	动	四级
10203	扎实	zhāshi	形	六级	10242	战士	zhànshì	名	四级
10204	渣子	zhāzi	名	高等	10243	战术	zhànshù	名	六级
10205	闸	zhá	名	高等	10244	战友	zhànyǒu	名	六级
10206	炸	zhá	动	高等	10245	战争	zhànzhēng	名	四级
10207	眨眼	zhǎ∥yǎn		高等	10246	站	zhàn	名	一级
10208	诈骗	zhàpiàn	动	高等	10247	站	zhàn	动	二级
10209	炸	zhà	动	六级	10248	站立	zhànlì	动	高等
10210	炸弹	zhàdàn	名	六级	10249	站台	zhàntái	名	六级
10211	炸药	zhàyào	名	六级	10250	站住	zhàn∥zhù		二级
10212	榨	zhà	动	高等	10251	绽放	zhànfàng	动	高等
10213	摘	zhāi	动	五级	10252	蘸	zhàn	动	高等
10214	窄	zhǎi	形	高等	10253	张	zhāng	量、动	三级
10215	债	zhài	名	六级	10254	张灯结彩	zhāngdēng-jiécǎi		高等
10216	债务	zhàiwù	名	高等	10255	张贴	zhāngtiē	动	高等
10217	占卜	zhānbǔ	动	高等	10256	张扬	zhāngyáng	动	高等
10218	沾	zhān	动	高等	10257	章	zhāng	量	六级
10219	沾光	zhān∥guāng		高等	10258	长	zhǎng	动	二级
10220	粘	zhān	动	高等	10259	长	zhǎng	后缀	六级
10221	瞻仰	zhānyǎng	动	高等		（秘书长）	(mìshūzhǎng)		
10222	斩	zhǎn	动	高等	10260	长辈	zhǎngbèi	名	高等
10223	斩草除根	zhǎncǎo-chúgēn		高等	10261	长大	zhǎngdà		二级
10224	盏	zhǎn	量	高等	10262	长相	zhǎngxiàng	名	高等
10225	展出	zhǎnchū	动	高等	10263	涨	zhǎng	动	五级
10226	展开	zhǎn∥kāi		三级	10264	涨价	zhǎng∥jià		五级
10227	展览	zhǎnlǎn	动、名	五级	10265	掌管	zhǎngguǎn	动	高等
10228	展览会	zhǎnlǎnhuì	名	高等	10266	掌声	zhǎngshēng	名	六级
10229	展示	zhǎnshì	动	五级	10267	掌握	zhǎngwò	动	五级
10230	展望	zhǎnwàng	动	高等	10268	丈夫	zhàngfu	名	四级
10231	展现	zhǎnxiàn		五级	10269	帐篷	zhàngpeng	名	高等
10232	崭新	zhǎnxīn	形	高等	10270	帐子	zhàngzi	名	高等
10233	占	zhàn	动	二级	10271	账	zhàng	名	六级
10234	占据	zhànjù	动	六级	10272	账单	zhàngdān	名	高等

10273 账号	zhànghào	名	高等	10312 照片	zhàopiàn	名	二级
10274 账户	zhànghù	名	六级	10313 照相	zhào//xiàng		二级
10275 胀	zhàng	动	高等	10314 照样	zhàoyàng	副	六级
10276 涨	zhàng	动	六级	10315 照耀	zhàoyào	动	六级
10277 障碍	zhàng'ài	名、动	六级	10316 罩	zhào	动、名	高等
10278 招	zhāo	动	六级	10317 肇事	zhàoshì	动	高等
10279 招标	zhāo//biāo		高等	10318 折腾	zhēteng	动	高等
10280 招待	zhāodài	动	高等	10319 遮	zhē	动	高等
10281 招待会	zhāodàihuì	名	高等	10320 遮盖	zhēgài	动	高等
10282 招呼	zhāohu	动	四级	10321 折	zhé	动	四级
10283 招揽	zhāolǎn	动	高等	10322 折叠	zhédié	动	高等
10284 招募	zhāomù	动	高等	10323 折合	zhéhé	动	高等
10285 招牌	zhāopai	名	高等	10324 折扣	zhékòu	名	高等
10286 招聘	zhāopìn	动	六级	10325 折磨	zhé·mó	动	高等
10287 招生	zhāo//shēng		五级	10326 折射	zhéshè	动	高等
10288 招收	zhāoshōu	动	高等	10327 哲学	zhéxué	名	六级
10289 招手	zhāo//shǒu		五级	10328 者	zhě	后缀	三级
10290 招数	zhāoshù	名	高等	（志愿者）	(zhìyuànzhě)		
10291 朝气蓬勃	zhāoqì-péngbó		高等	10329 这	zhè	代	一级
10292 朝三暮四	zhāosān-mùsì		高等	10330 这边	zhèbiān	代	一级
10293 朝夕相处	zhāoxī-xiāngchǔ		高等	10331 这会儿	zhèhuìr	代	高等
10294 着	zháo	动	四级	10332 这就是说	zhè jiùshì shuō		六级
10295 着火	zháo//huǒ		四级	10333 这里	zhè·lǐ	代	一级
10296 着急	zháo//jí		四级	10334 这么	zhème	代	二级
10297 着迷	zháo//mí		高等	10335 这儿	zhèr	代	一级
10298 找	zhǎo	动	一级	10336 这时候|	zhèshíhou|		二级
10299 找出	zhǎochū		二级	这时	zhè shí		
10300 找到	zhǎodào		一级	10337 这些	zhèxiē	代	一级
10301 沼泽	zhǎozé	名	高等	10338 这样	zhèyàng	代	二级
10302 召集	zhàojí	动	高等	10339 这样一来	zhèyàng-yìlái		高等
10303 召开	zhàokāi	动	四级	10340 着	zhe	助	一级
10304 兆头	zhàotou	名	高等	10341 针	zhēn	名	四级
10305 照	zhào	动、介	三级	10342 针对	zhēnduì	动	四级
10306 照办	zhào//bàn		高等	10343 针锋相对	zhēnfēng-xiāngduì		高等
10307 照常	zhàocháng	动、副	高等	10344 针灸	zhēnjiǔ	名	高等
10308 照顾	zhàogù	动	二级	10345 侦察	zhēnchá	动	高等
10309 照例	zhàolì	副	高等	10346 珍藏	zhēncáng	动、名	高等
10310 照料	zhàoliào	动	高等	10347 珍贵	zhēnguì	形	五级
10311 照明	zhàomíng	动	高等	10348 珍视	zhēnshì	动	高等

10349 珍惜	zhēnxī	动	五级	10388 争气	zhēng//qì		高等
10350 珍重	zhēnzhòng	动	高等	10389 争取	zhēngqǔ	动	三级
10351 珍珠	zhēnzhū	名	五级	10390 争先恐后	zhēngxiān-kǒnghòu		高等
10352 真	zhēn	副、形	一级	10391 争议	zhēngyì	动	五级
10353 真诚	zhēnchéng	形	五级	10392 争执	zhēngzhí	动	高等
10354 真的	zhēn de		一级	10393 征	zhēng	动	高等
10355 真假	zhēnjiǎ	名	高等	10394 征服	zhēngfú	动	四级
10356 真空	zhēnkōng	名	高等	10395 征集	zhēngjí	动	高等
10357 真理	zhēnlǐ	名	五级	10396 征求	zhēngqiú	动	四级
10358 真情	zhēnqíng	名	高等	10397 征收	zhēngshōu	动	高等
10359 真实	zhēnshí	形	三级	10398 挣扎	zhēngzhá	动	高等
10360 真是的	zhēnshide		高等	10399 症结	zhēngjié	名	高等
10361 真相	zhēnxiàng	名	五级	10400 睁	zhēng	动	高等
10362 真心	zhēnxīn	名	高等	10401 蒸	zhēng	动	高等
10363 真正	zhēnzhèng	形	二级	10402 拯救	zhěngjiù	动	高等
10364 真挚	zhēnzhì	形	高等	10403 整	zhěng	形、动	三级
10365 诊断	zhěnduàn	动	五级	10404 整顿	zhěngdùn	动	六级
10366 诊所	zhěnsuǒ	名	高等	10405 整个	zhěnggè	形	三级
10367 枕头	zhěntou	名	高等	10406 整合	zhěnghé	动	高等
10368 阵	zhèn	量	四级	10407 整洁	zhěngjié	形	高等
10369 阵容	zhènróng	名	高等	10408 整理	zhěnglǐ	动	三级
10370 阵营	zhènyíng	名	高等	10409 整齐	zhěngqí	形	三级
10371 振动	zhèndòng	动	五级	10410 整数	zhěngshù	名	高等
10372 振奋	zhènfèn	形、动	高等	10411 整体	zhěngtǐ	名	三级
10373 振兴	zhènxīng	动	高等	10412 整天	zhěngtiān	名	三级
10374 振作	zhènzuò	形、动	高等	10413 整整	zhěngzhěng	副	三级
10375 震	zhèn	动	高等	10414 整治	zhěngzhì	动	六级
10376 震动	zhèndòng	动	高等	10415 正	zhèng	副	一级
10377 震撼	zhènhàn	动	高等	10416 正	zhèng	形	三级
10378 震惊	zhènjīng	形、动	五级	10417 正版	zhèngbǎn	名	五级
10379 镇	zhèn	动、名	六级	10418 正常	zhèngcháng	形	二级
10380 镇定	zhèndìng	形、动	高等	10419 正当	zhèngdàng	形	六级
10381 争	zhēng	动	三级	10420 正规	zhèngguī	形	五级
10382 争吵	zhēngchǎo	动	高等	10421 正好	zhènghǎo	形、副	二级
10383 争端	zhēngduān	名	高等	10422 正面	zhèngmiàn	名、形	高等
10384 争夺	zhēngduó		六级	10423 正能量	zhèngnéngliàng	名	高等
10385 争分夺秒	zhēngfēn-duómiǎo		高等	10424 正确	zhèngquè	形	二级
10386 争光	zhēng//guāng		高等	10425 正如	zhèngrú	动	五级
10387 争论	zhēnglùn	动	四级	10426 正式	zhèngshì	形	三级

编号	词	拼音	词性	等级	编号	词	拼音	词性	等级
10427	正视	zhèngshì	动	高等	10466	支付	zhīfù	动	三级
10428	正是	zhèngshì	动	二级	10467	支配	zhīpèi	动	五级
10429	正义	zhèngyì	名、形	五级	10468	支票	zhīpiào	名	高等
10430	正在	zhèngzài	副	一级	10469	支援	zhīyuán	动、名	六级
10431	正直	zhèngzhí	形	高等	10470	支柱	zhīzhù	名	高等
10432	正宗	zhèngzōng	名、形	高等	10471	只	zhī	量	三级
10433	证	zhèng	名	三级	10472	汁	zhī	名	高等
10434	证件	zhèngjiàn	名	三级	10473	芝麻	zhīma	名	高等
10435	证据	zhèngjù	名	三级	10474	芝士	zhīshì	名	高等
10436	证明	zhèngmíng	动、名	三级	10475	枝	zhī	名、量	六级
10437	证人	zhèng·rén	名	高等	10476	知道	zhī·dào	动	一级
10438	证实	zhèngshí	动	五级	10477	知己	zhījǐ	形、名	高等
10439	证书	zhèngshū	名	五级	10478	知觉	zhījué	名	高等
10440	郑重	zhèngzhòng	形	高等	10479	知名	zhīmíng	形	六级
10441	政策	zhèngcè	名	六级	10480	知识	zhīshi	名	一级
10442	政党	zhèngdǎng	名	六级	10481	知识分子	zhīshi fènzǐ		高等
10443	政府	zhèngfǔ	名	四级	10482	知足	zhīzú	形	高等
10444	政权	zhèngquán	名	六级	10483	肢体	zhītǐ	名	高等
10445	政治	zhèngzhì	名	四级	10484	织	zhī	动	六级
10446	挣	zhèng	动	五级	10485	脂肪	zhīfáng	名	高等
10447	挣钱	zhèng∥qián		五级	10486	执法	zhífǎ	动	高等
10448	症状	zhèngzhuàng	名	六级	10487	执行	zhíxíng	动	五级
10449	之¹	zhī	代	高等	10488	执意	zhíyì	副	高等
10450	之²	zhī	助	高等	10489	执照	zhízhào	名	高等
10451	之后	zhīhòu	名	四级	10490	执着	zhízhuó	形	高等
10452	之间	zhījiān	名	四级	10491	直	zhí	形、动、副	三级
10453	之类	zhīlèi	名	六级	10492	直奔	zhíbèn	动	高等
10454	之内	zhīnèi	名	五级	10493	直播	zhíbō	动	三级
10455	之前	zhīqián	名	四级	10494	直达	zhídá	动	高等
10456	之所以	zhīsuǒyǐ	连	高等	10495	直到	zhídào	动	三级
10457	之外	zhīwài	名	五级	10496	直观	zhíguān	形	高等
10458	之下	zhīxià	名	五级	10497	直接	zhíjiē	形	二级
10459	之一	zhīyī	名	四级	10498	直径	zhíjìng	名	高等
10460	之中	zhīzhōng	名	五级	10499	直觉	zhíjué	名	高等
10461	支	zhī	量	三级	10500	直升机	zhíshēngjī	名	六级
10462	支	zhī	动	四级	10501	直视	zhíshì	动	高等
10463	支撑	zhīchēng	动	六级	10502	直线	zhíxiàn	名、形	五级
10464	支持	zhīchí	动	三级	10503	直至	zhízhì	动	高等
10465	支出	zhīchū	动、名	五级	10504	值	zhí	动	三级

编号	词	拼音	词性	等级
10505	值班	zhí//bān		五级
10506	值得	zhí//·dé		三级
10507	值钱	zhíqián	形	高等
10508	职工	zhígōng	名	三级
10509	职能	zhínéng	名	五级
10510	职权	zhíquán	名	高等
10511	职位	zhíwèi	名	五级
10512	职务	zhíwù	名	五级
10513	职业	zhíyè	名	三级
10514	职业病	zhíyèbìng	名	高等
10515	职员	zhíyuán	名	高等
10516	职责	zhízé	名	六级
10517	植物	zhíwù	名	四级
10518	止	zhǐ	动	六级
10519	止步	zhǐ//bù		高等
10520	止咳	zhǐ ké		高等
10521	止血	zhǐxuè	动	高等
10522	只	zhǐ	副	二级
10523	只不过	zhǐbúguò	副	五级
10524	只得	zhǐdé	副	六级
10525	只顾	zhǐgù	副	六级
10526	只管	zhǐguǎn	副	六级
10527	只好	zhǐhǎo	副	三级
10528	只见	zhǐ jiàn		五级
10529	只能	zhǐ néng		二级
10530	只是	zhǐshì	副、连	三级
10531	只要	zhǐyào	连	二级
10532	只有	zhǐyǒu	连	三级
10533	旨在	zhǐzài	动	高等
10534	纸	zhǐ	名	二级
10535	指	zhǐ	动	三级
10536	指标	zhǐbiāo	名	五级
10537	指出	zhǐchū		三级
10538	指导	zhǐdǎo	动	三级
10539	指点	zhǐdiǎn	动	高等
10540	指定	zhǐdìng	动	六级
10541	指挥	zhǐhuī	动、名	四级
10542	指甲	zhǐjia	名	五级
10543	指教	zhǐjiào	动	高等
10544	指令	zhǐlìng	名	高等
10545	指南	zhǐnán	名	高等
10546	指南针	zhǐnánzhēn	名	高等
10547	指示	zhǐshì	名、动	五级
10548	指手画脚	zhǐshǒu-huàjiǎo		高等
10549	指数	zhǐshù	名	六级
10550	指头	zhǐtou	名	六级
10551	指望	zhǐ·wàng	动、名	高等
10552	指向	zhǐxiàng	动、名	高等
10553	指引	zhǐyǐn	动	高等
10554	指责	zhǐzé	动	五级
10555	指着	zhǐzhe		六级
10556	至	zhì	动	五级
10557	至此	zhìcǐ	动	高等
10558	至关重要	zhìguān-zhòngyào		高等
10559	至今	zhìjīn	副	三级
10560	至少	zhìshǎo	副	三级
10561	至于	zhìyú	动、介	六级
10562	志气	zhì·qì	名	高等
10563	志愿	zhìyuàn	名	三级
10564	志愿者	zhìyuànzhě	名	三级
10565	制	zhì	动	高等
10566	制裁	zhìcái	动	高等
10567	制成	zhìchéng		五级
10568	制订	zhìdìng	动	四级
10569	制定	zhìdìng	动	三级
10570	制度	zhìdù	名	三级
10571	制服	zhìfú	名	高等
10572	制品	zhìpǐn	名	高等
10573	制约	zhìyuē	动	五级
10574	制造	zhìzào	动	三级
10575	制止	zhìzhǐ	动	高等
10576	制作	zhìzuò	动	三级
10577	质地	zhìdì	名	高等
10578	质量	zhìliàng	名	四级
10579	质朴	zhìpǔ	形	高等
10580	质问	zhìwèn	动	高等
10581	质疑	zhìyí	动	高等
10582	治	zhì	动	四级

10583 治安	zhì'ān	名	五级	10622 中外	zhōngwài	名	六级
10584 治病	zhì bìng		六级	10623 中文	Zhōngwén	名	一级
10585 治理	zhìlǐ	动	五级	10624 中午	zhōngwǔ	名	一级
10586 治疗	zhìliáo	动	四级	10625 中小学	zhōng-xiǎoxué		二级
10587 治学	zhìxué	动	高等	10626 中心	zhōngxīn	名	二级
10588 治愈	zhìyù		高等	10627 中型	zhōngxíng	形	高等
10589 致	zhì	动	高等	10628 中性	zhōngxìng	名、形	高等
10590 致辞	zhì∥cí		高等	10629 中学	zhōngxué	名	一级
10591 致富	zhìfù	动	高等	10630 中学生	zhōngxuéshēng	名	一级
10592 致敬	zhìjìng	动	高等	10631 中旬	zhōngxún	名	高等
10593 致力于	zhìlì yú		高等	10632 中央	zhōngyāng	名	五级
10594 致命	zhìmìng	动	高等	10633 中药	zhōngyào	名	五级
10595 致使	zhìshǐ	动、连	高等	10634 中医	zhōngyī	名	二级
10596 秩序	zhìxù	名	高等	10635 中庸	zhōngyōng	名、形	高等
10597 窒息	zhìxī	动	高等	10636 中止	zhōngzhǐ	动	高等
10598 智慧	zhìhuì	名	六级	10637 忠诚	zhōngchéng	形、名	高等
10599 智力	zhìlì	名	四级	10638 忠实	zhōngshí	形	高等
10600 智能	zhìnéng	名	四级	10639 忠心	zhōngxīn	名	六级
10601 智商	zhìshāng	名	高等	10640 忠于	zhōngyú	动	高等
10602 滞后	zhìhòu	动	高等	10641 忠贞	zhōngzhēn	形	高等
10603 滞留	zhìliú	动	高等	10642 终点	zhōngdiǎn	名	五级
10604 置	zhì	动	高等	10643 终结	zhōngjié	动	高等
10605 中	zhōng	名	一级	10644 终究	zhōngjiū	副	高等
10606 中部	zhōngbù	名	三级	10645 终身	zhōngshēn	名	五级
10607 中餐	zhōngcān	名	二级	10646 终生	zhōngshēng	名	高等
10608 中等	zhōngděng	形	六级	10647 终于	zhōngyú	副	三级
10609 中断	zhōngduàn	动	五级	10648 终止	zhōngzhǐ	动	五级
10610 中国	Zhōngguó	名	一级	10649 钟	zhōng	名	三级
10611 中国画	zhōngguóhuà	名	高等	10650 钟头	zhōngtóu	名	六级
10612 中华	Zhōnghuá	名	六级	10651 衷心	zhōngxīn	形	高等
10613 中华民族	Zhōnghuá Mínzú		三级	10652 肿	zhǒng	动	六级
10614 中级	zhōngjí	形	二级	10653 肿瘤	zhǒngliú	名	高等
10615 中间	zhōngjiān	名	一级	10654 种	zhǒng	量	三级
10616 中介	zhōngjiè	名	四级	10655 种类	zhǒnglèi	名	四级
10617 中立	zhōnglì	动	高等	10656 种种	zhǒngzhǒng	代	六级
10618 中年	zhōngnián	名	二级	10657 种子	zhǒngzi	名	三级
10619 中期	zhōngqī	名	六级	10658 种族	zhǒngzú	名	高等
10620 中秋节	Zhōngqiū Jié	名	五级	10659 中毒	zhòng∥dú		五级
10621 中途	zhōngtú	名	高等	10660 中奖	zhòng∥jiǎng		四级

10661 仲裁	zhòngcái	动	高等	10700 猪	zhū	名	三级
10662 众多	zhòngduō	形	五级	10701 竹竿	zhúgān	名	高等
10663 众人	zhòngrén	名	高等	10702 竹子	zhúzi	名	五级
10664 众所周知	zhòngsuǒzhōuzhī		高等	10703 逐步	zhúbù	副	四级
10665 众志成城	zhòngzhì-chéngchéng		高等	10704 逐渐	zhújiàn	副	四级
10666 种	zhòng	动	四级	10705 逐年	zhúnián	副	高等
10667 种植	zhòngzhí	动	四级	10706 主	zhǔ	名	高等
10668 重	zhòng	形	一级	10707 主办	zhǔbàn	动	五级
10669 重创	zhòngchuāng	动	高等	10708 主编	zhǔbiān	名、动	高等
10670 重大	zhòngdà	形	三级	10709 主持	zhǔchí	动	三级
10671 重点	zhòngdiǎn	名、副	二级	10710 主持人	zhǔchírén	名	六级
10672 重量	zhòngliàng	名	四级	10711 主导	zhǔdǎo	动、名	五级
10673 重量级	zhòngliàngjí	形	高等	10712 主动	zhǔdòng	形	三级
10674 重任	zhòngrèn	名	高等	10713 主妇	zhǔfù	名	高等
10675 重伤	zhòngshāng	名	高等	10714 主观	zhǔguān	形	五级
10676 重视	zhòngshì	动	二级	10715 主管	zhǔguǎn	动、名	五级
10677 重心	zhòngxīn	名	高等	10716 主角	zhǔjué	名	六级
10678 重型	zhòngxíng	形	高等	10717 主力	zhǔlì	名	高等
10679 重要	zhòngyào	形	一级	10718 主流	zhǔliú	名	六级
10680 重中之重	zhòngzhōngzhīzhòng		高等	10719 主权	zhǔquán	名	高等
10681 周	zhōu	量	二级	10720 主人	zhǔ·rén	名	二级
10682 周边	zhōubiān	名	高等	10721 主人公	zhǔréngōng	名	高等
10683 周到	zhōudào	形	高等	10722 主任	zhǔrèn	名	三级
10684 周密	zhōumì	形	高等	10723 主食	zhǔshí	名	高等
10685 周末	zhōumò	名	二级	10724 主题	zhǔtí	名	四级
10686 周年	zhōunián	名	二级	10725 主题歌	zhǔtígē	名	高等
10687 周期	zhōuqī	名	五级	10726 主体	zhǔtǐ	名	五级
10688 周围	zhōuwéi	名	三级	10727 主席	zhǔxí	名	四级
10689 周旋	zhōuxuán	动	高等	10728 主演	zhǔyǎn	动、名	高等
10690 粥	zhōu	名	六级	10729 主要	zhǔyào	形	二级
10691 昼夜	zhòuyè	名	高等	10730 主页	zhǔyè	名	高等
10692 皱	zhòu	动、名	高等	10731 主义	zhǔyì	名	高等
10693 骤然	zhòurán	副	高等	10732 主意	zhǔyi	名	三级
10694 朱红	zhūhóng	形	高等	10733 主宰	zhǔzǎi	动、名	高等
10695 珠宝	zhūbǎo	名	六级	10734 主张	zhǔzhāng	动、名	三级
10696 株	zhū	量	高等	10735 拄	zhǔ	动	高等
10697 诸多	zhūduō	形	高等	10736 煮	zhǔ	动	六级
10698 诸如此类	zhūrú-cǐlèi		高等	10737 嘱咐	zhǔ·fù	动	高等
10699 诸位	zhūwèi	代	六级	10738 瞩目	zhǔmù	动	高等

10739 助理	zhùlǐ	名	五级		10778 专家	zhuānjiā	名	三级
10740 助手	zhùshǒu	名	五级		10779 专栏	zhuānlán	名	高等
10741 助威	zhù//wēi		高等		10780 专利	zhuānlì	名	五级
10742 住	zhù	动	一级		10781 专卖店	zhuānmàidiàn	名	高等
10743 住处	zhùchù	名	高等		10782 专门	zhuānmén	副	三级
10744 住房	zhùfáng	名	二级		10783 专人	zhuānrén	名	高等
10745 住户	zhùhù	名	高等		10784 专题	zhuāntí	名	三级
10746 住宿	zhùsù	动	高等		10785 专心	zhuānxīn	形	四级
10747 住院	zhù//yuàn		二级		10786 专业	zhuānyè	名	三级
10748 住宅	zhùzhái	名	六级		10787 专用	zhuānyòng	动	六级
10749 住址	zhùzhǐ	名	高等		10788 专职	zhuānzhí	名	高等
10750 贮藏	zhùcáng	动	高等		10789 专制	zhuānzhì	动	高等
10751 注	zhù	名、动	高等		10790 专注	zhuānzhù	形	高等
10752 注册	zhù//cè		五级		10791 专著	zhuānzhù	名	高等
10753 注定	zhùdìng	动	高等		10792 砖	zhuān	名	高等
10754 注入	zhùrù		高等		10793 转	zhuǎn	动	三级
10755 注射	zhùshè	动	五级		10794 转变	zhuǎnbiàn	动	三级
10756 注视	zhùshì	动	五级		10795 转播	zhuǎnbō	动	高等
10757 注意	zhù//yì		三级		10796 转达	zhuǎndá	动	高等
10758 注重	zhùzhòng	动	五级		10797 转动	zhuǎndòng	动	四级
10759 驻	zhù	动	六级		10798 转告	zhuǎngào	动	四级
10760 柱子	zhùzi	名	六级		10799 转化	zhuǎnhuà	动	五级
10761 祝	zhù	动	三级		10800 转换	zhuǎnhuàn	动	五级
10762 祝福	zhùfú	动	四级		10801 转机	zhuǎnjī	名	高等
10763 祝贺	zhùhè	动	五级		10802 转交	zhuǎnjiāo	动	高等
10764 祝愿	zhùyuàn	动	六级		10803 转让	zhuǎnràng	动	五级
10765 著名	zhùmíng	形	四级		10804 转身	zhuǎn//shēn		四级
10766 著作	zhùzuò	名	四级		10805 转弯	zhuǎn//wān		四级
10767 铸造	zhùzào	动	高等		10806 转向	zhuǎnxiàng	动	五级
10768 筑	zhù	动	高等		10807 转型	zhuǎnxíng	动	高等
10769 抓	zhuā	动	三级		10808 转学	zhuǎn//xué		高等
10770 抓紧	zhuā//jǐn		四级		10809 转眼	zhuǎnyǎn	动	高等
10771 抓住	zhuāzhù		三级		10810 转移	zhuǎnyí	动	四级
10772 爪子	zhuǎzi	名	高等		10811 转载	zhuǎnzǎi	动	高等
10773 拽	zhuài	动	高等		10812 转折	zhuǎnzhé	动	高等
10774 专长	zhuāncháng	名	高等		10813 转折点	zhuǎnzhédiǎn	名	高等
10775 专程	zhuānchéng	副	高等		10814 传	zhuàn	名	高等
10776 专柜	zhuānguì	名	高等		10815 传记	zhuànjì	名	高等
10777 专辑	zhuānjí	名	五级		10816 转	zhuàn	动	六级

10817 转动	zhuàndòng	动	六级	10856 准	zhǔn	形、副	三级
10818 转悠	zhuànyou	动	高等	10857 准备	zhǔnbèi	动	一级
10819 赚	zhuàn	动	六级	10858 准确	zhǔnquè	形	二级
10820 赚钱	zhuàn//qián		六级	10859 准时	zhǔnshí	形	四级
10821 撰写	zhuànxiě	动	高等	10860 准许	zhǔnxǔ	动	高等
10822 庄稼	zhuāngjia	名	高等	10861 准则	zhǔnzé	名	高等
10823 庄严	zhuāngyán	形	高等	10862 拙劣	zhuōliè	形	高等
10824 庄园	zhuāngyuán	名	高等	10863 捉	zhuō	动	六级
10825 桩	zhuāng	名、量	高等	10864 捉迷藏	zhuōmícáng		高等
10826 装	zhuāng	动	二级	10865 桌子	zhuōzi	名	一级
10827 装扮	zhuāngbàn	动	高等	10866 灼热	zhuórè	形	高等
10828 装备	zhuāngbèi	动、名	六级	10867 卓越	zhuóyuè	形	高等
10829 装饰	zhuāngshì	动、名	五级	10868 酌情	zhuóqíng	动	高等
10830 装修	zhuāngxiū	动	四级	10869 着力	zhuólì	动	高等
10831 装置	zhuāngzhì	动、名	四级	10870 着落	zhuóluò	名	高等
10832 壮	zhuàng	形、动	高等	10871 着实	zhuóshí	副	高等
10833 壮大	zhuàngdà	动、形	高等	10872 着手	zhuóshǒu	动	高等
10834 壮胆	zhuàng//dǎn		高等	10873 着想	zhuóxiǎng	动	高等
10835 壮观	zhuàngguān	形、名	六级	10874 着眼	zhuóyǎn	动	高等
10836 壮丽	zhuànglì	形	高等	10875 着眼于	zhuóyǎn yú		高等
10837 壮实	zhuàngshi	形	高等	10876 着重	zhuózhòng	动	高等
10838 状况	zhuàngkuàng	名	三级	10877 咨询	zīxún	动	六级
10839 状态	zhuàngtài	名	三级	10878 姿势	zīshì	名	高等
10840 状元	zhuàngyuan	名	高等	10879 姿态	zītài	名	高等
10841 撞	zhuàng	动	五级	10880 兹	zī	代	高等
10842 撞击	zhuàngjī	动	高等	10881 资本	zīběn	名	五级
10843 幢	zhuàng	量	高等	10882 资本主义	zīběn zhǔyì		高等
10844 追	zhuī	动	三级	10883 资产	zīchǎn	名	五级
10845 追悼会	zhuīdàohuì	名	高等	10884 资格	zīgé	名	三级
10846 追赶	zhuīgǎn	动	高等	10885 资金	zījīn	名	三级
10847 追究	zhuījiū	动	六级	10886 资历	zīlì	名	高等
10848 追求	zhuīqiú	动	四级	10887 资料	zīliào	名	四级
10849 追溯	zhuīsù	动	高等	10888 资深	zīshēn	形	高等
10850 追随	zhuīsuí	动	高等	10889 资讯	zīxùn	名	高等
10851 追尾	zhuī//wěi		高等	10890 资源	zīyuán	名	四级
10852 追问	zhuīwèn	动	高等	10891 资助	zīzhù	动	五级
10853 追逐	zhuīzhú	动	高等	10892 滋润	zīrùn	形、动	高等
10854 追踪	zhuīzōng	动	高等	10893 滋味	zīwèi	名	高等
10855 坠	zhuì	动、名	高等	10894 子弹	zǐdàn	名	五级

#	词	拼音	词性	等级	#	词	拼音	词性	等级
10895	子弟	zǐdì	名	高等	10934	自以为是	zìyǐwéishì		高等
10896	子女	zǐnǚ	名	三级	10935	自由	zìyóu	名、形	二级
10897	子孙	zǐsūn	名	高等	10936	自由自在	zìyóu-zìzài		高等
10898	仔细	zǐxì	形	五级	10937	自愿	zìyuàn	动	五级
10899	紫	zǐ	形	五级	10938	自在	zìzai	形	六级
10900	自	zì	介	四级	10939	自责	zìzé	动	高等
10901	自卑	zìbēi	形	高等	10940	自主	zìzhǔ	动	三级
10902	自称	zìchēng	动	高等	10941	自助	zìzhù	动	高等
10903	自从	zìcóng	介	三级	10942	自尊	zìzūn	动	高等
10904	自动	zìdòng	形、副	三级	10943	自尊心	zìzūnxīn	名	高等
10905	自发	zìfā	形	高等	10944	字	zì	名	一级
10906	自费	zìfèi	动	高等	10945	字典	zìdiǎn	名	二级
10907	自负	zìfù	形、动	高等	10946	字迹	zìjì	名	高等
10908	自豪	zìháo	形	五级	10947	字母	zìmǔ	名	四级
10909	自己	zìjǐ	代	二级	10948	字幕	zìmù	名	高等
10910	自觉	zìjué	形	三级	10949	字体	zìtǐ	名	高等
10911	自来水	zìláishuǐ	名	六级	10950	字眼	zìyǎn	名	高等
10912	自理	zìlǐ	动	高等	10951	子（桌子）	zi (zhuōzi)	后缀	一级
10913	自力更生	zìlì-gēngshēng		高等	10952	宗	zōng	量	高等
10914	自立	zìlì	动	高等	10953	宗教	zōngjiào	名	六级
10915	自强不息	zìqiáng-bùxī		高等	10954	宗旨	zōngzhǐ	名	高等
10916	自然	zìrán	名、形、副	三级	10955	综合	zōnghé	动	四级
10917	自然而然	zìrán'érrán		高等	10956	综上所述	zōngshàng-suǒshù		高等
10918	自然界	zìránjiè	名	高等	10957	总	zǒng	副	三级
10919	自如	zìrú	形	高等	10958	总部	zǒngbù	名	六级
10920	自杀	zìshā	动	五级	10959	总裁	zǒngcái	名	五级
10921	自身	zìshēn	名	三级	10960	总的来说	zǒngde lái shuō		高等
10922	自始至终	zìshǐ-zhìzhōng		高等	10961	总额	zǒng'é	名	高等
10923	自私	zìsī	形	高等	10962	总而言之	zǒng'éryánzhī		高等
10924	自私自利	zìsī-zìlì		高等	10963	总共	zǒnggòng	副	四级
10925	自卫	zìwèi	动	高等	10964	总计	zǒngjì	动	高等
10926	自我	zìwǒ	代	六级	10965	总监	zǒngjiān	名	六级
10927	自相矛盾	zìxiāng-máodùn		高等	10966	总结	zǒngjié	动、名	三级
10928	自信	zìxìn	动	四级	10967	总经理	zǒngjīnglǐ	名	六级
10929	自信心	zìxìnxīn	名	高等	10968	总理	zǒnglǐ	名	四级
10930	自行	zìxíng	副	高等	10969	总量	zǒngliàng	名	六级
10931	自行车	zìxíngchē	名	二级	10970	总是	zǒngshì	副	三级
10932	自学	zìxué	动	六级	10971	总数	zǒngshù	名	五级
10933	自言自语	zìyán-zìyǔ		六级	10972	总算	zǒngsuàn	副	五级

#	词	拼音	词性	等级	#	词	拼音	词性	等级
10973	总体	zǒngtǐ	名	五级	11011	阻力	zǔlì	名	高等
10974	总统	zǒngtǒng	名	四级	11012	阻挠	zǔnáo	动	高等
10975	总之	zǒngzhī	连	四级	11013	阻止	zǔzhǐ	动	四级
10976	纵观	zòngguān	动	高等	11014	组	zǔ	动、名	二级
10977	纵横交错	zònghéng-jiāocuò		高等	11015	组成	zǔchéng	动	二级
10978	纵然	zòngrán	连	高等	11016	组合	zǔhé	动	三级
10979	纵容	zòngróng	动	高等	11017	组建	zǔjiàn	动	高等
10980	纵深	zòngshēn	名	高等	11018	组长	zǔzhǎng	名	二级
10981	粽子	zòngzi	名	高等	11019	组织	zǔzhī	动、名	五级
10982	走	zǒu	动	一级	11020	组装	zǔzhuāng	动	高等
10983	走过	zǒuguò		二级	11021	祖传	zǔchuán	动	高等
10984	走过场	zǒu guòchǎng		高等	11022	祖父	zǔfù	名	六级
10985	走后门	zǒu hòumén		高等	11023	祖国	zǔguó	名	六级
10986	走进	zǒujìn		二级	11024	祖籍	zǔjí	名	高等
10987	走近	zǒujìn		高等	11025	祖母	zǔmǔ	名	六级
10988	走开	zǒukāi		二级	11026	祖先	zǔxiān	名	高等
10989	走廊	zǒuláng	名	高等	11027	祖宗	zǔzong	名	高等
10990	走路	zǒu//lù		一级	11028	钻	zuān	动	六级
10991	走私	zǒu//sī		六级	11029	钻空子	zuān kòngzi		高等
10992	走投无路	zǒutóu-wúlù		高等	11030	钻研	zuānyán	动	高等
10993	走弯路	zǒu wānlù		高等	11031	钻石	zuànshí	名	高等
10994	奏	zòu	动	六级	11032	嘴	zuǐ	名	二级
10995	奏效	zòu//xiào		高等	11033	嘴巴	zuǐba	名	四级
10996	揍	zòu	动		11034	嘴唇	zuǐchún	名	高等
10997	租	zū	动	二级	11035	最	zuì	副	一级
10998	租金	zūjīn	名	六级	11036	最初	zuìchū	名	四级
10999	租赁	zūlìn	动	高等	11037	最好	zuìhǎo	副	一级
11000	足	zú	形、副	六级	11038	最后	zuìhòu	名	一级
11001	足够	zúgòu	动	三级	11039	最佳	zuìjiā	形	六级
11002	足迹	zújì	名	高等	11040	最近	zuìjìn	名	二级
11003	足球	zúqiú	名	三级	11041	最终	zuìzhōng	名	六级
11004	足以	zúyǐ	动	六级	11042	罪	zuì		六级
11005	足智多谋	zúzhì-duōmóu		高等	11043	罪恶	zuì'è	名	六级
11006	族	zú	名	六级	11044	罪犯	zuìfàn	名	高等
11007	族（上班族）	zú (shàngbānzú)	后缀	六级	11045	罪魁祸首	zuìkuí-huòshǒu		高等
11008	阻碍	zǔ'ài	动、名	五级	11046	醉	zuì	动	五级
11009	阻挡	zǔdǎng	动	高等	11047	尊贵	zūnguì	形	高等
11010	阻拦	zǔlán	动	高等	11048	尊敬	zūnjìng	动、形	五级
					11049	尊严	zūnyán	名	高等

编号	词	拼音	词性	等级	编号	词	拼音	词性	等级
11050	尊重	zūnzhòng	动	五级	11072	作物	zuòwù	名	高等
11051	遵守	zūnshǒu	动	五级	11073	作业	zuòyè	名	二级
11052	遵循	zūnxún	动	高等	11074	作用	zuòyòng	名	二级
11053	遵照	zūnzhào	动	高等	11075	作战	zuòzhàn	动	六级
11054	昨天	zuótiān	名	一级	11076	作者	zuòzhě	名	三级
11055	琢磨	zuómo	动	高等	11077	坐	zuò	动	一级
11056	左	zuǒ	名	一级	11078	坐落	zuòluò	动	高等
11057	左边	zuǒbian	名	一级	11079	坐下	zuòxia		一级
11058	左顾右盼	zuǒgù-yòupàn		高等	11080	座	zuò	量	二级
11059	左右	zuǒyòu	名、动	三级	11081	座谈	zuòtán	动	高等
11060	佐料	zuǒliào	名	高等	11082	座谈会	zuòtánhuì	名	六级
11061	作	zuò	动	六级	11083	座位	zuò·wèi	名	二级
11062	作弊	zuò//bì		高等	11084	座右铭	zuòyòumíng	名	高等
11063	作出	zuòchū		四级	11085	做	zuò	动	一级
11064	作对	zuò//duì		高等	11086	做到	zuòdào		二级
11065	作废	zuòfèi	动	六级	11087	做法	zuò·fǎ	名	二级
11066	作风	zuòfēng	名	高等	11088	做饭	zuò//fàn		二级
11067	作家	zuòjiā	名	二级	11089	做客	zuò//kè		三级
11068	作客	zuò//kè		高等	11090	做梦	zuò//mèng		四级
11069	作品	zuòpǐn	名	三级	11091	做生意	zuò shēngyi		高等
11070	作为	zuòwéi	介、动	四级	11092	做证	zuò//zhèng		高等
11071	作文	zuòwén	名	二级					